D1721073

.

Kristina Vagt

Politik durch die Blume
Gartenbauausstellungen in Hamburg und Erfurt
im Kalten Krieg (1950–1974)

FORUM ZEITGESCHICHTE 24

Herausgegeben von der Forschungsstelle
für Zeitgeschichte in Hamburg

Redaktion: Joachim Szodrzynski

KRISTINA VAGT

Politik durch die Blume
Gartenbauausstellungen
in Hamburg und Erfurt
im Kalten Krieg (1950–1974)

DÖLLING UND GALITZ VERLAG

Gedruckt mit Unterstützung der Hamburger Behörde
für Wissenschaft und Forschung

Bibliografische Information Der Deutschen Nationalbibliothek

Die Deutsche Nationalbibliothek verzeichnet diese Publikation
in der Deutschen Nationalbibliografie; detaillierte bibliografische Daten
sind im Internet über http://dnb.d-nb.de abrufbar.

Impressum

© Copyright 2013 Dölling und Galitz Verlag GmbH München · Hamburg
Schwanthalerstraße 79, 80336 München, Tel. 089/23230966
Friedensallee 26, 22765 Hamburg, Tel. 040/3893515
Umschlag- und Innengestaltung: Michael Herold, Itzehoe
Satz: Frauke Moritz, Ahrensburg
Druck: Hubert & Co., Göttingen
Titelfoto: Blumenrabatte mit dem Congress Centrum Hamburg und
Loews Plaza Hotel während der Internationalen Gartenbauausstellung Hamburg 1973
(© Hamburgisches Architekturarchiv, Neue Heimat FA 138/CK, 62-34)
1. Auflage 2013
ISBN 978-3-86218-050-9

Inhalt

Kapitel V Gartenbauausstellungen in den siebziger Jahren.
Im Zeichen von Freizeitkultur und Umweltkrisen

Einleitung

In den Jahrzehnten nach dem Zweiten Weltkrieg waren ost- und westdeutsche Gartenbauausstellungen Anziehungspunkte für die gärtnerische Fachwelt und das garteninteressierte Laienpublikum. Experten wie Gärtner, Züchter sowie Garten- und Landschaftsarchitekten informierten sich auf den bis zu sechs Monate dauernden Veranstaltungen über den Stand des Gartenbaus, der Gartenkunst und der Landschaftsplanung. Der Großteil der Besucher – oft Millionen von interessierten Laien – kam wegen exotischer Blumen, üppiger Landschaftsinszenierungen sowie wegen Bildungs-, Erholungs-, Kultur- und Vergnügungsangeboten.

Auch wenn Gartenschauen auf den ersten Blick ein eher unpolitisches Gepräge hatten, waren sie Verhandlungsräume für vielschichtige gesellschaftliche Fragen. Akteure aus Politik, Gartenbauwirtschaft, Landschafts- und Stadtplanung, Kultur und Medien hatten Interesse daran, »Politik durch die Blume« zu machen. Die Ergebnisse drückten sich in der Gestaltung, in Lehr- und Leistungsschauen, Reden und Veröffentlichungen aus.

In dieser Arbeit gehe ich der Frage nach, wie die Städte Hamburg und Erfurt sowie wirtschaftliche und staatliche Institutionen in beiden deutschen Staaten zwischen 1950 und 1974 die Gartenbauausstellungen im Zeichen der Systemkonkurrenz jeweils für ihre Zwecke nutzten. Denn im Kalten Krieg waren Land- und Gartenbauwirtschaft in beiden deutschen Staaten und darüber hinaus ein umkämpftes Thema. Die 1957 von sechs europäischen Staaten gegründete Europäische Wirtschaftsgemeinschaft (EWG) machte die Gemeinsame Agrarpolitik (GAP) zu einem ihrer wichtigsten Projekte.[1] Nach der Bodenreform in der Sowjetischen Besatzungszone im September 1945 strebte die DDR ab 1952 die Kollektivierung der bäuerlichen und gärtnerischen Betriebe mit dem Ziel der Großraumwirtschaft an, die aber erst im zweiten Anlauf ab 1960 als abgeschlossen galt. 1963 wurde der Übergang zur »industriemäßigen Produktion« angekündigt, der dann in den siebziger Jahren verstärkt durchgeführt wurde.[2] Viele dieser Agrarthemen flossen direkt oder indirekt in die Gartenbauausstellungen ein.

---

1 Vgl. Kiran Klaus Patel, Europäisierung wider Willen. Die Bundesrepublik Deutschland in der Agrarintegration der EWG 1955–1973, München 2009, S. 10.

2 Vgl. zum Ablauf der Industrialisierung das Kapitel »Umgestaltung der Landwirtschaft« in: Michael Heinz, Von Mähdreschern und Musterdörfern. Industrialisierung der DDR-Landwirtschaft und die Wandlung des ländlichen Lebens am Beispiel der Nordbezirke, Berlin 2011, S. 41-203.

Hamburg und Erfurt bieten sich in besonderem Maße zur Untersuchung an, da sie über bis ins 19. Jahrhundert zurückreichende Erfahrungen mit der Organisation von Gartenbauausstellungen verfügten und nach dem Zweiten Weltkrieg kontinuierlich weitere veranstalteten. Hamburg knüpft mit der internationalen gartenschau (igs) 2013 an diese Traditionslinien an, Erfurt mit der Bundesgartenschau 2021.

In beiden Staaten entwickelten sich organisatorisch unterschiedliche Systeme mit eigenen Intentionen für die Großveranstaltungen. Zugleich gab es Schnittmengen, gegenseitige Bezugnahmen und Interaktionen, da die beiden deutschen Staaten »divided, but not disconnected« waren.[3] Untersucht wird daher auch, ob und wie sich das von Christoph Kleßmann geprägte Schlagwort der »asymmetrisch verflochtenen Parallelgeschichte« auf eine deutsch-deutsche Beziehungsgeschichte der repräsentativen Großereignisse anwenden lässt.[4]

Ausstellungen sind vielgestaltige Medien, die die Besucher nicht nur informieren, sondern auch in dreidimensionale, inszenierte Welten eintauchen lassen und Seh-, Hör- sowie Tastsinn ansprechen – bei Gartenbauausstellungen auch den Geruchssinn. Damit heben sie sich von Printmedien und Filmen ab, die lediglich ein zweidimensionales Abbild der Welt wiedergeben. Ausstellungen zeichnet aus, dass Gesellschaften sich dort selbst in fokussierter Weise darstellen und repräsentieren.[5] Anders als Messen, die Exponate als käufliche Waren vorstellen und vor allem kommerziellen Zwecken dienen, haben Ausstellungen stärker ideellen Charakter und können Impulse für neue technische und gesellschaftliche Entwicklungen geben.[6]

Seit dem 19. Jahrhundert wurden auf Industrie-, Gewerbe- und Weltausstellungen Objekte inszeniert, wie sie vor der Erfindung des Warenhauses in Museen zu finden gewesen waren. Die »Aura des Authentischen« und die »sinnliche Anmutungsqualität« der Exponate, die durch ihre Inszenierung und Präsentationsästhetik gesteigert wurden, zielten auf emotionale Wahrnehmung.[7] In der Weimarer Republik entwickelten sich moderne Formensprachen in der Ausstellungsarchitektur und -gestaltung. Die Nationalsozialisten verbreiteten zentrale Inhalte ihrer Politik in Propagandaausstellungen. Nach dem Zweiten Weltkrieg spiegelten einmalige Schauen

3   So ein sprechender Buchtitel für das Verhältnis der beiden deutschen Staaten zueinander: Tobias Hochscherf/Christoph Laucht/Andrew Plowman (Hrsg.), Divided, But Not Disconnected. German Experiences of the Cold War, Oxford 2010.

4   Christoph Kleßmann, Verflechtung und Abgrenzung. Aspekte der geteilten und zusammengehörigen deutschen Nachkriegsgeschichte, in: *Aus Politik und Zeitgeschichte (APuZ)* 43 (1993) 29/30, S. 30-41.

5   Alexander C.T. Geppert, Welttheater, Die Geschichte des europäischen Ausstellungswesens im 19. und 20. Jahrhundert. Ein Forschungsbericht, in: *Neue politische Literatur* 47 (2002), S. 10-61, hier S. 12.

6   Egon B. Heil, Entwicklung und Ausgestaltung des Messe- und Ausstellungswesens in Deutschland nach dem Zweiten Weltkrieg, Nürnberg 1966, S. 17 f.

7   Thomas Großbölting, Die Ordnung der Wirtschaft. Kulturelle Repräsentation in den deutschen Industrie- und Gewerbeausstellungen, in: Hartmut Berghoff (Hrsg.), Wirtschaftsgeschichte als Kulturgeschichte. Dimensionen eines Perspektivenwechsels, Frankfurt am Main 2004, S. 377-403, hier S. 382.

wie die Große Rationalisierungsausstellung »Alle sollen besser leben!« 1953 in Düsseldorf und die Internationale Bauausstellung »Interbau« 1957 in West-Berlin sowie die jährlich stattfindende Industrieausstellung und die »Grüne Woche« in West-Berlin die Entwicklung der westdeutschen Konsumgesellschaft wider. Die Deutsche Demokratische Republik (DDR) nutzte die Leipziger Messe, die Leipziger Buchmesse sowie die Landwirtschaftsausstellung in Leipzig-Markkleeberg als Repräsentationen mit Strahlkraft in die Bundesrepublik sowie ins östliche und westliche Ausland. Auf der ersten Weltausstellung nach dem Zweiten Weltkrieg – der Expo 1958 in Brüssel – begegneten sich viele Nationen beider politischer Blöcke. Zum ersten Mal seit ihrer Gründung konnte sich auch die Bundesrepublik dort umfassend präsentieren, während die DDR aufgrund der 1955 von der Bundesrepublik ausgerufenen »Hallstein-Doktrin« als Ausstellernation nicht zugelassen wurde. Sowohl die Bundesrepublik als auch die DDR versuchten, Ausstellungen im In- und Ausland als Bühne zu nutzen, um die eigene Leistungsstärke einem großen Publikum vorzuführen.

Das Medium Ausstellung ist als Untersuchungsgegenstand in der Geschichtswissenschaft angekommen. Gartenbauausstellungen als Großereignisse, deren Traditionen ins 19. Jahrhundert zurückreichen und die sich als große Publikumsveranstaltungen nach dem Zweiten Weltkrieg in beiden deutschen Staaten großer Beliebtheit erfreuten, sind dagegen ein weitgehend unerforschtes Feld für Historiker. Dabei bieten sie eine Vielzahl von Untersuchungsmöglichkeiten. Als Fachveranstaltungen bildeten sie die Entwicklungen im Gartenbau ab, der den Anbau von Obst, Gemüse und Zierpflanzen umfasste und im Vergleich zur Landwirtschaft stärker per Hand und auf kleineren Flächen betrieben wurde. Arrangements aus Zierpflanzen, die auf Dekoration und Luxus verweisen, sowie Obst und Gemüse, die für gesunde Ernährung stehen, strahlten vor dem Hintergrund des Mangels im und nach dem Zweiten Weltkrieg geradezu etwas Magisches aus. Mit Glasgewächshäusern, Heiz-, Bewässerungs-, Verpackungs- und Konservierungstechniken wurde die Technisierung der Branche vorgeführt. Die ausrichtenden Städte sanierten die teilweise kriegszerstörten Parkanlagen oder legten neue an und stellten städtebauliche und grünpolitische Entwicklungen vor. Muster- und Schaugärten sowie Informationen über Landschaftsgestaltung und Landschafts- sowie Umweltschutz fanden ebenfalls ihren Platz. Mit Spielplätzen, Bewegungsangeboten, Cafés und Restaurants kamen Gartenbauausstellungen den Alltagsbedürfnissen der Besucher verschiedener Altersstufen entgegen. Auf fast allen Gartenbauausstellungen, wenngleich in unterschiedlichen Gewichtungen, traten die genannten Elemente auf, aber an den sich verändernden Schwerpunktsetzungen lässt sich der gesellschaftliche Wandel in den Nachkriegsjahrzehnten ablesen. So rückten am Ende des Untersuchungszeitraumes die gartenbaulichen Fachinhalte in den Hintergrund, während Freizeitaktivitäten stärkeres Gewicht erhielten. Ebenso zogen neue Ästhetiken in die Ausstellungsparks ein.

Die Gartenbauausstellungen in Hamburg und Erfurt zwischen 1950 und 1974 stehen zwar im Mittelpunkt dieser Untersuchung, können aber auch stellvertretend für weitere Veranstaltungen in beiden Staaten betrachtet werden. Die untersuchten Gartenbauausstellungen decken den Zeitraum vom gesellschaftlichen, wirtschaftlichen und städtebaulichen Wiederaufbau nach dem Zweiten Weltkrieg über die wirtschaftliche Konsolidierung in den sechziger Jahren bis zum Abebben des »Booms« in den siebziger Jahren ab.[8]

Wie die Skizze bereits zeigt, bietet sich eine Vielzahl von Themen für die Darstellung der Geschichte der Gartenbauausstellungen an. Mit der Untersuchung möchte ich geschichtswissenschaftliche Zugänge zum Thema ermöglichen und den Blick auf die Gartenbauausstellungen als gesellschaftliche Großereignisse und städtische und staatliche Repräsentationen erweitern.

Im folgenden Kapitel stelle ich Forschungsgegenstand, -design und -stand sowie die Quellenlage dar. Die Ausführlichkeit dieses Kapitels ist der Tatsache geschuldet, dass die Untersuchung als Dissertation entstanden ist. Ansonsten habe ich mich um Lesbarkeit für ein breites Publikum bemüht.

---

8   Der Ölpreisschock im Winter 1973/74 wird als Symbol für das Ende der Boomphase in den fünfziger und sechziger Jahren und den sich damit ankündigenden Strukturbruch gedeutet, vgl. dazu vor allem das Vorwort zur zweiten Auflage von Anselm Doering-Manteuffel/Lutz Raphael, Nach dem Boom. Perspektiven auf die Zeitgeschichte seit 1970, Göttingen [2]2010, S. 7-23.

Kapitel I

Gartenbauausstellungen: Gegenstand und Methode

Beispielhaft: Gartenbauausstellungen in Hamburg und Erfurt

Untersucht werden drei Internationale Gartenbauausstellungen in Hamburg (1953, 1963 und 1973) und fünf Gartenbauausstellungen in Erfurt (1950, 1955, 1961, 1966 und 1974). Die Hamburger Gartenbauausstellungen, die im Abstand von zehn Jahren stattfanden, ein halbes Jahr dauerten und durchschnittlich fünf Millionen Besucher anzogen, unterschieden sich von den seit 1951 alle zwei Jahre von wechselnden Städten ausgerichteten Bundesgartenschauen durch den Anspruch der Internationalität. In Erfurt fanden 1950 die regionale Ausstellung »Erfurt blüht« und 1955 die nationale »Samenexportschau und Gartenbauausstellung« statt. Die zweieinhalb Monate und vier Wochen dauernden Schauen, die jeweils etwa 500.000 Besucher hatten, wurden im Rückblick als Vorbereitung auf die 1961 in größerem Rahmen veranstaltete »Erste Internationale Gartenbauausstellung der sozialistischen Länder« (iga)[1] gedeutet. Von 1962 bis 1989 fanden auf dem Erfurter Gelände jährlich mehrwöchige – meist nationale – Gartenschauen statt. Den Veranstaltungen von 1961, 1966 und 1974 kam aufgrund internationaler Beteiligung besondere Bedeutung zu.

Die Asymmetrie der veranstaltenden Städte Hamburg und Erfurt ist offensichtlich und muss für die Untersuchung bedacht werden. Den 1,7 Millionen Einwohnern Hamburgs standen 200.000 Einwohner in Erfurt gegenüber. Hamburg war neben West-Berlin die größte Stadt in der Bundesrepublik. Erfurt war zwar Bezirksstadt, aber weniger bedeutend als z. B. die Messestadt Leipzig.

Die Hamburger Wirtschaft war durch Hafen und Handel geprägt. Der bereits in den dreißiger Jahren geprägte Slogan »Tor zur Welt« stand für Hamburgs Selbstverständnis als bedeutende Hafenstadt mit globalen Kontakten.[2] Nach dem Zweiten Weltkrieg beklagte Hamburg allerdings seine neue Randlage und den Verlust des für

---

1   In der Bundesrepublik wie in der DDR existierte die Abkürzung IGA. In der DDR wurde die Kleinschreibung verwendet, um die Schreibweise von der in der Bundesrepublik abzusetzen. Dort hatte es Kritik und Überlegungen gegeben, wie der DDR die Abkürzung untersagt werden könne.

2   Zur Repräsentation Hamburgs als »Tor zur Welt« vgl. Lars Amenda, »Tor zur Welt«. Die Hafenstadt Hamburg in Vorstellungen und Selbstdarstellung 1890–1970, in: ders./Sonja Grünen, »Tor zur Welt«. Hamburg-Bilder und Hamburg-Werbung im 20. Jahrhundert (Hamburger Zeitspuren, Bd. 5), München/Hamburg 2008, S. 9-102.

Handelsgeschäfte wichtigen »Hinterlandes«. Um dem Export neue Impulse zu geben, erfolgte eine Hinwendung nach Westeuropa. Seit den fünfziger Jahren wurde dann versucht, wirtschaftliche Kontakte in die DDR und nach Osteuropa – entlang der Elbe – zu knüpfen und den Außenhandel wiederzubeleben, was mit dem Schlagwort »Politik der Elbe« bezeichnet wurde.[3] In der Außenwirkung war das Image als Hafenstadt mit dem Vergnügungsviertel St. Pauli vorherrschend. Damit konkurrierte unter anderem das Bild der »grünen Stadt«, das auf die vielen Parks und das verbreitete Straßengrün anspielte. Die Internationale Gartenbauausstellung sollte den Gartenbau als wichtiges Standbein der lokalen Wirtschaft fördern, denn Hamburg war mit dem südlich der Elbe gelegenen Alten Land und den Vier- und Marschlanden in das größte Obst- und Gemüseanbaugebiet Nordeuropas eingebettet.

Erfurt hatte sich im 19. Jahrhundert aufgrund dort entstehender Gartenbaubetriebe und des weltweiten Samenexports den Beinamen »Blumenstadt« erworben, den es auch nach dem Zweiten Weltkrieg weiterführte. Der Gartenbau und der Samenexport wurden nach 1945 wiederbelebt, Erfurt außerdem als Industriestandort zur Herstellung von Büromaschinen und Mikroelektronik ausgebaut. In touristischer Hinsicht war Erfurt durch mittelalterliche Bauwerke und Luther-Stätten von Interesse. Mit Eisenach und der Wartburg sowie den Stätten der Weimarer Klassik und der 1958 eingeweihten Nationalen Mahn- und Gedenkstätte Buchenwald lagen weitere bedeutende Sehenswürdigkeiten in der Nähe.

Trotz struktureller Unterschiede gab es zwischen den Städten auch Parallelen. Denn sowohl Hamburg als auch Erfurt lagen 50 bis 60 Kilometer von der innerdeutschen Grenze entfernt. In beiden Städten beriefen sich die Initiatoren auf Traditionen von Gartenschauen im 19. und frühen 20. Jahrhundert und schöpften aus dem historischen Erfahrungs- und Gestaltungsreservoir, interpretierten die Ausstellungen aber im Sinne des jeweiligen politischen Bezugssystems neu.

Forschung und Vorgehen

Die Untersuchung verfolgt interdisziplinäre Ansätze, da die Gartenbauausstellungen unter anderem Aspekte der Landschafts- und Umweltgeschichte sowie der Kunstgeschichte und Urbanisierungsforschung berührten. Es verschränken sich drei Zugriffsebenen miteinander: die der Stadt- und Landschaftsgeschichte, der »Exhibition Studies« und der deutsch-deutschen Beziehungen. Diese werden im Folgenden ausführlich dargestellt.

---

3   Frank Bajohr, Hochburg des Internationalismus. Hamburger »Außenpolitik« in den 1950er und 1960er Jahren, in: Zeitgeschichte in Hamburg 2008, Hamburg 2009, S. 25-43; Christoph Strupp, Das Tor zur Welt, die »Politik der Elbe« und die EWG. Hamburger Europapolitik in den 1950er und 1960er Jahren, in: Themenportal Europäische Geschichte (2010), URL: http://www.europa.clio-online. de/2010/Article=455 (abgerufen am 25.4.2012).

Vermittelte Inhalte. Stadt- und Landschaftsplanung und Agrarpolitik

Die erste Ebene beleuchtet die Fachinhalte der Schauen wie Gartenbautechnik, Garten- und Landschaftsgestaltung, Stadtplanung sowie Freizeitgestaltung. In den Blick genommen werden die landschaftsarchitektonische Gestaltung und die Bedeutung der Freiraumplanung im städtebaulichen Kontext. Da die Ereignisse in die lokalen Verhältnisse eingebunden waren, sollen sie als städtische Repräsentationen und deren Untersuchung als Beitrag zur modernen Stadtgeschichte verstanden werden. Unterwarfen sich die lokalen Veranstalter den großen politischen Leitlinien oder lassen sie sich mit Konzepten von »Eigen-Sinn«[4] und Eigenlogik[5] auf der Basis von lokalen Traditionen und Visionen in Verbindung bringen? In welchem Verhältnis standen lokale wirtschaftliche Interessen und weltanschauliche Paradigmen? Welche Rückwirkungen hatten die Verhältnisse vor Ort auf die Veranstaltungen? Gartenschauen fanden zwar im städtischen Raum – oft im Zentrum oder innenstadtnah – statt. Diese und die entstandenen Parkgelände aber allein als städtische Repräsentationen zu untersuchen, wie in früheren Darstellungen häufig geschehen, greift jedoch zu kurz, da die Schauen ländliche Themen integrierten und ländliche Besucher anzogen. Daher wird die Annahme zugrunde gelegt, dass Gartenbauausstellungen »räumliche Erfahrungen« eines Zusammenfließens der ländlichen und städtischen Gesellschaft in einer Zeit boten, als sich beide Sphären aneinander anglichen.[6]

Großereignisse dienen dazu, Städte ins Gespräch zu bringen und das Image einer Stadt zu verbessern oder zu stärken. Mit Inszenierungen und Repräsentationen von Städten haben sich Stadtsoziologen, Architektur- und Stadthistoriker beschäftigt. Bereits Ende der sechziger Jahre und in den siebziger Jahren wurde das damals entstehende Stadtmarketing beleuchtet.[7] Die Stadtsoziologen Hartmut Häußermann und Walter Siebel prägten 1993 den Begriff »Politik der Festivalisierung« für ein Phänomen, das sie verstärkt seit den achtziger Jahren beobachteten: Zunehmend planten Städte Großereignisse als Anlässe, um städtebauliche Neuerungen durchführen zu können und um die öffentliche Aufmerksamkeit auf sich zu lenken.[8] Das von Adelheid von Saldern geleitete Forschungsprojekt über Stadtrepräsentationen widmete sich hingegen Stadtjubiläen und Großereignissen, die zeitlich vor diesem Trend lagen. So

---

4   Den Begriff führte Alf Lüdtke im Zusammenhang mit Fabrikarbeitern in die Geschichtswissenschaft ein: Alf Lüdtke, Eigen-Sinn. Fabrikalltag, Arbeitererfahrungen und Politik vom Kaiserreich bis in den Faschismus, Hamburg 1993. Zur Schwierigkeit mit dem Begriff bei der Übertragung auf die DDR-Gesellschaft siehe Esther von Richthofen, Bringing Culture to the masses. Control, Compromise and Participation in the GDR (Monographs in German History, Bd. 24), New York/Oxford 2009, S. 10 f.

5   Helmut Berking/Martina Löw, Die Eigenlogik der Städte. Neue Wege für die Stadtforschung (Interdisziplinäre Stadtforschung, Bd. 1), Frankfurt am Main/New York 2008.

6   Zum Verhältnis von Stadt und Land vgl. Clemens Zimmermann (Hrsg.), Dorf und Stadt. Ihre Beziehungen vom Mittelalter bis zur Gegenwart, Göttingen 2001.

7   Werner Durth, Die Inszenierung der Alltagswelt. Zur Kritik der Stadtgestaltung, Braunschweig 1977.

8   Hartmut Häußermann/Walter Siebel, Die Politik der Festivalisierung und die Festivalisierung der Politik. Große Ereignisse in der Stadtpolitik, in: *Leviathan* 13 (1993) S. 7-31.

gingen die beteiligten Historikerinnen und Historiker der Frage nach, wie sich Städte im »Dritten Reich«, in der Bundesrepublik und in der DDR nach innen und außen präsentierten.[9] In einem Teilprojekt bearbeitete Alice von Plato die Internationalen Gartenbauausstellungen in Erfurt.[10]

In den letzten Jahren bedienten sich Stadtsoziologen der Kategorie »Eigenlogik« und untersuchten Städte aufgrund bestimmter Dispositionen im Hinblick auf einen vermeintlich eigenen Charakter.[11] Eine Gegenrichtung zweifelt jedoch die Brauchbarkeit dieser Kategorie an, da die Verfechter des Modells der Eigenlogik »jegliche räumliche und soziale Wirklichkeiten von Städten auf das in ihnen wirksam werdende eigenlogische Prinzip hin« ausdeuteten.[12] Für Stadtplanung und Architektur in der DDR galten zum Teil eigene Regeln. Lange wurde in der Forschung angenommen, dass Architekten und Stadtplaner in der DDR der SED-Führung unterworfen waren. In letzter Zeit werden jedoch die lokalen Planungskompetenzen und Handlungsspielräume von Planern bzw. Kommunen in den Blick genommen.[13]

Es werden auch Aspekte der Umwelt- und Landschaftsgeschichte beleuchtet, die seit den neunziger Jahren in der Geschichtswissenschaft an Interesse gewinnen. Dass sich Landschaft generell als Kategorie eignet, um »kulturell-gesellschaftliche Prozesse« zu untersuchen, hat der Sozial- und Wirtschaftshistoriker Norbert Fischer festgestellt. Dabei könnten neben klassischen »Fragen normativer Ästhetik« alle urbanen und ländlichen Räume zu Untersuchungsgegenständen werden.[14] Besonderes Interesse riefen Fragen danach hervor, wie die Nationalsozialisten sich eine spezifisch deutsche Landschaft vorstellten und diese für ihre Siedlungspolitik in den eroberten Gebieten einsetzen wollten.[15] Hervorgetan haben sich dabei seit den achtziger Jahren Gert Gröning und Joachim Wolschke-Bulmahn, indem sie die Entwicklung der Landschaftsplanung und -pflege zur Zeit des Nationalsozialismus unter ideolo-

---

9 Adelheid von Saldern (Hrsg.), Inszenierte Einigkeit. Herrschaftsrepräsentationen in DDR-Städten (Beiträge zur Stadtgeschichte und Urbanisierungsforschung, Bd. 1), Stuttgart 2003; dies. (Hrsg.), Inszenierter Stolz. Stadtrepräsentationen in drei deutschen Gesellschaften (1935–1975) (Beiträge zur Stadtgeschichte und Urbanisierungsforschung, Bd. 2), Stuttgart 2005.

10 Alice von Plato, »Gartenkunst und Blütenzauber«. Die Internationale Gartenbauausstellung als Erfurter Angelegenheit, in: von Saldern, Inszenierte Einigkeit, S. 183-234.

11 Löw/Berking, Eigenlogik; Martina Löw, Soziologie der Städte, Frankfurt am Main 2008.

12 Jan Kemper/Anne Vogelpohl, »Eigenlogik der Städte«? Kritische Anmerkungen zu einer Forschungsperspektive, in: dies. (Hrsg.), Lokalistische Stadtforschung, kulturalisierte Städte. Zur Kritik einer »Eigenlogik der Städte« (Raumproduktionen: Theorie und Gesellschaftliche Praxis, Bd. 13), Münster 2011, S. 15-38, hier S. 32.

13 Christoph Bernhardt/Heinz Reif (Hrsg.), Sozialistische Städte zwischen Herrschaft und Selbstbehauptung. Kommunalpolitik, Stadtplanung und Alltag in der DDR, Stuttgart 2009.

14 Norbert Fischer, Landschaft als kulturwissenschaftliche Kategorie, in: *Zeitschrift für Volkskunde* 104 (2008) 1, S. 19-39, hier S. 19f.

15 Joachim Radkau/Frank Uekötter (Hrsg.), Naturschutz und Nationalsozialismus (Geschichte des Natur- und Umweltschutzes, Bd. 1), Frankfurt am Main u.a. 2003.

gischen Prämissen und ihre Funktionen für das NS-Regime aufgearbeitet haben.[16] Einige ihrer Studien beschäftigen sich auch mit der Inszenierung und Rezeption der »deutschen Landschaft«.[17]

Willi Oberkromes vergleichende Längsschnittstudie über das Verhältnis von Heimatkonstruktion und Naturschutz sowie Landschaftsgestaltung in Westfalen-Lippe und Thüringen vermittelt unter anderem ein Verständnis von Natur und Landschaft in der Bundesrepublik und der DDR.[18] Jens Ivo Engels beleuchtet den Naturschutz und die Umweltschutzbewegung in der Bundesrepublik.[19] Kai F. Hünemörder untersucht das Verhältnis der entstehenden Umweltpolitik im Verhältnis zu den globalen Ausmaßen der Umweltkrisen.[20] Joachim Radkau stellt die Umweltschäden als globales Problem und die Ökologie als weltweite Bewegung dar.[21]

Die Gartenbauausstellungen in Hamburg und Erfurt werden zudem durch den Wandel des Agrarsektors in Ost und West kontextualisiert, über den in den vergangenen Jahren diverse Studien erschienen sind, die teilweise sozial- und umweltgeschichtliche Fragestellungen verfolgen. Beispiele für methodische Ansätze zu einer modernen Agrargeschichte bietet der von Daniela Münkel herausgegebene Sammelband »Der lange Abschied vom Agrarland«.[22] Die großen Umwälzungen der Landwirtschaft in der Sowjetischen Besatzungszone und der DDR von der Bodenreform 1945 über die beiden Schübe der Kollektivierung 1952/53 und 1960 bis hin zur umfassenden Industrialisierung des Agrarsektors in den siebziger Jahren sind hinreichend erforscht. Jens Schöne zeichnet in »Frühling auf dem Lande« die beiden Kollektivierungsphasen nach.[23] Arnd Bauerkämper untersucht in »Ländliche Gesell-

---

16 Aus einem von der Deutschen Forschungsgemeinschaft geförderten Projekt sind drei Darstellungen der Freiraumplanung in der ersten Hälfte des 20. Jahrhunderts hervorgegangen. Der dritte Band beschäftigt sich mit den Funktionen der Landschaftsgestaltung und ihren Akteuren im Zweiten Weltkrieg: Gert Gröning/Joachim Wolschke-Bulmann, Die Liebe zur Landschaft, Teil III: Der Drang nach Osten (Arbeiten zur sozialwissenschaftlich orientierten Freiraumplanung, Bd. 9), München 1987; Gert Gröning, Teutonic Myth, Rubble, and the recovery: Landscape Architecture in Germany, in: Marc Treib (Hrsg.), The Architecture of Landscape 1940–1960, Philadelphia 2002, S. 120-153. Zur Geschichte eines wichtigen Verbandes für Gartenkunst vgl. Gröning/Wolschke-Bulmann, Deutsche Gesellschaft für Gartenkunst und Landschaftspflege e.V. Ein Rückblick auf 100 Jahre DGGL (Schriftenreihe der DGGL, Bd. 10), Berlin 1987.

17 David Blackbourn, Die Eroberung der Natur. Eine Geschichte der deutschen Landschaft, München 2007.

18 Willi Oberkrome, »Deutsche Heimat«. Nationale Konzeption und regionale Praxis von Naturschutz, Landschaftsgestaltung und Kulturpolitik in Westfalen-Lippe und Thüringen (1900–1960) (Forschungen zur Regionalgeschichte, Bd. 47), Paderborn 2004.

19 Jens Ivo Engels, Naturpolitik in der Bundesrepublik. Ideenwelt und politische Verhaltensstile in Naturschutz und Umweltbewegung 1950–1980, Paderborn/München/Wien/Zürich 2006.

20 Kai F. Hünemörder, Die Geschichte der globalen Umweltkrise und die Formierung der deutschen Umweltpolitik (1950–1973), Stuttgart 2004.

21 Joachim Radkau, Die Ära der Ökologie. Eine Weltgeschichte, München 2011.

22 Daniela Münkel (Hrsg.), Der lange Abschied vom Agrarland. Agrarpolitik, Landwirtschaft und ländliche Gesellschaft zwischen Weimar und Bonn (Veröffentlichungen des Arbeitskreises Geschichte des Landes Niedersachsen nach 1945, Bd. 16), Göttingen 2000.

23 Jens Schöne, Frühling auf dem Lande? Die Kollektivierung der DDR-Landwirtschaft, Berlin 2005.

schaft in der kommunistischen Diktatur« am Beispiel des Bezirks Brandenburg den Agrarwandel bis in die sechziger Jahre. Vom selben Autor stammt neben vielen Aufsätzen zur Agrarwirtschaft in der Bundesrepublik und der DDR eine vergleichende Darstellung der Landwirtschaft beider deutschen Staaten.[24] Michael Heinz beginnt dort, wo Schöne und Bauerkämper enden, indem er am Beispiel der nördlichen Bezirke der DDR die Industrialisierung der Landwirtschaft von den sechziger bis Anfang der achtziger Jahre und deren Auswirkungen auf die ländliche Gesellschaft darstellt.[25] André Steiner geht in seiner Wirtschaftsgeschichte der DDR in besonderem Maße auf die Agrarpolitik ein.[26]

Zur westdeutschen Landwirtschaft liegen ebenfalls diverse Untersuchungen vor. Karl Ditt verbindet die Agrarwirtschaft mit dem Umweltschutz.[27] Kiran Klaus Patels Untersuchung »Europäisierung wider Willen« stellt den umfassenden Wandel der Agrarpolitik in der Bundesrepublik im Wechselspiel mit der Integration in die EWG dar und geht der Frage nach, warum die Umwandlung des primären Sektors und die Integration in den Westen ohne größere Konflikte vonstattengingen.[28] Der Umwelthistoriker Frank Uekötter hat für die Bundesrepublik eine Wissensgeschichte der Landwirtschaft vorgelegt.[29]

Praktiken des Ausstellens. Zugriffe der »Exhibition Studies«

Um die Inhalte, das ästhetische Erscheinungsbild und die Atmosphäre der Gartenbauausstellungen zu erfassen, müssen jeweils das Gelände und die Architektur, Sonderausstellungen und Veranstaltungsprogramme beschrieben und eingeordnet werden. Welche Präsentationstechniken, Inszenierungsformen und gestalterischen Mittel wurden eingesetzt? Welche Themen und Exponate gingen in die Ausstellungen in Ost und West ein? An welche Traditionen knüpften die Veranstalter an, und welche Rückschlüsse lassen die Präsentationsformen auf die beiden deutschen Gesellschaften zu?

Die »Exhibition Studies«, die den Blick für die Praktiken des Zeigens in Kunst- und Wirtschaftsausstellungen und auf Messen öffnen, stoßen seit Beginn der neun-

---

24 Arnd Bauerkämper, Ländliche Gesellschaft in der kommunistischen Diktatur. Zwangsmodernisierung und Tradition in Brandenburg 1945–1963 (Zeithistorische Studien, Bd. 21), Köln / Weimar / Wien 2002; ders., Das Ende des Agrarmodernismus. Die Folgen der Politik landwirtschaftlicher Industrialisierung für die natürliche Umwelt im deutsch-deutschen Vergleich, in: Dix / Langthaler, Grüne Revolutionen, S. 151-172.

25 Heinz, Von Mähdreschern.

26 André Steiner, Von Plan zu Plan. Eine Wirtschaftsgeschichte der DDR, München 2004.

27 Karl Ditt, Zwischen Markt, Agrarpolitik und Umweltschutz. Die deutsche Landwirtschaft und ihre Einflüsse auf Natur und Landwirtschaft im 20. Jahrhundert, in: ders. / Rita Gudermann / Norwich Rüße (Hrsg.), Agrarmodernisierung und ökologische Folgen, Westfalen vom 18. bis zum 20. Jahrhundert, Paderborn 2001, S. 85-125.

28 Patel, Europäisierung, S. 11.

29 Frank Uekötter, Die Wahrheit ist auf dem Feld, Göttingen 2010.

ziger Jahre in der Geschichtswissenschaft auf verstärktes Interesse.[30] Vereinzelt hatten Historiker und Kulturwissenschaftler schon seit den siebziger Jahren Gewerbe-, Industrie- sowie Weltausstellungen vom 19. bis zum Beginn des 20. Jahrhunderts untersucht. Die Schauen riefen besonderes Interesse hervor, da sie Einblicke in die bürgerliche Gesellschaft und ihre Kultur gaben.[31] Als vorbildlich galten lange die Studie von Utz Haltern über die »Great Exhibition« in London 1851 und seine konzeptionellen Überlegungen zur Untersuchung von Wirtschaftsausstellungen.[32] Thomas Großbölting widmet sich den deutschen Industrie- und Gewerbeausstellungen als bedeutende mediale Repräsentationen im 19. Jahrhundert.[33] Alexander C. T. Gepperts Studie »Fleeting Cities« untersucht die Weltausstellungen und Wechselwirkungen mit den ausrichtenden Städten um 1900.[34]

Industrie- und Gewerbeausstellungen zur Zeit der Weimarer Republik, des Nationalsozialismus und in der Nachkriegszeit wurden hingegen seltener betrachtet. Kontinuitäten in der Gestaltung durch Akteure des Bauhauses in der Weimarer Republik bis zu den NS-Wirtschafts- und Propagandaausstellungen zeigt der Sammelband »Bauhaus-Moderne im Nationalsozialismus« auf.[35] Hans-Ulrich Thamer untersucht Wirtschafts- und Propagandaausstellungen im »Dritten Reich«, die Hunderttausende, mitunter sogar Millionen von Besuchern anzogen.[36] Kontinuitäten in der Ausstellungsästhetik und -organisation von der Zeit des Nationalsozialismus bis in die frühe Bundesrepublik stellt Detlef Briesen am Beispiel der beiden Ausstellungen in Düsseldorf »Schaffendes Volk« 1937 und »Alle sollen besser Leben!« 1953 dar.[37]

30　Vgl. den ausführlichen Forschungsbericht von Geppert, Welttheater.

31　Karl Heinrich Kaufhold, Messen und Weltausstellungen von 1650 bis 1914, in: Peter Johanek (Hrsg.), Europäische Messen und Märktesysteme in Mittelalter und Neuzeit, Köln / Weimar / Wien 1996, S. 239-294, hier S. 241.

32　Utz Haltern, Die Londoner Weltausstellung von 1851. Ein Beitrag zur Geschichte der bürgerlich-industriellen Gesellschaft im 19. Jahrhundert, Münster 1971. Siehe seinen Aufsatz mit theoretischen Überlegungen zu Wirtschaftsausstellungen: Die Welt als Schaustellung. Zur Funktion und Bedeutung der Industrieausstellung im 19. und 20. Jahrhundert, in: *Vierteljahrsschrift für Sozial- und Wirtschaftsgeschichte* 60 (1973), S. 1-40.

33　Thomas Großbölting, »Im Reich der Arbeit«. Die Repräsentation gesellschaftlicher Ordnung in den deutschen Industrie- und Gewerbeausstellungen 1790–1914, Münster 2008. Siehe auch den Aufsatz vom selben Autor: Die Ordnung der Wirtschaft. Kulturelle Repräsentation in den deutschen Industrie- und Gewerbeausstellungen, in: Hartmut Berghoff (Hrsg.), Wirtschaftsgeschichte als Kulturgeschichte. Dimensionen eines Perspektivenwechsels, Frankfurt am Main 2004, S. 377-403.

34　Alexander C.T. Geppert, Fleeting Cities. Imperial Expositions in Fin-de-Siècle Europe, London / New York 2010.

35　Winfried Nerdinger (Hrsg.), Bauhaus-Moderne im Nationalsozialismus. Zwischen Anbiederung und Verfolgung, München 1993.

36　Hans-Ulrich Thamer, Geschichte und Propaganda. Kulturhistorische Ausstellungen in der NS-Zeit, in: *Geschichte und Gesellschaft (GG)* 24 (1998) 3, S. 349-381.

37　Detlef Briesen, Über den Wandel der ästhetischen und politischen Kultur in der frühen Bundesrepublik. Ein Vergleich der Reichsausstellung »Schaffendes Volk« Düsseldorf 1937 mit der Großen Rationalisierungsausstellung »Alle sollen besser leben!«, Düsseldorf 1953, in: *Geschichte im Westen* 16 (2001), S. 47-72.

Einen Höhepunkt des frühen Ausstellungsgeschehens der Bundesrepublik untersucht Sandra Wagner-Conzelmann mit der Internationalen Bauausstellung »Interbau« 1957 und deren Sonderschau »stadt von morgen«.[38] Christiane Fritsche vergleicht die Industriemessen in der Bundesrepublik und die westdeutschen Beteiligungen an der Leipziger Messe und an Messen im Ausland im Zeichen der Systemkonkurrenz. Dabei arbeitet sie heraus, wie sich die Akteure zwischen Annäherung und Abgrenzung zur DDR bewegten.[39]

Eine wissenschaftlich fundierte Untersuchung, die historische Gartenbauausstellungen als erweiterte Fachausstellungen betrachtet und durch politische und wirtschaftliche Aspekte kontextualisiert, steht jedoch noch aus. Die bislang einzige Darstellung, die sie als städtische Ereignisse angemessen beleuchtet, ist der bereits erwähnte Beitrag »Gartenkunst und Blütenzauber« von Alice von Plato. Sie wertete umfangreiche Quellenbestände über diese städtischen Veranstaltungen im Hinblick auf die organisatorischen Rahmenbedingungen sowie die politischen Funktionen aus. Dabei ging sie auf städtische Initiativen und Intentionen im Verhältnis zu staatlichen Vorhaben und Vorgaben ein.[40] Im Mittelpunkt der Untersuchung stehen die Vorbereitungen für die iga 1961 und deren Durchführung. In dieser Arbeit werden – stärker als bei von Plato – die gestalterischen Konzeptionen der Ausstellungen untersucht und zu den politischen Intentionen und Funktionen im Zeichen der Systemkonkurrenz in Beziehung gesetzt. Durch die ausführlichere Betrachtung der Vorläuferveranstaltungen sowie der iga 1966 und 1974 werden die strukturellen Veränderungen herausgearbeitet und ins Verhältnis zu den bundesdeutschen Veranstaltungen gesetzt.

Zudem liefern Kunsthistoriker und Denkmalpfleger mit diversen lokalhistorischen Studien Erkenntnisse über Entstehungsgeschichten, ästhetische Konzepte und städtebauliche Funktionen von Parks, die im Rahmen von Gartenbauausstellungen entstanden. Die wenigsten nehmen jedoch deren Ereignischarakter unter politik-, sozial- oder rezeptionsgeschichtlichen Fragestellungen in den Blick.

Die Landschaftsarchitektin Susanne Karn untersucht in ihrer Werkbiografie über den Landschaftsarchitekten Walter Funcke auch seine Planungen für »Erfurt blüht« 1950.[41] Der Erfurter Denkmalpfleger Martin Baumann beschäftigt sich in mehreren Aufsätzen mit der Parkanlage der iga in Erfurt.[42] Zum 50-jährigen Jubiläum der »Ers-

---

38 Sandra Wagner-Conzelmann, Die Interbau 1957 in Berlin. Stadt von heute – Stadt von morgen. Städtebau und Gesellschaftskritik der 50er Jahre, Petersberg 2007.

39 Christiane Fritsche, »Schaufenster des Wirtschaftswunders« und Brückenschlag nach Osten. Westdeutsche Industriemessen und Messebeteiligungen im Kalten Krieg (1946–1973), München 2008.

40 von Plato, »Gartenkunst und Blütenzauber«.

41 Susanne Karn, Freiflächen- und Landschaftsplanung in der DDR. Am Beispiel von Werken des Landschaftsarchitekten Walter Funcke (1907–87), Münster 2001.

42 Martin Baumann, iga 1961, die Erste Internationale Gartenbauausstellung der sozialistischen Länder in Erfurt, Thüringisches Landesamt für Denkmalpflege und Archäologie (Hrsg.), Stadt und Grünplanung der 1950er und 1960er Jahre in Deutschland, S. 57-62; ders., Die I. Internationale Gartenbauausstellung der sozialistischen Länder in Erfurt 1961, in: *Die Gartenkunst* 19 (2007) 1, S. 163-178.

ten Internationalen Gartenbauausstellung der sozialistischen Länder« 2011 haben er und der Historiker Steffen Raßloff einen umfangreichen Sammelband über die Geschichte des Erfurter Gartenbaus und der Gartenbauausstellungen herausgegeben.[43]

Dass sich die Veranstaltungen als diskursive Ereignisse untersuchen lassen, zeigt der Literaturwissenschaftler Michael Kienzle mit einem Überblick über mehrere Stuttgarter Gartenbauausstellungen im 20. Jahrhundert. Er stellt dar, wie die Gartenschauen vor dem Hintergrund der jeweiligen Zeit neu ausgedeutet und für die Intentionen der Politik genutzt wurden.[44] Für Hamburg hat der derzeitige Leiter des Hamburger Denkmalschutzamtes Frank Pieter Hesse Aufsätze mit kritischen Ansätzen zu der wiederholten Umgestaltung der großen innerstädtischen Parkanlage »Planten un Blomen« und der Wallanlagen veröffentlicht.[45] Die Denkmalpfleger Jörg Haspel und Heino Grunert stellen die Kontinuität von »Planten un Blomen« in der Zeit des »Dritten Reiches« bis in die Nachkriegszeit dar.[46]

Andere Publikationen entstammen der Perspektive von Planern und Veranstaltern. Eine interessante historische Quelle ist eine »Geschichtlich vergleichende Untersuchung zur Entwicklung des gärtnerischen Ausstellungswesens vom Kapitalismus zum Sozialismus« des Gartenarchitekten Helmut Lichey, der selbst an der Organisation von Gartenbauausstellungen beteiligt war und 1960 zum Stadtgartendirektor Ost-Berlins berufen wurde. In seiner 1960 abgeschlossenen Dissertation versucht Lichey, gestützt auf eine ideologische Argumentation, nachzuweisen, dass die Gartenbauausstellungen der DDR denen der Bundesrepublik und Westeuropas überlegen waren.[47] Der westdeutsche Gartenarchitekt Gustav Allinger, der in den zwanziger Jahren und nach dem Zweiten Weltkrieg an der Planung und Realisierung von Gartenbauausstellungen beteiligt und nach der Machtübernahme der Nationalsozialisten in führender Position für die Gleichschaltung der Gartenarchitekten zuständig gewesen war, legte 1963 die Publikation »Das Hohelied von Gartenbau und

43 Martin Baumann / Steffen Raßloff (Hrsg.), Blumenstadt Erfurt. Waid – Gartenbau – iga/egapark (Schriften des Vereins für die Geschichte und Altertumskunde von Erfurt, Bd. 8), Erfurt 2011. Darin ist auch ein erster Beitrag der Verfasserin erschienen: Kristina Vagt, Zwischen Systemkonkurrenz und Freizeitvergnügen. Die iga 1961 im deutsch-deutschen Kontext, S. 341-349.

44 Michael Kienzle, Ideologische Gärten. Gartenschau-Rhetorik am Stuttgarter Beispiel, in: ders. (Hrsg.), Natur-Schauspiele. Vom Umgang mit der Natur in der Stadt, Stuttgart 1993, S. 88-119.

45 Frank Pieter Hesse, Der Hamburger Wallring. Eine Bildungslandschaft in der City, in: Hamburgische Architektenkammer (Hrsg.), Architektur in Hamburg, Jahrbuch 1996, S. 140-149; ders., Typisch Hamburg: Planten un Blomen und sein Rosengarten, in: Hamburgische Architektenkammer (Hrsg.), Architektur in Hamburg, Jahrbuch 2004, S. 154-165; ders. / Jörg Haspel, Umgraben oder vergessen, in: Garten und Landschaft 103 (1993) 9, S. 13-21; ders., Ein Lichtblick an der Alster? 40 Jahre Alsterpark. Gustav Lüttge zum 25. Todestag, Architektur in Hamburg, Jahrbuch 1993, S. 150-159.

46 Jörg Haspel, »Planten un Blomen«. Spurensicherung einer niederdeutschen Gartenschau, in: Frank Pieter Hesse, »Was nützet mir ein schöner Garten …«, Hamburg 1990, S. 78-89; Heino Grunert, 75 Jahre Planten un Blomen, in: Stadt + Grün 59 (2010) 11, S. 51-59.

47 Helmut Lichey, Geschichtlich vergleichende Untersuchung zur Entwicklung des gärtnerischen Ausstellungswesens vom Kapitalismus zum Sozialismus, Diss. agr., Berlin (Ost) 1960 (masch.).

Gartenkunst« über die Gartenschauen vom 19. Jahrhundert bis Anfang der sechziger Jahre vor.[48] Ähnlich enzyklopädischen und affirmativen Charakter weisen zwei Darstellungen über die Gartenschauen nach 1945 auf, die im Auftrag des Zentralverbands Gartenbau entstanden.[49]

Weitere Forschungsprojekte über Garten- und Landwirtschaftsausstellungen wurden kürzlich abgeschlossen. Anne Steinmeister beschäftigt sich in ihrer Dissertation mit den Internationalen Gartenbauausstellungen 1869 und 1897 in Hamburg.[50] Sven Schultze untersucht in seiner komparativ angelegten Dissertation die »Grüne Woche« in West-Berlin und die Landwirtschaftsausstellung in Leipzig-Markkleeberg als Veranstaltungen mit Schaufensterfunktion in der Zeit nach dem Zweiten Weltkrieg bis zum Bau der Berliner Mauer.[51]

Zwischen Kontaktpflege und Abgrenzung. Deutsch-deutsche Beziehungen

Schließlich werden die Ausstellungen in der Bundesrepublik und der DDR im Hinblick auf Parallelen, Unterschiede, Bezugnahmen und Abgrenzungen untersucht. Dabei sollen die Gartenbauausstellungen in ihrer Erscheinungsform und mit ihren Funktionen in der »Eigenlogik« und in den Kontexten des jeweiligen politischen Systems als staatliche und städtische Repräsentationen verstanden werden. Es geht nicht in erster Linie darum, den Erfolg der Gartenbauausstellungen anhand der erreichten Besucherzahlen, der Anzahl der beteiligten Nationen, der finanziellen Einnahmen oder der anschließend getätigten Handelsabschlüsse zu messen. Vielmehr werden die Ausstellungen als eigenständige Unternehmungen mit ihren jeweiligen organisatorischen Bedingungen, Inhalten, Gestaltungssprachen, didaktischen Methoden und Veranstaltungsprogrammen sowie auf Werbung und Rezeption hin untersucht. Berührungspunkte gab es auf unterschiedlichen Ebenen: z. B. bei den gestalterischen Mitteln, in Eröffnungsreden und bei Fachkontakten. Da die Ausstellungen in beiden

---

48 Gustav Allinger, Das Hohelied von Gartenbau und Gartenkunst – 150 Jahre Gartenbauausstellungen in Deutschland, Berlin / Hamburg 1963.

49 Helga Panten, Die Bundesgartenschauen. Eine blühende Bilanz seit 1951, Stuttgart 1987; dies., 50 Jahre Bundesgartenschauen. Festschrift zur Geschichte und Zukunft der Bundes- und Internationalen Gartenschauen in Deutschland, Bonn 2001.

50 Anne Steinmeister (Bielefeld), Die internationalen Hamburger Gartenbauausstellungen des 19. Jahrhunderts. Ein Beitrag zur Entwicklung des gartenkulturellen Ausstellungs- und Kongresswesens in Deutschland (die Einreichung der Dissertation erfolgte im Juni 2012).

51 Der Titel der Dissertation lautet »Land in Sicht«? Agrarexpositionen in der deutschen Systemauseinandersetzung. Bisherige Veröffentlichungen von Sven Schultze: Die Blumen- und Gartenschauen auf der »Grünen Woche Berlin in den fünfziger Jahren, in: Sylvia Butenschön, Gartenhistorisches Forschungskolloquium 2008. Zusammenstellung der Tagungsbeiträge (Graue Reihe des Instituts für Stadt- und Regionalplanung, Technische Universität Berlin, Bd. 17), Berlin 2008, S. 70-77; Auftrag »Grüne Woche«. Die Landwirtschaftsausstellung als Angelegenheit deutsch-deutscher Systemkonkurrenz, in: Susanne Muhle (Hrsg.), Die DDR im Blick. Ein zeithistorisches Lesebuch, Berlin 2008, S. 169-178.

Staaten internationalen Anspruch hatten – durch Aussteller, Besucher und Medienpräsenz –, werden Einflüsse aus dem Ausland und die Einbettung in das internationale Geschehen einbezogen.

Seit den neunziger Jahren wurde wiederholt die Untersuchung der deutschen Nachkriegsgeschichte in vergleichender Perspektive gefordert, um Parallelen und Unterschiede der beiden deutschen Staaten herauszuarbeiten, die auf eine gemeinsame historische Entwicklung zurückblickten. Als Instrumentarium standen dabei methodische Zugriffe des Vergleichs, Transfers und der Verflechtung zur Verfügung und wurden weiterentwickelt.

Theoretische Konzepte des Vergleichs, die zwei oder mehrere Staaten auf Unterschiede und Ähnlichkeiten hin untersuchen, entstanden seit den siebziger Jahren. Mit dem Aufkommen transnationaler Perspektiven in der Geschichtswissenschaft in den neunziger Jahren wurde dieses Konzept ausgeweitet.[52] So untersucht der ebenfalls komparative Ansatz des Transfers die Wandlungen, die bei der Übertragung von Konzepten, Normen, Bildern und Repräsentationen von einer Kultur in die andere stattfinden.[53] Während das Konzept des Transfers eng gefasst ist, können die Begriffe »entangled history« und »Verflechtungsgeschichte« weiter ausgelegt werden.[54]

Christoph Kleßmann wandte das Bild der Verflechtung auf sein Konzept für eine deutsch-deutsche Beziehungsgeschichte an.[55] Sein breit rezipiertes Schlagwort »asymmetrisch verflochtene Parallelgeschichte« meint eine doppelte deutsche Nachkriegsgeschichte, die die Teilgeschichten der deutschen Staaten integriert, ohne die Spannungen und Widersprüche in einer neuen (und alten) Nationalgeschichte aufzulösen.[56] Das Verhältnis beider Staaten und Gesellschaften sei in hohem Maße durch Abgrenzung geprägt, gleichzeitig seien beide asymmetrisch miteinander verflochten gewesen – besonders auf wirtschaftlicher Ebene, da vor allem die Bundesrepublik die DDR mit Waren belieferte.[57] Auch die DDR habe Einfluss auf den Westen ausgeübt, aber nicht in der von ihr intendierten politisch-propagandistischen Form, sondern in indirekter Weise. Die Existenz des sozialistischen deutschen Staates habe Auswirkungen auf die politische Kultur der Bundesrepublik gehabt.[58] Auch wenn seit der ersten Hälfte der neunziger Jahre deutsch-deutsche Beziehungsgeschichten gefordert wurden, blieb die Anzahl der tatsächlichen Studien lange überschaubar.

---

52 Zum Thema des Vergleichs siehe die Publikationen von Hartmut Kaelble. Eine prägnante Zusammenfassung bietet er in: Die Debatte über Vergleich und Transfer und was jetzt?, in: H-Soz-u-Kult, 8.2.2005, URL: http://hsozkult.geschichte.hu-berlin.de/forum/2005-02-002.

53 Ebd., S. 2.

54 Ebd., S. 7.

55 Kleßmann, Verflechtung.

56 Christoph Kleßmann, Konturen einer integrierten Nachkriegsgeschichte, in: *APuZ* 55 (2005) 18/19, S. 4-11, hier S. 4.

57 Ebd., S. 8.

58 Ebd.

2003 kritisierte Jürgen Kocka in einer Debatte über den Stand der DDR-Forschung, sie sei zu sehr auf sich bezogen und es bedürfe einer Integration in die europäische Geschichte.[59] Dagegen forderten Mitarbeiter des Instituts für Zeitgeschichte in Berlin, die Geschichte der DDR weiter zu erforschen, bevor sie in die gesamtdeutsche oder gar europäische Geschichte integriert werden könne.[60] 2004 stellte Konrad H. Jarausch fest, die »integrierten deutschen Nachkriegsgeschichten« seien immer noch in der Minderzahl.[61] Seither haben jedoch immer mehr Historiker den vergleichenden Zugriff auf deutsch-deutsche Themen gewagt.[62] Als Beispiel sei Uta Andrea Balbiers deutsch-deutsche Beziehungsgeschichte »Kalter Krieg auf der Aschenbahn« genannt, in der sie eine bemerkenswerte umgekehrte Asymmetrie aufdeckt: Die Bundesrepublik orientierte sich am Sportsystem der DDR, um im Spitzensport gleichzuziehen.[63] Wie sich beide deutsche Staaten durch die Beteiligung an Kultur- und Sportveranstaltungen im internationalen Rahmen präsentierten, beleuchtet ein von Johannes Paulmann herausgegebener Sammelband.[64] Der Sammelband »Divided, But Not Disconnected« zeigt ebenfalls eine große Bandbreite von Berührungspunkten der Bundesrepublik und der DDR. Der darin enthaltene Aufsatz von Rolf Lindenberger gibt einen anregenden Überblick über Methoden und Zugänge.[65]

Für diese Arbeit waren verschiedene der skizzierten methodischen Zugriffe hilfreich, öffneten sie doch den Blick für mögliche Fragestellungen. Auch das von Christoph Kleßmann entworfene Schlagwort »asymmetrisch verflochtene Parallelgeschichte« diente als brauchbares Bild, wurde aber nicht als starres Paradigma verstanden.

---

59 Jürgen Kocka, Bilanz und Perspektiven der DDR-Forschung. Hermann Weber zum 75. Geburtstag, in: *Deutschland Archiv* 36 (2003) 5, S. 764-769.

60 Henrik Bispinck / Dierk Hoffmann / Michael Schwartz / Peter Skyba / Matthias Uhl / Hermann Wentker, DDR-Forschung in der Krise? Defizite und Zukunftschancen – Eine Entgegnung auf Jürgen Kocka, in: *Deutschland Archiv* 36 (2003) 6, S. 1021-1061.

61 Konrad H. Jarausch, »Die Teile als Ganzes erkennen«. Zur Integration der beiden deutschen Nachkriegsgeschichten, in: *Zeithistorische Forschungen* 1 (2004) 1, S. 10-29.

62 Die Anzahl der Monografien ist noch überschaubar, aber einige Forschungsprojekte befinden sich in Bearbeitung und stehen teilweise vor dem Abschluss. An einem Workshop in der Forschungsstelle für Zeitgeschichte in Hamburg am 16.9.2009 nahmen 15 Doktorandinnen und Doktoranden teil, die zu deutsch-deutschen Beziehungsgeschichten arbeiteten. Ebenfalls an der Forschungsstelle für Zeitgeschichte fand 2011 die Veranstaltungsreihe »Brüder und Schwestern? Deutsch-deutsche Beziehungen im Kalten Krieg« statt. Im Februar 2012 haben in dem Workshop »Asymmetrisch verflochten? Neue Forschungen zur gesamtdeutschen Nachkriegsgeschichte«, veranstaltet am Lehrstuhl für Neuere und Zeitgeschichte an der Universität Leipzig, mehrere Historiker ihre Projekte vorgestellt.

63 Uta Andrea Balbier, Kalter Krieg auf der Aschenbahn. Der deutsch-deutsche Sport 1950–1972. Eine politische Geschichte, Paderborn / München 2007.

64 Johannes Paulmann (Hrsg.), Auswärtige Repräsentationen nach 1945. Zur Geschichte der deutschen Selbstdarstellung im Ausland, Köln 2005.

65 Hochscherf / Laucht / Plowman, Divided.

Quellen und Archive

Im Staatsarchiv Hamburg befinden sich umfangreiche Aktenbestände der Gesamtleitung der Internationalen Gartenbauausstellung, der Behörde für Landwirtschaft und Ernährung und der Baubehörde. Auf deren Basis lassen sich die konzeptionelle und organisatorische Entwicklung, die Motivation der Veranstalter und die gedachten Funktionen der Gartenschauen rekonstruieren. Ergänzend wurden Fotos und Nachlässe von Architekten im Hamburgischen Architekturarchiv gesichtet.

Ebenfalls große Aktenbestände im Thüringischen Hauptstaatsarchiv Weimar dokumentieren die Arbeit der iga-Gesellschaft, der Architekten, des Bezirks und der DDR-Regierung.[66] Das Stadtarchiv Erfurt verwahrt Akten über die Gartenschau »Erfurt blüht« 1950 und die Samenexportschau und Gartenbauausstellung 1955. Im Bundesarchiv in Berlin befindet sich die Überlieferung des Ministeriums für Land- und Forstwirtschaft der DDR, dem die Internationale Gartenbauausstellung der DDR unterstellt war. Der Nachlass des Gartenarchitekten Walter Funcke, der »Erfurt blüht« gestaltete, wurde in der Staatsbibliothek zu Berlin ausgewertet. Der Nachlass des iga-Chefarchitekten Reinhold Lingner im Leibniz-Institut für Regionalentwicklung und Strukturplanung in Erkner ermöglicht Einblicke in sein konzeptionelles Vorgehen und sein berufliches Netzwerk.

Visuelle Eindrücke der Gartenbauausstellungen in West und Ost vermitteln Programmhefte, Kataloge, Bildpostkarten und Plakate. Sonderbriefmarken und Souvenirs wie Maskottchen, Biergläser und -deckel geben ebenfalls eine Ahnung von der visuellen Wirkmächtigkeit der repräsentativen Veranstaltungen. Als weitere Bildquellen wurden Fotos der Freiräume, Interieurs, Eröffnungsveranstaltungen und Besucher auf dem Ausstellungsgelände hinzugezogen. Das Stadtarchiv Erfurt und das Bildarchiv des Bundesarchivs besitzen umfangreiche Bildbestände zu den Erfurter Gartenschauen. Das Staatsarchiv Hamburg und das Hamburgische Architekturarchiv verwahren Fotos zu den Hamburger Veranstaltungen. Außerdem wurde eine eigene Sammlung mit Werbematerialien und Fotos angelegt und ausgewertet.[67]

Die Tages- und Wochenpresse informierte vor und während der Veranstaltungen über die Planungen und organisatorischen Abläufe. Zugleich wiesen Zeitungsartikel auf die Eröffnungsveranstaltungen, prominente Besucher und kulturelle Veranstaltungen hin. Fachzeitschriften der Gärtner, Landschaftsarchitekten und Architekten setzten sich indessen mit fachlichen Fragen auseinander. Die westdeutschen Fach-

---

66 Der Bestand zur iga wird neu geordnet und verzeichnet. Wenn es sich um eine alte Signatur handelt, ist dieses im Folgenden vermerkt.

67 Die Materialien wurden hauptsächlich bei der Internet-Auktionsplattform eBay ersteigert. Erinnerungsstücke wie das Maskottchen »Florinchen« der iga in Erfurt werden dort teilweise zu hohen Preisen gehandelt. In großer Stückzahl werden Bildpostkarten angeboten.

zeitschriften *Garten und Landschaft*[68] und *Pflanze und Garten* wandten sich an Gestalter. *Deutscher Kleingärtner* und *Der Hamburger Kleingärtner* bildeten die Perspektive der Hobbygärtner ab. Das *Zentralblatt für den deutschen Erwerbsgartenbau*, herausgegeben vom Zentralverband des Deutschen Gemüse-, Obst- und Gartenbaues, und *Die Gartenwelt* stellten unter anderem die Entwicklungen in der Agrarpolitik und in der Westintegration dar. Ostdeutsche Pendants waren für die Gartenbauwirtschaft die *Deutsche Gärtnerpost, Deutsche Gärtnerbörse* und *Der Deutsche Gartenbau*. Fachzeitschriften wie *Deutsche Architektur* und *Deutsche Gartenarchitektur* berichteten über Freiraumplanungen und Gebäude in der DDR.

Dokumente der staatlichen Bürokratie der DDR sind durch eine spezifische politisch-ideologische Terminologie geprägt. Der Aussagewert der Texte nahm im Laufe der Jahrzehnte ab, da sich ein formalisierter Sprachstil durchsetzte und weniger formelhafte Aussagen seltener wurden.[69] Für die iga 1961 sind jedoch noch selbstkritische Bilanzen der iga-Leitung vorhanden, außerdem Besucherbriefe, Einträge in Besucherbüchern und Berichte von »Erklärern«, die durch die Ausstellungen führten. Für die Zeit von 1950 bis in die sechziger Jahre lassen sich als Gegenstimmen auch westdeutsche Zeitungsartikel und Äußerungen von westdeutschen Besuchern heranziehen. Für die sechziger und siebziger Jahre gibt es spezielle Zeugnisse einer »Gegenöffentlichkeit« in Form von Berichten des Ministeriums für Staatssicherheit (MfS). Auch wenn die Aktenlage beim Bundesbeauftragten für die Unterlagen des Staatssicherheitsdienstes der ehemaligen DDR (BStU) zur iga überschaubar ist, lassen sich aus den überlieferten Dokumenten Schlüsse über den Umgang mit westdeutschen und -europäischen Ausstellern und Ausstellungsbesuchern sowie über die Versuche ziehen, sie politisch zu indoktrinieren.[70]

Dokumente der Hamburger Gartenbauausstellungen wie Sitzungsprotokolle sind zwar in ihrem Sprachduktus weniger formalisiert als vergleichbare in der DDR, aber ebenfalls gefilterte Dokumentationen der tatsächlichen Gespräche. Zur Rezeption der Gartenbauausstellungen in Hamburg konnten viele kritische Zeitungs- und Zeitschriftenartikel herangezogen werden. Die Hamburger Ausstellungen wurden in der

---

68 *Garten und Landschaft* ging aus der seit 1899 erschienenen Fachzeitschrift *Die Gartenkunst* hervor und wurde 1948 gegründet. Sie wurde und wird bis heute von der Deutschen Gesellschaft für Gartenkunst und Landschaftspflege (seit 1998 Deutsche Gesellschaft für Gartenkunst und Landschaftskultur) herausgegeben. Zwischen 1950 und 1972 etablierte die Chefredakteurin Gerda Gollwitzer die Zeitschrift in der Fachwelt, vgl. Falk Trillitzsch, Gerda Gollwitzer – ein Nachruf, in: *Garten und Landschaft* 106 (1996) 3, S. 5.

69 Vgl. dazu Alf Lüdtke / Peter Becker (Hrsg.), Akten, Eingaben, Schaufenster. Die DDR und ihre Texte. Erkundungen zu Herrschaft und Alltag, Berlin 1997; darin neben der Einleitung besonders auch: Matthias Judt, »Nur für den Dienstgebrauch« – Arbeiten mit Texten einer deutschen Diktatur, S. 29-38; Ralph Jessen, Diktatorische Herrschaft als kommunikative Praxis. Überlegungen zum Zusammenhang von »Bürokratie« und Sprachnormierung in der DDR-Geschichte, S. 57-75.

70 Die Akten des MfS zur iga in Erfurt befinden sich bei der Außenstelle des Bundesbeauftragten für die Unterlagen des Staatssicherheitsdienstes der ehemaligen DDR (BStU) in Erfurt.

DDR kaum rezipiert, dafür aber andere westdeutsche Gartenschauen als Referenz-rahmen wahrgenommen.

Nicht unerwähnt bleiben sollen Gespräche mit Zeitzeugen, auch wenn ich nur wenige aufzeichnen konnte, da sie meist spontan zustande kamen. Da die Gesprächs-inhalte mich zu neuen Fragen geführt oder Annahmen bestätigt haben, sind sie zum Teil indirekt in die Arbeit eingeflossen. Schließlich sind die heutigen Parkanlagen selbst Zeugnisse der Vergangenheit. Bei Besuchen vor Ort habe ich als »teilnehmen-de Beobachterin« Eindrücke über die Atmosphäre und die heutige Nutzung gesam-melt, die vor allem ins Kapitel »Gartenbauausstellungen als Erinnerungsorte« einge-flossen sind.[71]

---

71 Zwar handelte es sich nicht um eine methodisch strenge »teilnehmende Beobachtung« oder »Feld-forschung« im anthropologischen Sinne, die Besuche der heutigen Parks waren jedoch wichtig, um das Bild von den im Rahmen der Gartenbauausstellungen entstandenen Anlagen zu komplettieren. Dabei habe ich die Aneignung durch die Besucher beobachtet und mir ein Bild von den Grünanlagen, Spielplätzen, Cafés und Kulturveranstaltungen gemacht.

Kapitel II

Traditionslinien. Ausstellungen vom 19. Jahrhundert bis 1945

Die Institutionalisierung von Ausstellungen im Kaiserreich und in der Weimarer Republik

Die Anfänge der Gartenbauausstellungen liegen im 19. Jahrhundert, als zeitgleich Industrie-, Gewerbe- und Weltausstellungen institutionalisiert wurden. Nach dem Zweiten Weltkrieg konnten die Veranstalter und Gestalter von Gartenbauausstellungen auf das organisatorische Wissen und die gestalterischen Konzeptionen aus der Zeit des Kaiserreichs, der Weimarer Republik und des »Dritten Reichs« rekurrieren bzw. sich davon abgrenzen. Oft legitimierten sie auch ihre Ausstellungsvorhaben gegenüber der Öffentlichkeit durch ins 19. Jahrhundert zurückreichende lokale Traditionslinien.

Allgemein können Gewerbe- und Industrieausstellungen ähnlich wie sich etablierende Bildungsinstitutionen – Museen und Akademien – sowie Printmedien zu den »Orten gesellschaftlicher Wissensproduktion, Wissensrepräsentation und kollektiven Lernens« gezählt werden.[1]

Während Industrie- und Gewerbeausstellungen als Motor für die Industrialisierung gedeutet werden[2], lässt sich an die Gartenbauausstellungen die Frage richten, in welchem Verhältnis dort Tendenzen der industriellen Entwicklung im Gartenbau und gegenläufige Bedürfnisse nach Rückzugsorten in Natur und Landschaft standen. Auf den frühen Gartenbauausstellungen im 19. Jahrhundert präsentierten die Veranstalter wie Gartenbauvereine und private Firmen exotische Pflanzen, Neuzüchtungen, Ernteprodukte, aber auch Gartenmöbel.[3] Pflanzen und Blumen wurden in Wettbewerben klassifiziert und die Technisierung der Land- und Gartenbauwirtschaft sowie die Steigerung der Ernteerträge thematisiert. Im letzten Drittel des 19. Jahrhunderts erlebten Gartenbauausstellungen parallel zur Entwicklung des allgemeinen Ausstellungswesens einen Professionalisierungs- und Popularisierungsschub. Parks

---

1   Großbölting, »Im Reich der Arbeit«, S. 173.
2   Geppert, Welttheater, S. 22.
3   Vgl. z. B. die Liste der Aussteller in: Officieller Haupt-Katalog der Allgemeinen Gartenbau-Ausstellung in Hamburg 1897, Hamburg 1897, S. 151-177.

wurden mit dem Ziel angelegt, sie nach den Schauen für die Bevölkerung zu erhalten.[4]

In der zweiten Hälfte des 19. Jahrhunderts fanden auch erste Gartenbauausstellungen in Erfurt und Hamburg statt. Der 1838 gegründete »Erfurter Verein für die Förderung des Gartenbaus« organisierte mehrtägige Ausstellungen.[5] An der Gartenbauausstellung 1865 in Erfurt beteiligten sich auch internationale Aussteller, obwohl sie nur wenige Tage dauerte.[6] Es folgten 1876 die »Allgemeine deutsche Gartenbauausstellung« und 1894 die »Thüringer Gewerbe- und Industrie-Ausstellung«.[7] Da sich in Erfurt aufgrund günstiger klimatischer Bedingungen viele Gartenbaubetriebe gegründet hatten, bestand dort besonderes Interesse an Gartenbauausstellungen. Der im 19. Jahrhundert geprägte Beiname »Blumenstadt« war Sinnbild für die Blumenfelder rund um Erfurt, auf denen Saatgut für den weltweiten Export produziert wurde.[8] (vgl. Farbabb. 1, S. 41)

In Hamburg fand 1869 eine erste »Internationale Gartenbau-Ausstellung« im Elbpark statt, 1889 die »Hamburgische Gewerbe- und Industrieausstellung« in den Wallanlagen zwischen Millern- und Holstentor.[9] Für die »Allgemeine Gartenbau-Ausstellung« 1897 wurden das bestehende Gelände und die Gebäude genutzt und weiterentwickelt. Aber auch neue Gebäude wie Restaurants und Cafés wurden errichtet.[10] (vgl. Farbabb. 2, S. 42)

Da Hamburg von Obst- und Gemüseanbauflächen südlich der Elbe im Alten Land und in den Vier- und Marschlanden sowie Baumschulen im südlichen Schleswig-Holstein umgeben war, beteiligte sich eine Vielzahl von Ausstellern aus der Region.[11]

Die Vielzahl von und das Interesse des Publikums an Gartenbauausstellungen lag sicherlich auch in einem neuen Umgang mit Natur und Landschaft vor dem Hintergrund von Industrialisierung, Bevölkerungszuwachs und Urbanisierung

---

4 Vgl. die chronologische Darstellung der Gartenbauausstellungen im 19. Jahrhundert bis zum Ersten Weltkrieg bei Allinger, Hohelied, S. 18-66.

5 Karn, Funcke, S. 102. Einen Überblick über die Erfurter Gartenbauausstellungen gibt auch Jürgen Zerull, Entwicklung der Erfurter Gartenschauen. Ein Abriss, in: Baumann / Raßloff, Blumenstadt Erfurt, S. 208-222.

6 Vgl. Angela Pfennig, Die Welt ein großer Garten. Der Königlich-Preußische Hofgartendirektor Ferdinand Jühlke (1815–1893), hrsg. im Auftrag der Stadt Barth, Vineta-Museum, Berlin 2002, S. 42 ff..

7 August Griebel, Bedeutende Erfurter Gartenbau-Ausstellungen der Vergangenheit, in: Aus der Vergangenheit der Stadt Erfurt, Band 3, Heft 3 (1961), Sonderheft zur iga 1961, S. 113-117, hier S. 114 f.

8 Steffen Raßloff, »Ruf als Blumenstadt zurückerobert«. Erfurts Waid- und Gartenbautradition im Spiegel von iga/egapark, in: Baumann /ders., Blumenstadt Erfurt, S. 7-16, hier S. 8.

9 Hesse, Wallring, S. 144 f. Eine zeitgenössische ausführliche Beschreibung des Geländes und der Gebäude findet sich in: Officieller Führer durch die Allgemeine Gartenbau-Ausstellung und die Stadt Hamburg, Hamburg 1897, S. 89-122.

10 Vgl. die zeitgenössische Beschreibung in Officieller Haupt-Katalog, S. 21-28; vgl. auch Hesse, Wallring, S. 145. Die letzten Relikte der kaiserzeitlichen Parkanlage wurden nach dem Zweiten Weltkrieg beseitigt und der ehemalige Wallgraben mit Kriegstrümmern verfüllt.

11 Vgl. das Ausstellerverzeichnis in: Officieller Haupt-Katalog, S. 82-85. Etwa die Hälfte der dort verzeichneten 149 Gärtnereien kam aus Hamburg oder dem direkten Umland.

Abb. 3 Bildpostkarte »Partie am Stadtgraben«, 1916. Zu sehen sind die historischen Wallanlagen, im Hintergrund das ab 1879 errichtete Ziviljustizgebäude als Teil des Justizforums sowie links davon der markante Turm der 1907 geweihten Gnadenkirche.

begründet.[12] Hier lassen sich zwei Trends beschreiben. Erstens wurde die Natur ge-
bändigt und die Landschaft in großem Maßstab gestaltet, indem Moore trockengelegt,
Dämme und Talsperren gebaut, Flüsse begradigt und die Nordseeküste eingedeicht
wurden.[13] Wichtige Prämisse war, der Mensch könne sich die Natur unterwerfen und
für seine Belange nutzen. Negativfolgen dieser Auffassung und der damit einherge-
henden Großprojekte waren die Einschränkung der Artenvielfalt und die Veränderung
des Landschaftsbildes, das gleichförmiger wurde. Zweitens wuchs das wissenschaftliche
und Liebhaberinteresse an Pflanzen und Blumen. Ausdruck dafür waren unter anderem die neu entstehenden Botanischen und Zoologischen Gärten. Parallel wurden
seit dem Ende des 19. Jahrhunderts Debatten über die »gesunde Stadt« geführt.
Lösungen für Probleme, die Industrialisierung und Urbanisierung mit sich brachten, versprach die Gartenstadtbewegung, ausgelöst durch das 1898 erschienene Buch
»Tomorrow. A Peaceful Path to Real Reform« von Ebenezer Howard.[14] Ebenso entstanden Kleingärten als Orte der Selbstversorgung und Erholung. Kommunen schufen Volksparks – wie in den zwanziger Jahren den Stadtpark in Hamburg und den
Volkspark in Altona.[15] Mit Botanischen und Zoologischen Gärten sowie Parkanlagen wurde die Landschaft in die Stadt geholt, im Kleinen abgebildet und der lokalen
Bevölkerung zugänglich gemacht.[16]

Nach dem Ersten Weltkrieg setzte ein erneuter allgemeiner Ausstellungsboom
ein. Zur Kontrolle und Koordinierung des Ausstellungswesens wurde 1927 das Deutsche Ausstellungs- und Messe-Amt gegründet.[17] 1928 wurde mit der Gründung des
Bureau International des Expositions (B.I.E.) in Paris das Reglement für die Planung
und Durchführung von internationalen Ausstellungen beschlossen. Unter anderem
sollten diese koordiniert und die inflationäre Verwendung von Bezeichnungen wie
»Internationale Ausstellung«, »Exposition Universelle«, »World's Fair« kanalisiert

---

12 Die Ausstellung »Die unaufhörliche Gartenlust« im Museum für Hamburgische Geschichte 2006
   stellte die Hamburger Gärten in den Mittelpunkt. Siehe den zur Ausstellung erschienenen Katalog:
   Claudia Horbas (Hrsg.), Gartenlust und Blumenliebe. Hamburgs Gartenkultur vom Barock bis ins
   20. Jahrhundert, Ostfildern-Ruit 2006.
13 Zu den großen Landschaftsprojekten vgl. David Blackbourn, Die Eroberung der Natur. Eine
   Geschichte der deutschen Landschaft, München 2007.
14 Der Titel der zweiten Auflage war »Garden Cities of Tomorrow, vgl. Kristiana Hartmann, Gartenstadtbewegung, in: Diethard Kerbs / Jürgen Reulecke (Hrsg.), Handbuch der deutschen Reformbewe-
   gungen 1880 – 1933, Wuppertal 1998, S. 289-300.
15 Zu diesen beiden Volksparks: Egbert Kossak, Hamburg – die grüne Metropole, Hamburg 1996,
   S. 262-286.
16 Vgl. die exemplarischen Darstellungen für London, New York, Madrid und Barcelona: Angela
   Schwarz (Hrsg.), Der Park in der Metropole. Urbanes Wachstum und städtische Parks im 19. Jahrhundert, Bielefeld 2005. Zur Gründung des Botanischen Gartens in Hamburg im 19. Jahrhundert vgl.
   Hans-Helmut Poppendieck, Ein Garten für den gebildeten Kaufmann – Zur Geschichte des Botanischen Gartens in Hamburg, in: Gudrun Wolfschmidt (Hrsg.), Hamburgs Geschichte einmal anders.
   Nuncius Hamburgensi (Beiträge zur Geschichte der Naturwissenschaften, Bd. 2), Norderstedt 2007,
   S. 253–286, hier S. 256 ff.
17 Briesen, Wandel, S. 50 f.

werden. Bis in die Gegenwart ist das B.I.E. für die Anerkennung und Genehmigung von internationalen Ausstellungen zuständig.[18]

In den zwanziger Jahren entwickelten Künstler im Deutschen Werkbund und am Bauhaus Gestaltungsmittel, die demokratische Ideen verkörpern sollten. Ausstellungsmacher kombinierten dazu Großfotos, Fotocollagen, Stellwandsysteme, Modelle und neuartige Schrifttypen miteinander.[19] In der für die Bauausstellung 1927 entstandenen Weißenhofsiedlung in Stuttgart drückten Architekten ihre programmatischen Konzeptionen für modernes Bauen und Wohnen verbunden mit neueren Gesellschaftsentwürfen aus.[20] Ebenfalls mit einem modernen Gebäude – einem in seiner Formsprache äußerst reduzierten Flachbau – von Ludwig Mies van der Rohe, dem späteren Direktor des Bauhauses, stellte sich die Weimarer Republik auf der Weltausstellung 1929 in Barcelona als demokratisches Gesellschaftssystem vor.[21]

In den zwanziger Jahren fanden neben Bau- und Hygieneausstellungen diverse Gartenschauen statt.[22] 1926 wurde die »Grüne Woche« in Berlin gegründet, die als jährlich stattfindende Messe für Landwirtschaft – mit Unterbrechung im Zweiten Weltkrieg – bis in die Gegenwart fortgeführt wurde.[23]

Gartenbau und Landschaftsarchitektur im Dienst der NS-Politik

Ausstellungen zur Zeit des Nationalsozialismus

Nach ihrer Machtübernahme 1933 zentralisierten die Nationalsozialisten das Messe- und Ausstellungswesen, indem sie im Propagandaministerium den »Werberat

---

18 Vgl. Geppert, Welttheater, S. 20. Die Veranstalter müssen bis heute für Ausstellungen, die sie als international oder »Weltausstellung« bezeichnen wollen, beim B.I.E. ein Genehmigungsverfahren durchlaufen und für die Ausstellungen bestimmte Kriterien erfüllen.

19 Siehe z. B. das Ausstellungsdesign der Ausstellung des Deutschen Werkbundes in Paris, 1930 bei Richard P. Lohse, Neue Ausstellungsgestaltung. 75 Beispiele neuer Ausstellungsform, Erlenbach-Zürich 1953, S. 20-27. Die Architektur stammte von Walter Gropius und Marcel Breuer, die Grafik von dem Bauhaus-Schüler Xanti Schawinsky, ebd., S. 52 ff.

20 Johannes Cramer / Niels Gutschow, Bauausstellungen. Eine Architekturgeschichte des 20. Jahrhunderts, Stuttgart / Berlin / Köln / Mainz 1984, S. 116-131.

21 Paul Sigel, Exponiert. Deutsche Pavillons auf Weltausstellungen, Berlin 2000, S. 104 ff.

22 Es fanden diverse regionale Gartenbauausstellungen statt: Württembergische Gartenbau-Ausstellung in Stuttgart (21. Juni bis Mitte Oktober 1924), die Süddeutsche Gartenbau-Ausstellung in Ludwigshafen (28. Mai bis Mitte Oktober 1925), die Jubiläums-Gartenbau-Ausstellung in Dresden (1926), die Deutsche Gartenbau- und Schlesische Gewerbeausstellung Liegnitz (1927) und die Große Ruhrländische Gartenbauausstellung (29. Juni bis 13. Oktober 1929), vgl. dazu das Kapitel »Die neue Sachlichkeit«, in: Allinger, Hohelied, S. 67-88.

23 Vgl. Holger Möller, Das deutsche Messe- und Ausstellungswesen. Standortstruktur und räumliche Entwicklung seit dem 19. Jahrhundert (Forschungen zur deutschen Landeskunde, Bd. 231), Trier 1989, S. 124.

der deutschen Wirtschaft« ansiedelten und diesem die Kontrolle der Wirtschafts-
werbung sowie des Messe- und Ausstellungswesens übertrugen.[24] »Kultur- und
Lehrschauen mit wirtschaftlichem Einschlag«, meist in Messehallen veranstaltet,
verbanden industrie- und kulturwirtschaftliche sowie propagandistische Elemente
und integrierten Angebote zur Massenunterhaltung.[25] Vor der Machtübernahme
geplante Ausstellungen wurden in diesem Sinne abgewandelt, aber gewisse Freihei-
ten blieben noch in dieser Frühphase. So waren z. B. ehemalige Mitglieder des 1933
zwangsweise geschlossenen Bauhauses und dessen ehemalige Direktoren Walter
Gropius und Ludwig Mies van der Rohe an Ausstellungen wie »Deutsches Volk –
Deutsche Arbeit« 1934 beteiligt und verwendeten die in den zwanziger Jahren entwickelte Formensprache.[26] In der folgenden Konsolidierungsphase des »Dritten
Reiches« präsentierten Ausstellungen die vermeintlichen wirtschaftspolitischen Erfolge sowie gesellschaftspolitischen Aspekte und boten den Massenorganisationen
der NSDAP ein Forum.[27] Ein Höhepunkt war die Weltausstellung 1937 in Paris, auf
der das »Dritte Reich« seinen Machtanspruch in einer monumentalistischen Gestaltung eines Pavillons ausdrücken konnte.[28] Aber auch andere Nationen nutzten die
Gelegenheit, sich in Position zu bringen. So präsentierte sich die Sowjetunion auf
propagandistische Weise in einem ebenfalls mächtigen Pavillon gegenüber dem des
Deutschen Reiches und stellte darin die gesellschaftliche Entwicklung seit 1917 vor,
integrierte aber auch moderne Elemente.[29]

Inhalte und Funktionen von Landschaftsplanung

Zur Zeit des Nationalsozialismus stellten drei »Reichsgartenschauen« und weitere regionale Ausstellungen Themen wie Gartenbau, Landwirtschaft und Siedeln in
den Mittelpunkt und vermittelten damit dem Massenpublikum zentrale Inhalte des
nationalsozialistischen Systems. Veranstalter war der »Reichsnährstand«, der als
NS-Organisation für die landwirtschaftliche Produktion und den Absatz der Agrar-

---

24   Vgl. Thamer, Ausstellungen, S. 361.
25   Ebd., S. 360.
26   Ebd., S. 365.
27   Stefanie Schäfer, Vom Werkbund zum Vierjahresplan. Die Ausstellung »Schaffendes Volk«, Düsseldorf
      1937, Düsseldorf 2001; Thamer, Ausstellungen, S. 349-381. Vgl. auch die zeitgenössische Darstellung
      verschiedener Ausstellungstypen in: Immanuel Schäffer, Wesenswandel der Ausstellung. Ein Über-
      blick über das deutsche Ausstellungswesen und die Ausstellungsarbeit des Instituts für Deutsche Kul-
      tur- und Wirtschaftspropaganda, Berlin 1938.
28   Christopher Oestereich, Umstrittene Selbstdarstellung. Der deutsche Beitrag zur Weltausstellung in
      Brüssel 1958, in: *Vierteljahreshefte für Zeitgeschichte (VfZ)* 48 (2000), S. 127-153, hier S. 130. Eine
      umfangreiche Analyse der deutschen Repräsentation auf der Pariser Weltausstellung bietet Karen Fiss,
      Grand Illusion. The Third Reich, the Paris Exposition, and the Cultural Seduction of France, Chicago /
      London 2009.
29   Zum sowjetischen Pavillon vgl. Karl Schlögel, Terror und Traum. Moskau 1937, München 2008,
      S. 267-279.

produkte zuständig war.[30] Zum weiteren Verständnis der Kontinuitäten vom »Dritten Reich« bis in die Nachkriegszeit sowie der Brüche müssen die Tätigkeitsfelder und die Protagonisten der Berufsgruppe zur Zeit des Nationalsozialismus berücksichtigt werden, denn der Aufgabenbereich der Garten- und Landschaftsarchitekten erweiterte sich. Teils kamen sie aus dem »Neuen Bauen« der zwanziger Jahre, teils aus der »Heimatschutzbewegung«, die sich seit der Jahrhundertwende entwickelt hatte und konservativ bis radikal völkisch ausgerichtet war. Verbreitete Vorstellungen der vorindustriellen Beziehung zwischen Mensch und Natur, verbunden mit technischen Innovationen, waren durchaus anschlussfähig für Nationalsozialisten.[31]

Im »Dritten Reich« drängten Landschaftsarchitekten, die die »deutsche Landschaft« überhöhten, an die Spitze der Freiraumplanung.[32] So setzte ab 1933 der neu ernannte Präsident Gustav Allinger – Mitglied der NSDAP und der SA – die Neuformierung und Gleichschaltung der Deutschen Gesellschaft für Gartenkunst (DGfG) durch.[33] Mitglieder wie Georg Bela Pniower und Reinhold Lingner, die aufgrund ihres jüdischen oder politischen Hintergrunds ausgeschlossen wurden, waren hingegen fortan in ihrer beruflichen Tätigkeit eingeschränkt, sollten aber zu den bedeutendsten Landschaftsarchitekten der DDR werden. Erwin Barth, Direktor des Instituts für Gartengestaltung an der Landwirtschaftlichen Hochschule in Berlin, nahm sich 1933 das Leben, da er von beruflichen Einschränkungen bedroht war.[34] Seine Nachfolge trat 1934 Heinrich Friedrich Wiepking-Jürgensmann an, der zu einer der wichtigsten Figuren in der Landschaftspflege wurde.[35] 1940 berief ihn Reichsführer-SS Heinrich Himmler sogar zum Sonderbeauftragten für landschaftsgestalterische Fragen im »Reichskommissariat für die Festigung deutschen Volkstums«.[36] Welche Pläne Wiepking-Jürgensmann für die Gestaltung der im Osten eroberten Gebiete hatte, vermittelte er 1942 in seiner »Landschaftsfibel«: »Der Sieger dieses Krieges wird, mehr noch als wir 1918, sein Land und seine Landschaft gestalten wollen. Er

---

30 Zur Gründung und zu den Aufgaben des Reichsnährstandes vgl. Gustavo Corni / Horst Gies, Brot, Butter, Kanonen. Die Ernährungswirtschaft in Deutschland unter der Diktatur Hitlers, Berlin 1997, S. 79 ff.

31 Axel Zutz, Wege grüner Moderne: Praxis und Erfahrung der Landschaftsanwälte des NS-Staates zwischen 1930 und 1960, in: Heinrich Mäding / Wendelin Strubelt, Vom Dritten Reich zur Bundesrepublik. Beiträge einer Tagung zur Geschichte von Raumforschung und Raumplanung, Hannover 2009, S. 107-148, hier S. 110 f.

32 Gröning, Teutonic Myth, S. 120 ff.

33 Vgl. zur Gleichschaltung der Deutschen Gesellschaft für Gartenkunst (DGfG): Gröning / Wolschke-Bulmahn, DGGL, S. 66 f. Zur zeitgenössischen Darstellung der Maßnahmen Siehe Gustav Allinger, Neuordnung des Gartenbauwesens, in: *Die Gartenkunst* 46 (1933) 9, S. 134-137.

34 Gert Gröning, Ideological Aspects of Nature Garden Concepts in Late Twentieth-Century Germany, in: Joachim Wolschke-Bulmahn (Hrsg.), Nature and Ideology. Natural Garden Design in the Twentieth Century, Washington, D. C. 1997, S. 221-248, hier S. 225.

35 Ursula Kellner, Heinrich Friedrich Wiepking (1891–1973). Leben, Lehre und Werk, Hannover 1998, S. 271.

36 Ebd., S. 298 f.

will die Bilder der namenlosen Verwüstung, der endlosen Landschaften, das schau-
rige Elend der Massen, das gänzlich Unmenschliche der Bolschewisten loswerden
durch eigenes Schaffen im eigenen und gesunden Land.«[37] In dieser Vorstellung
sollten die neuen Siedler, die den Wehrmachtsoldaten folgten, eine neue »deutsche
Landschaft« anlegen.

Neben Wiepking-Jürgensmann profilierte sich Alwin Seifert ab 1934 mit dem
Projekt der landschaftsarchitektonischen Eingliederung der Reichsautobahnen. Die
von ihm geleitete Gruppe von freien Landschaftsarchitekten – »Landschaftsanwälte«
genannt – nahm »bündischen Charakter« an.[38] In der Öffentlichkeit wurden ihre
Konzepte für die »Versöhnung von Natur und Technik« durch eine heimatschüt-
zerische Gestaltung propagandistisch herausgestellt, auch wenn die Beteiligten oft
unzufrieden mit unklaren Planungsabläufen waren und ideologische Argumentati-
onen für »bodenständige« – also einheimische – Pflanzen und die Gestaltung der
Autobahnführungen als Ausgangspunkt für eine neue deutsche Landschaft nicht
umsetzen konnten.[39] Ab 1936 forcierte Seifert eine öffentliche Debatte über die »Versteppung« der deutschen Landschaft, die durch Kanalisierungen und Drainagen ent-
stehe.[40] Ein solches Szenario erschien auch deshalb bedrohlich, weil damit verbreitete Bilder der osteuropäischen Steppe wachgerufen wurden.[41]

Auch Hamburger Landschaftsarchitekten waren an nationalsozialistischen Pro-
jekten beteiligt. Karl Plomin, federführend bei der Gestaltung der »Niederdeutschen
Gartenschau« 1935 in Hamburg, machte sich im Anschluss als Gartenarchitekt selbstständig, wurde ab 1940 als Soldat von der Wehrmacht in Litauen, Polen und Russland
eingesetzt, kam 1944 zurück nach Hamburg und eröffnete 1945 erneut ein Büro für
Gartenarchitektur.[42] Gustav Lüttge, 1953 für die Gestaltung des Alstervorlandes im
Rahmen der Internationalen Gartenbauausstellung zuständig, hatte bei Karl Foerster
und Heinrich Friedrich Wiepking-Jürgensmann gearbeitet, bevor er sich als Gartengestalter in Hamburg niederließ. Unter Konstanty Gutschow, der 1939 zum »Architekten des Elbufers« und 1941 zum »Architekten der Neugestaltung der Hansestadt
Hamburg« ernannt wurde, war Lüttge an den Plänen für die Elbuferbebauung

37   Heinrich Friedrich Wiepking-Jürgensmann, Die Landschaftsfibel, Berlin 1942, S. 9.
38   Thomas Zeller, »Ganz Deutschland sein Garten«: Alwin Seifert und die Landschaft des National-
     sozialismus, in: Radkau / Uekötter, Naturschutz, S. 273-307, hier S. 278.
39   Ebd., S. 279 ff.
40   Alwin Seifert, Die Versteppung Deutschlands, in: Die Versteppung Deutschlands? (Kulturwasserbau
     und Heimatschutz). Sonderdruck mit Aufsätzen aus der Zeitschrift Deutsche Technik, Berlin / Leipzig
     1938. Vgl. auch Blackbourn, Eroberung, S. 346 ff. Er begründete das Szenario auch mit der amerika-
     nischen »Dust Bowl« von 1934, Stürme hatten nach Bodenerosion die Ackerkrume über das Land
     verstreut.
41   Zeller, Ganz Deutschland, S. 287.
42   Zu Plomins Werdegang siehe Eva Henze, Der Vater von Hamburgs Central Park – Karl Plomin
     (1904 – 1986), in: Architektur in Hamburg. Jahrbuch 2010, S. 154-160. Henze gibt an, dass Plomin
     am 1.5.1933 in die NSDAP eingetreten sei, und vermutet, dass er ein Mitläufer gewesen sei, s. S. 160,
     Fußnote 3.

Abb. 1 Bildpostkarte »Blumenstadt Erfurt«, um 1909. Blick vom Cyriaksberg über die Blumenfelder auf die Erfurter Altstadt mit Dom und der Kirche St. Severi. (vgl. S. 34)

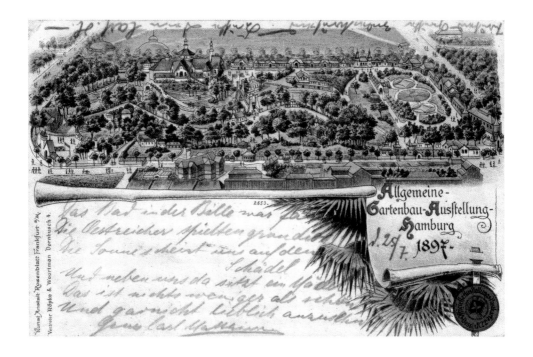

Abb. 2 Bildpostkarte der Allgemeinen »Gartenbau-Ausstellung«
in den Wallanlagen in Hamburg, 1897. In die Parklandschaft sind
Ausstellungs- und Restaurationsgebäude eingestreut. (vgl. S. 34)
Abb. 4 Bildpostkarte des Zoologischen Gartens in Hamburg, 1904.
Der 1861 eröffnete Zoologische Garten war eine künstlich geschaffene Landschaft mit Grotten und Wasserfall, in der einheimische
und exotische Tiere zu sehen waren. (vgl. S. 59)

Abb. 6 Bildpostkarte der Kakteenhäuser in »Planten un Blomen«, um 1937. Die Kakteenhäuser waren von dem Hamburger Architekten Konstanty Gutschow entworfen und realisiert worden. Ab 1938 wurden darin Kakteen aus Mexiko ausgestellt. Den konkav geschwungenen, 120 Meter langen Kakteenhäusern waren vielfältig bepflanzte Blumenbeete vorgelagert. (vgl. S. 62)

Abb. 8 Anzeige für das Orchideen-Café auf der Rückseite des Katalogs
»Planten un Blomen. Hamburgs blühender Garten«, 1940. Das Saxophon
und die Palme vermitteln kosmopolitisches Flair. (vgl. S. 63)

Abb. 25 »Wegweiser durch die Internationale Gartenbau-Ausstellung Hamburg 1953«. Die stilisierten Blätter waren Teil der Corporate Identity der IGA 1953 und griffen die Werbeästhetik der fünfziger Jahre auf. (vgl. S. 133)

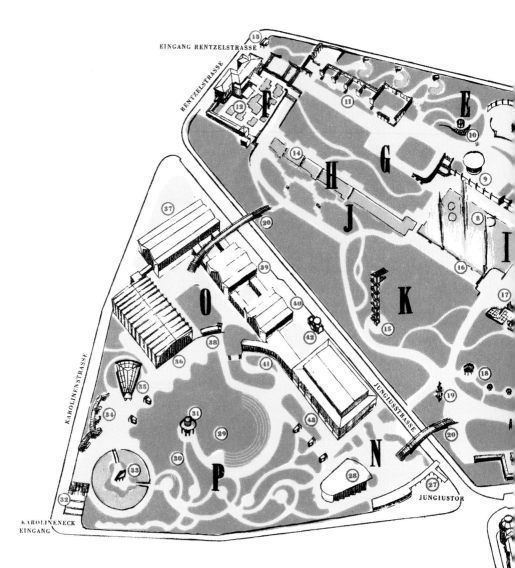

EINGANG RENTZELSTRASSE

RENTZELSTRASSE

KAROLINENSTRASSE

JUNGIUSSTRASSE

JUNGIUSTOR

KAROLINENECK
EINGANG

Abb. 15 Übersichtsplan der IGA 1953 in Hamburg. Das »Aufmarschgelände« war mit den Messehallen und dem Festhallenrestaurant überbaut worden. Dazwischen lag der »Pavillon des Ostens« mit einer Tafelausstellung über die Landwirtschaft der DDR (38). Ein Teil des Botanischen Gartens wurde dem Ausstellungsgelände beigefügt. (vgl. S. 112)

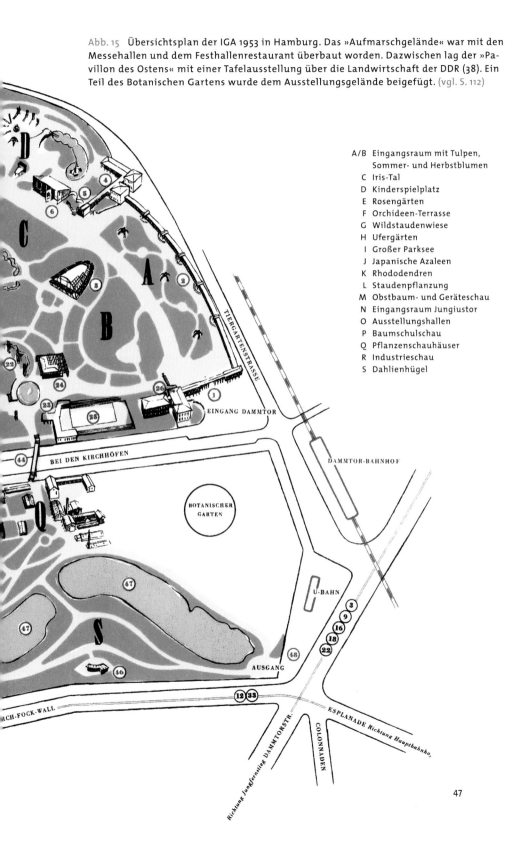

A/B Eingangsraum mit Tulpen, Sommer- und Herbstblumen
C Iris-Tal
D Kinderspielplatz
E Rosengärten
F Orchideen-Terrasse
G Wildstaudenwiese
H Ufergärten
I Großer Parksee
J Japanische Azaleen
K Rhododendren
L Staudenpflanzung
M Obstbaum- und Geräteschau
N Eingangsraum Jungiustor
O Ausstellungshallen
P Baumschulschau
Q Pflanzenschauhäuser
R Industrieschau
S Dahlienhügel

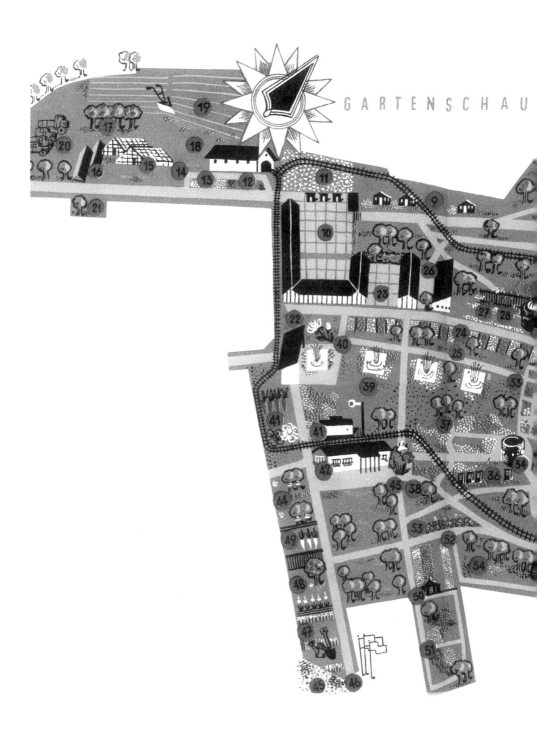

Abb. 12 Übersichtsplan von »Erfurt blüht«, 1950. Durch das stark ansteigende Ausstellungsgelände führte eine Kleinbahn. Neben den Lehrschauen zu Gemüse- und Obstgärten (3 und 4), Komposther-stellung (16) und zur Bienenzucht (55) gab es diverse Blumenschaugärten. (vgl. S. 88)

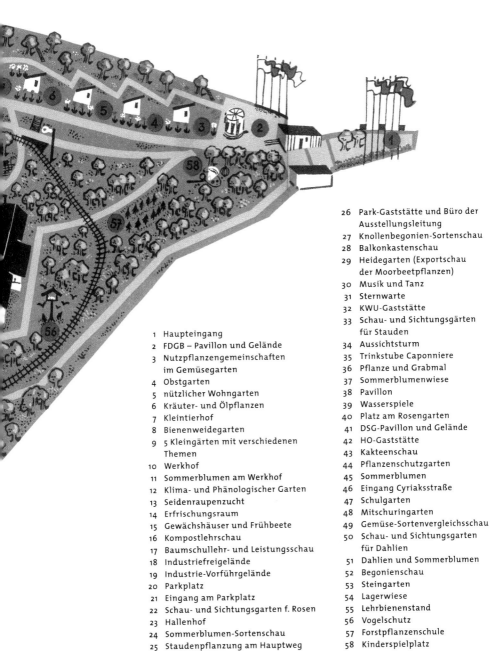

1950 *Blumenstadt* E R F U R T

Abb. 32 Bildpostkarte der iga Erfurt: Wasserbecken,
Blumenrabatte und »iga-Express«, undatiert. (vgl. S. 161)
Abb. 38 Bildpostkarte der iga 1966 in Erfurt: im Vordergrund holländische Tulpen, im Hintergrund die Zentralgaststätte mit Rendezvousbrücke. (vgl. S. 179)

Abb. 65 Das Privatfoto hält einen Ausflug der Familie Kondrila zur iga in Erfurt fest. Sie reiste in den siebziger Jahren wiederholt aus dem 85 Kilometer entfernten Gera an. (vgl. S. 268)

Bildpostkarten der IGA 1963 in Hamburg. (vgl. S. 196)
Abb. 42 Die Kleinen Wallanlagen mit Gondelbahn und
Restaurant »Le Paris« im Hintergrund.
Abb. 43 Die Großen Wallanlagen mit Seilbahnstation,
Teehaus und Wallterrassenrestaurant.

Internationale Gartenbau-Ausstellung
Hamburg 1963
26. April — 13. Oktober 1963

IGA
63

Hamburg

Abb. 48 Informationsblatt der IGA Hamburg 1963 mit Logo.
(vgl. S. 209)

Abb. 51 Übersichtsplan der IGA Hamburg 1973 (vgl. S. 228)

1   Eingang Stephanspatz
2   IGA-Bahn-Station Stephansplatz
5   Sonderschau Grabbepflanzung
    und Grabmal
6   Alpinum
7   Staudenvergleichsschau
8   Wassergarten unter Zypressen
10 Garten über der Straße
12 Congress Centrum Hamburg
14 Große Blumenterrasse
15 Rosen aus alter Zeit
16 Neue Kaskaden
17 Flora-Vision 73
19 Musterkleingärten
20 Restaurant Rosenhof
22 Spiel mit Glas und Wasser
24 Musikgarten
27 Bürgergärten
28 Irishöfe
30 Eingang Fernsehturm
34 Alte Wasserkaskaden
35 Tropischer Wassergarten
36 Tropen-Grill
38 Übergang Hallensonderschauen
39 Japanische Iris-Treppe
41 Inselhüpfen
43 Wasserlichtorgel

47 Energie für eine bessere Welt
49 Apothekergärten
50 Restaurant Seeterrassen
52 Großer Spielplatz
54 Rosenhügel
56 Rosenneuheiten-Wettbewerb
57 Snack-Bar
59 Tropenhaus
60 Mittelmeerterrassen
61 Informationszentrum für den Hobbygärtner
62 Quellgarten
63 Kinderspielplatz
64 Tiergehege
66 Atriumgärten
67 Terrassen am Wasser
69 Wassertreppen
71 Garten der Muße
72 Eingang Sievekingplatz
75 Modellbootsee
76 Flora-Trimm-Dich-Park
77 IGA-Büro
79 CMA – Treffpunkt der Deutschen Agrarwirtschaft
80 Gartenbühne
81 Spiel- und Freizeitzentrum

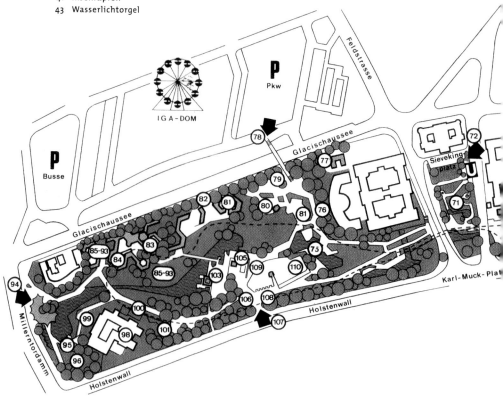

82 Fernsehgarten
83 Restaurant der Nationen
84 IGA-Bahnstation Millerntor
85-93 Nationenbeiträge
94 Eingang Millerntor mit IGA-Basar
95 Wassergarten
96 Immergrüner Garten
98 Museum für Hamburgische Geschichte
99 Dahliengarten
100 Fuchsiengarten
101 Rasenvergleichsschau
103 Teehaus
105 Parkcafé
106 Gläsernes NDR-IGA-Studio
108 Aquarama – Gärten der Meere
109 Verkehrsschulgarten
110 IGA-Musik-Forum und Rollschuhbahn

IGA Hamburg 1973.
Abb. 52   Neuer Eingangsbereich (vgl. S. 228)
Abb. 54   Spielplatz in »Planten un Blomen«. Die große Attraktion
waren die »Bullerberge« zum Klettern und Rutschen. Im Hintergrund
ist das neue Loews Plaza Hotel zu sehen. (vgl. S. 236)
Abb. 56   »Käpt'n Blume« alias Carl Bay auf dem Cover der Single
zur IGA 1973. (vgl. S. 241)

und die gärtnerische Gestaltung von Straßenrändern beteiligt.[43] Ebenso arbeitete Hans Bernhard Reichow, der 1940 ein Konzept für die Durchgrünung Stettins als »Stadtlandschaft« publiziert hatte, mit Gutschow die städtebaulichen Planungen für Hamburg in der Nachkriegszeit aus. 1948 veröffentlichte er allgemeine Überlegungen zur »Stadtlandschaft«, die in die Stadtplanung der Nachkriegszeit eingingen.[44]

Eine andere für die Garten- und Landschaftsarchitektur der zwanziger und dreißiger Jahre wichtige Gruppe war der »Bornimer Kreis« um den Staudenzüchter Karl Foerster in Bornim bei Potsdam. Foerster hatte sich seit 1904 mit der Staudenzüchtung und der Verbreitung von Stauden in privaten Gärten und öffentlichen Parks hervorgetan. Dem Kreis gehörten zudem Hermann Mattern, den Foerster 1927 als Leiter seines Entwurfsbüros für Gartengestaltung angestellt hatte, sowie dessen Ehefrau und Gartenarchitektin Herta Hammerbacher an. Mit beiden gründete Foerster 1935 die Arbeitsgemeinschaft Foerster – Mattern – Hammerbacher.[45] Zu dem Kreis gehörten außerdem Walter Funcke, der Mattern bei der Organisation der »Reichsgartenschau« 1939 in Stuttgart unterstützte und 1950 »Erfurt blüht« gestaltete, sowie Alfred Reich, der 1948 Redakteur der neu gegründeten Zeitschrift *Garten und Landschaft* wurde.[46]

Mit Beginn des Zweiten Weltkrieges wurden Landschaftsarchitekten zu »kriegswichtigen« Maßnahmen wie Tarnpflanzungen und Verteidigungswälle herangezogen.[47] Nach dem Zweiten Weltkrieg nahmen die Protagonisten der NS-Landschaftsplanung zwar Abstand von der NS-Ideologie und -Terminologie, verwendeten ihre Konzeptionen jedoch in modifizierter Form weiter. Viele von ihnen prägten die Landschaftsarchitektur der Bundesrepublik bis Ende der sechziger Jahre, besetzten die neu entstehenden Lehrstühle und beteiligten sich an Gartenbauausstellungen.[48]

Ausgestellte Gärten und Landschaften

Zur Zeit des Nationalsozialismus vermittelten Gartenbau- und Landwirtschaftsausstellungen weltanschauliche Aspekte wie die »Blut und Boden«-Ideologie, die Selbstversorgung in Klein- und Hausgärten sowie siedlungspolitische Ideen als Vor-

---

43 Hesse, Lüttge, S. 150.

44 Hans Bernhard Reichow, Gedanken zur städtebaulichen Entwicklung des Groß-Stettiner Raumes, Stettin 1940; ders., Organische Stadtbaukunst. Von der Großstadt zur Stadtlandschaft, Braunschweig 1948. Vgl. auch Elke Sohn, Zum Begriff der Natur in Stadtkonzepten anhand der Beiträge von Hans Bernhard Reichow, Walter Schwagenscheidt und Hans Scharoun zum Wiederaufbau nach 1945 (Schriftenreihe der Stipendiatinnen und Stipendiaten der Friedrich-Ebert-Stiftung, Bd. 30), Münster 2008, S. 34 ff.

45 Vgl. Matterns Lebenslauf bei Vroni Heinrich-Hampf, Hermann Mattern 1902–1971. Gärten, Gartenlandschaften, Häuser, Berlin 1982, S. 7, zit. nach: *Garten und Landschaft* 82 (1972) 8, S. 350.

46 Vgl. Jeong-Hi Go, Herta Hammerbacher (1900–1985). Virtuosin der neuen Landschaftlichkeit. Der Garten als Paradigma (Landschaftsentwicklung und Umweltforschung, Bd. 18), Berlin 2006, S. 26.

47 Zeller, Ganz Deutschland, S. 301 f.

48 Vgl. z. B. das Beispiel Heinrich Friedrich Wiepking-Jürgensmann: Kellner, Tradition.

bereitung auf den Zweiten Weltkrieg.[49] Der »Reichsnährstand« veranstaltete die drei großen »Reichsgartenschauen« in Dresden (1936), Essen (1938) und Stuttgart (1939) sowie regionale Ausstellungen wie die »Niederdeutsche Gartenschau – Planten un Blomen« in Hamburg 1935/36 und die »Sommerblumenschau« 1935 in Berlin. Beim Publikum besonders erfolgreich war eine Gartenbauausstellung unter dem Dach der Industrie- und Propagandaschau »Schaffendes Volk« in Düsseldorf 1937. Unter dem Motto »Die Gestaltung des deutschen Lebensraumes« beschäftigte sich diese Gartenschau vor allem mit Wohnformen und Gärten.[50] Generell umfassten im Rahmen von gärtnerischen und landwirtschaftlichen Ausstellungen veranstaltete »Lehrschauen« die Präsentation landwirtschaftlicher Produkte und Maschinen, bäuerlicher Kunst und Bräuche und dienten auch der »Schulung des Bauern« hinsichtlich Futteranbau, Verwendung ertragreicher Pflanzen und Fütterung.[51]

Aus der Reihe der kleineren und größeren Gartenschauen stach die »Reichsgartenschau« 1939 in Stuttgart-Killesberg hervor, da ein ungenutztes Steinbruchgelände aufwendig zu einem Ausstellungspark umgestaltet worden war. Der begleitende Bildband würdigte das Gelände als »Stück schwäbischer Landschaft schlechthin«, das »mit seinem kargen Boden und seiner spärlichen Vegetation [...] für eine Reichsgartenschau denkbar ungeeignet«[52] erschienen war.[53]

Im Herbst 1938 hatte das Projekt zunächst zu scheitern gedroht, nachdem die finanziellen Mittel erheblich gekürzt worden waren. Als es dann aber im Oktober 1938 doch als »reichswichtig« deklariert wurde, wurden auch Material und Arbeitskräfte bewilligt.[54] Als Sieger aus dem Gestaltungswettbewerb war Hermann Mattern hervorgegangen[55], der zwar politisch umstritten war, weil er im Verdacht stand, Kommunist zu sein, sich aber als »Landschaftsanwalt« und durch seine Arbeit für verschiedene NS-Institutionen bewährt hatte.[56] Aufgrund des Kriegsbeginns wurde die »Reichsgartenschau« in Stuttgart zwar vorzeitig geschlossen, nach dem Zweiten Weltkrieg aber erhielt Mattern den Auftrag, das kriegszerstörte Gelände für die »Deutsche Gartenschau« 1950 in Stuttgart zu überarbeiten.[57]

---

49   Vgl. die Inhalte in der zeitgenössischen Darstellung: Schäffer, Wesenswandel, S. 101 ff.
50   Briesen, Wandel, S. 57 ff.
51   Schäffer, Wesenswandel, S. 101 f.
52   Erich Schlenker, Das Erlebnis einer Landschaft. Ein Bildbericht von der Reichsgartenschau Stuttgart, Stuttgart 1939, S. 5.
53   Ebd., S. 6.
54   Roland Müller, Stuttgart zur Zeit des Nationalsozialismus, Stuttgart 1988, S. 269 f.
55   Ders., Das Sammellager im Volkspark. Die 3. Reichsgartenschau Stuttgart 1939 und die Deportation der württembergischen Juden 1941/1942, in: Hubertus Fischer / Joachim Wolschke-Bulmahn (Hrsg.), Gärten und Parks im Leben der jüdischen Bevölkerung nach 1933, München 2008, S. 445-458, hier S. 447.
56   Müller, Stuttgart, S. 267. Albert Speer ernannte Hermann Mattern zusammen mit Alwin Seifert Ende 1943 zum »Beauftragten Landschafts- und Gartengestalter des Generalbauinspekteurs für die Reichshauptstadt«.
57   Zur »Deutschen Gartenschau« in Stuttgart vgl. Kienzle, Ideologische Gärten, S. 94 ff.

Die Niederdeutsche Gartenschau »Planten un Blomen« 1935 in Hamburg

Das Beispiel der »Niederdeutschen Gartenschau – Planten un Blomen« zeigt, wie die Nationalsozialisten eine prestigeträchtige Ausstellung organisierten, um ihre Macht in Hamburg zu festigen. Dafür wurde in kürzester Zeit das frühere Zoogelände in der Nähe des Bahnhofs Dammtor in den Park »Planten un Blomen« umgewandelt. Nach dem Zweiten Weltkrieg sollte der Park dann zum Kerngelände der drei Internationalen Gartenbauausstellungen werden, jeweils umgestaltet und räumlich erweitert.

Schon 1863 war auf dem Gelände ein Zoologischer Garten eröffnet worden, der sich zum viel besuchten Ausflugsziel entwickelte.

Durch die Konkurrenz von Hagenbecks Tierpark, der 1907 in Stellingen eröffnete, verlor er jedoch an Bedeutung und verwahrloste aufgrund fehlender finanzieller Mittel. (vgl. Farbabb. 4, S. 42)

1923 wurde ein Teil des Geländes zum Ausstellungspark, als Hamburger Kaufleute die Zoo-Ausstellungs-Hallen A.G. gründeten und eine erste Ausstellungshalle aufstellten.[58] 1930 wurde der frühere Zoo leicht verändert als Vogelpark wiedereröffnet.[59] Der 1933 an die Macht gekommene nationalsozialistische Hamburger Senat, der diesen Vogelpark als gestalterischen Kompromiss ablehnte, beschloss am 29. Oktober 1934, schon im Folgejahr die »Niederdeutsche Gartenschau – Planten un Blomen« durchzuführen und dafür den Park völlig umgestalten zu lassen. Zunächst wurde die bestehende künstlich angelegte Zoolandschaft aus Hügeln, Schluchten, Grotten und Teichen, die den Lebensräumen von teilweise exotischen Tieren nachempfunden waren, durch bis zu 1.800 Erwerbslose im Rahmen des Reichsarbeitsdienstes eingeebnet und das Gelände dann neu modelliert.[60] Für die Gesamtgestaltung zeichneten der Leiter des Garten- und Friedhofsamtes, Hans Meding, und der Hamburger Gartenarchitekt Karl Plomin verantwortlich.[61] Hamburger Architekten wie Konstanty Gutschow, der später zum »Architekten des Elbufers« und »Architekten für die Neugestaltung der Hansestadt Hamburg« ernannt wurde, und Gerhard Langmaack, der seit 1934 Landesleiter der Reichskammer für Kultur war, realisierten die Ausstellungsgebäude. Bereits am 6. Juni 1935 – ein halbes Jahr nach dem Beschluss zur Umgestaltung – wurde die fünf Monate dauernde »Niederdeutsche Gartenschau« eröffnet.[62]

---

58   Wilhelm Döring (Hrsg.), Handbuch der Messen und Ausstellungen, Darmstadt 1956, S. 96.
59   Zu Konzept und Gestaltung s. M. A. Hans Bungartz, Führer durch den Vogelpark, Hamburg 1930/31.
60   Haspel, Spurensicherung, S. 82.
61   Zur Person des Gartenarchitekten s. Eva Henze, Der Vater von Hamburgs Central Park – Karl Plomin (1904–1986), in: Architektur in Hamburg. Jahrbuch 2010, S. 154-60, hier S. 160. Vgl. zum Gestaltungswettbewerb und zur Realisierung: Grunert, 75 Jahre, S. 72 ff.
62   Vgl. die Berichterstattung rund um die Eröffnung: Ernst Bohlmann, Planten un Blomen vor der Eröffnung. Tropische Blütenwunder – in Hamburg, in: *Hamburger Nachrichten*, 4.6.1935; Was will die Niederdeutsche Gartenschau?, in: *Hamburger Anzeiger*, 5.6.1935; Blumen werben für Hamburg, in: *Hamburger Fremdenblatt*, 8.6.1935.

Abb. 5   Übersichtsplan des Parks »Planten un Blomen«, 1940.
Der Park wurde 1934 bis 1935 für die »Niederdeutsche Gartenschau«
auf dem ehemaligen Gelände des Zoologischen Gartens und der
Dammtorfriedhöfe eingerichtet. Die Tiergartenstraße neben der
Bahnlinie verweist bis heute auf den früheren Zoo. Das im Südwesten
gelegene »Aufmarsch-Gelände« für Großveranstaltungen wurde
1938 eingerichtet.

1	Dammtorbahnhof	26	Kaltwasserbecken
2	Haupteingang (Gepäck- und Garderobenablage)	27	Weinlaube
		28	Kaskaden
3	Verwaltungsbüro	29	Wassergärten
4	Frühjahrs- und Sommer- blumenschau	29a	Irisschau
		30	Rhododendronschau
5	Der Riesenkakteen-Pavillon	31	Vogelhaus
6	Pergola mit Rosenneuheiten-Schau	32	Große Festwiese
		33	Rundblick über das Gesamtgelände
7	Eis- und Sodabar		
8	Kinderspielplatz	34	Großes Wasserbecken (im Winter Kunsteisbahn)
9	Spielplatzaufsicht und Sanitätswache		
		35	Riesenleuchtfontänen
10	Ponyfahren	36	Gladiolen- und Cannaschau
11	Ehrenhof	37	Heidegarten mit Moorbeet- pflanzenschau
12	Nelkenschau		
13	Hauptgaststätte	38	Iris- und Gladiolenschau
13a	Aquarium-Terrassen und Pfalz	39	Pumpenhaus
		40	Bauernschenke
13b	Aquariumsaal	40a	Bauerngarten
13c	Festsäle	41	Shetlandpony-Gestüt
14	Aquariumgaststätte mit Tanzdiele	42	Aufmarschgelände
		43	Kleine Festwiese
15	Muster-Lehrküche	44	Ausstellungs-Freigelände
16	Eingang Tiergartenstraße	45	Schmuckgärten
17	Konzertpavillon	46	Rollbahn
18	Konzert-Terrassen	47	Rollbahn-Café
19	Stauden-Sortenschau	48	Muster-Ferienhaus
20	Staudenwiese	49	Dahlienschau
21	Staudenwäldchen		
22	Rosengärten		Die Hallen:
23	Eingang Rentzelstraße	50	Große Konzerthalle
24	Orchideencafé	51-52	Ausstellungshallen
25	Warmwasserbecken mit Victoria regia, Reis, Lotosblumen und anderen tropischen Wasserpflanzen	53	Parkplatz
		54	Fußgängerbrücke
		oo	Toiletten
		F	Fernsprecher

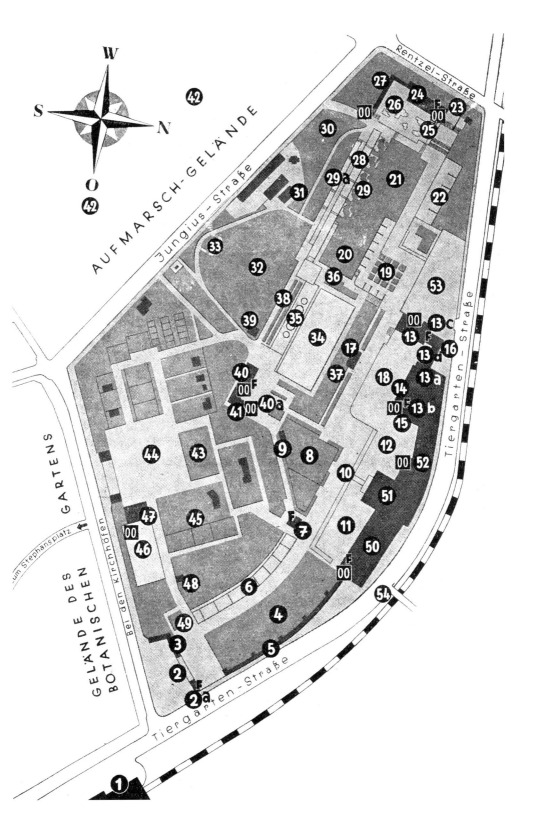

Der Rundgang durch »Planten un Blomen« ließ die durch den von Konstanty Gutschow gebauten Haupteingang am Dammtorbahnhof kommenden Besucher zunächst in die Frühjahrs- und Sommerblumenschau eintreten. Ebenfalls von Gutschow stammten die südöstlich von dem Eingangsgebäude liegenden 180 Meter langen, geschwungenen Kakteenhäuser, die mit einer Fensterfront nach Südwesten zur Sommerblumenschau hin ausgestattet waren.[63] (vgl. Farbabb. 6, S. 43)

Südöstlich davon lagen weitere Ausstellungshallen für Sonderschauen. Eine Hauptgaststätte, ein Musikpavillon und ein Kinderspielplatz waren zudem für den Dauerbetrieb nach der eigentlichen Gartenschau vorgesehen. Den räumlichen Mittelpunkt des Parks bildete ein rechteckiges Wasserbecken, das im Winter als Eisbahn genutzt wurde. Am Rande des Parksees war die rot geklinkerte, reetgedeckte Bauernschenke einem norddeutschen Bauernhaus nachempfunden. Die Architekten Gerhard Langmaack und Richard Laage hatten das Innere des Ausflugslokals mit Holzschnitzereien und Malereien bäuerlich ausgestaltet.[64] An das Wasserbecken schlossen sich Pflanzenschauen wie eine Staudenschau, eine Wildstaudenwiese und ein Rosengarten sowie Mustergärten an.[65] Den architektonischen Kontrapunkt zur volkstümlich gehaltenen Bauernschenke bildete das Orchideencafé am Ende des Parks.[66] Im Stahlbetonbau mit flachem Walmdach bildeten sieben Meter hohe Vitrinen für Orchideen und Bananenstauden die Außenwände.

Obwohl der niederdeutsche Name »Planten un Blomen« für »Pflanzen und Blumen« und die Bezeichnung »Niederdeutsche Gartenschau« eine norddeutsche Auswahl an Pflanzen und Kultur vermuten ließen, präsentierte die Schau auch exotische Pflanzen. Denn Hamburg sollte als eine der fünf »Führerstädte« »Tor zur Welt« und damit Schaufenster zu außerdeutschen und -europäischen Gesellschaften sein.[67] Im Ausstellungskatalog von 1935, der von ideologischen Aspekten durchzogen war, formulierten neben Landwirtschaftsminister Walter Darré unter anderem Gauleiter Karl Kaufmann und Bürgermeister Carl Vincent Krogmann den Anspruch, durch die »Niederdeutsche Gartenschau« die vermeintliche Stärke des nationalsozialisti-

---

63 Zur Gestaltung der Kakteenhäuser vgl. die Beschreibung bei Sylvia Necker, Konstanty Gutschow 1902–1978. Modernes Denken und volksgemeinschaftliche Utopie eines Architekten (Forum Zeitgeschichte, Sonderband), München/Hamburg 2012, S. 188-191. Dort wird angegeben, dass die Kakteenhäuser im Zweiten Weltkrieg zerstört wurden, sie bestanden jedoch bis 1969 und wurden dann zugunsten des Neubaus des Congress Centrum Hamburg (CCH) abgerissen.

64 Olaf Bartels (Hrsg.), Die Architekten Langmaack. Planen und Bauen in 75 Jahren (Schriftenreihe des Hamburgischen Architekturarchivs, Bd. 14), Hamburg 1998, S. 38 f.

65 Heinrich Lauter, Die Niederdeutsche Gartenschau »Planten un Blomen« in Hamburg, in: *Baugilde* 23 (1935), S. 723-729, hier S. 725.

66 Vgl. Haspel, Spurensicherung, S. 82.

67 Curt Backeberg, Planten un Blomen. Hamburgs blühender Garten. Ein Wegweiser durch den »Park der 1000 Freuden«, Hamburg 1940, S. 40. In dem Parkführer von 1935 wird die Wahl der exotischen Pflanzen nicht kommentiert, vgl. Curt Backeberg, Ein Wegweiser durch Planten un Blomen. Niederdeutsche Gartenschau Hamburg 1935. Ratgeber für den Garten, Altona 1935. Möglicherweise bestand bei dem Nachfolger 1940 ein größerer Druck zu legitimieren, weshalb nicht nur heimische Pflanzen dort gepflanzt wurden. Vgl. zu den »Führerstadtplanungen« Necker, Gutschow, S. 209 ff.

Abb. 7 Orchideen-Café. Das helle Gebäude mit flachem Walmdach, breiter Fensterfront, gestreifter Markise und großer Palme auf der Sonnenterrasse erzeugt einen modernen Eindruck. Rechts im Hintergrund ist eine Hakenkreuzfahne zu erkennen.
Abb. 8 Anzeige für das Orchideen-Café auf der Rückseite des Katalogs »Planten un Blomen. Hamburgs blühender Garten«, 1940. Das Saxofon und die Palme vermitteln kosmopolitisches Flair. (Farbabb. S. 44)

schen Systems zu untermauern. Zugleich wurde die neue Anlage als Befreiungsschlag gegen die Vergangenheit gedeutet, da der Park nun nicht länger »ein Privileg besser situierter Kreise«, sondern eine »Sache des gesamten Volkes« sei.[68] Karl Kaufmann verstand die »Niederdeutsche Gartenschau« explizit als politische Veranstaltung.[69] Walter Darré betonte die »bewußte Liebe zu Blume und Pflanze« der Deutschen und ihr Wesen als »Bauernvolk«.[70] Ziel sei, »das schöne Deutschland zu schaffen, das zum Garten des Volkes werden soll«.[71] Karl Plomin konstatierte, die Ausstellung sei Wegweiser für die Gesellschaft, der die Natur fremd geworden sei und die nun eine »deutliche Verlagerung des Schwergewichts auf das Landgebiet« erfahre: »[...] es sollten vielmehr Wege gezeigt werden, wie es möglich ist, mit Hilfe der Pflanze unserer Umwelt ein Gesicht zu geben, welches unserer Lebensart entspricht.«[72] Wilhelm Tegeler, Regierungsrat und späterer Leiter des Wohnwirtschafts- und Siedlungsamtes, bediente sich sogar einer antisemitischen Argumentation für seine Ablehnung einer kommerziellen Ausrichtung der Ausstellung: »Es sollten nicht jüdisch-marktschreierische Ausstellungsmethoden angewandt werden, sondern eine einheitlich gestaltete, harmonische schöne Grünanlage sollte den Ausstellungsgedanken in einer Form lösen, die mehr dem Wesen und den Wünschen unseres Volkes entspricht.«[73]

Nach der Eröffnung 1935 wurde »Planten un Blomen« sukzessive weiterentwickelt. Das 1938 fertiggestellte »Aufmarschgelände« auf der Jungiuswiese war für die Abhaltung von Großveranstaltungen bestimmt. Ebenfalls 1938 wurde eine Leuchtfontäne von der ein Jahr zuvor gezeigten Ausstellung »Schaffendes Volk« in Düsseldorf übernommen. Bis zum Kriegsbeginn wurde der Park noch um eine Rollschuhbahn erweitert.[74] Im zweiten Katalog zu »Planten un Blomen« von 1940 wurde dem Park dann die neue Bedeutung im Zeichen des Krieges zugeschrieben, »die knapp bemessenen Stunden der Erholung in der Freizeit den Volksgenossen so abwechslungsreich wie möglich zu gestalten, um damit zur Stärkung ihrer seelischen Widerstandskraft beizutragen«.[75] Als der »vielseitigste Großveranstalter Deutschlands« biete er Veranstaltungen für alle gesellschaftlichen Schichten und Altersstufen an.[76] Propagandaausstellungen wie »Wehr und Sieg« 1941 und »Das Sowjet-Paradies« 1942 verstärkten die politischen Funktionen des Geländes.[77] Bei »Wehr und Sieg«

---

68 Eröffnung der Gartenschau Planten un Blomen, in: *Hamburger Anzeiger,* 6.6.1935.

69 Karl Kaufmann, Einem Werk auf den Weg!, in: Backeberg, Niederdeutsche Gartenschau, S. 13.

70 Walter Darré, Über Wesen und Aufgaben des deutschen Gartenbaues und die Bedeutung der Deutschen Gesellschaft für Gartenkultur, in: Backeberg, Niederdeutsche Gartenschau, S. 7-11, hier S. 7.

71 Ebd., S. 11.

72 Karl Plomin, Gedanken zur Niederdeutschen Gartenschau, in: Backeberg, Niederdeutsche Gartenschau, S. 47-57, hier S. 47.

73 Wilhelm Tegeler, Planten un Blomen, in: Backeberg, Niederdeutsche Gartenschau, S. 16.

74 Vgl. zur Entwicklung in den dreißiger Jahren bis in den Zweiten Weltkrieg: Grunert, 75 Jahre, S. 56 f.

75 Backeberg, Blühender Garten, S. 5.

76 W. Gratenau, Planten un Blomen als Großveranstalter, in: Backeberg, Blühender Garten, S. 64-66.

77 Haspel, Spurensicherung, S. 84.

wurden Flakgeschütze, Flugzeuge und Kriegstrophäen zwischen den Blumen-rabatten ausgestellt, auf dem Parksee britische Brandbomben und ihre Bekämpfung vorgeführt, aber auch die Freizeitaktivitäten der deutschen Soldaten präsentiert.[78] Die Wanderausstellung »Das Sowjet-Paradies«, die zuvor im Lustgarten in Berlin ge-zeigt worden war, sollte vorführen, dass die Sowjetunion den Angriff auf Westeuropa geplant hatte. Anhand von räumlichen Inszenierungen – Gefängnissen, ärmlichen Wohnhäusern und einem verfallenen »Kulturpark« – wurden katastrophale Lebens-bedingungen suggeriert.[79]

Zusammenfassend lässt sich sagen, dass mit »Planten un Blomen« in der Frühzeit des NS-Regimes ein etabliertes und in der Hamburger Bevölkerung positiv besetz-tes Ausflugziel entwickelt wurde. Seine Funktionen als stabilisierendes Instrument der NS-Politik lassen sich dabei nicht ignorieren. Allerdings ließ er sich trotzdem auch in der Traditionslinie der reformerischen Hamburger Grünpolitik sehen, wie sie Hamburgs ehemaliger Oberbaudirektor Fritz Schumacher verfolgt hatte.[80] Zu-dem evozierten Pflanzen wie Orchideen, Bananenstauden und Kakteen Weltläufig-keit. Möglicherweise erklärt sich daraus auch die spätere Kritiklosigkeit gegenüber den politischen Intentionen des im Rahmen der »Niederdeutschen Gartenschau« entstandenen Parks.

Unerfüllte Pläne für eine »Reichsgartenschau« in Erfurt

Seit dem Ende des Zweiten Weltkriegs bis heute wird in Erfurt die Tradition der Gartenbauausstellungen seit dem 19. Jahrhundert betont. Dass in den dreißiger Jah-ren Erfurts Oberbürgermeister Walter Kießling zusammen mit dem Leiter des Gar-ten- und Friedhofsamtes, Bernhard Multhaupt, Pläne für eine »Reichsgartenschau« entwickelte, wurde dabei beschwiegen. Sie fanden zwar keine Umsetzung, aber das avisierte Gelände wurde zum Standort für die 1950 und 1955 stattfindenden Garten-schauen und ab 1961 für die »Erste Internationale Gartenbauausstellung der sozia-listischen Länder« erweitert. Ein direkter Rückgriff auf die Pläne der dreißiger Jahre lässt sich in den Quellen zwar nicht nachweisen, vermutlich erinnerten sich aber lokale Akteure an das Vorhaben.

In Erfurt entstanden diverse Grünanlagen, nachdem die militärischen Anlagen der früheren Garnisonsstadt ihre Funktion verloren hatten. So wurden zwischen

---

78 Vgl. den Amateurfilm über einen Familienausflug zur Ausstellung »Wehr und Sieg« aus der Samm-lung Hans Henkel, www.spiegel.tv/filme/1941_im_amateurfilm_hans_olaf_henkel, abgerufen am 27.9.2012. Bemerkenswert sind die vielen Besucher, die sich für die Technik interessieren. An ver-schiedenen Stellen werden wehende Hakenkreuzflaggen im Eingangsbereich und im Gelände einge-blendet.

79 Vgl. den Katalog: Reichspropagandaleitung der NSDAP (Hrsg.), Das Sowjet-Paradies. Ein Bericht in Wort und Bild, Berlin 1943.

80 Vgl. Lauter, Niederdeutsche Gartenschau, S. 723.

1925 und 1928 die Befestigungsanlagen rund um die Cyriaksburg in eine öffentliche Grünanlage umgewandelt.[81] Der Stadtführer »Erfurt. Die Deutsche Blumenstadt« von 1937 würdigte diese Maßnahmen, indem er Erfurt als Stadt »im Kranze einer bezaubernden Natur« gelegen beschrieb.[82] Ebenso führte er die ins 8. Jahrhundert zurückreichenden Traditionen des Gartenbaus an, als Mönche aus Süd- und West-deutschland mit dem Anbau von Gemüse und Kräutern begonnen hatten.[83] Ab dem 13. Jahrhundert hatte der Handel mit dem dort angebauten blauen Färbemittel Waid Erfurt Wohlstand gebracht.[84] Mit den Bemühungen des Erfurters Christian Reichert, der sich im 18. Jahrhundert mit der Züchtung von Gemüsesamen und mehreren Gartenbaufachbüchern profilierte, etablierte sich der Export von Sämereien sogar weltweit.[85] In den dreißiger Jahren versuchten städtische Akteure, Erfurts Stellung als »deutsche Blumenstadt« mit verschiedenen Initiativen zu stärken. 1934 wollte Bern-hard Multhaupt einen »Deutschen Dahliengarten« anlegen, den die Deutsche Ge-sellschaft für Gartenkultur angeregt hatte, konnte ihn jedoch nicht realisieren.[86] Im selben Jahr – anderthalb Jahre nach der Machtübernahme der Nationalsozialisten – sollte die viertägige »1. Reichsnährstands-Ausstellung« in Erfurt den Wandel der Landwirtschaft darstellen.[87] Mittels suggestiver Inszenierungen, Grafiken und Statis-tiken wurden die Landwirtschaft und der »deutsche Bauer« als tragende Säulen der neuen NS-Wirtschaftsordnung propagiert.[88] Die »2. Reichsnährstands-Ausstellung« fand dann 1935 in Hamburg statt.

Für 1937 – ein Jahr nach der ersten »Reichsgartenschau« in Dresden – sind ers-te Aktivitäten des Oberbürgermeisters Kießling für eine »Reichsgartenschau« 1942 nachweisbar, die er anlässlich des 1.200-jährigen Stadtjubiläums nach Erfurt holen wollte.[89] Aus Anlass der im Juli in Erfurt stattfindenden »Reichstagung der Samen-

---

81   Mark Escherich, Städtische Selbstbilder und bauliche Repräsentationen. Architektur und Städtebau in Erfurt 1918–1933 (Erfurter Studien zur Kunst- und Baugeschichte, Bd. 4), Berlin 2010, S. 123 ff.

82   Wirtschafts- und Verkehrsamt der Stadt Erfurt (Hrsg.), Erfurt. Die Deutsche Blumenstadt. Die leben-dige Stadt am Thüringer Wald, Erfurt 1937, S. 72. Zu diesem Zeitpunkt gab es einen Postsonderstem-pel »Erfurt die deutsche Blumenstadt«.

83   Vgl. Gustav Müller, Geschichtliche Entwicklung der internationalen Handelsbeziehungen des Erfur-ter Gartenbaues, in: Aus der Vergangenheit der Stadt Erfurt, Band 3, Heft 3 (1961), Sonderheft zur iga 1961, S. 96-111, hier S. 96.

84   Ebd., S. 97.

85   Ebd., S. 98 f.

86   StAE, 1-2/69614092, Ablehnung der Anlage eines Deutschen Dahliengartens, Schreiben von Mult-haupt wegen des Dahliengartens, 19.9.1934.

87   Vgl. Rudolf Benl / Bodo Fischer / Astrid Rose, Chronik, in: Erfurt, eine Stadt in der Mitte Deutsch-lands, Erfurt, o.J. [um 1999], S. 12-165, hier S. 116, nach von Plato, »Gartenkunst und Blütenzauber«, S. 186.

88   Vgl. die Broschüre zur Ausstellung: Hans Adalbert Schweigart, Bauerntum und Marktordnung. Eine Bilderfolge von der 1. Reichsnährstands-Ausstellung Erfurt 1934, ohne Ort, ohne Jahr (um 1934). Die Reichsnährstand-Ausstellung fand vom 29.5. bis 3.6.1934 in Erfurt statt

89   Walter Kießling war von 1936 bis 1945 Oberbürgermeister von Erfurt, vgl. Steffen Raßloff, Flucht in die nationale Volksgemeinschaft. Das Erfurter Bürgertum zwischen Kaiserreich und NS-Diktatur, Köln / Weimar / Wien 2003, S. 404.

Abb. 9 Darstellung auf der »1. Reichsnährstands-Ausstellung« in Erfurt, 1934. Der »deutsche Bauer« wird nicht nur als Produzent von Nahrungsmitteln (unten rechts), sondern auch als Soldat (unten links), »Träger völkischer Erbgesundheit« (oben links) und »Urquell der Kaufkraft« (oben rechts) dargestellt.

bauer« wurde Kontakt zum Reichsfachwart Gartenbau im »Reichsnährstand«, Johannes Boettner, aufgenommen.[90] Kießling zeigte dem »Führer des deutschen Gartenbaues« das für die »Reichsgartenschau« vorgesehene Gelände bei der Cyriaksburg außerhalb des Stadtzentrums.[91] Durch Boettners Mitteilung, das Jahr 1945 sei für eine »Reichsgartenschau« noch frei, fühlten sich die Erfurter Akteure zu weiteren Planungen ermutigt.[92] Ein anschließend von Multhaupt erarbeitetes Gutachten stellte zwei Konzeptionen zur Disposition: die erste für eine Thüringer Landesgartenschau, die zweite für eine »Reichsgartenschau«. Obwohl Multhaupt für eine Regionalausstellung plädierte, da eine »Reichsgartenschau« kaum genügend Besucher anziehen würde, und er sich gegen das Gelände bei der Cyriaksburg aussprach, da immense Höhenunterschiede zu überbrücken seien, favorisierte Kießling die große Lösung bei der Cyriaksburg.[93] 1938 brachte Multhaupt bei einem informellen Treffen mit dem Leiter der Deutschen Gartenbau-Gesellschaft, Wilhelm Ebert, das Gespräch auf das Vorhaben. Dieser schlug jedoch statt der »Reichsgartenschau« eine vier- bis siebentägige Schau mit Erfurter Sommerblumen vor. Auf Multhaupts schriftliche Nachfrage hin[94] begründete Ebert seine Ablehnung des Erfurter Vorhabens mit Plänen für eine »Reichsgartenschau« in Leipzig 1945. Ein »Hinterland« und die nötigen Besucher fehlten, damit sich die Kosten für die Ausrichtung ausgleichen könnten, so die Begründung.[95] Noch gaben die Erfurter die Idee jedoch wohl nicht völlig auf, denn im Februar 1939 fragte Stadtrat Kleemann den Inhaber des Gartenbaubetriebs Heinemann nach seiner Einschätzung.[96] Vermutlich wurden die Bemühungen um das Projekt mit Kriegsbeginn eingestellt. Nach dem Zweiten Weltkrieg entstanden dann frühzeitig neue Ideen für eine Gartenschau in Erfurt.

---

90 Johannes Boettner war maßgeblich für die Gleichschaltung und Ideologisierung des Berufsstandes des Gartenbaus verantwortlich. Er war auf der Gründungssitzung der Deutschen Gesellschaft für Gartenkultur, die in Erfurt stattfand, zu ihrem Vorsitzenden gewählt worden, vgl. N. N., Gründung der »Deutschen Gesellschaft für Gartenkultur e.V.«, in: *Die Gartenkunst* 46 (1933) 9, S. 144.

91 StAE, 696/11838 Reichsgartenschau Erfurt, Schreiben von Albert Baetge an Gartenamtsdirektor Multhaupt, 7.7.1937.

92 StAE, 696/11838 Reichsgartenschau Erfurt, Schreiben von Bernhard Multhaupt an Wilhelm Ebert, 17.11.1938.

93 StAE, 696/11838, Reichsgartenschau Erfurt, Gutachten von Bernhard Multhaupt, 6.9.1937.

94 StAE, 696/11838, Reichsgartenschau Erfurt, Schreiben von Bernhard Multhaupt an Wilhelm Ebert, 17.11.1938.

95 StAE, 696/11838, Reichsgartenschau Erfurt, Schreiben von Wilhelm Ebert an Bernhard Multhaupt, 22.11.1938.

96 StAE, 696/11838, Reichsgartenschau Erfurt, Briefwechsel Kleemann – Heinemann, 13.2.1939.

Ausblick

Mit den Industrie-, Gewerbe- und Weltausstellungen im 19. Jahrhundert bis zum Ersten Weltkrieg hatten Industrielle, Politiker und Gestalter Standards für Ausstellungspräsentationen gesetzt. In der Zeit der Weimarer Republik entwickelten Künstler und Architekten des Deutschen Werkbundes und des Bauhauses neue Ausstellungsästhetiken, an die Ausstellungsorganisatoren nach dem Zweiten Weltkrieg anknüpfen konnten. Parallel entwickelten sich Gartenbauausstellungen zu einem eigenständigen Genre. In den dreißiger Jahren enthielten Ausstellungen Themen der nationalsozialistischen Politik wie die »Blut und Boden«-Ideologie und Siedlungspolitik. Zwar hatten Landschaftsarchitekten versucht, sich mit dem Terminus »Bodenständigkeit« und dem Bild der »Versteppung« der Landschaft öffentlich zu positionieren und eine neue Landschaftsgestaltung zu etablieren, aufgrund pragmatischer Erwägungen und ungeklärter Kompetenzen blieb es aber oft bei theoretischen Überlegungen.[97]

Im Zweiten Weltkrieg kam das Messe- und Ausstellungswesen zum Erliegen und wurden die Ausstellungsgelände oft durch Kriegseinwirkungen zerstört oder umgenutzt. Betroffen waren die Ausstellungsparks in Stuttgart, Hannover, Hamburg und Köln, die alle in den fünfziger Jahren weitere Gartenbauausstellungen durchführten. Da Hamburg und Erfurt Erfahrungen mit der Ausrichtung von Gartenbauausstellungen gesammelt hatten, verfügten beide Städte über Voraussetzungen für weitere Veranstaltungen: zum einen über lokale Traditionen, organisatorische Erfahrungen und entwickelte Ausstellungsgelände, zum anderen über das Know-how der Landschaftsarchitekten. Nicht zu unterschätzen ist der Stellenwert der Großereignisse im kollektiven Gedächtnis. Mit dem Verweis auf lokale Traditionen ließen sich nach dem Zweiten Weltkrieg neue Ausstellungsvorhaben legitimieren und öffentlich bewerben.

---

97 Zeller, Ganz Deutschland, S. 306.

Kapitel III

Gartenbauausstellungen in den fünfziger Jahren.
Im Zeichen des Wiederaufbaus

Wiederaufnahmen nach dem Zweiten Weltkrieg

Agrarpolitischer Rahmen

In der frühen Nachkriegszeit ergriffen diverse Städte Initiativen für Gartenbauausstellungen, bevor sich in beiden deutschen Staaten jeweils ein eigenes Reglement für die Durchführung durchsetzte. Um das große Interesse an diesen Schauen einordnen zu können, werden zunächst die Voraussetzungen auf agrarpolitischer Ebene, in der Landschaftsplanung und im Ausstellungswesen vorgestellt.

Nach dem Zweiten Weltkrieg waren Städte und ganze Landstriche mit Trümmerlandschaften und Bombenkratern bedeckt, Flüsse durch versenkte Schiffe blockiert und Brücken zerstört. Die Erfahrung des Chaos war für die deutsche Bevölkerung Antrieb zum städtebaulichen und wirtschaftlichen Wiederaufbau. Laut dem Umwelthistoriker David Blackbourn resultierten aus dieser Situation zwei Formen des Umgangs mit Natur und Umwelt: Erstens sei die Bevölkerung bereit gewesen, zugunsten der Befriedigung materieller Bedürfnisse Umweltschäden in Kauf zu nehmen. Zweitens hätten die Menschen in Natur und Landschaft Trost gesucht.[1] Wie in dieser Situation der Natur geradezu eine heilende Wirkung zugeschrieben wurde, geht auch exemplarisch aus einer zeitgenössischen Äußerung des Landschaftsarchitekten Otto Valentien hervor: »Wenn wir aus der Zerstörung unserer Städte, aus der moralischen Verwirrung unserer menschlichen Gemeinschaften heraus in die Natur entfliehen, erfahren wir beglückt, daß nicht alles Leben dunkel und fragwürdig geworden ist [...]. Laßt uns in unseren Gärten dieses Schöne pflegen, laßt uns im Umgang mit unseren Pflanzen den großen Atem der Natur spüren und die Maßstäbe für das Menschliche erneuern, die uns in den Schrecken der Vergangenheit verlorengegangen sind!«[2] Nicht zu unterschätzen war also die Bedeutung von Natur und Gärten als Rückzugsorte, um sich nach der Erfahrung von Krieg und Gewalt zu regenerieren und schaffend tätig zu sein.

---

1   Beschreibungen der Landschaft nach dem Zweiten Weltkrieg und des Umgangs mit der Landschaft nach 1945 finden sich bei Blackbourn, Eroberung, S. 391 ff.; Gröning, Teutonic Myth, S. 123 ff.

2   Otto Valentien, Neue Gärten, Ravensburg 1949, S. 5. Vgl. zu der Gartenbegeisterung und zu Gartenbüchern, die in den sechziger Jahren erschienen: Ursula Poblotzki, Connaisseure der Natur im Wiederaufbau, in: *Garten und Landschaft* 113 (2003) 3, S. 12-14.

Zugleich war die Ernährungssituation der Bevölkerung durch Bezugskarten-systeme, Schwarzmarktwirtschaft und Selbstversorgung geprägt.[3] Die Westzonen standen vor der Aufgabe, zusätzlich zur vorhandenen Bevölkerung die hinzukom-menden Flüchtlinge und Vertriebenen versorgen zu müssen. Dem gegenüber stand der Verlust von bedeutenden Agrarflächen in den östlichen Gebieten aufgrund der sich abzeichnenden Teilung in zwei deutsche Staaten.[4] Politisches Ziel war daher, die Produktivität auf den verbleibenden Flächen zu steigern und die Westzonen bzw. die Bundesrepublik von Einfuhren so unabhängig wie möglich zu machen.[5] Auch nachdem die Agrarproduktion wieder den Vorkriegsstand erreicht hatte, wurde die protektionistische Politik, die fixierte Erzeugerpreise und Einfuhrbeschränkungen umfasste, nicht aufgegeben.[6] In den fünfziger Jahren durchlebten die Agrarwirtschaft und die ländliche Gesellschaft in der Bundesrepublik einen tief greifenden Wan-del, da finanzielle Mittel für Flurbereinigung und Maschinen zur Verfügung gestellt und Preise für Agrarprodukte subventioniert wurden. Da das Einkommensniveau auf dem Agrarsektor im Vergleich zu anderen Wirtschaftsbranchen jedoch weniger stark anstieg, gaben viele Landwirte mit kleinen Betrieben auf und nahm die Anzahl der Arbeitskräfte ab. Trotz dieser Einbrüche ließ die Bundesrepublik aufgrund der innerdeutschen Situation bis 1962 140.000 landwirtschaftliche Betriebe für DDR-Flüchtlinge einrichten.[7]

Schon in den fünfziger Jahren fürchteten die westdeutschen Gärtner den an-gekündigten gemeinsamen europäischen Markt, da Einfuhren von ausländischen Waren den inländischen Absatz bedrohten.[8] In diesem Zeitraum war die bundes-deutsche Agrarpolitik also einerseits durch Protektion gekennzeichnet, andererseits durch die Einfuhrförderung aus dem westeuropäischen Ausland, um die Versorgung der Bevölkerung zu stabilisieren.[9]

Die Interessen der Gärtner wurden durch den 1948 gegründeten »Zentralver-band des Deutschen Gemüse-, Obst- und Gartenbaues« vertreten, den Nachfolger des »Reichsverbandes des Deutschen Gartenbaues«, der 1933 aufgrund der Gleich-

---

3   Vgl. zur Ernährungssituation Ulrich Kluge, Die Krisen der Lebensmittelversorgung 1916–1923 und 1945–1960. Stadt-Land-Konflikte und wechselseitige Stereotypen, in: Zimmermann, Dorf und Stadt, S. 209-239.
4   Vgl. Patel, Europäisierung, S. 54.
5   Ebd., S. 49 f.
6   Ebd., S. 54 f.
7   Ebd., S. 335 f.
8   Auf der Internationalen Gartenbauausstellung 1953 in Hamburg wurde vor allem auf dem Deut-schen Gartenbautag über die Bedrohung der Einfuhren gesprochen, siehe z. B. Festlicher Ausklang der Gartenbauausstellung, in: *Flensburger Tageblatt*, 12.10.1953; Bewährungsprobe bestanden, in: *Taspo*, 16.10.1953.
9   Arnd Bauerkämper, Landwirtschaft und ländliche Gesellschaft in der Bundesrepublik in den 50er Jahren, in: Axel Schildt/Arnold Sywottek (Hrsg.), Modernisierung im Wiederaufbau. Die westdeut-sche Gesellschaft der 50er Jahre (Politik- und Gesellschaftsgeschichte, Bd. 33), Bonn 1998 (ungekürzte Studienausgabe), S. 188-200, hier S. 196.

schaltungsmaßnahmen aufgelöst worden war. Selbst gestellte Aufgaben waren die Steigerung des »beruflichen Könnens« und die wirtschaftspolitische Vertretung des Gartenbaus.[10] Ab 1951 vergab er auch die alle zwei bzw. zehn Jahre stattfindenden Bundesgartenschauen und Internationalen Gartenbauausstellungen an wechselnde Städte. Dabei übernahm der Zentralverband die fachliche Vorbereitung, Anwerbung und Betreuung der Aussteller.[11] Die Arbeit prägte maßgeblich der Vorsitzende Ernst Schröder, der das Amt bis 1968 innehatte.[12]

In der Sowjetischen Besatzungszone wurde im September 1945 die Bodenreform durchgesetzt, ohne fachlich vorbereitet zu sein. Unter anderem fehlten Konzepte für die Kleinstbauernwirtschaften mit 5 bis 10 Hektar Land, die bis 1950 an 210.000 »Neubauern« – oft Flüchtlinge und Vertriebene – vergeben wurden.[13] Für Abhilfe sollte die 1946 gegründete Vereinigung der gegenseitigen Bauernhilfe (VdgB) sorgen, die für die Unterstützung der »Neubauern« und die Sicherung der Bodenreform zuständig war. Seit den frühen fünfziger Jahren übernahm sie auch Aufgaben wie die Durchsetzung der Kollektivierungsmaßnahmen und die ideologische Arbeit gegen die Bundesrepublik im agrarpolitischen Bereich.[14] Noch wurden die Kollektivierung und die Einführung der Großraumwirtschaft aber nur verhalten durchgesetzt und kleinere Wirtschaftsformen fortgeführt. So schrieb der Landschaftsarchitekt Georg Pniower in seinem 1948 erschienenen Buch »Bodenreform und Gartenbau« dem Gartenbau aufgrund seiner großen Effizienz hohe Bedeutung zu.[15] Er stellte fest, dass ein gesteigerter Anbau von Obst und Gemüse zur gesunden Ernährung der Bevölkerung notwendig sei, und propagierte aufgrund des Devisenmangels die Produktionssteigerung im eigenen Land.[16] Dabei sollten sich die Neubauernstellen auf den Gartenbau konzentrieren. Diesem schrieb Pniower sogar eine moralische Funktion zu: »So ist der Gartenbau nicht nur ein unabdingbarer ›Faktor‹, eine rechnerische Größe im Wiederaufbau Deutschlands und in seiner Bodenreform; er ist auch zu ihrem Symbol bestimmt: zum Symbol der Erlösung aus materieller und seelischer Not durch Schaffung eines neuen Eden.«[17]

Erst ab 1952 verstärkte die SED-Spitze Bemühungen um den sozialistischen Gesellschaftsumbau und forcierte die Gründung von Landwirtschaftlichen Produktionsgenossenschaften (LPG), nachdem die »Stalin-Note« vom 10. März 1952,

---

10 Walter Bäcker, Aufgaben und Ziele des Zentralverbandes, in: Gesamtleitung der Internationalen Gartenbau-Ausstellung Hamburg 1953 (Hrsg.), Handbuch Internationale Gartenbau-Ausstellung Hamburg 1953, Hamburg, 1953, S. 44-48, hier S. 44.

11 Vgl. Joachim-Kurt Gassner, Der Weg des deutschen Gartenbaues. 1883 bis 1968, Hiltrup 1973, S. 426 f.

12 In den zwanziger Jahren war Schröder für die Deutsche Volkspartei Abgeordneter im Reichstag, vgl. Helga Panten, Politik für den Gartenbau 1948–1998, Bonn 1998, S. 8.

13 Vgl. Dix, Landschaftsplanung, S. 333 f.; ders. / Gudermann, Naturschutz, S. 541 ff.

14 Bauerkämper, Ländliche Gesellschaft, S. 302.

15 Vgl. Gröning, Teutonic Myth, S. 128.

16 Georg Bela Pniower, Bodenreform und Gartenbau, Berlin 1948, S. 56 ff.

17 Ebd., S. 10.

die Verhandlungen mit den Westmächten über eine Wiedervereinigung Deutschlands anbahnen sollte, erfolglos geblieben war. Da jedoch viele Bauern rund um den Volksaufstand am 17. Juni 1953 die Kollektivierungsmaßnahmen deutlich ablehnten, setzte die SED-Führung sie noch im selben Jahr wieder aus.[18] Erst mit dem zweiten Kollektivierungsschub 1959/60 wurden dann flächendeckende Maßnahmen durchgeführt.[19]

In der Bundesrepublik gewann die CDU am 6. September 1953 die Bundestagswahlen auch unter dem Eindruck der Ereignisse vom 17. Juni. Bundeskanzler Konrad Adenauer konnte damit seine »Politik der Stärke« bestätigt sehen.[20]

Landschaftsplanung und -architektur

Ähnlich wie in der Agrarpolitik zeichneten sich in der Landschaftsplanung und -architektur in beiden Staaten unterschiedliche Wege ab. Angesichts der kriegsbedingten Verwüstungen der Städte und ländlichen Gebiete lagen zunächst umfangreiche Aufgaben für Garten- und Landschaftsarchitekten auf der Hand: die Wiederherstellung von kriegszerstörten Parks, die Begrünung von Trümmerbergen, die Gestaltung von Soldatenfriedhöfen sowie die Freiraumplanung für neue öffentliche Gebäude und Wohnanlagen.[21] Landschaftsarchitekten, die in den zwanziger und dreißiger Jahren ihre Ausbildungszeit erlebt und sich beruflich entwickelt hatten, kamen nun in führende Positionen und auf Lehrstühle für Landschaftsarchitektur. 1946 erhielt Georg Bela Pniower die Professur für Landschaftsarchitektur an der Friedrich-Wilhelm-Universität in Berlin-Dahlem. Vor die Wahl gestellt, in welchem Sektor er unterrichten wolle, wechselte er von Dahlem im Westen an die Humboldt-Universität im Ost-Sektor.[22] Nach Pniowers Tod 1961 nahm Reinhold Lingner, der soeben als Chefarchitekt die »Erste Internationale Gartenbauausstellung der sozialistischen Länder« in Erfurt abgeschlossen hatte, den Ruf an die Humboldt-Universität an. Lingner, 1902 in Berlin geboren, hatte eine Gärtnerausbildung absolviert, Vorlesungen über Architektur an der TH Stuttgart besucht und Landschaftsarchitektur an der Lehr- und Forschungsanstalt für Gartenbau in Berlin-Dahlem studiert. Nach Tätigkeiten in Belgien und Frankreich hatte er ab 1937 als Landschaftsarchitekt in Gütersloh gearbeitet.[23] 1942 wurde er für Tarnpflanzungen an der Ostfront zwangs-

---

18 Schöne, Frühling, S. 90 ff.
19 Ebd., S. 227.
20 Lemke, Adenauer, S. 152.
21 Vgl. auch die Beschreibung bei Gröning, Teutonic Myth, S. 124 f.
22 Ebd., S. 125 ff.
23 Susanne Karn, Reinhold Lingners »Kampf um eine neue deutsche Gartenkunst« in der sozialistischen Gesellschaft, in: Gert Gröning (Hrsg.), Gartenkultur und nationale Identität. Strategien nationaler und regionaler Identitätsstiftung in der deutschen Gartenkultur, Worms 2002, S. 146-155, hier S. 147.

verpflichtet.[24] 1945 bis 1950 übernahm er die Leitung des Hauptamtes für Grün-planung in Berlin und leitete in dieser Funktion das Projekt der »Landschaftsdiag-nose« der DDR zur Kartierung von Umweltschäden wie Bodenerosion, Störungen des Bodenwasserhaushaltes, Schäden durch Bergbau und Luftverunreinigungen.[25] Die aus dem wissenschaftlichen Großprojekt resultierenden Erkenntnisse – 94 Per-sonen in fünf Ländergruppen waren beteiligt – dienten jedoch nicht als offizielle Handlungsgrundlage.[26] Lingner realisierte außerdem in leitender Position Projekte wie die Gedächtnisstätte Berlin-Plötzensee (1947), die Gedenkstätte der Sozialisten in Berlin-Friedrichsfelde (1949), die Pionierrepublik Wilhelm Pieck Werbellinsee (1951), das Grünkonzept für die Stalinallee (1952), Grünplanungen in Karl-Marx-Stadt (1954–58) und den Kulturpark Treptow in Berlin (1956).[27]

Als weiterer wichtiger Landschaftsgestalter plante Walter Funcke, der mit der Arbeitsgemeinschaft Foerster – Mattern – Hammerbacher assoziiert war, »Erfurt blüht«. 1907 in der Nähe von Plön geboren, hatte er eine Gärtnerlehre in Hamburg-Nienstedten und eine Ausbildung zum Gartenbautechniker in der Gärtnerlehranstalt in Oranienburg-Luisenhof absolviert. Seit 1931 Mitglied der KPD, war Funcke An-fang März 1933 verhaftet und nach sechsmonatiger Haftstrafe aus dem Konzentrati-onslager Oranienburg entlassen worden. Da er ab 1936 leitende Funktionen in Mat-terns Büro in Potsdam innegehabt hatte, kannte er die Planungen für die Stuttgarter »Reichsgartenschau«. Außerdem war Funcke von 1940 bis 1944 in Matterns Büro an Siedlungsplanungen in Polen und der Grünflächenplanung für Prag im Auftrag der Organisation Todt beteiligt.[28]

Neben Pniower, Lingner und Funcke, die dem NS-System kritisch gegenüberge-standen hatten, übernahmen aber auch ehemalige »Landschaftsanwälte« und Mit-glieder der NSDAP – darunter Hinrich Meyer-Jungclaussen, Otto Rindt, Werner Bauch, Hermann Göritz und Rudolf Ungewitter – berufliche Tätigkeiten in der DDR.[29]

---

24 Siehe Lingners Lebenslauf (zusammengestellt von Rüdiger Kirsten) bei Axel Zutz, Grüne Mo-derne passé? Zum 100. Geburtsjahr von Reinhold Lingner (1902–1968) und Hermann Mattern (1902–1971), in: *Stadt + Grün* 52 (2003) 3, S. 11-19, hier S. 13.
25 Dix, Landschaftsplanung, S. 357.
26 Dix / Gudermann, Naturschutz, S. 544.
27 Siehe Lingners Werkliste (zusammengestellt von Rüdiger Kirsten) bei Zutz, Grüne Moderne, S. 13.
28 Karn, Funcke, S. 31 ff.
29 Vgl. Dix, Landschaftsplanung, S. 345 ff. Bauch erhielt 1956 den neu geschaffenen Lehrstuhl an der TH Dresden, an der er seit 1950 lehrte, vgl. Peter Fibich / Joachim Wolschke-Bulmahn, Werner Bauch. Landschaftsarchitekt in zwei politischen Systemen, in: *Stadt + Grün* 55 (2006) 1, S. 20-24.

In der Bundesrepublik besetzte Heinrich Wiepking 1947 den Lehrstuhl der von ihm mitgegründeten Hochschule für Gartenbau und Landeskultur in Hannover.[30] Von 1954 bis 1960 übernahm dort auch Wilhelm Hübotter Lehraufträge.[31]

1952 erhielt Gustav Allinger einen Ruf an die 1946 neu gegründete Technische Universität in West-Berlin.[32] Den Lehrstuhl für Landschaftspflege, Landschaftsgestaltung sowie Straßen- und Wasserbau an der Technischen Hochschule München besetzte 1953 Alwin Seifert. Hermann Mattern, der 1950 die »Deutsche Gartenschau« in Stuttgart und 1955 die Bundesgartenschau in Kassel gestaltete, lehrte seit 1948 an der Staatlichen Hochschule für Bildende Künste in Kassel und trat 1961 die Nachfolge von Gustav Allinger an der TU Berlin an. Die Beispiele zeigen, dass in der NS-Zeit führende Landschaftsarchitekten in den fünfziger Jahren institutionell verankert waren und die Lehrinhalte an den Hochschulen bis in die sechziger Jahre bestimmen konnten.

Wie sah es aber mit Kontakten zwischen west- und ostdeutschen Landschaftsarchitekten aus? Ein gemeinsames Projekt in der Nachkriegszeit war der von Hans Scharoun geleitete »Kollektivplan«, an dem unter anderem Reinhold Lingner beteiligt war.[33] Diejenigen westdeutschen Landschaftsarchitekten, die zum »Bornimer Kreis« gehört oder ihm nahegestanden hatten, unterhielten weiterhin Kontakte zu Kollegen in der DDR. So stand Mattern bis zum Mauerbau in Verbindung mit Lingner und Foerster.[34] Für Wilhelm Hübotter sind Kontakte zu Lingner, Funcke, Foerster und zur iga-Leitung in Erfurt in den fünfziger Jahren nachweisbar; außerdem besuchte er 1950 »Erfurt blüht« und 1961 die iga in Erfurt. Foerster und Funcke nahmen für ihr gesamtdeutsches Projekt von Staudensichtungsgärten auch Kontakte in verschiedene westdeutsche Städte auf. Noch bis zu seinem Tod 1970 wurde Foerster sowohl in der Bundesrepublik als auch in der DDR als »Gartenphilosoph« verehrt. In den fünfziger Jahren bis 1961 erschienen Artikel von Karl Foerster, Reinhold Lingner, Walter Funcke und Helmut Lichey in westdeutschen Fachzeitschriften wie *Pflanze*

---

30 Zur Gründung der Schule und den Lehrinhalten s. Ursula Kellner, Die Macht der Tradition, in: *Garten und Landschaft* 113 (2003) 3, S. 9-11. Nach 1945 nannte sich Wiepking-Jürgensmann nur noch Wiepking.

31 Hübotter war zwar kein Mitglied in der NSDAP gewesen, hatte sich aber in den Dienst der Nationalsozialisten gestellt, indem er unter anderem Pläne zur Gestaltung der Thingstätte im Sachsenhain bei Verden entworfen hatte. Später fiel er beim Reichsführer-SS Heinrich Himmler in Ungnade. Zudem war Hübotter als Landschaftsanwalt im »Dritten Reich« für die Gestaltung der Reichsautobahnen mit zuständig gewesen und gehörte zum engen Kreis um Alwin Seifert und Heinrich Wiepking-Jürgensmann. Nach dem Zweiten Weltkrieg wurde er von den britischen Besatzern mit der Gestaltung des Geländes des ehemaligen Konzentrationslagers Bergen-Belsen beauftragt, vgl. Joachim Wolschke-Bulmahn, Gärten, Natur und völkische Ideologie, in: Rainer Hering (Hrsg.), Die Ordnung der Natur. Vorträge zu historischen Gärten und Parks in Schleswig-Holstein, 2009, S. 143-187, hier S. 167 ff.

32 Gröning, Teutonic Myth, S. 130.

33 Karn, Lingner, S. 149.

34 Vgl. besonders zum Verhältnis von Reinhold Lingner und Hermann Mattern: Zutz, Grüne Moderne.

und Garten und *Garten und Landschaft*.[35] Des Weiteren dienten Gartenschauen und Konferenzen in beiden Staaten einzelnen Landschaftsarchitekten als deutsch-deutsche Treffpunkte.

Die Wiederbelebung des Ausstellungswesens

Nach dem Zweiten Weltkrieg versuchten traditionelle deutsche Messestädte, sich wieder zu profilieren, aber auch Städte ohne ausgeprägte Messe- und Ausstellungstradition traten in den Wettbewerb ein. Am 8. Mai 1946 wurde die erste fünftägige Leipziger »Friedensmesse« unter Beteiligung von westdeutschen Ausstellern auf dem noch durch Kriegszerstörungen gezeichneten Ausstellungsgelände eröffnet.[36] Da sich die frühere Leipziger Universalmesse zu einer Repräsentation des sozialistischen Systems entwickelte, entstand in der westdeutschen Messelandschaft eine Lücke, um die westdeutsche Städte seit den späten vierziger Jahren konkurrierten. Schon 1947 wurde auf Anordnung der britischen Besatzungsmacht die »Exportmesse« in Hannover gegründet, die in den fünfziger Jahren als »Deutsche Industriemesse Hannover« am ehesten den Charakter einer Universalmesse annahm und zum Motor und Sinnbild für das westdeutsche Wirtschaftswunder wurde.[37] In West-Berlin wurde das alte Messegelände am Funkturm ab 1946 wiederhergestellt und dort 1947 die erste Messe veranstaltet. Auch die erste »Deutsche Industrieausstellung« 1950 gab einen Vorgeschmack auf das bundesdeutsche »Wirtschaftswunder« der fünfziger Jahre und lockte insbesondere viele Besucher aus Ost-Berlin an.[38] Der Anblick inszenierter Exponate auf Messen und Ausstellungen verhieß in den westlichen Besatzungszonen bzw. in der Bundesrepublik den Aufbruch in die Konsumgesellschaft.[39] Gestalterisch wurde an Traditionen der Weimarer Republik – etwa an die Formensprache des Bauhauses – angeknüpft, gleichzeitig auch an die Public Relations aus den USA.[40]

Ab 1948 wurde auch die Berliner »Grüne Woche«, die sich zwischen 1926 und 1939 zur wichtigsten Messe für Ernährung, Landwirtschaft und Gartenbau entwickelt hatte, neu aufgelegt. Spezifische Angebote wandten sich an Besucher aus der DDR, die in den fünfziger Jahren einen Anteil von 30 bis 50 Prozent der Gesamtbesu-

---

35   Walter Funcke stellte im Oktober 1961 die Staudenschau auf der iga 1961 in Erfurt vor: Walter Funcke, Zur Gestaltung der Staudenschau der internationalen Gartenbauausstellung Erfurt 1961, in: *Garten und Landschaft* 71 (1961) 10, S. 296-298. So erschien noch im Dezember 1961 ein Artikel von Karl Foerster, Auferstehung der Hinterhöfe, in: *Garten und Landschaft* 71 (1961) 12, S. 357.

36   Karsten Rudolph / Jana Wüstenhagen, Große Politik. Kleine Begegnungen: die Leipziger Messe im Ost-West-Konflikt, Berlin 2006, S. 23.

37   Fritsche, Schaufenster, S. 154 f.

38   Ebd., S. 47 ff.

39   Vgl. S. Jonathan Wiesen, Miracles for Sale: Consuming Displays and Advertising in Postwar West Germany, in: David Crew (Hrsg.), Consuming Germany in the Cold War, Oxford 2003, S. 151-180, hier S. 155 f.

40   Vgl. Brisen, Wandel, S. 55.

cherzahl stellten.[41] Sie sollten erfahren, »welche Fortschritte die freie Landwirtschaft der Bundesrepublik erzielt hat und auf welchen Teilgebieten diese Errungenschaften auch drüben verwertet werden können«.[42] Angesichts der hohen Besucherzahlen aus dem Osten fürchtete wiederum die DDR-Spitze die »Grüne Woche« als Schaufenster des Wohlstands und als Bedrohung für die 1952 und 1953 durchgeführten Kollektivierungsmaßnahmen. Daher beauftragte das Ministerium für Staatssicherheit »Geheime Informatoren« damit, auf der »Grünen Woche« Privatbauern und Arbeiter aus landwirtschaftlichen Betrieben, die aus der DDR anreisten, zu überwachen und für »Aufklärung« unter westdeutschen Bauernorganisationen zu sorgen. In die DDR zurückkehrende Messebesucher, bei denen DDR-Grenzbeamte Werbematerial von der »Grünen Woche« fanden, hatten mit Repressionen zu rechnen.[43]

Nach einigen ersten kleineren Gartenschauen gab es bereits 1950 eine Häufung von Gartenbauausstellungen in Ost und West. In der Bundesrepublik fanden eine größere in Stuttgart und weitere kleinere in Nürnberg, Kassel und Coburg statt. Im selben Jahr gab es in der DDR eine nationale in Leipzig-Markkleeberg und eine regionale in Erfurt. Begleitend führten Experten Debatten über künftige Funktionen und Ziele der Ausstellungen. Ein Artikel im westdeutschen *Zentralblatt für den Gemüse-, Obst- und Gartenbau* begrüßte sie, um »das Interesse am Gartenbau und seinen Erzeugnissen zu wecken und für die Betriebe absatzmäßig auszuwerten«. Dabei verwahrte der Autor sich gegen Gartenbauausstellungen, die den Städten als »Verkehrswerbung« dienten; »zur Dekoration von Tanzflächen« bräuchten keine veranstaltet zu werden. Stattdessen warb er für Fachausstellungen, die neben gartenbaulichen Erzeugnissen die Berufsmöglichkeiten, die Tätigkeit von Forschungsinstituten und Fachschulen sowie Themen wie Schädlingsbekämpfung und Düngung zeigen sollten.[44] Hans-Heinrich Westphal, der als Stadtgartendirektor in Hannover zu diesem Zeitpunkt die erste Bundesgartenschau für das folgende Jahr vorbereitete, begrüßte ebenfalls die Entwicklung, warnte gleichzeitig aber vor der »Gefahr der Zersplitterung und Überbeanspruchung für den Berufsstand«. Als Gegenmittel empfahl er, ein Regelwerk für die Durchführung von Gartenbauausstellungen zu erstellen und im Rhythmus von drei Jahren »Bundesgartenbauausstellungen« zu veranstalten, die durch unregelmäßig stattfindende Landesgartenschauen ergänzt werden könnten.[45]

1950 war die erste größere Gartenschau mit nationalem Anspruch die »Deutsche Gartenschau« in Stuttgart-Killesberg, mit der an die »Reichsgartenschau« von 1939

---

41 Vgl. Schultze, Auftrag »Grüne Woche«, S. 170 f.

42 Rolf Mayer-Schalburg, Die Ausstellungen der Landwirtschaft, in: Döring, Handbuch, S. 574-580, hier S. 580.

43 Schultze, Auftrag »Grüne Woche«, S. 173 ff.

44 G. Stipp-Weener, Gartenbau-Ausstellungen? Ja! Aber wie?, in: *Zentralblatt für den Gemüse-, Obst und Gartenbau*, 25.1.1950.

45 Hans-Heinrich Westphal, Gedanken über Gartenbauausstellungen, in: *Garten und Landschaft* 60 (1950) 8, S. 1-2, hier S. 1.

direkt angeschlossen wurde.[46] Mit einer Laufzeit von fünf Monaten und 1,3 Millionen Besuchern war sie zahlenmäßig die erfolgreichste Veranstaltung des Jahres in der Bundesrepublik. Neben der landschaftsarchitektonischen Gestaltung bot sie einen Sessellift, eine automatisierte Gärtnerei, einen Aussichtsturm mit integriertem Rundfunksender und eine Kleinbahn.[47] Chefarchitekt Hermann Mattern sah die Schau als »ernst zu nehmendes Modell, das die Stuttgarter sich und anderen zur Freude, uns allen zur Mahnung eingerichtet haben«.[48] In diesem Zusammenhang präsentierte er das Konzept einer »Wohnlandschaft«, aus dem der Wunsch nach einer neuen Innerlichkeit und Hinwendung zur Natur sprach, der für die frühe Nachkriegszeit so verbreitet war: »Wir haben uns unentwegt damit zu beschäftigen, unsere Lebensformen und unseren Lebensraum in Einklang zu bringen, beziehungsweise den Lebensraum zu dem jeweiligen menschlichen Tun in gesunde Beziehung zu bringen.«[49]

In der DDR hatte sich 1950 Leipzig-Markkleeberg im Wettbewerb mit Erfurt um die Anerkennung als nationale Gartenbauausstellung durchgesetzt, während Erfurt sich mit einer regionalen Ausrichtung begnügen musste. Noch waren die Veranstalter von »Erfurt blüht« weit von einer internationalen Ausrichtung entfernt. Vielmehr legten sie Wert darauf, die eigene Gartenschau von denen der Vergangenheit abzugrenzen und ein neues Format mit didaktischen Elementen zu finden. Georg Pniower grenzte die ostdeutschen Veranstaltungen von denen der Vergangenheit deutlich ab: »In den Gartenbauausstellungen der DDR ist eine deutliche Abkehr vom repräsentativen ›Feuerwerk‹ früherer Ausstellungen wahrnehmbar. Man wendet sich nicht mehr an den Geldbeutel effekthungriger Sehleute, sondern spricht zu den werktätigen Menschen in Lehr- und Leistungsschauen.«[50] Im Laufe der fünfziger Jahre blieben die Argumentationslinien für ein eigenes ostdeutsches Ausstellungsformat immer ähnlich: Die westdeutschen Gartenschauen seien Reklameschauen, auf der die Aussteller ihre wirtschaftlichen Interessen verfolgten; die ostdeutschen würden die Besucher in den Lehrschauen über fachliche Inhalte vorbildlich aufklären.

Auf die erste Häufung von Gartenschauen im Jahr 1950 folgten 1951 in Hannover die erste Bundesgartenschau und die Baumesse »Constructa« im Zeichen des Wiederaufbaus.[51] Die Bundesgartenschau bildete den Auftakt für das System der bis heute zweijährig stattfindenden, sechs Monate dauernden Bundesgartenschauen, die jeweils vom »Zentralverband des Deutschen Gemüse-, Obst- und Gartenbaues«

---

46 Nach der »Reichsgartenschau« 1939 und der »Deutschen Gartenschau« 1950 fanden in Stuttgart 1961 und 1977 weitere Bundesgartenschauen sowie 1993 eine Internationale Gartenbauausstellung statt. Viele der Stuttgarter Park- und Grünanlagen gehen auf die Gartenschauen zurück.
47 Kienzle, Ideologische Gärten, S. 97.
48 Hermann Mattern, Vorwort, in: ders. (Hrsg.), Die Wohnlandschaft. Eine Sammlung von Aussagen über die menschliche Tätigkeit in der Landschaft, Stuttgart 1950, S. 5.
49 Mattern, Über die Wohnlandschaft, in: ders., Wohnlandschaft, S. 7-28, hier S. 10.
50 Georg Pniower, Gartenbauausstellungen in Ost- und Westdeutschland, in: *Deutsche Gärtnerpost* 2 (1950) 37, S. 2.
51 Vgl. den Katalog: Karl Breschke, Erste Bundesgartenschau Hannover, Hannover 1951.

und einer wechselnden Stadt veranstaltet wurden. War die erste Ausstellung national ausgerichtet, so wurden in die Internationale Gartenbauausstellung 1953 in Hamburg erstmals andere Nationen eingebunden. Die Bundesgartenschau in Kassel 1955 war zwar wieder national begrenzt, aber die als »kulturelles Nebenprodukt«[52] der Bundesgartenschau geplante erste »documenta« – vorgeschlagen von dem erneuten Chefarchitekten Hermann Mattern – wurde bereits als internationales Kunstereignis verstanden.[53]

»Erfurt blüht«

Die Eröffnung

Am 6. Juli 1950 eröffneten Erfurts Oberbürgermeister Georg Boock, Stadtrat Marquart und der Minister für Land- und Forstwirtschaft in Thüringen, Helmut Wetzstein, in Anwesenheit von Erfurter Bürgern die Gartenschau »Erfurt blüht« in dem neu gestalteten Ausstellungspark bei der Cyriaksburg. Während der Reden überreichten Mädchen den weiblichen Gästen Blumensträuße. Anschließend spielte das städtische Orchester; während des Vorspiels zu Richard Wagners »Die Meistersinger« ließen Junge Pioniere bunte Luftballons steigen. Die Eröffnung glich einem Volksfest, wie die *Thüringische Landeszeitung* berichtete.[54]

Für die Eröffnung hatten die Erfurter Veranstalter ursprünglich Thüringens Ministerpräsidenten Werner Eggerath als Redner vorgesehen, da es sich um eine Landesausstellung handelte.[55] Eggerath hatte jedoch eine Absage erteilt, da er unter anderem mit der ihm zu unpolitischen Namensgebung »Erfurt blüht« nicht einverstanden war.[56] Der Oberbürgermeister hatte dagegen volkspädagogisch argumentiert, dass die Ausstellung »vor allem die indifferenten Bevölkerungskreise anziehen wird und es nun aber bei der Durchbildung der Ausstellungsmaßnahmen darauf ankommt, diese Bevölkerungskreise durch eine klare ideologische Zielsetzung der Aufgabenstellung im wirtschaftspolitischen und kulturellen Sinne zu beeinflussen«.[57] Boock wollte also keine reine Fachausstellung, sondern vielmehr ein gesellschaftliches Ereignis, um die dem sozialistischen System noch skeptisch gegenüberstehenden

---

52 Sabine Horn, documenta I (1955). Die Kunst als Botschafterin der Westintegration?, in: Paulmann, Repräsentationen, S. 45-61, hier S. 45.

53 Zur Rolle Hermann Matterns und zum Verhältnis von Bundesgartenschau und documenta vgl. Harald Kimpel, documenta. Mythos und Wirklichkeit, Köln 1997, S. 98 f.

54 Erfurter Gartenbauausstellung eröffnet, in: *Thüringische Landeszeitung*, 6.7.1950.

55 StAE, 1-5/1005-6257, Niederschrift über die Sitzung des Ausschusses zur Vorbereitung der Gartenbau-Ausstellung 1950, 6.6.1950.

56 Dieses geht aus einem Antwortschreiben von Oberbürgermeister Georg Boock auf einen Brief des Ministerpräsidenten hervor: SBB-PK, Nachlass Walter Funcke, 210, Brief von Georg Boock an den Ministerpräsidenten des Landes Thüringen, ohne Datum (Frühjahr / Sommer 1950).

57 Ebd.

Abb. 10 Die Festgesellschaft bei der Eröffnung von »Erfurt blüht« auf dem Werkhof, 6. Juli 1950. Anwesend sind örtliche Repräsentanten, Mitarbeiter und die Erfurter Bevölkerung.

Bürger über die neuen politischen, wirtschaftlichen und gesellschaftlichen Entwicklungen aufzuklären und von ihnen zu überzeugen. Der Oberbürgermeister rechtfertigte damit die Namensgebung, die Assoziationen mit Wachstum und Lebensfreude zuließ; sie passe zu einer solchen Publikumsveranstaltung, zumal sich dadurch die lokale Bevölkerung der alten Identität als »Blumenstadt Erfurt« versichern konnte.

Diese Unstimmigkeiten zwischen den Organisatoren und dem Ministerpräsidenten waren nicht die einzigen während der Vorbereitungen. Zeitweise hatte sogar in Frage gestanden, ob die von Boock angeregte Ausstellung überhaupt von staatlicher Seite genehmigt würde, da die für dasselbe Jahr geplante Landwirtschafts- und Gartenbauausstellung in Leipzig-Markkleeberg Vorrang hatte. Die Organisatoren konnten »Erfurt blüht« jedoch abschließend als Erfolg verbuchen, da während der zehnwöchigen Dauer vom 6. Juli bis zum 17. September 1950 551.000 Besucher gekommen waren. Wie der Aushandlungsprozess zwischen lokalen Akteuren und zentralen Stellen in der DDR auf dem Weg zur Gartenschau verlief und lokale Traditionen mit den politischen Leitlinien verbunden wurden, wird im Folgenden dargestellt.

Organisation und Akteure

Mit »Erfurt blüht« waren Hoffnungen auf eine Wiederbelebung der Erfurter Gartenbauwirtschaft verbunden, die im Zweiten Weltkrieg geschwächt worden war; der ehemals weltweite Export war sogar völlig zum Erliegen gekommen. Als erste Werbemaßnahmen waren 1945 und 1946 die Ausstellungen »Erfurt – Wirtschaft im Aufbau« und »Mehr Nahrung schaffen« durchgeführt worden, gestaltet von Gustav Allinger.[58]

Handelsbeziehungen in die Westzonen und ins westliche Ausland wurden durch interzonale Restriktionen und politisch-ideologische Abgrenzungen zum Westen erschwert.[59] Auch wenn in Thüringen zunächst nur wenige Bauern von der Bodenreform direkt betroffen waren, empfanden sie nicht nur die betroffenen Bauern, sondern auch die Mittelschicht als Unrecht.[60] Wie überall in der Sowjetischen Besatzungszone und in der DDR waren auch in Erfurt Gartenbaubetriebe von politischen Direktiven betroffen. 1946 wurde in Erfurt die Deutsche Saatzucht Gesellschaft (DSG) aus enteigneten oder aufgegebenen Privatbetrieben gegründet. Als Staatsbetrieb zur Saatzucht und -produktion wurde ihr eine zentrale Funktion zugewiesen, auch wenn der Vertrieb zu diesem Zeitpunkt regional auf Thüringen und Sachsen beschränkt war, um die Transportmittel zu entlasten. Ebenfalls 1946 wurde in Erfurt die Fachschule für Gartenbau gegründet. In den folgenden Jahren verließen jedoch

---

58 Allinger, Hohelied, S. 101 f.
59 Eberhard Czekalla, Die Firma Ernst Benary, in: Baumann / Raßloff, Blumenstadt, S. 133-151, hier S. 148.
60 Jochen-Christoph Kaiser, Klientelbildung und Formierung einer neuen politischen Kultur. Überlegungen zur Geschichte der Bodenreform in Thüringen, in: Arnd Bauerkämper (Hrsg.), »Junkerland in Bauernhand?« Durchführung, Auswirkungen und Stellenwert der Bodenreform in der Sowjetischen Besatzungszone (Historische Mitteilungen, Beiheft 20), Stuttgart 1996, S. 119-131.

traditionsreiche Gartenbaubetriebe wie die Ernst Benary Samenzucht und Haage und Schmidt Erfurt, um einen Neuanfang in der Bundesrepublik zu versuchen.[61] Die Familienbetriebe N. L. Chrestensen und F. C. Heinemann blieben zwar in Erfurt, wurden aber ab 1953 als Betriebe mit staatlicher Beteiligung weitergeführt und 1972 ganz verstaatlicht.[62]

Die Initiative zu Erfurts erster größerer Gartenschau nach dem Zweiten Weltkrieg ergriff Oberbürgermeister Georg Boock. Auf einer Stadtverordnetensitzung im März 1947 sprach er sich für einen »großen propagandistischen Wettbewerb über die Grenzen Thüringens hinaus« aus.[63] Als mögliche Teilnehmer schlug er die Arbeitsgemeinschaft Foerster – Mattern – Hammerbacher sowie die westdeutschen Landschaftsarchitekten Wilhelm Hübotter und Otto Valentin vor. Boock, in den zwanziger Jahren SPD-Mitglied und 1946 der SED beigetreten[64], begründete Erfurts Zukunftsaussichten als Kongressstadt unter anderem mit der »zentralen Lage in Gesamtdeutschland«. Mit der Einladung an Gartengestalter aus der »Westzone« wollte er die deutsche Einheit betonen und »das Interesse des gesamten Gartenbaues nach Erfurt hin« orientieren.[65] Der »große propagandistische Wettbewerb« fiel dann mit zwei Einladungen an Garten- und Landschaftsarchitekten jedoch deutlich bescheidener aus, als Boock vorgeschlagen hatte. Die neu gegründete Erfurter Ausstellungsgesellschaft lud Gustav Allinger ein, der 1945 und 1946 die beiden kleineren Ausstellungen gestaltet hatte.[66] Dass Allinger durch seine Mitgliedschaften in der NSDAP und der SA und die von ihm eingeleiteten Maßnahmen zur Gleichschaltung der DGfG politisch belastet war, stellte offenbar kein Ausschlusskriterium dar. Die zweite Einladung ging an die Arbeitsgemeinschaft Foerster – Mattern – Hammerbacher, die den mit ihr assoziierten Walter Funcke vorschlug, weil Mattern, der über die meisten Erfahrungen mit Gartenschauen verfügte, mit der Vorbereitung der »Deutschen Gartenschau« in Stuttgart ausgelastet war.[67] Der Wettbewerb sah Themen wie den Stand der Landwirtschaft, Forstwirtschaft, des Gartenbaus, des Gesundheitswesens

---

61 Czekalla, Benary, S. 148 f. Der Versuch der Firma Benary gelang. Der letzte Angehörige der Firma Haage und Schmidt konnte seine Pläne nicht umsetzen, vgl. Ilsabe Schallach, Die Familie Haage – 325 Jahre Gärtnereigeschichte, in: Baumann / Raßloff, Blumenstadt, S. 74-107, hier S. 101.

62 Vgl. Wolf-Dieter Blüthner, Die Firma N. L. Chrestensen, in: Baumann / Raßloff, Blumenstadt, S. 177-202, hier S. 191 ff.; Czekalla, Die Firma F. C. Heinemann, in: Baumann / Raßloff, Blumenstadt, S. 152-176, hier S. 168 ff.

63 StAE, 1-5/3826-14095, Sitzung des Stadtrats über die Gartenbauausstellung, 13.3.1947, Blatt 1.

64 Steffen Raßloff, Die Oberbürgermeister der Stadt Erfurt seit 1872, in: *Stadt und Geschichte. Zeitschrift für Erfurt* 10 (2007) 3, S. 25-27, hier S. 27. Eine Kurzbiografie befindet sich auch in: Steffen Kachel, Ein rot-roter Sonderweg? Sozialdemokraten und Kommunisten in Thüringen 1919 bis 1949 (Veröffentlichungen der Historischen Kommission für Thüringen, Kleine Reihe, Bd. 29), Köln / Weimar / Wien 2011, S. 554 f.

65 StAE, 1-5/3826-14095, Sitzung des Stadtrats über die Gartenbauausstellung, 13.3.1947, Blatt 1.

66 StAE, 1-5/3826-14095, Einladung für den Wettbewerb, ohne Datum, Blatt 2.

67 Karn, Funcke, S. 102.

Abb. 11 Anzeige der privaten Firma N. L. Chrestensen auf der rück-
wärtigen Umschlagseite des Katalogs von »Erfurt blüht«, 1950. Die
Erfurter Firma warb dafür, ihren Stand auf der Gartenschau, das
Geschäft in der Innenstadt sowie das Gärtnereigelände zu besuchen.

sowie die Frau in Landwirtschaft und Gartenbau vor.[68] Da Allinger, der die Wettbewerbsunterlagen erst um den 1. September 1947 anforderte[69], nur geringes Interesse an einer Beteiligung zeigte und einen unbefriedigenden Entwurf einreichte, fiel die Entscheidung zugunsten Funckes aus.

»Erfurt blüht« war Funckes erstes eigenständiges Projekt, mit dem er sowohl sein fachliches Können als auch seine politische Einstellung unter Beweis stellen konnte. Zwar war er kein Mitglied der SED, fühlte sich aber »als Freund der Partei«.[70] Dabei war die Aufgabe sicherlich kein einfaches Unterfangen, da seine Lösungen an den Gartenschauen seines ehemaligen Arbeitgebers Mattern gemessen würden.

War der Wettbewerb kurzfristig initiiert und der Gestalter schnell gefunden, so zeigten sich in den Verhandlungen der folgenden Monate organisatorische Probleme und Widerstände in Bezug auf das in Frage kommende Ausstellungsgelände, die Finanzierung, die staatliche Anerkennung und die Namensgebung. Zunächst wurde das Vorhaben von 1948 auf 1950 verschoben. Das zuerst in den Blick genommene Gelände an der Thüringenhalle wurde hauptsächlich aus finanziellen Gründen verworfen und stattdessen im Oktober 1948 das Gelände bei der Cyriaksburg ausgewählt[71], das Oberbürgermeister Kießling 1937 für eine »Reichsgartenschau« hatte prüfen lassen und für das sich Funcke zwischenzeitlich mehrfach ausgesprochen hatte. Walter Funcke und Hermann Mattern hatten das Gelände aufgrund seiner Ähnlichkeiten mit dem Gartenschaugelände in Stuttgart für geeignet befunden.[72]

Eine direkte Bezugnahme auf die Diskussionen über die geplante »Reichsgartenschau« lässt sich zwar nicht nachweisen, aber da der in den dreißiger Jahren amtierende und nun pensionierte Gartenamtdirektor Bernhard Multhaupt seinen Nachfolger bei den Vorbereitungen unterstützen sollte[73], konnte das persönliche Wissen über die Geländestruktur und die Überlegungen zu den Erfolgsaussichten einer großen Gartenschau abgerufen werden.

Die Erfurter Veranstalter mussten die Austragung der Gartenbauausstellung bei der Deutschen Wirtschafts-Kommission (DWK) beantragen, die ab dem 1. Februar 1948 im Auftrag der Sowjetischen Militäradministration in Deutschland (SMAD) eine neue Wirtschaftsordnung erstellte und gegenüber Verwaltungen und Bevölkerung weisungsberechtigt war.[74] Noch 1949 bemühten sich der Rat der Stadt

---

68 StAE, 1-5/3826-14095, Vorbereitung zur Gartenbauausstellung 1949 und 1950, Vermerk über einen Beschluss des Ausschusses der Gartenbau- u. Landwirtschaftsausstellung am 3.7.1947, Blatt 3.

69 StAE, 1-5/3826-14095, Vorbereitung zur Gartenbauausstellung 1949 und 1950, Schreiben an die Arbeitsgemeinschaft Förster – Mattern – Hammerbacher, 4.9.1947.

70 SBB-PK, Nachlass Walter Funcke, 210, Schreiben von Walter Funcke an Georg Boock, 15.4.1950.

71 StAE, 1-5/28-17521, Gartenbau-Ausstellung 1950, 30.10.1948. Walter Funcke, Hermann Mattern und Karl Foerster hatten fünf Gutachten erstellt, vgl. die Aufstellung dieser Gutachten: SBB-PK, Nachlass Walter Funcke, 79, Schreiben von Walter Funcke, 29.11.1949.

72 Bernhard Multhaupt hatte schon in seinem Gutachten von 1937 festgestellt, dass das Gelände keine einfachen topografischen Voraussetzungen für die Durchführung einer Gartenbauausstellung bot.

73 StAE Erfurt, 1-5/3826-14095, Schreiben von Georg Boock (ohne Titel), 24.2.1948.

74 Vgl. Karn, Funcke, S. 106; Steiner, Plan, S. 52 f.

Erfurt und Walter Funcke um die Anerkennung als »Deutsche Gartenschau«.[75] Diese sollte sich von der geplanten Landwirtschaftsausstellung in Leipzig-Markkleeberg abheben, die 1948 zum ersten Mal stattgefunden hatte.[76] Ein Vertreter der Leipzig-Markkleeberger Messegesellschaft sicherte den Erfurtern zu, sie würde 1950 zugunsten der einmalig stattfindenden Erfurter Gartenschau auf eine eigene Veranstaltung verzichten.[77] Bis August 1949 blieb jedoch offen, ob die Erfurter Schau stattfinden konnte, da die DWK forderte, die Ausstellung auf die Ziele des Zweijahresplans abzustimmen, die Organisation der Gartenschau als kollektive Leistung der staatlichen Betriebe und gesellschaftlichen Organisationen zu verstehen und sie im Sinne einer Lehrschau zu gestalten.[78] Nach den Anpassungen an diese Forderungen wurde die Erfurter Ausstellung zwar genehmigt, gleichzeitig aber doch eine weitere in Leipzig-Markkleeberg. Dass es nun zwei Ausstellungen geben sollte, rief jedoch Kritik hervor, da die »Gefahr einer unwirtschaftlichen Kräftezersplitterung« bestehe. Industriefirmen hätten bereits große Summen in die Ausstellungsbauten in Leipzig-Markkleeberg investiert, so die Argumentation.[79] Im Oktober 1949 intervenierte Berlins Stadtgartendirektor Reinhold Lingner bei der DWK und sprach sich für das Erfurter Vorhaben aus. Die Festlegung auf einen Ausstellungsort lehnte er hingegen ab, da die DDR noch im Aufbau begriffen sei, zumal die Gestaltung in Markkleeberg ungenügend sei, da sie sich gegenüber dem Vorjahr nicht gesteigert habe und im Ausland kaum Erfolg finden werde. Dagegen bescheinigte er Funckes Planungen »künstlerische und ausstellungstechnische Qualität« und sagte »ein international gültiges Niveau« voraus.[80] Noch ein weiteres Mal setzte sich Lingner für »Erfurt blüht« ein, indem er auf Bitten Funckes den Ministerpräsidenten der DDR, Otto Grotewohl, zum Besuch der Ausstellung einlud.[81]

Die Markkleeberger Ausstellung hatte 1950 den Vorteil, dass sie parallel zur Leipziger Herbstmesse stattfand und Leipzig-Reisende den Besuch beider Veranstaltungen miteinander verbinden konnten. Obwohl aber »Erfurt blüht« offiziell nur den Charakter als Landesausstellung hatte, wurde sie über die Landesgrenzen hinweg wahrgenommen und legte den Grundstein für weitere Ausstellungsinitiativen in den fünfziger Jahren.

---

75   Vgl. Karn, Funcke, S. 106 ff.

76   Zur Entwicklung der Gartenbauausstellungen in Leipzig-Markkleeberg vgl. Lichey, Vergleichende Untersuchung, S. 64 ff. Helmut Lichey war als Mitglied der Ausstellungsgesellschaft in Leipzig-Markkleeberg an der Vorbereitung von Ausstellungen in der DDR und im Ausland beteiligt gewesen.

77   StAE, 1-5/1005-3516, Niederschrift über die Sitzung des Stadtverordneten-Ausschusses zur Vorbereitung der Gartenbau-Ausstellung 1950 am 26. März 1949, 31.3.1949.

78   Karn, Funcke, S. 106.

79   Richter, Zwei Gartenbaumessen?, in: *Thüringer Rundschau*, 2.11.1949.

80   SBB-PK, Nachlass Walter Funcke, 79, Schreiben von Reinhold Lingner wegen der Gartenschau in Erfurt, 6.10.1949.

81   SBB-PK, Nachlass Walter Funcke, 79, Schreiben von Reinhold Lingner an Otto Grotewohl, 8.9.1950. Ob Grotewohl »Erfurt blüht« besuchte, ist nicht bekannt.

»Das Belehrende wie ein roter Faden«. Die Gestaltung der Ausstellung

Am Anfang der Planungen standen Überlegungen für eine Gartenschau unter dem Titel »Feld und Garten« bzw. »Land, Wald und Garten« auf einem Gelände bei der Thüringenhalle im Süden der Stadt. Anhand eines Musterdorfes wollte Funcke mit Einzelhäusern, Lehr- und Pflanzenschauen umfassende Lösungen für Probleme im ländlichen Raum und beim Wiederaufbau von Dörfern und Städten im Zeichen der neuen politischen Umstände präsentieren.[82] Dieser erste Entwurf scheiterte jedoch aus finanziellen Gründen. Stattdessen wurde die völlig andere Schau »Erfurt blüht« auf dem 30 Hektar großen Areal realisiert, das sich vom Fuß des Cyriaksbergs bis zur 45 Meter hohen Anhöhe mit der Cyriaksburg aus dem 17. Jahrhundert erstreckte und 1928 im Rahmen von Notstandsarbeiten zu einem öffentlichen Park ausgestaltet worden war.[83]

Seine konzeptionellen Überlegungen für die Ausstellung beschrieb Funcke auch in der westdeutschen Fachzeitschrift *Garten und Landschaft*. Zunächst stellte er sein Missfallen an Gartenschauen »mit einer nur repräsentativen Massenanhäufung von Blumen und einer mehr oder weniger guten Aneinanderreihung von ›Motiven‹ dar, die ohne Beziehung zu den Erfordernissen der heutigen Zeit stehen«.[84] Stattdessen kündigte er an, dass sich das »Belehrende wie ein roter Faden« durch die Ausstellung ziehen sollte. Priorität hatte der Ansatz, »dem Landbebauer jeglicher Art vor Augen zu führen, wie er seinen Boden besser bebauen kann und durch eine bessere Organisation und Methoden zu einer höheren Produktivität kommt«. Weiterhin charakterisierte er die Ausstellung als »Laboratorium des Gartenbaues«, in dem wissenschaftliche und praktische Erkenntnisse zusammenfließen sollten, um der »gemeinsamen Arbeit« zu dienen.[85] Im Ausstellungskatalog betonte Funcke ebenfalls die gesellschaftspolitischen Aufgaben: »Eine Gartenschau [...] bietet die beste Gelegenheit, über die beruflichen Belange hinaus ein Spiegelbild des Kulturschaffens und des Standes der Produktion überhaupt zu geben. Wenn sie mit dieser Zielsetzung auf der breitesten Grundlage unter Einschaltung der Massenorganisationen, der Wissenschaft und der Kulturschaffenden zu einer kollektiven Aufgabe des Volkes wird, dann wird sie auch ihren Zweck erfüllen.«[86]

Vom Fuß des Cyriaksbergs gelangten die Besucher auf dem steil ansteigenden Weg an vier Siedlungshäusern, einer Obstanlage, einem Musterstall für Kleintierhaltung und Dauerkleingärten vorbei auf die Anhöhe. Dort erstreckten sich die

---

82 Eine ausführliche Beschreibung und Analyse der Vorgängerentwürfe bietet Karn, Funcke, S. 103 ff.
83 Ebd., S. 112.
84 Walter Funcke, Arbeitsbericht von der Gartenschau 1950 in der Blumenstadt Erfurt, in: *Garten und Landschaft* 60 (1950) 5, S. 12-14, hier S. 12.
85 Funcke, Arbeitsbericht, S. 13.
86 Walter Funcke, Zweck und Ziel der Gartenschau 1950. Blumenstadt Erfurt im Zeichen des Volkswirtschaftsplanes, in: Erfurter Ausstellungsgesellschaft m.b.H. (Hrsg.), Gartenschau Erfurt 1950. Blumenstadt Erfurt. Ausstellungskatalog, Erfurt 1950, S. 29-30, hier S. 30.

Hallenschauen, ein Vortragszelt, Blüten- und Sichtungsgärten, ein Musterfriedhof, eine Freiluftbühne, die Hauptgaststätte und ein Aussichtspunkt. Die Lehrschauen für Pflanzen- und Gemüsebau, Baum- und Obstschauen, Samenbau und Bodenbearbeitung waren im benachbarten Dreibrunnenpark konzentriert. (vgl. Farbabb. 12, S. 48/49)

Konkret stellte Funcke mit der Ausstellung Methoden zur intensiveren Bebauung des Bodens, der Düngung und Humuswirtschaft, Schädlingsbekämpfung, Züchtung, Kleintierhaltung und zum Einsatz von Maschinen vor.[87] Das »Belehrende« wurde unter anderem mit Hilfe von Parolen in den Hallenschauen und im Freigelände transportiert. Dabei wurde das Verhältnis zur sowjetischen Hegemonialmacht durch Losungen wie »Die Sowjetunion ist der beste Freund des deutschen Volkes« beschworen.[88] Für eine Hallenschau war eine Äußerung des sowjetischen Regierungschefs Josef Stalin vorgesehen: »Die Gründung der Deutschen Demokratischen Republik ist ein Wendepunkt in der Geschichte Europas.« Außerdem wurde ein »Mitschurin-Garten« nach den wissenschaftlichen Leitlinien des sowjetischen Pflanzenzüchters Iwan Mitschurin angelegt.[89] Zitate wie »Jede landwirtschaftliche Pflanze, auch wenn sie noch so gut scheint, kann und muß noch verbessert werden«, bezogen die Prinzipien der sowjetischen Pflanzenzucht nach Mitschurin ein.

Insgesamt sprach aus Funckes Konzeption und der Darstellung der Ausstellung in der Öffentlichkeit der Anspruch auf Wissenschaftlichkeit, wie sie in der DDR Verbreitung fand. Die Sowjetunion tauchte zwar als Leitnation in Parolen auf, noch waren die Lehrschauen aber nicht auf das sowjetische Leitbild der Großraumwirtschaft orientiert.[90] Vielmehr knüpfte Funcke auch an die Gestaltung und Inhalte früherer deutscher Gartenschauen an und integrierte Elemente wie einen Kinderspielplatz, eine Freilichtbühne, gastronomische Einrichtungen und eine Kleinbahn, die sich an die lokale Bevölkerung und das Laienpublikum richteten.

Dass die Besucher sich für die Schönheiten des Parks und der Musterhäuser interessierten, zeigt auch das erhaltene Fotoalbum eines Erfurter Ehepaares, das viele Stationen der Ausstellung abbildet und persönliche Kommentare enthält. Zu einem Foto, das die Ehefrau vor einem Musterhaus und der Silhouette des Erfurter Doms und der Severikirche im Hintergrund zeigt, heißt es in der handschriftlichen Bildunterschrift: »Mustersiedlungshaus, der Wunschtraum aller Besucher«.[91] Die Besitzer des Fotoalbums drückten damit nicht nur ihren persönlichen Wunsch aus, sondern

---

87   Walter Funcke, Zweck und Ziel der Gartenbauausstellung Erfurt, in: *Deutsche Gärtnerpost* 2 (18.6.1950).

88   SBB-PK, Nachlass Walter Funcke, 80, Parolen in den Hallen der Gartenschau, ohne Datum. Diese waren zumindest geplant; ob sie tatsächlich Eingang fanden, konnte nicht verifiziert werden.

89   Karn, Funcke, S. 115, 118.

90   Bauerkämper, Ländliche Gesellschaft, S. 145 ff.

91   StAE, 6-6/E02 Fotoalbum.

Abb. 13 Musterhaus auf dem Gelände von »Erfurt blüht«, 1950. Originalbildunterschrift
in einem privaten Fotoalbum: »Mustersiedlungshaus, der Wunschtraum aller Besucher«.
Im Hintergrund sind der Dom St. Marien und die Kirche St. Severi zu sehen.

transportierten ein allgemeingültiges Bedürfnis in der Bevölkerung nach einem Eigenheim.

Gesamtdeutsche Bezüge

Obwohl Oberbürgermeister Georg Boocks anfängliche Hoffnungen für die Gartenschau als ein großes gesamtdeutsches Unternehmen sich im Laufe der Planungen relativierten, zielte er weiterhin auf das Interesse westdeutscher Besucher ab.[92] Ob die Veranstalter mit den gezählten 10.000 westdeutschen Besuchern zufrieden waren, lässt sich nicht belegen. Walter Funcke jedenfalls hatte Ende August 1950 festgestellt: »[…] aus dem Westen sind schon über 6000 Besucher hier gewesen und wir freuen uns über jeden West-Besucher, der von hier den Eindruck nach dort mitnimmt, dass hier auch gearbeitet wird und zwar ganz intensiv.«[93] Im Jahr nach den beiden deutschen Staatsgründungen war der gegenseitige Besuch der Gartenschauen in Stuttgart und Erfurt noch möglich; erst 1952 wurde die innerdeutsche Grenze befestigt. Aufgrund von Erfurts Lage 60 Kilometer von der deutsch-deutschen Grenze entfernt war die Gartenschau für westdeutsche Besucher geografisch günstig gelegen. Für den Besuch von »Erfurt blüht« mussten sich Interessierte bei der Gartenschaugesellschaft in Erfurt um den erforderlichen Interzonenpass bemühen. Für den Besuch der »Deutschen Gartenschau« in Stuttgart benötigten Ostdeutsche ebenfalls einen Interzonenpass; zudem erschwerte ihnen der hohe Umtauschkurs den Besuch im Westen.

In der Theorie klangen die Reiseformalitäten für einen Erfurt-Besuch unproblematisch. So hatte die Erfurter Ausstellungsleitung in der westdeutschen Fachzeitschrift *Garten und Landschaft* bekannt gegeben, dass Fachleute Namen, Anschriften und Geburtsdaten an die Ausstellungsleitung schicken sollten, um die Aufenthaltsgenehmigung für eine begleitende Fachtagung zu erhalten.[94] Dass die Einreise in der Praxis problematisch sein konnte, beschrieben aber einige Interessenten, die mit Verspätung zur Fachtagung kamen, da sie an der Grenze hatten warten müssen, oder gar nicht erst anreisen konnten, da sie ihren Interzonenpass nicht rechtzeitig erhalten hatten.[95]

---

92 SBB-PK, Nachlass Walter Funcke, 210, Brief von Georg Boock an den Ministerpräsidenten des Landes Thüringen, ohne Datum (Frühjahr / Sommer 1950).

93 SBB-PK, Nachlass Walter Funcke, 81, Schreiben von Walter Funcke an Wilhelm Hübotter, 30.8.1950.

94 Programm der Tagung der Garten- und Landschaftsgestalter, Landesplaner und Architekten im Rahmen der Gartenschau Erfurt 1950, in: *Garten und Landschaft* 60 (1950) 6 (ohne Seitenzahl, Umschlaginnenseite).

95 Der Geschäftsführer der Deutschen Gesellschaft für Gartenkunst und Landschaftspflege, Hans-Gerd Thierolf, schrieb, die »heilige Bürokratie der Verfügungen über den Interzonenverkehr« habe es ihm unmöglich gemacht, die Tagung zu besuchen, SBB-PK, Nachlass Walter Funcke, 81, Schreiben von Hans-Gerd Thierolf wegen der Tagung der Garten- und Landschaftsgestalter, Landesplaner und Architekten, 6.7.1950.

Als Vermittlerfigur im Ost-West-Kontakt trat der Garten- und Landschaftsarchitekt Wilhelm Hübotter aus Hannover auf.[96] Hübotter war unter anderem an der »Jahresschau deutscher Gartenkultur« (Jadega) in Hannover 1933 beteiligt gewesen und bereitete die erste Bundesgartenschau 1951 in Hannover vor.[97] Im Anschluss an seinen Besuch der »Deutschen Gartenschau« in Stuttgart reiste er als einer der wenigen Westdeutschen zu der Erfurter Tagung kurz nach Eröffnung der Ausstellung. Die Konferenz beinhaltete Referate von Reinhold Lingner über »Das Grün im Städtebau«, des Architekten Richard Paulick über »Die neue Stadt« und des Landschaftsarchitekten Georg Pniower über »Landschaftsplanung und Volkswirtschaft«.[98]

Im Anschluss äußerte Hübotter sich in *Garten und Landschaft* überaus anerkennend, die Ausstellung sei »weniger auf Repräsentation aufgebaut, sondern vielmehr ganz systematisch, ich möchte fast sagen wissenschaftlich ausgerichtet«.[99] Beeindruckt zeigte er sich von der Hügellage, da diese weite Blicke in die Landschaft ermögliche. Über das Nebeneinander der beiden Ausstellungen beschied er, »es kann niemals heißen Stuttgart oder Erfurt, sondern Stuttgart und Erfurt. Die gänzlich anderen Verhältnisse der Ostzone kamen in Sonderheit dadurch zum Ausdruck, daß in Erfurt mit den geringsten materiellen Mitteln das Größtmögliche erreicht wurde.«[100] Der erschienene Artikel gründete auf einem persönlichen Brief an den Redakteur Alfred Reich, der in den zwanziger und dreißiger Jahren gemeinsam mit Walter Funcke zum »Bornimer Kreis« gehört hatte.[101] Reich veröffentlichte aber hauptsächlich die unpolitischen Passagen des Briefes, während er die kämpferisch anmutenden und persönlichen Stellen zum deutsch-deutschen Verhältnis wegließ. Darin beklagte Hübotter einerseits das fehlende Interesse der westdeutschen Kollegen an der wissenschaftlichen Tagung, andererseits betrachtete er die politisch-ideologische Argumentationsweise der ostdeutschen Kollegen kritisch. Lingner sei so tief durchdrungen von politischen Ideen, dass ihm selbst der Kragen geplatzt sei. Beiden Systemen – Kommunismus und Kapitalismus – stehe er aber gleichermaßen skeptisch gegenüber. Trotz gemischter Erlebnisse und Emotionen kündigte Hübotter in seinem Brief an, die Kontakte pflegen zu wollen, und dachte über die Erwirkung von Reisemöglichkeiten für die ostdeutschen Kollegen in die Bundesrepublik und eine

---

96 Panten, Bundesgartenschauen, S. 9.

97 Ebd., S. 8.

98 Programm der Tagung der Garten- und Landschaftsgestalter, Landesplaner und Architekten im Rahmen der Gartenschau Erfurt 1950, in: *Garten und Landschaft* 60 (1950) 6 (ohne Seitenzahl, Umschlaginnenseite).

99 Wilhelm Hübotter, Die Gartenbauausstellung in Erfurt. Auszüge aus einem Brief von Wilhelm Hübotter, in: *Garten und Landschaft* 60 (1950) 8, S. 12-13, hier S. 13.

100 Ebd.

101 Alfred Reich war von 1931 bis 1934 für Karl Foerster tätig. Danach arbeitete er bis 1940 für Hermann Mattern und Herta Hammerbacher. Reich war von 1948 bis 1950 Chefredakteur von *Garten und Landschaft*.

gemeinsame inoffizielle Tagung in Erfurt anlässlich der Gartenschau nach.[102] Seine Bemühungen um einen persönlichen Austausch und sein Appell, sich für Reiseerleichterungen und Begegnungen einzusetzen, wurden jedoch nicht abgedruckt. 1952 äußerte Hübotter sich ein weiteres Mal über die Erfurter Schau. Nach dem Zweiten Weltkrieg seien die bisherigen zwölf größeren und weitere kleine Gartenbauausstellungen in Ost- und Westdeutschland »repräsentative Pflanzenschauen« gewesen, auf keiner seien »wirklich akute, soziale Probleme zur Diskussion gestellt« worden. Einzig die Erfurter Ausstellung von 1950 bilde »vielleicht eine Ausnahme«, so Hübotter. Er spezifizierte aber nicht, wie sie sich von den westdeutschen unterschieden habe.[103] Dass er die Erfurter Veranstaltung wie selbstverständlich in eine gesamtdeutsche Betrachtung einbezog, deutet darauf hin, dass er zu diesem Zeitpunkt die deutsche Teilung als Übergangsphänomen betrachtete.

Während und nach »Erfurt blüht« bemühte sich auch Walter Funcke um Kontakte zu westdeutschen Kollegen. So kündigte er Hübotter einen Besuch der Stuttgarter Gartenschau an und lud ihn gleichzeitig erneut nach Erfurt ein. Dem Vorsitzenden der Deutschen Gesellschaft für Gartenkunst und Landschaftspflege aus Hamburg drückte Funcke sein Bedauern darüber aus, dass dieser wegen der Einreisebedingungen nicht nach Erfurt hatte kommen können.[104] Ferner korrespondierte er mit Fritz Nobis von »Planten un Blomen« in Hamburg über die Möglichkeit, dort einen Staudensichtungsgarten einzurichten.[105]

Mehrere Presseartikel verglichen die Erfurter Schau mit der Leipzig-Markkleeberger Konkurrenzveranstaltung und der »Deutschen Gartenschau« in Stuttgart. Aus einem west- und einem ostdeutschen Artikel über die Stuttgarter Schau werden unterschiedliche Bewertungsmaßstäbe deutlich, die charakteristisch für den jeweiligen Systemhintergrund waren und in den fünfziger Jahren in verschiedenen Varianten auftreten sollten. Der westdeutsche Autor Walter Kiaulehn begrüßte in *Die neue Zeitung* die Umgestaltung des durch Bomben zerstörten Geländes und hob den Einsatz von ungewöhnlichen Materialien wie Stahl und Beton hervor. Das Erscheinungsbild verabschiede sich von der nationalsozialistischen Architektur und gehe über die Gestaltungtraditionen des »Berlin style« in den zwanziger Jahren hinaus.[106]

---

102 SBB-PK, Nachlass Walter Funcke, 81, Schreiben von Wilhelm Hübotter an den Gartenarchitekten Alfred Reich, 26.7.1950.

103 Wilhelm Hübotter, Meinungsaustausch. Gartenbauausstellungen, in: *Garten und Landschaft* 62 (1952) 4, S. 16-18.

104 SBB-PK, Nachlass Walter Funcke, 81, Schreiben an Hans-Gerd Thierolf, 13.7.1950.

105 SBB-PK, Nachlass Walter Funcke, 84, Bericht über die Besprechungen mit dem Leiter der Sichtungsgärten in Hannover-Herrenhausen Garteninspektor Meier und dem Leiter der Sichtungsgärten »Planten und Blomen« Herrn Nobis, Hamburg, 29.10.1951.

106 Walther Kiaulehn, Die wohnliche Landschaft von morgen. Bemerkungen zu der Stuttgarter Gartenschau, in: *Die neue Zeitung*, 16.6.1950, 138, S. 4. Walter Kiaulehn hatte als Journalist in den vierziger Jahren an »Kulturfilmen« und bei der Zeitschrift *Signal* mitgearbeitet.

Der Ostdeutsche Georg Pniower ging dagegen nicht auf die gestalterischen Aspekte ein, sondern kritisierte, dass mit der Wahl desselben Geländes wie 1939 und des Gestalters Hermann Mattern keine Distanz zur NS-Vergangenheit gefunden worden sei.[107] Pniower, der als »Halbjude« im »Dritten Reich« verfolgt worden war, ging von der Prämisse aus, die NS-Vergangenheit werde in der Bundesrepublik grundsätzlich verschwiegen. Tatsächlich wurde die jüngste Vergangenheit des Stuttgarter Geländes – so die Funktion als Sammellager für die Württemberger Juden, die 1941 von dort in Konzentrationslager deportiert worden waren – ausgeblendet.[108] Stattdessen wurde Wert auf eine ästhetische Erneuerung gegenüber der Zeit des Nationalsozialismus bzw. auf eine Anknüpfung an die künstlerischen Strömungen der Weimarer Republik gelegt, wie bei Kiaulehn beschrieben. Aber auch bei »Erfurt blüht« blieben die Planungen für eine »Reichsgartenschau« unerwähnt. Der Fokus lag dort auf dem städtischen und wirtschaftlichen Wiederaufbau, der Durchsetzung des neuen politischen Systems und der postulierten Pflege gesamtdeutscher Kontakte.

»Samenexportschau und Gartenbauausstellung« in Erfurt 1955

Die Eröffnung

Fünf Jahre nach »Erfurt blüht« wurde am 20. August 1955 die vierwöchige »Samenexportschau und Gartenbauausstellung der DDR« in Erfurt eröffnet. Zeitungsartikel hoben die Blütenpracht von 300.000 Sommerblumen mit 500 verschiedenen Arten hervor[109] und bezeichneten die Schau als »Blumenschaufenster der Welt«.[110]

Oberbürgermeister Georg Boock ging in seiner Eröffnungsrede ausführlich auf die lokale Anbindung der Samenexportschau ein, indem er die Erfurter Traditionen des Waidanbaus im Mittelalter und den Export von Gemüse- und Blumensamen im 18. und 19. Jahrhundert, den wirtschaftlichen Niedergang im Ersten und Zweiten Weltkrieg sowie die Erfolge des Erfurter Gartenbaus nach 1945 schilderte. Ebenso betonte er die überragende Bedeutung der Mitarbeit der Erfurter Bevölkerung an der Ausgestaltung des Geländes zum Kultur- und Ausstellungspark. So habe diese 1953 und 1954 40.000 freiwillige Stunden im Rahmen des »Nationalen Aufbauwerks«

---

107 Pniower, Gartenbauausstellungen in Ost- und Westdeutschland, S. 2.
108 Am 24.6.1962 weihte Stuttgarts Oberbürgermeister im Eingangsbereich des Parks einen Gedenkstein für die württembergischen Juden ein, der die Inschrift trägt: »Zum Gedenken an die mehr als 2000 jüdischen Mitbürger, die während der Jahre des Unheils 1941 und 1942 von hier aus ihren Leidens-weg in die Konzentrationslager und in den Tod antraten. Errichtet von der Stadt Stuttgart«, siehe Müller, Sammellager, S. 457.
109 Blütenpracht auf der Cyriaksburg. Minister Reichelt eröffnete die Samen-Exportschau und Gartenbau-Ausstellung der DDR. Beweis der Leistungsfähigkeit unseres Gartenbaues, in: *Thüringische Landeszeitung*, 21.8.1955
110 Blütenparadies auf der Cyriaksburg. Erster Rundgang durch die Samenexportschau und Gartenbauausstellung, in: *Thüringer Tageblatt*, 22.8.1955.

(NAW) geleistet, um das Gelände »nach dem Vorbild der Kulturparks in der Sowjet-union und in den volksdemokratischen Ländern« umzuwandeln.[111] Der »Kultur-park« allgemein und das große Vorbild in Moskau – der Gorki-Park – beinhalteten Kultur-, Bildungs-, Bewegungs- und Erholungsangebote.[112]

Auch das deutsch-deutsche Verhältnis wurde in den Eröffnungsreden hervorge-hoben. So verlieh Landwirtschaftsminister Hans Reichelt seiner Hoffnung Ausdruck, »daß die Samen-Exportschau und Gartenbauausstellung nicht nur zur Entwicklung des Handels zwischen beiden Teilen Deutschlands, sondern auch zur Verständigung der deutschen Menschen untereinander beitragen werde«.[113] Boock wies darauf hin, dass in Ost- und Westdeutschland – in Erfurt und Kassel – zwei getrennte Garten-bauausstellungen stattfänden, und hoffte auf die Wiedervereinigung: »Wir haben den dringenden Wunsch, daß in Zukunft solche repräsentativen Ausstellungen in Deutschland recht bald nur noch in einer deutschen Stadt stattfinden, und wir wer-den von uns aus alles tun, um den Kampf, um die Einheit unseres Vaterlandes mit allen Kräften weiter zu führen, damit das Wirklichkeit wird.«[114] Um dieses Ziel zu erreichen, kündigte Boock Bemühungen um »normale freundschaftliche Beziehun-gen zwischen den Deutschen in Ost und West auf allen Gebieten des politischen, wirtschaftlichen und kulturellen Lebens« an.[115]

Die Redner propagierten im Rahmen der repräsentativen Ausstellungseröffnung die deutsche Einheit, ohne aber die üblichen Negativtöne anzuschlagen, mit denen im Allgemeinen der bundesdeutsche Kurs der Westintegration angegriffen wurde, da dieser die Einheit Deutschlands bedrohe.

In der Bundesrepublik hatten im Januar 1955 Sozialdemokraten sowie Repräsen-tanten von Gewerkschaften und Kirchen in der Frankfurter Paulskirche das »Deut-sche Manifest« gegen die deutsche Teilung verabschiedet, zurückzunehmen war die Zweistaatlichkeit indes nicht, sondern wurde vielmehr von beiden Seiten zementiert. Denn im Frühjahr 1955 hatte Bundeskanzler Konrad Adenauer den Pariser Verträgen zugestimmt; im Mai war die Bundesrepublik der NATO beigetreten und die Bundes-wehr gegründet worden. Die DDR gehörte im Mai 1955 zu den Gründungsmitglie-

---

111 StAE, 5/5 Gartenbau-Ausstellung, Ansprache des Oberbürgermeisters Boock zur Eröffnung der Samenexportschau und Gartenbauausstellung, 20.8.1955.

112 Zur Konzeption des Gorki-Parks in Moskau, der 1928 eröffnet wurde, vgl. Katharina Kucher, Der Gorki-Park. Freizeitkultur im Stalinismus 1928–1941 (Beiträge zur Geschichte Osteuropas, Bd. 42), Köln/Weimar/Wien 2007, S. 78 ff.

113 Erfurt – Treffpunkt der Blumenfreunde. Besucher aus aller Welt auf der 1. Samen-Exportschau und Gartenbauausstellung in Erfurt, in: *Thüringer Tageblatt*, 23.8.1955.

114 StAE, 5/5 Gartenbau-Ausstellung, Ansprache des Oberbürgermeisters Boock zur Eröffnung der Samenexportschau und Gartenbauausstellung, 20.8.1955; Erfurt – Treffpunkt der Blumenfreun-de. Besucher aus aller Welt auf der 1. Samen-Exportschau und Gartenbauausstellung in Erfurt, in: *Thüringer Tageblatt*, 23.8.1955.

115 StAE, 5/5 Gartenbau-Ausstellung, Ansprache des Oberbürgermeisters Boock zur Eröffnung der Samenexportschau und Gartenbauausstellung, 20.8.1955.

dern des Warschauer Paktes. Im Juli rückte zudem mit der »Zwei-Staaten-Theorie«
der Sowjetunion das Ziel einer deutsch-deutschen Wiedervereinigung zugunsten der
Eigenständigkeit der DDR in den Hintergrund.[116]

Insofern erschienen die Reden des Oberbürgermeisters und des Landwirtschaftsministers eher als rhetorisches Ritual, um die Besucher aus der DDR, der Bundesrepublik
und dem Ausland auf eine unpolitisch erscheinende Veranstaltung einzustimmen.

Organisation und Gestaltung

1954 planten Erfurter Gärtner und der Rat der Stadt Erfurt für das Folgejahr eine
»Samenexportschau und Gartenbauausstellung«.[117] Anfänglich als regionale Ausstellung gedacht, wurde sie im Frühjahr 1955 dem Ministerium für Land- und Forstwirtschaft der DDR unterstellt. Die Ausführung lag in den Händen der Ausstellungsgesellschaft in Leipzig-Markkleeberg, die dort jährliche Landwirtschaftsausstellungen
veranstaltete.[118] Die Erfurter Schau sollte den Export von Gartenbauerzeugnissen –
insbesondere von Sommerblumensämereien – fördern[119] und gleichzeitig den Struk-
turwandel der Wirtschaftsform und die »volkseigene und genossenschaftliche Großraumwirtschaft« vorstellen.[120] Anders als die Vorgängerschau von 1950 war sie nicht
regional begrenzt, sondern offen für Aussteller aus der gesamten DDR. Explizit er-
wünscht waren westdeutsche und ausländische Fachbesucher als potenzielle Kunden. Da seit Anfang der fünfziger Jahre das Außenhandelsmonopol als Instrument
der Planwirtschaft durchgesetzt worden war, durften lediglich das Ministerium für
Außenhandel und Innerdeutschen Handel sowie die ihm unterstellten Außenhan-
delsbetriebe (AHB) Import- und Exportgeschäfte mit dem sozialistischen und nicht
sozialistischen Ausland abwickeln. Produzierende Betriebe waren dagegen von direkten Handelsgeschäften ausgeschlossen.[121]

Wieder genutzt wurde das Gelände von »Erfurt blüht«, um angrenzende Flächen
auf 46 Hektar erweitert. Im April 1955 beschloss der Stadtrat Abbrucharbeiten von
Gebäuden, die Errichtung einer »Ehrenhalle«, die Instandsetzung von Wegen und
Straßen und die Erweiterung der Beleuchtungsanlage. In 12.000 »freiwilligen Ar-
beitsstunden« im »Nationalen Aufbauwerk« unterstützte die Erfurter Bevölkerung
die Vorbereitungen. Das NAW war im November 1951 durch die SED gegründet
worden, um die Berliner Bevölkerung dazu zu bewegen, freiwillig in der Freizeit am

116 Lemke, Außenbeziehungen, S. 74.
117 ThHStAW, Vs/St 49, Bericht über die Samenexportschau und Gartenbauausstellung der DDR in
   Erfurt, 1955, ohne Datum.
118 Eine Zusammenfassung bietet Lichey, Vergleichende Untersuchung, S. 74 f.
119 Blütenpracht auf der Cyriaksburg. Minister Reichelt eröffnete die Samen-Exportschau und Gartenbau-Ausstellung der DDR – Beweis der Leistungsfähigkeit unseres Gartenbaues, *Thüringische Landeszeitung*, 21.8.1955.
120 Lichey, Vergleichende Untersuchung, S. 75.
121 Steiner, Plan, S. 62 f.

Wiederaufbau Berlins mitzuwirken, und wurde in den folgenden Jahren, auf die gesamte DDR ausgeweitet. Träger war die »Nationale Front«. »Aufbauhelfer« wurden bei Großprojekten wie dem Ausbau des Rostocker Überseehafens ebenso eingesetzt wie beim Bau von Schulen, Museen und Kulturhäusern.[122] Dabei ging es nicht allein um die Erbringung von zusätzlichen Arbeitsleistungen, sondern auch um die Stärkung der Identifikation der Bevölkerung mit der DDR. So warb der spätere Chefarchitekt der iga in Erfurt, Reinhold Lingner, im Namen mehrerer Gartenarchitekten für die Mitarbeit im NAW und hoffte, dass »die Bevölkerung durch ihre aktive Mitarbeit bei der Anlage von Grünflächen das von ihr Geschaffene lieben, pflegen und schützen lernt. Dann wird für jeden die Stadt, in der er wohnt und arbeitet, die ›Heimat‹ sein, in der er glücklich ist.«[123]

Da der Zweck der Gartenschau 1955 in Erfurt die Förderung des Exports von Sommerblumensämereien war, wurden entsprechende Blumen im nach ästhetischen Gesichtspunkten gestalteten Freiland gezeigt: »Insgesamt 300 000 Sommerblumen in 500 verschiedenen Arten, die sich zu schöner Blüte entwickelt haben, leuchten den Besuchern inmitten der gepflegten Rasenflächen und Baumgruppen von der großen Sommerblumenwiese und von dem langen Sortimentsbeet längs des Hauptweges entgegen.«[124] Die opulenten Pflanzungen sollten die Besucher von den Leistungen der Gartenbaubetriebe in der DDR überzeugen, sozialistische Propaganda wurde hingegen zurückhaltend eingesetzt. So zeigt ein Fotoalbum üppige Arrangements von Blumen in den Hallenschauen, die ohne Losungen oder didaktische Elemente auskamen.[125] Das Ziel, den Samenexport anzukurbeln, wurde auch mit dem »Samentütenturm« im Freigelände ausgedrückt. Dazu war der Turm mit den vergrößerten Vorderseiten von Samentüten für Levkojen, Bartnelken und Stiefmütterchen der Deutschen Saatgut-Handelszentrale verkleidet und auf den Turm ein großer Globus gesetzt, dessen Halterung den Werbespruch »Unsere Erzeugnisse in alle Welt« trug.

In mehreren Hallenschauen wie der Ehrenhalle, der Halle der Wissenschaft, der DSG-Halle und der Halle der Jugend wurden Lehrschauen gezeigt. In weiteren Hallen wurden mit Pflanzenschauen die für den Export bestimmten Pflanzen bzw. das Saatgut präsentiert.[126] Konkrete Angaben über den Export, das Exportvolumen und

---

122 Vgl. Werner Durth / Jörn Düwel / Niels Gutschow, Architektur und Städtebau der DDR, Bd. 2: Aufbau. Städte, Themen, Dokumente, Frankfurt am Main / New York 1998, S. 169 ff.; Jan Palmowski, Inventing a Socialist Nation. Heimat and the Politics of Everyday Life in the GDR, 1945–90, Cambridge 2009, S. 152 ff.

123 Reinhold Lingner, Die Verschönerung der Städte als Aufgabe des Nationalen Aufbauwerks, in: *Der deutsche Gartenbau* 1 (1954) 5, S. 129-131, hier S. 131.

124 Blütenpracht auf der Cyriaksburg. Minister Reichelt eröffnete die Samen-Exportschau und Gartenbau-Ausstellung der DDR – Beweis der Leistungsfähigkeit unseres Gartenbaues, in: *Thüringische Landeszeitung*, 21.8.1955.

125 StAE, Fotoalbum 6-6/E 01.

126 Günther Wuttke, Samenexportschau und Gartenbauausstellung Erfurt 1955. Inhalt und Gestaltung – eine kritische Betrachtung, in: *Der Deutsche Gartenbau* 2 (1955) 12, S. 343-347, hier S. 346.

Abb. 14 »Samentütenturm« auf der Samenexportschau und
Gartenbauausstellung, 1955. Der Turm war mit den vergrößerten
Vorderseiten von Samentüten verkleidet. Der Globus trug den
Schriftzug »Unsere Erzeugnisse in alle Welt«.

Absatzländer gab es jedoch nicht, wie der Verfasser eines kritischen Artikels monierte. Vergebens hatte er Informationen über die Leistungen des Instituts für Pflanzenzüchtung und städtische Park- und Grünanlagen gesucht.[127]

Zwar lag der offizielle Schwerpunkt der Ausstellung auf Fachthemen, viele der 510.000 Besucher kamen aber auch wegen des umfangreichen Kultur- und Unterhaltungsprogramms. Während das Berliner Kabarett »Die Diestel« 1.100 Besucher und das Rundfunk-Tanzorchester 5.000 Besucher anzogen, wurden bei einer Veranstaltung anlässlich des 10. Jahrestages der Bodenreform nur 110 Besucher gezählt.[128] Zum »feenhaften Lichterfest« mit Lampions und Feuerwerk als Abschluss der Schau kamen dagegen 60.000 Besucher.[129]

Durch das in weiten Teilen unpolitische Erscheinungsbild der »Samenexportschau« sollten wohl gerade auch westdeutsche und -europäische Fachleute angesprochen werden. Gleichzeitig konnte die Form der Gestaltung aber auch das Interesse der eigenen Bevölkerung steigern, zumal sie dazu aufgerufen war, sich an den Arbeiten zu beteiligen, und sie den erweiterten Kulturpark nach der Gartenschau nutzen würde.

Verbindungen in den Westen. Ausstellungen und Messen im In- und Ausland

Dass der Export von Blumensämereien angekurbelt werden sollte, wurde nicht nur in der Ausrichtung und Gestaltung der »Samenexportschau und Gartenbauausstellung« deutlich, sondern auch durch weitere Aktivitäten der DDR.[130]

Vom 23. April bis 2. Mai 1955 hatte sich die DDR an der Ausstellung »Genter Floralien« in Belgien beteiligt.[131] Da die Mitarbeiter Neulinge im internationalen Ausstellungswesen waren, hatten sie Schwierigkeiten mit den ihnen unbekannten Zollbestimmungen und dem Transport der für die Ausstellung bestimmten empfindlichen Pflanzen sowie dem Wettbewerbsreglement. Trotz einiger daraus resultierender Defizite in der Präsentationsform schnitt die DDR mit ihren Wettbewerbsbeiträgen – Zierpflanzen wie Eriken, Kamelien und Azaleen – im internationalen Vergleich erfolgreich ab, und es wurden Handelskontakte hergestellt. So hielt ein Mitarbeiter fest, Azaleen aus der DDR seien begehrt, weil sie sich besser treiben ließen als die belgischen. Außerdem verbuchte er es als Erfolg, dass am 1. Mai – dem Tag der Arbeit –

---

127 Ebd.

128 ThHStAW, Bezirkstag und Rat des Bezirks Erfurt, Vs/St 49, Bericht über die Samenexportschau und Gartenbauausstellung der DDR in Erfurt, ohne Datum.

129 Erfurt bleibt Stätte der Samenexportschau. 1. Samenexportschau und Gartenbauausstellung der DDR in Erfurt ein voller Erfolg, in: *Thüringer Tageblatt*, 22.9.1955. Lichterfeste finden bis heute jährlich im heutigen egapark in Erfurt statt.

130 Hans Reichelt, Vorwort, in: Samenexportschau und Gartenbauausstellung der Deutschen Demokratischen Republik Erfurt Cyriaksburg vom 20.8. – 18.9. 1955, Erfurt 1955, ohne Seitenzahl.

131 Die Geschichte der fünfjährig stattfindenden Ausstellung reicht bis zu den Anfängen des 19. Jahrhunderts zurück.

250.000 Besucher zum ersten Male in ihrem Leben das Wort »Deutsche Demokratische Republik« gelesen und die ausgestellten Blumen bewundert hätten. Eine Vase aus Meißner Porzellan mit Drachenmuster, die das Ministerium für Land- und Forstwirtschaft der DDR als Ehrenpreis stiftete, erschien in dem Reisebericht sogar als Repräsentation der gesamten DDR. Denn als zweiter Preis hinter dem Silberpokal des Königs von Belgien habe er die Beachtung des Publikums auf sich gezogen. Aus dem Reisebericht sprach das Bemühen, auch kleine Erfolge positiv herauszustellen. Aber auch eine realistische Einschätzung fehlte am Ende nicht. Bei einer erneuten Teilnahme an den »Genter Floralien« müsste die DDR mit dem westdeutschen Zentralverband des deutschen Gemüse-, Obst- und Gartenbaues zusammenarbeiten und die deutschen Präsentationen koordinieren. Denn viele Besucher hätten nicht verstanden, warum die beiden deutschen Stände so weit voneinander entfernt gelegen hätten.[132] Zu den folgenden »Genter Floralien« 1960 lud die Genter Ausstellungsgesellschaft die DDR zwar ein[133], verwehrte der DDR aber schließlich die Teilnahme mit der Begründung, dass sie keine Einigung mit dem westdeutschen Zentralverband erzielt hatte.[134]

Die Aktivitäten im Bereich Gartenbau im Jahr 1955 machten deutlich, dass die DDR Ausstellungen und Messen im In- und Ausland dazu nutzte, wirtschaftliche Interessen und politische Propaganda miteinander zu verbinden und insgesamt ein positives Bild der DDR im Ausland zu erzeugen. Seit 1954 versuchte das Ministerium für Außenhandel und innerdeutschen Handel der DDR, die Nationenbezeichnung Deutsche Demokratische Republik oder die Abkürzung DDR bei allen Messeauftritten im Ausland durchzusetzen.[135] Allerdings reagierten westliche Ausstellungsgesellschaften und politische Repräsentanten oft vorsichtig bis ablehnend. So verweigerte auch der Kasseler Oberbürgermeister seinem Erfurter Amtskollegen, der 1955 auf einer offiziellen Deutschlandreise Kontakte wegen der »Samenexportschau« knüpfen wollte, einen persönlichen Empfang. Der Kasseler Bürgermeister lehnte es ab, sich »mit einem Repräsentanten eines Systems der Unfreiheit an einen Tisch zu setzen«. Stattdessen wurde Boock an den Leiter der Bundesgartenschau in Kassel verwiesen, den er in Gegenwart des Chefarchitekten Hermann Mattern und des Vorsitzenden des Zentralverbandes Ernst Schröder antraf. Diese zeigten sich für eine Beteiligung der Erfurter Gartenbauwirtschaft an der für Kassel geplanten Gemeinschaftsschau der

---

132 ThHStAW, iga, 102, Bericht über die Internationale Gartenbauausstellung »Floralia« in Gent vom 23. April bis 2. Mai 1955, 30.6.1955.

133 ThHStAW, iga, 102, Teilnahme des Gartenbaus der DDR an der Gentse Floralien, 6.7.1959.

134 ThHStAW, iga, 102, Absage der Teilnahme an der Gentse Floralien, 18.1.1960.

135 Peter E. Fäßler, »Antifaschistisch«, »Friedliebend« und »Fortschrittlich«. Botschaften und Formen außenwirtschaftlicher Repräsentation der DDR während der 1950er und 1960er Jahre, in: Paulmann, Repräsentationen, S. 139-161, hier S. 155.

DDR ebenso offen wie für die Aufstellung eines Pavillons durch die Stadt Erfurt.[136] Zumindest Mattern stattete im September 1955 der »Samenexportschau« in Erfurt einen Gegenbesuch ab.[137]

1955 war die Leipziger Frühjahrsmesse konsolidiert, und westdeutsche und -europäische Unternehmen unterhielten ebenso wie Aussteller aus sozialistischen Staaten eigene Messestände. Zunehmend sah die westdeutsche Wirtschaft die Leipziger Messe als »Tor zum Osten« und nutzte sie als Plattform für den Handel mit den sozialistischen Staaten.[138] Die Erfurter Gartenschau 1955 sollte mit 510.000 Besuchern fast doppelt so viele Besucher wie die Leipziger Frühjahrsmesse anziehen, die 265.100 Gäste registrierte.[139] Dass diese hohe Besucherzahl sogar das Zehnfache der Besucher auf der Landwirtschaftsausstellung in Leipzig-Markkleeberg betrug[140], wurde dann auch wichtig für den Ausbau Erfurts als Standort von Gartenschauen in der DDR. Aus der Bundesrepublik kamen immerhin 10.000 Besucher, während auf der Leipziger Frühjahrsmesse 1955 12.200 Besucher gezählt wurden.[141] Aus dem »kapitalistischen Ausland« – der Schweiz, Holland, Belgien, Norwegen, Finnland, Frankreich, Italien und England – waren es nur 270 Besucher. Außerdem reisten Regierungsdelegationen aus der Sowjetunion, Polen, der ČSSR, Rumänien und China an. Zudem machten Besucher der Leipziger Messe aus Vietnam, Burma, Island und Österreich einen Abstecher nach Erfurt.[142]

Mit Peter E. Fäßler können die Ausstellungs- und Messeaktivitäten der DDR in Gent, Kassel, Erfurt und Leipzig im Jahr 1955 in die »Strategie der kleinen Schritte« eingeordnet werden, hinter der die Vorstellung stand, »dass die entsprechende äußere Repräsentation eine de facto Souveränität der DDR im Bewusstsein der politischen Akteure schaffen könnte, die zu einem späteren Zeitpunkt einer juristisch codifizierten Anerkennung den Weg bereiten würde«.[143] Diese Maßnahmen sollten bis zum Bau der Berliner Mauer 1961 und darüber hinaus bis zur Anerkennung der DDR als eigener Staat 1972/73 weitergeführt werden.

---

136 Vgl. Boocks Schilderungen des Treffens: ThHStAW, Vs/St 49, Bericht von Georg Boock über die Reise nach Westdeutschland vom 18. bis 24.3.1955, 25.3.1955.

137 Dass Mattern Erfurt besuchte, geht aus einem Zeitungsartikel hervor: Erfurt bleibt Stätte der Samenexportschau. 1. Samenexportschau und Gartenbauausstellung der DDR in Erfurt ein voller Erfolg, in: *Thüringer Tageblatt,* 22.9.1955.

138 Rudolph / Wüstenhagen, Große Politik, S. 62.

139 Ebd., S. 191.

140 ThHStAW, Bezirkstag und Rat des Bezirks Erfurt, Vs/St 491, Bericht über die Samenexportschau und Gartenbauausstellung der DDR in Erfurt, 1955; Erfurt bleibt Stätte der Samenexportschau. Samenexportschau und Gartenbauausstellung der DDR in Erfurt ein voller Erfolg, in: *Thüringer Tageblatt,* 22.9.1955.

141 Rudolph / Wüstenhagen, Große Politik, S. 191.

142 Erfurt bleibt Stätte der Samenexportschau. 1. Samenexportschau und Gartenbauausstellung der DDR in Erfurt ein voller Erfolg, in: *Thüringer Tageblatt,* 22.9.1955.

143 Fäßler, Botschaften, S. 154.

Deutsch-deutsche Kontakte. Das Beispiel Reinhold Lingner – Hermann Mattern

Zwar wurden die 10.000 Besucher aus der Bundesrepublik als Erfolg gewertet, aber wie sah es tatsächlich mit der Wahrnehmung der »Samenexportschau« in der Bundesrepublik aus? Gemessen an den 2,9 Millionen Besuchern der sechsmonatigen Bundesgartenschau in Kassel[144], blieb die Ausstrahlung der »Samenexportschau« in der Bundesrepublik begrenzt, zumal nur wenige Informationen publiziert wurden. So kündigte das westdeutsche *Zentralblatt für den deutschen Erwerbsgartenbau*, das als Zeitung des Zentralverbandes wiederholt und ausführlich über die Bundesgartenschau berichtete, die »Samenexportschau« nur zwei Mal in einer neutral verfassten Kurzmeldung an. Erwähnung fand darin, dass 500.000 Besucher aus Deutschland und Europa erwartet würden und Einladungen an Exportkunden aus Übersee ergingen. 2500 Sorten von Blumen- und Gemüsesämereien würden ausgestellt.[145]

Trotz der Bemühungen Einzelner um einen Dialog war der politische Graben zwischen den Landschaftsarchitekten beider Staaten nicht mehr zu übersehen, wie in einer Auseinandersetzung zwischen Reinhold Lingner und Hermann Mattern deutlich wurde. Dabei fanden zunächst gegenseitige Besuche statt. Lingner kam mit einer Gruppe von ostdeutschen Landschaftsarchitekten zur Bundesgartenschau nach Kassel und traf dort Mattern.[146] Nach dessen Erfurt-Reise berichtete das *Thüringer Tageblatt*, Mattern habe angesichts der Erfurter Hallenschauen zugeben müssen, »daß Kassel damit nicht aufwarten könne«.[147] Matterns Äußerungen wurden also genutzt, um die Erfurter Veranstaltung aufzuwerten.

Später musste Mattern dann erfahren, dass das kollegiale Verhältnis nicht vor ungerechtfertigter Kritik gefeit war, als Lingner sich in einer ostdeutschen Fachzeitschrift über verschiedene Aspekte der Kasseler Schau äußerte.[148] Dabei ging er von der ideologisch gefärbten Grundannahme aus, dass die Gestalter der Gartenschauen in Westdeutschland die wirtschaftlichen Interessen der Aussteller einbeziehen und mit den gestalterischen Ideen verbinden müssten, während in der DDR die Werbeinteressen der Gartenbaubetriebe zurückträten. Als zentrales Beispiel stellte er die Verwendung des neuartigen Materials Eternit bei Pflanzkübeln und anderen Elementen heraus. Dabei kritisierte er das fehlende Verständnis dafür, dass das Wirtschaftsprinzip den Gestalter dazu verurteile, die Interessen der Produzenten – der Eternit-Hersteller – zu verfolgen. Zwar hob Lingner andere Aspekte der Bundes-

---

144 Panten, 50 Jahre, S. 27.
145 Samen-Exportschau und Gartenbauausstellung in Erfurt, in: *Zentralblatt für den deutschen Erwerbsgartenbau*, 12.5.1955 und 11.8.1955.
146 Zutz, Grüne Moderne.
147 Erfurt bleibt Stätte der Samenexportschau. 1. Samenexportschau und Gartenbauausstellung der DDR in Erfurt ein voller Erfolg, in: *Thüringer Tageblatt*, 22.9.1955.
148 Reinhold Lingner, Kritische Bemerkungen zu einer Gartenschau, in: *Städtebau und Siedlungswesen* 1 (1955) 2, S. 108-110.

gartenschau durchaus lobend hervor, doch überwog bei Mattern wohl der Eindruck einer ungerechtfertigten Kritik. Denn in einem ausführlichen persönlichen Brief vom 13. Februar 1956 verwahrte er sich gegen Lingners Darstellung, die westdeutschen Gestalter richteten sich nur nach Ausstellerinteressen und es handele sich um reine »Reklameschauen«. Mattern stellte richtig, dass die Gartenbaubetriebe keine Standmieten zahlten und den Ausstellern die Kosten für ihre Exponate erstattet würden. All dies, so Mattern, hätte Lingner auch von den Ausstellern der DDR in Erfahrung bringen können. Aus dem Brief spricht Enttäuschung, hatte Mattern sich doch um einen persönlichen Kontakt zu Lingner bemüht und sich explizit für die Beteiligung ostdeutscher Aussteller eingesetzt: »Meine Bemühungen gegen die trennende Situation, für die weder Sie noch ich verantwortlich gemacht werden können, gehen in jene Richtung, wie ich sie im Jahre 1955 u.a. eingeschlagen habe, nämlich mit daran zu arbeiten, dass die deutschen Gartenbaubetriebe, gleichgültig unter welcher Republik sie leben müssen, unter den gleichen Bedingungen ausstellen können.«[149] Mattern suchte das Wort mit Lingner »privat und persönlich«, um den freundschaftlichen Kontakt zu dem ostdeutschen Kollegen zu bewahren. Mit einer veröffentlichten Replik – etwa in einer westdeutschen Fachzeitschrift – hätte er dagegen eine Verhärtung der ostdeutschen Positionen riskiert und die konservativen westdeutschen Kollegen in ihrer ablehnenden Haltung gegenüber der DDR bestärkt. Vermutlich wollte Mattern jedoch seine Mittlerposition beibehalten, denn auch in der Folge bemühte er sich um den Kontakt zu Lingner und anderen ostdeutschen Kollegen.[150]

Trotz des Konflikts berichtete aber 1956 Matterns zweite Frau Beate zur Nedden in der von ihm herausgegebenen Zeitschrift *Pflanze und Garten* positiv über die »Samenexportschau«: »Das Freiland war mit Einjahrsblumensortimenten und einjährigen Gräsern sehr systematisch und lehrreich, nicht ohne Geschmack und Geschick – vor allem unter Verwendung ausgezeichneten Materials in seltener Vollständigkeit der Arten und Sorten – bepflanzt.« In Erfurt seien zwar nicht annähernd so viele Westdeutsche gewesen wie Ostdeutsche in Kassel, es sei aber »zur Fühlungnahme dieses Wirtschaftszweiges auf praktischem, künstlerischem und auch technischem Gebiet« gekommen. Der Artikel schloss mit dem Wunsch nach Kontaktpflege mit den ostdeutschen Landschaftsarchitekten.[151]

---

149 Den Brief erwähnt Axel Zutz, Grüne Moderne, S. 15. Axel Zutz stellte mir eine Kopie des Briefes zur Verfügung.

150 Lingner und Mattern trafen sich 1966 zum letzten Mal bei Feierlichkeiten und einer Tagung an der Humboldt-Universität anlässlich des 100. Todestages des Gartenkünstlers Peter-Joseph Lenné, siehe Zutz, Grüne Moderne, S. 14 f. Mattern besuchte auch die Trauerfeier für Reinhold Lingner und bemühte sich 1968 um einen Nachruf für Lingner in *Garten und Landschaft*, wie aus einem Briefwechsel mit Frank-Erich Carl hervorgeht, siehe IRS, Nachlass Lingner, 7, Brief von Frank-Erich Carl an Hermann Mattern wegen eines Nachrufs für Reinhold Lingner, 24.1.1968; IRS, Nachlass Lingner, 7, Brief von Hermann Mattern an Frank-Erich Carl wegen eines Nachrufs für Reinhold Lingner, 26.1.1968.

151 Beate zur Nedden, Samenexportschau in Erfurt, in: *Pflanze und Garten* 6 (1956) 1, S. 21.

Die Internationale Gartenbauausstellung Hamburg 1953
Die Eröffnung

Die Internationale Gartenbauausstellung Hamburg 1953 wurde am 30. April 1953 mit einem umfangreichen Programm eröffnet.[152] Am Vormittag weihten Bundespräsident Theodor Heuss als Schirmherr der Gartenbauausstellung und Hamburgs Erster Bürgermeister Max Brauer die Neue Lombardsbrücke zwischen Binnen- und Außenalster zur Entlastung der bisherigen Lombardsbrücke ein. Danach fuhren sie zum nahe gelegenen Alstervorland, um den dort für die Gartenschau angelegten Park und die temporäre Ausstellung »Plastik im Freien« zu eröffnen. Anschließend ging es vorbei an schaulustigen Hamburgern zur offiziellen Eröffnungsveranstaltung in der blumengeschmückten Ernst-Merck-Halle, in der sie von 4.000 Gästen empfangen wurden.[153]

In seiner Eröffnungsrede verlieh Max Brauer seinen Wünschen Ausdruck, dass die Internationale Gartenbauausstellung als Völker verbindendes Ereignis die deutsche Bevölkerung von der nationalsozialistischen Vergangenheit befreien und die Integration in die westliche Staatengemeinschaft befördern möge: »Und noch einige Jahre weiter zurück befand sich das von einem Terror-Regime versklavte Deutschland in furchtbarer Isolierung gegenüber der freien Welt. Heute ist diese in internationaler Zusammenarbeit gestaltete Gartenbau-Ausstellung einer der schönsten und überzeugendsten Beweise für die Rückkehr unseres Volkes in die Familie der freien Völker.«[154] Als städtebauliche Maßnahme diene die Ausstellung dazu, die im Zweiten Weltkrieg zerstörte Stadt wiederherzustellen. Die Gartenkultur solle Schönheit ins Leben bringen.[155] Ebenso grenzte der Bundespräsident die Gegenwart von der wirtschaftlichen Notlage des Zweiten Weltkriegs und der Nachkriegszeit ab und beschwor den Frieden: »Nie wieder soll ein Deutscher, ein Franzose, ein Russe die bescheiden umhegten Freuden eines Vorgartens opfern müssen, um Kalorien zu ernten. Das ist das weltpolitische Programm der Gärtner!«[156] Nach den Eröffnungsreden begaben sich die Ehrengäste auf den Rundgang durch das Freigelände und die Hallenschauen. Am Nachmittag empfing Heuss die Aussteller im traditionsreichen und repräsentativen Hotel Atlantic an der Außenalster; abends folgte ein Festessen

---

152 Der Ablauf ist veröffentlicht in: Das Programm für Hamburgs Festtage, in: *Hamburger Abendblatt*, 28.4.1953.

153 Gerda Gollwitzer, Die Internationale Gartenbau-Ausstellung Hamburg 1953 ist eröffnet, in: *Garten und Landschaft* 63 (1953) 5, S. 7-13, hier S. 7; Karl Passarge, Internationale Gartenbau-Ausstellung Hamburg 1953, Hamburg 1953, S. 9 (ohne Seitenzählung).

154 StaHH, 614-3/9, 8, Ansprache von Bürgermeister Max Brauer anlässlich der Eröffnung der Internationalen Gartenbau-Ausstellung 1953 in Hamburg, 30.4.1953.

155 Ebd.

156 Hamburger Gartenbauausstellung vom Bundespräsidenten eröffnet: »Nie mehr Kalorien-Ernte im Vorgarten«, in: *Flensburger Tageblatt,* 1.5.1953.

im Hamburger Rathaus. Ein »Wasserlichtkonzert« auf dem Parksee in »Planten un Blomen« beschloss den Eröffnungstag. Am Folgetag schrieb das *Hamburger Abendblatt:* »Zehn Jahre nach der furchtbarsten Zerstörung erstrahlt Hamburg schöner denn je.«[157] Tatsächlich waren knapp zehn Jahre seit den Luftangriffen der Alliierten im Sommer 1943 vergangen, bei denen 34.000 Hamburger ums Leben gekommen waren und die sich der Bevölkerung als Katastrophe ins Gedächtnis eingeschrieben hatten.[158]

Aus den Reden und Zeitungsartikeln wird deutlich, dass der Zweite Weltkrieg und die nationalsozialistische Diktatur bei diesem internationalen Ereignis zentrale Bezugspunkte bildeten, um ihnen das neue Hamburg gegenüberzustellen. Max Brauer präsentierte die Deutschen als Opfer, über die das nationalsozialistische System hereingebrochen sei, wenn er über ein »von einem Terror-Regime versklavte[s] Deutschland« sprach.[159] Die Entstehungsgeschichte von »Planten un Blomen« als nationalsozialistische Propagandaausstellung erwähnte er hingegen nicht. *Das Hamburger Abendblatt* wertete die Gebäude von 1935 lediglich als »biedere Zweckbauten der alten ›Planten un Blomen‹« etwas ab und begrüßte die neuen Gebäude und Kunstwerke: »Da ist vieles nett, manches ein wenig verrückt, aber immer gut gelaunt.«[160] Insgesamt bildete die »Olympiade der Gärtner«, die den »friedlichen Wettbewerb« ermöglichen und der Völkerverständigung dienen sollte[161], einen Gegenentwurf zur ideologisch aufgeladenen »Niederdeutschen Gartenschau – Planten un Blomen« von 1935 und dem dafür entstandenen »Garten für die Volksgemeinschaft«, der die »Liebe zur Heimaterde« hatte stärken sollen.[162]

Die Internationale Gartenbauausstellung 1953 wurde durch die Gestaltung von Parks, den Ausbau der Infrastruktur und die Fertigstellung von Gebäuden als wichtiger Beitrag zum städtebaulichen Wiederaufbau Hamburgs begriffen. Dabei waren die Veranstalter zumindest auf der repräsentativen Ebene auf der Suche nach Abgrenzungen zur NS-Zeit und nutzten die internationale Veranstaltung als Instrument zur Integration in die westliche Hemisphäre.

Wurden aber trotz dieser Schwerpunktsetzungen die deutsche Teilung und die DDR thematisiert? Gab es Rückwirkungen durch die Krisenstimmung im Jahr 1953, die mit dem Aufstand am 17. Juni auf den Höhepunkt gelangte? Wie Bundeskanzler Konrad Adenauer im Wahlkampf 1953 unmissverständlich klarstellte, stand er für die

---

157 Blauer Himmel und Flaggen im Wind, in: *Hamburger Abendblatt,* 30.4.1953.
158 Zum Gedenken zehn Jahre nach den Luftangriffen und ihrer Thematisierung im Wahlkampf 1953 vgl. Malte Thießen, Eingebrannt ins Gedächtnis. Hamburgs Gedenken an Luftkrieg und Kriegsende 1943 bis 2005 (Forum Zeitgeschichte, Bd. 19), München / Hamburg 2007, S. 155-162.
159 StaHH, 614-3/9, 8, Ansprache von Bürgermeister Max Brauer anläßlich der Eröffnung der Internationalen Gartenbau-Ausstellung 1953 in Hamburg, 30.4.1953.
160 Rausch der Farben und Blüten, in: *Hamburger Abendblatt,* 30.4.1953.
161 Georg Nowara, Olympiade der Gärtner in Hamburg, in: *Garten und Landschaft* 62 (1952) 4, S. 1.
162 Hans Meding, Entstehung und Bestimmung der Niederdeutschen Gartenschau, in: Backeberg, Niederdeutsche Gartenschau, S. 26.

Westintegration.[163] Die deutsche Teilung sah er nicht als rein innerdeutsches Problem, sondern als Produkt des Ost-West-Konfliktes.[164]

Organisation und Akteure. Von einer nationalen zur internationalen Veranstaltung

Bei der Ausrichtung der Internationalen Gartenbauausstellung 1953 durch die Stadt Hamburg und den Zentralverband des Deutschen Gemüse-, Obst- und Gartenbaues verschränkten sich lokale, nationale und internationale politische und wirtschaftliche Interessen. Da der Hamburger Senat sich als europafreundlich verstand und Hamburg als Hafen- und Handelsstadt stärken wollte, hatte er ein besonderes Interesse daran, durch ein internationales Ereignis Kontakte zu knüpfen und Hamburg ins Gespräch zu bringen.[165]

1949 ergriff der Hamburger Senat die Initiative für eine kleinere Gartenbauausstellung im Jahr 1950 und richtete zur Vorbereitung eine Senatskommission ein.[166] Parallel dazu plante er für 1952 eine größere, entschied sich aber noch 1949 für eine einzige Gartenbauausstellung 1953, um nicht mit München zu konkurrieren, das ebenfalls für 1952 eine Gartenbauausstellung plante.[167] Beteiligt waren mehrere Hamburger Behörden; die Planung und Umsetzung lag bei der Leitung des Ausstellungsparks »Planten un Blomen«.[168] Vorsitzender der Gesamtleitung, der Mitarbeiter verschiedener Behörden angehörten, war Karl Passarge, zuvor in der britischen Besatzungszone für das Ressort Ernährung zuständig.

In seiner Regierungserklärung am 3. Mai 1950 bestimmte Max Brauer die Gartenbauausstellung zu einem zentralen Vorhaben seiner zweiten Legislaturperiode, um unter anderem das Hamburger Messe- und Ausstellungswesen auszubauen.[169] Als Mitglied der Senatskommission trat er wiederholt für die Gartenschau ein: »Der Gedanke der Gartenbau-Ausstellung war nicht, eine der üblichen Ausstellungen zu machen. Es war noch nicht einmal das Entscheidende, die Parks und die Straßen in Ordnung zu bringen, sondern etwas anderes zu demonstrieren, nämlich zu zeigen, wie diese Weltstadt Hamburg städtebaulich in Zukunft aussehen soll in ihrer Grünflächenpolitik und ihrer Baupolitik, wie diese Millionenstadt glaubt, daß die Men-

---

163 Michael Lemke, Konrad Adenauer und das Jahr 1953. Deutschlandpolitik und 17. Juni, in: Christoph Kleßmann / Bernd Stöver (Hrsg.), 1953 – Krisenjahr des Kalten Krieges in Europa, Köln / Weimar / Wien 1999, S. 141-154, hier S. 142.

164 Ebd., S. 144.

165 Zu den Hamburger Außenbeziehungen vgl. Bajohr, Hochburg.

166 StaHH, 321-3 I, 547, Auszug aus der Niederschrift über die 16. Senatssitzung, 15.3.1949.

167 StaHH, 321-3 I, 547, Auszug aus der Niederschrift über die 54. Senatssitzung, 9.8.1949.

168 StaHH, 321-3 I, 547, Deutsche Bundesgartenschau 1953, 29.7.1950.

169 Regierungserklärung von Max Brauer für die 2. Wahlperiode, abgegeben in der 5. Sitzung der Bürgerschaft am 3.3.1950, in: Stenographische Berichte über die Sitzungen der Bürgerschaft zu Hamburg im Jahre 1950, S. 158-166, hier S. 164.

schen leben und wohnen müssen – auch in das kommende Jahrhundert hinein.«[170] Darüber hinaus versprach sich Brauer eine moralische Funktion für die Gesellschaft, wenn er formulierte: »Es gibt einen schönen Spruch: Gärtner sind bessere Menschen! Wer mit pflegender Geduld das Pflanzenleben von Keimling bis zu Blüte und Frucht fördert, entwickelt hohe menschliche Tugenden. Der eigene Garten ist, von allen materiellen Werten, die er erzeugt, abgesehen, eine ständige Quelle seelischer Erneuerung, aus der zu schöpfen es den Großstädter treibt, wenn er Entlastung von den Abnutzungserscheinungen des städtischen Lebens sucht.«[171] Mit dem Vorhaben knüpfte Brauer, der 1946 aus dem US-amerikanischen Exil nach Hamburg zurückgekehrt und zum Ersten Bürgermeister gewählt worden war, aber auch an seine Amtszeit als Oberbürgermeister in Altona zwischen 1924 und 1933 an, in der er zusammen mit dem Bausenator Gustav Oelsner für eine sozialpolitische Baupolitik und einen Grünflächenplan gesorgt hatte.[172]

Zunächst als nationale Gartenschau geplant, erhielt das Vorhaben erst eine internationale Ausrichtung, als der Vorsitzende des Zentralverbandes Ernst Schröder dem Senat vorschlug, die Gartenschau als internationales Ereignis auf der Internationalen Gartenbautagung der »Association Internationale des Producteurs de l'Horticulture« (AIPH) im September 1951 in Wien zur Disposition zu stellen. Der internationale Charakter sei notwendig, da der deutsche Gartenbau »kein isoliertes Eigenleben innerhalb der Gartenbauländer Europas« führen könne.[173] Die AIPH, 1948 als Interessenverband der westeuropäischen Gärtner gegründet, richtete jährliche Gartenbautagungen zu den Belangen des Gartenbaus auf europäischer Ebene aus. Wie geplant, lud der Zentralverband, der zu den Gründungsmitgliedern der AIPH zählte, dann in Wien die Teilnehmer zur Tagung 1953 nach Hamburg ein, die den offiziellen Anlass für die Gartenbauausstellung bilden sollte. Da Vertreter der Mitgliedsländer Holland, Belgien, Luxemburg, Italien, Schweiz, Dänemark und Schweden sogleich ihr Interesse bekundeten, konnten die Pläne nun konkrete Formen annehmen.[174] Die Entscheidung fiel zu einem Zeitpunkt, als sich Hamburg der Weltöffentlichkeit als überaus europafreundlich präsentierte. Denn ebenfalls im September 1951 tagten die Vollversammlung des Deutschen Rates der Europäischen Bewegung und der Internationale Rat der Europäischen Bewegung in der Hansestadt.[175]

---

170 Max Brauer, Hamburg. Großstadt der Zukunft. Rede zum Haushaltsplan für das Jahr 1953, Hamburg 1953, S. 9.
171 Max Brauer, Geleitwort, in: Gesamtleitung, Handbuch, S. 33.
172 Gustav Oelsner hatte drei Grüngürtel und mehrere Parks für Altona geplant, vgl. Burcu Dogramaci, Gustav Oelsner. Stadtplaner und Architekt der Moderne. Einleitung, in: ders. (Hrsg.), Gustav Oelsner. Stadtplaner und Architekt der Moderne, Hamburg 2008, S. 9-22, hier S. 11; Peter Michelis (Hrsg.), Der Architekt Gustav Oelsner. Licht, Luft und Farbe für Altona an der Elbe, München / Hamburg 2008, S. 80 ff.
173 StaHH, 614-3/9, 2, Erster Bericht an die Senatskommission über die Vorarbeiten der Bundesgartenschau 1953, 5.7.1951.
174 StaHH, 614-3/9, 1, Niederschrift über eine Besprechung von Mitgliedern der Gesamtleitung, 24.9.1951.
175 Bajohr, Hochburg, S. 25 f.

Zwar war die Gartenbauausstellung 1953 die längste und umfangreichste Veranstaltung, sollte aber kein singuläres Ereignis bleiben, sondern im Verbund mit dem »Deutschen Turnfest« vom 2. bis zum 9. August 1953 und dem »Evangelischen Kirchentag« vom 12. bis 16. August 1953 vor allem auch die Aufmerksamkeit der Westdeutschen auf Hamburg ziehen. Anlässlich der drei Hamburger Veranstaltungen wurden Bauprojekte wie die Jugendherberge am Stintfang, die Neue Lombardsbrücke, der Alsterpavillon und die Landungsbrücken bis Ende April 1953 – dem Eröffnungsdatum der Gartenbauausstellung – fertiggestellt, um den Besuchern die Erfolge des Wiederaufbaus nach dem Zweiten Weltkrieg zu präsentieren.[176] Zusätzlich fanden 1953 180 Ausstellungen, Tagungen und Kongresse zu unterschiedlichen Themen in Hamburg statt.[177]

Voraussetzungen und Vorbilder

Obwohl Hamburg nicht über eine vergleichbare Messetradition wie Frankfurt am Main, Leipzig und Berlin verfügte, wollte es von dem Messe- und Ausstellungswettbewerb der Nachkriegszeit profitieren. Da die ehemaligen Ausstellungshallen in »Planten un Blomen« 1943 aber vollständig zerstört worden und andere Hallen in Altona und in Rothenburgsort ebenfalls nicht mehr erhalten waren, wurden neue Räumlichkeiten erforderlich. Als Standorte wurden an »Planten un Blomen« angrenzende Areale – die Moorweide jenseits des Dammtorbahnhofes, das Heiligengeistfeld, die Wallanlagen und die Jungiuswiese – in Betracht gezogen. Die Wahl fiel auf die Jungiuswiese – das ehemalige »Aufmarschgelände« –, das dem Ausstellungspark »Planten un Blomen« gegenüberlag. Zunächst mussten jedoch 1.000 »Displaced Persons«, die dort in Baracken lebten und bleiben wollten, anderweitig untergebracht werden.[178] Mehrfach wurde angemahnt, die DPs zu verlegen, um mit den Pflanzarbeiten für die Gartenschau beginnen zu können.[179]

Als nächster Schritt musste geklärt werden, welches Erscheinungsbild das internationale Ereignis annehmen sollte. Auf der Suche nach Anregungen reisten die Organisatoren zu Ausstellungen und Kongressen und besuchten im Januar 1952 die »Grüne Woche« in West-Berlin.[180] Während ihnen dort die Werbung und Beschilderung positiv auffielen, kritisierten sie, dass sich nicht nur Aussteller aus dem landwirtschaftlichen Sektor vorstellten, sondern auch Berliner Firmen aus fremden

---

176 Ralf Lange stellt die Bedeutung der Bauten außerhalb des IGA-Geländes heraus: Hamburg – Wiederaufbau und Neuplanung 1943–1963, Königstein im Taunus 1994, S. 73 f.

177 Alles für Hamburg. Vom Wiederaufbau unserer Vaterstadt 1949–1953, Hamburg 1953, S. 82.

178 StaHH, 614-3/9, 2, Erster Bericht an die Senatskommission über die Vorarbeiten der Bundesgartenschau 1953, 5.7.1951.

179 Diese sollten bis Ende August 1951 verlegt werden, StaHH, 371-16 II, 2538, Räumung der Jungiuswiese, 1.8.1951.

180 StaHH, 614-3/9, 12, Reisebericht über den Besuch der »Grünen Woche« vom 25.–27.1.52 in Berlin, 28.1.1952. Vgl. allgemein zur »Grünen Woche«: Schultze, Blumen- und Gartenschauen.

Branchen. Außerdem wurden die Hamburger dort mit dem Thema Systemkonkurrenz konfrontiert. Dass die Eröffnungsredner einige Male »die Schwestern und Brüder im Osten« genannt und der Hoffnung Ausdruck verliehen hätten, »dass auch die Bevölkerung der Ostzone bald wieder Gelegenheit haben sollte, sich an der Ausstellung zu beteiligen«, fassten die Hamburger eher als rhetorische Willensbekundung und nicht als ernst gemeinte Handlungsdevise auf. Gefallen fanden sie hingegen an der Sonderschau des Ministeriums für gesamtdeutsche Fragen über die Landwirtschaft der DDR und die ehemals deutschen Gebiete östlich der Oder-Neiße-Grenze. Daher berieten sie im Anschluss mit dem Ministerium über eine ähnliche Sonderschau für die Hamburger Gartenbauausstellung.[181] Nach längeren Verhandlungen wurde schließlich die Organisation einer kleineren Freiluft-Tafelausstellung durch das Ministerium beschlossen.[182]

Mitglieder der Gesamtleitung ließen sich auch 1952 durch den Internationalen Gartenbaukongress in Kopenhagen anregen. Besonders positiv beurteilten sie den demokratischen Eindruck der Tagung, da keinerlei Fahnen der zehn teilnehmenden Nationen und »weder Gefolge, noch Uniformen« bei der feierlichen Eröffnung der begleitenden Gartenbauausstellung in Anwesenheit der dänischen Königin zu sehen gewesen seien. Beeindruckt von dem königlichen Schloss als Veranstaltungsort, zogen sie in Betracht, den geplanten Internationalen Gartenbaukongress im Hamburger Rathaus zu veranstalten. Vermutlich zeigten sich die Hamburger von dem zurückhaltenden Auftritt Dänemarks auch deshalb angetan, weil politische Propaganda in der Bundesrepublik nach den Erfahrungen im »Dritten Reich« auf Ablehnung stieß.[183] Negativ registrierten die Hamburger hingegen, dass sich die Dänen den deutschen Kongressteilnehmern gegenüber reserviert verhalten hätten.[184] Auch wenn das Sitzungsprotokoll keine Details über die Umstände erwähnt, ist anzunehmen, dass die dänischen Gastgeber die Deutschen aufgrund der deutschen Besatzung im Zweiten Weltkrieg distanziert behandelten.

Wie diese Beispiele zeigen, mussten die Hamburger bei der Ausrichtung der Internationalen Gartenbauausstellung zwei wichtige Themen und Bezugspunkte einbeziehen: Das wichtigere war das der Integration in den Westen, wie das dänische Beispiel zeigt. Gleichzeitig durfte aber das Thema der deutschen Teilung auf einer großen Veranstaltung nicht fehlen, wie die Eröffnungsreden und die Schau des Ministeriums für gesamtdeutsche Fragen auf der »Grünen Woche« deutlich gemacht

---

181 Ebd.

182 Vgl. dazu ausführlicher S. 123 f..

183 So auch festgestellt bei den Vorbereitungen für die Bewerbung des Marshallplans, vgl. Klaus Schönberger, »Hier half der Marshallplan«. Werbung für das europäische Wiederaufbauprogramm zwischen Propaganda und Public Relations, in: Gerald Diesener / Rainer Gries (Hrsg.), Propaganda in Deutschland: zur Geschichte der politischen Massenbeeinflussung im 20. Jahrhundert, Darmstadt 1996, S. 194-212, hier S. 196 ff.

184 StaHH, 614-3/9, 1, Niederschrift über die Sitzung der Gesamtleitung, 30.9.1952.

hatten. Allerdings hatten die Hamburger von dort mitgenommen, dass die Beschwörung der deutschen Einheit allzu leicht floskelhaft erscheinen konnte.

Topografie. Städtebaulicher Wiederaufbau und die Gestaltung »Planten un Blomens«

War der Park »Planten un Blomen« vor der Gartenschau noch »ein von Bomben zerschlagenes, bisher nur oberflächlich aufgeräumtes Trümmerfeld«[185] gewesen, so bot sich den Besuchern zur Eröffnung ein gänzlich anderes Bild. Mittelpunkt der Internationalen Gartenbauausstellung 1953 war das 35 Hektar große Kerngelände, bestehend aus »Planten un Blomen«, dem früheren »Aufmarschgelände«, nun Jungiusrund genannt, sowie einem Teil des Botanischen Gartens in den historischen Wallanlagen. Während »Planten un Blomen« Freilandwettbewerbe, Vergnügungsangebote und gastronomische Einrichtungen umfasste, war das Jungiusrund für Ausstellungshallen, Technikvorführungen und ein Freilichtkino bestimmt. Eine weitere wichtige Neuerung im Stadtbild war der neu entstandene Alsterpark mit der temporären Kunstausstellung »Plastik im Freien«. Zusätzlich wurden städtische Parks saniert, Schulhöfe begrünt und Wanderwege an Elbe, Alster und Wandse angelegt. Als dezentrale Veranstaltung strahlte die Gartenbauausstellung also in viele Stadtteile aus.

Bei den Planungen für die Gartenbauausstellung überlagerten sich mehrere Leitlinien der Grünpolitik des 20. Jahrhunderts wie reformhygienische Ansätze, die unter anderem von den ehemaligen Hamburger und Altonaer Oberbaudirektoren Fritz Schumacher und Gustav Oelsner vertreten worden waren. Schumacher hatte 1917 in seinem »Achsenplan« vorgesehen, die Besiedlungsgebiete an fünf Achsen aus der inneren Stadt ausstrahlen zu lassen. Entlang dieser Achsen sollten sich die Verkehrs- und Infrastrukturmaßnahmen und damit auch die Hauptsiedlungsgebiete konzentrieren; zwischen den Achsen sorgten Grünräume für Auflockerung. Der »Achsenplan« mit seinen integrativen Grünanteilen blieb bis in die zweite Hälfte des 20. Jahrhunderts Grundlage für Stadtplaner und Architekten, da er anschlussfähig für das vorherrschende Paradigma der »aufgelockerten und gegliederten Stadt« in der bundesdeutschen Stadtplanung nach dem Zweiten Weltkrieg war.[186] Hinzu kamen Planungsansätze angesichts der Zerstörungen im Zweiten Weltkrieg. Der bereits nach den Bombardierungen 1943 von Konstanty Gutschow und seinen Mitarbei-

---

185 Ebd., S. 8.
186 Das in den fünfziger Jahren gebräuchliche Schlagwort wurde 1957 als Titel eines Standardwerks verwendet: Johannes Göderitz / Roland Rainer / Hubert Hoffmann, Die gegliederte und aufgelockerte Stadt, Tübingen 1957. Das Leitbild war indes bereits im Zweiten Weltkrieg entwickelt worden, wie aus dem dortigen Geleitwort hervorgeht: J.W. Hollatz, Gleitwort, in: ebd. S. 5-6. Einige Ideen waren bereits 1944 publiziert worden in: Roland Rainer, Die zweckmäßige Hausform für Erweiterung, Neugründung und Wiederaufbau von Städten, Breslau 1944.

tern begonnene, 1944 fertiggestellte Generalbebauungsplan für Hamburg sah eine »Entdichtung« und »Entlüftung« durch Grünzonen vor. Gutschows Modell der »idealen Stadtlandschaft« meinte eine Gliederung der Stadt in Kreise und mit großen Grünzügen. Das Schlagwort von der »Ortsgruppe als Siedlungszelle« bezeichnete die Gliederung von Nachbarschaften nach dem »Führerprinzip«.[187] Hinzu kamen sozialpolitische Überlegungen von Max Brauer, wie die städtische Gesellschaft sich nach dem Zweiten Weltkrieg regenerieren könnte. Bäume und Parkanlagen seien zwar nicht existenziell für das Leben in der Stadt, besaßen aber eine starke Symbolkraft für Hamburgs Identität als »grüne Stadt«, wie Brauer immer wieder betonte.

Ursprünglich hatte der Hamburger Landesverband des Bundes Deutscher Gartenarchitekten sofort den Gestalter der »Niederdeutschen Gartenschau« 1935, Karl Plomin, mit der Planung beauftragen wollen, ohne einen Gestaltungswettbewerb auszuschreiben. Da der Bundesverband jedoch auf einem Ideenwettbewerb unter Beteiligung junger Gartenarchitekten bestand, erhielt Plomin 1951 den Auftrag für die künstlerische Gesamtleitung und die Vorbereitung des Ideenwettbewerbs, an dem er selbst teilnahm.[188] Der Ausschreibungstext des Wettbewerbs erläuterte, dass sich »Planten un Blomen« zu einem viel besuchten Erholungspark für die Hamburger Bevölkerung entwickelt habe und zugleich als Ausstellungspark diene. Da »Planten un Blomen« im Anschluss an die Ausstellung aber wieder als innerstädtisches Naherholungsziel dienen solle, müssten die baulichen Ergänzungen so erfolgen, dass sie – wenn nötig – wieder entfernt werden könnten.[189] Die bestehenden Teile sollten mit den neuen »organisch« verbunden werden. Der Verlust von Bauten und Parkanlagen im Zweiten Weltkrieg wurde bedauert, die politische Einfärbung und Instrumentalisierung der »Niederdeutschen Gartenschau« indes nicht thematisiert.[190]

---

187 Vgl. Werner Durth / Niels Gutschow, Träume in Trümmern. Planungen zum Wiederaufbau zerstörter Städte im Westen Deutschlands 1940 –1950, Band I: Konzepte, Braunschweig / Wiesbaden 1988, S. 192; dies., Bd. II: Städte, S. 636 ff. Vgl. auch Sylvia Necker, Stadt und Landschaft vereint. Das Architekturbüro Konstanty Gutschow und die Entwicklung eines neuen Freiraumkonzeptes für Hamburg in den 1940er Jahren, in: Sylvia Butenschön, Gartenhistorisches Forschungskolloquium 2008. Zusammenstellung der Tagungsbeiträge, S. 53-61; dies., Gutschow, S. 302.

188 StaHH, 614-3/9, 2, Erster Bericht an die Senatskommission über die Vorarbeiten der Bundesgartenschau 1953, 5.7.1951. Eva Henze gibt an, Plomin sei am 1.5.1933 in die NSDAP eingetreten, und vermutet in ihm einen Mitläufer, s. Eva Henze, Der Vater von Hamburgs Central Park – Karl Plomin (1904–1986), in: Architektur in Hamburg. Jahrbuch 2010, S. 154-60, hier S. 160, Fußnote 3.

189 StaHH, 321-3 I, 547, Bundesgartenschau 1953 Hamburg, 1.7.1951.

190 Der Denkmalpfleger Jörg Haspel setzte sich 1985 auf einer Tagung mit dem Entstehungskontext von »Planten un Blomen« zur Zeit des Nationalsozialismus auseinander. Er stellte fest, dass auch bei den Jubiläumsfeierlichkeiten für »Planten un Blomen« 1984 die politische Vereinnahmung des Parks nicht reflektiert wurde. Stattdessen sprach der Erste Bürgermeister Klaus von Dohnanyi: »Dieser historische Park, [...], muß wieder zu dem gemacht werden, was er einmal war: ein gemütlicher Park für Menschen und Blumen. Wir wollen wieder zurück zu dem, was unsere Väter und Großväter gewollt haben.«, in: *Hamburger Abendblatt*, 3.9.1984. Vgl. Haspel, Spurensicherung.

Der gestalterischen Planung wurde der Leitsatz zugrunde gelegt, dass die Ausstellung eine »einheitliche Demonstration des gesamten gärtnerischen Berufsstandes der Länder« werden müsse. Die Nationen sollten in einer Ausstellungshalle zusammengezogen werden und eigene Pavillons für »bildhafte Darstellungen, Werbungen und Auskunftserteilung« erhalten.[191] Die Pläne für einzelne Nationenpavillons wurden jedoch verworfen, da es für diese nach der Ausstellung keine Verwendung gegeben hätte. Stattdessen sollten sich die 18 beteiligten Staaten gemeinsam in der »Halle der Nationen« präsentieren.[192]

Leitender Architekt für die Hochbauten wurde Bernhard Hermkes, der auch am Bau der ersten Hamburger Wohnhochhäuser nach dem Zweiten Weltkrieg im Stadtteil Grindelberg beteiligt war.[193] Für die Planung und Realisierung der Gebäude wurden weitere Hamburger Architekten wie Ferdinand Streb, Rudolf Lodders und Fritz Trautwein gewonnen, die ebenfalls am »Grindel-Projekt« tätig waren[194], sowie die Büros Sprotte & Neve, Matthaei & Schmarje und Paul Seitz.

Hermkes wählte einen weiß-gelben Klinker und hellen Sandstein als Kontrast zu den grünen Parkanlagen, um den bestehenden und neuen Bauten ein einheitliches Erscheinungsbild zu geben.[195] Gebäude wie die Cafés Rosenhof und Seeterrassen sowie das Festhallenrestaurant können damit der »Hamburger Moderne« nach dem Zweiten Weltkrieg zugerechnet werden, die in Anlehnung an die skandinavische Moderne durch weiße und gelbe Klinker geprägt war.[196] Diese hellen Klinker waren neuartig, da unter Fritz Schumacher in den zwanziger Jahren ein roter Klinker für die neu entstehenden Wohn- und Staatsgebäude verwendet worden war und dieser auch in den dreißiger Jahren Verbreitung gefunden hatte.[197] Hingegen hatte Altonas Oberbaudirektor Gustav Oelsner zum selben Zeitpunkt im preußischen Altona ockergelbe und teilweise bunte Klinker verwendet.[198]

191 StaHH, 614-3/9, 1, Niederschrift über die Sitzung der Gesamtleitung, 23.10.1951.

192 StaHH, 614-3/9, 1, Niederschrift über die Sitzung der Gesamtleitung, 10.1.1952.

193 StaHH, 614-3/9, 2, Niederschrift über eine Sitzung der Senatskommission zur Vorbereitung für die Bundesgartenschau 1953, 31.7.1951.

194 Zu den beteiligten Architekten vgl. Axel Schildt, Die Grindelhochhäuser. Eine Sozialgeschichte der ersten deutschen Wohnhochhausanlage Hamburg Grindelberg 1945–1956, Hamburg ²2007, S. 40 ff.

195 Bernhard Hermkes, Die Bauten auf dem Ausstellungsgelände, in: Gesamtleitung, Handbuch, S. 49-56, hier S. 50.

196 Peter Krieger, »Wirtschaftswunderlicher Wiederaufbau-Wettbewerb«. Architektur und Städtebau der 1950er Jahre in Hamburg, Hamburg 1995, S. 95; vgl. zur Einordnung von Hermkes in die Moderne Ulrich Höhns, Große Formen und die Liebe zur Konstruktion. Bernhard Hermkes' Hamburger Bauten, in: *werk, bauen + wohnen* 91 (2004) 7/8, S. 37-44, hier S. 41.

197 Der rote Klinker verschwand auch nach dem Zweiten Weltkrieg nicht, der helle Klinker fand aber beispielsweise Verwendung bei den Grindelhochhäusern und vielen anderen Bauten.

198 Olaf Bey, Klinkerfassaden als Ausdruck des »Neuen Bauens«, in: Michelis, Oelsner, S. 26-37.

Rundgang über das Ausstellungsgelände

Der Ausstellungspark war durch den Haupteingang von »Planten un Blomen«, der wie 1935 am Dammtorbahnhof lag, und drei weitere Eingänge von allen Seiten zugänglich. (vgl. Farbabb. 15, S. 46/47)

Hinter dem Haupteingang erstreckten sich zwei Blumenteppiche, die zuerst aus 500.000 holländischen Tulpen, später im Jahr aus 100.000 belgischen Begonien bestanden. In den Kakteenhäusern von 1935 wurden nun »Kakteen aus St. Remo« präsentiert. Die früheren rechteckig angelegten Züchtergärten zur Linken waren zugunsten einer Blumenfläche aufgelöst worden. Im nordwestlichen Abschnitt waren die Rosenhöfe und das Orchideen-Café von 1935 erhalten geblieben. Ebenso wurden die Wildstaudenwiese und die benachbarten Kaskaden nur leicht verändert. Das große Wasserbecken mit einer erneuerten technischen Anlage für die Wasserlichtkonzerte, das nun mit italienisch anmutendem Flair ausgestattet war, bildete wieder den Mittelpunkt von »Planten un Blomen«. Ein Gondoliere steuerte Besucher in einer venezianischen Gondel, die das Italienische Außenhandels-Institut in Hamburg vermittelt hatte, über den See.[199] In einem italienischen Restaurant auf der Palmeninsel »Isola Bella« am nördlichen Ufer wurde den Gästen Chianti, Campari und Espresso serviert.[200]

Auf der Anhöhe der ansteigenden Festwiese bildete ein 42 Meter hoher Aussichtsturm von Bernhard Hermkes, gestiftet von dem Unternehmen Deutsche Philips GmbH, eine vertikale Dominante. Der gläserne Fahrstuhl brachte die Besucher auf die Aussichtsplattform, die einen weiten Ausblick auf das Ausstellungsgelände und die Hamburger Innenstadt bot. Nachts war der Philipsturm mit einer frei auskragenden Treppenspirale durch 1.000 Leuchtröhren weithin zu sehen.[201] Auf den Grundmauern der im Zweiten Weltkrieg zerstörten Bauernschenke hatte Ferdinand Streb das Café Seeterrassen gebaut. Die Architektur des flachen, hell geklinkerten Baus führte den Hamburgern, die die Bauernschenke noch gekannt hatten, die Abwendung von der NS-Vergangenheit vor Augen.[202]

Durch eine Blumenwiese verlief ein geschwungener Weg zum Tropenhaus, das Bernhard Hermkes als Stahlskelettbau und in Parabolform ausgeführt hatte. Im hell geklinkerten »Hamburg-Pavillon« zeigte eine modern gestaltete Ausstellung den Zwischenstand des Hamburger Wiederaufbaus.

Der dahinter liegende Kinderspielplatz hatte konventionelle Elemente wie Schaukeln, Klettergerüste und Rutschen zu bieten, außerdem auch einen Pony-Bahnhof, von dem aus Kutschfahrten durch den Park erfolgten.

---

199 Komm in die Gondel, mein Liebchen ..., in: *Hamburger Abendblatt*, 5.8.1953.
200 In Planten un Blomen: Espresso auf der Palmeninsel, in: *Hamburger Abendblatt*, 13.5.1953.
201 Haspel / Hesse, Umgraben, S. 17.
202 Karin von Behr, Ferdinand Streb 1907–1970. Zur Architektur der fünfziger Jahre in Hamburg, Hamburg 1990, S. 32.

Abb. 16 Bildpostkarte des Parksees mit Wasserspielen und der Taverne »Isola Bella«
(im Vordergrund) auf der IGA 1953 in Hamburg. Um den See gruppierten sich der Philipsturm
(im Hintergrund rechts) und das Café Seeterrassen (links).
Abb. 17 Luftaufnahme des Parksees, um 1953. Im Vordergrund das Restaurant Rosenhof und
der Musikpavillon, links oben das Café Seeterrassen.

Abb. 18   »Hamburg-Pavillon«, 1953. Das zweigeschossige Gebäude mit leicht geneigtem
Dach und transparenter Front beinhaltete eine Ausstellung über die wirtschaftlichen und
gesellschaftlichen Entwicklungen in Hamburg nach dem Zweiten Weltkrieg.
Abb. 19   Der neu gebaute, schlichte Musikpavillon mit rundem Flachdach lag oberhalb
des Parksees und der Taverne »Isola Bella«, 1953.

Um bei dem ebenerdigen »Buchpavillon« den Eindruck zu erwecken, dass Innen- und Außenraum ineinander übergingen, hatte Hermkes ihn mit drei Glasfronten und einer Klinkerwand ausgestattet. Darin konnten sich die Besucher über deutsche und internationale Fachliteratur des Gartenbaus informieren. An der Stelle des im Zweiten Weltkrieg zerstörten Hauptrestaurants hatten Matthaei & Schmarje das kleinere Restaurant Rosenhof und ihm gegenüber einen Musikpavillon gebaut.

Von »Planten un Blomen« aus führten zwei Brücken über die trennende Straße zu den Ausstellungshallen im Jungiusrund.

Zusätzlich zur 1949 fertiggestellten Ernst-Merck-Halle waren vier neue Ausstellungshallen in Stahlbeton-Skelett-Konstruktion und das Festhallen-Restaurant von Sprotte & Neve mit 1.000 Sitzplätzen entstanden, die den hellen Klinker der Restaurants und Cafés aufnahmen.[203] Neben der »Halle der Nationen« befand sich auch der »Pavillon des Ostens«, die überdachte Freilufttafelausstellung, die über die Geschichte, Landwirtschaft und Industrie in der DDR und in den ehemaligen deutschen Gebieten jenseits der Oder-Neiße-Grenze in Polen informierte.

Im Jungiusrund waren zudem Musterpflanzungen und eine Ausstellung über das Baumschulwesen zu sehen. Von dort gelangten die Besucher zurück in den Ausstellungspark und zur Obstbaum- und Geräteschau mit Zugmaschinen und Kleingeräten. Eine Industrieschau im Botanischen Garten umfasste Gewächshäuser, gärtnerische Maschinen und Geräte, Pumpen- und Kesselanlagen für Gartenbaubetriebe, eine Rasenvergleichsschau sowie eine Schau mit Pflanzenschutzmitteln. Auf der anderen Seite des historischen Wallgrabens waren in der »Eternit-Selbstbedienungsgaststätte« von Fritz Trautwein preisgünstige Gerichte erhältlich.

Musterbeispiele wie Klein-, Siedler-, Wohn- und Wochenendgärten, die bei der »Niederdeutschen Gartenschau« integriert gewesen waren, kamen nicht vor. Stattdessen sollten Privatgärten, Siedlungsfragen und öffentliche Grünanlagen außerhalb des Gartenschaugeländes vorgestellt werden.[204]

Auch wenn Teile wie der Parksee, die Kakteenhäuser, das Orchideen-Café, die Rosenhöfe und die Kaskaden aus den dreißiger Jahren bestehen blieben, unterschied sich der Gesamteindruck von dem früheren erheblich, erzeugt unter anderem durch moderne Kunstwerke und den Einsatz von künstlichem Licht. Dass technisch wirkende Kunstwerke in Form von Fontänen und Metallskulpturen Befremden hervorriefen, zeigen folgende Äußerungen: »[…] er [der Gartenarchitekt] muß den Garten vor einer Vergewaltigung durch die Technik hüten, die ihn in Zukunft immer mehr bedrohen wird. […] Wir wären keine Menschen mehr im reinen Sinne, sollten wir in ›Gärten‹ lustwandeln, die aus Stangen und Rädern bestehen und damit das

---

203 N. N., Die Internationale Gartenbauausstellung 1953, ihre Organisatoren, ihre Gestalter und eine architektonische Nachlese, in: *Nordwestdeutsche Bauhefte* 5 (1953) 11/12, S. 5-13, hier S. 6.

204 Karl Plomin, Prolog zur Internationalen Gartenbau-Ausstellung, in: *Garten und Landschaft* 63 (1953) 4, S. 2-4, hier S. 4.

Abb. 20 Ausstellungshalle D auf der IGA Hamburg 1953. Zwischen den Hallen lagen Blumenrabatten mit Ruheplätzen für die Besucher.
Abb. 21 Der »Pavillon des Ostens« mit Glockenturm im Jungiusrund, im Hintergrund die Ausstellungshalle D, 1953. Die beiden Glocken hatten eine symbolische Bedeutung, da sie aus Schlesien und Pommern stammten.

Wesen des Gartens zunichte machen.«[205] Ein anderer Autor, der sich der besonderen Stimmung am Abend, erzeugt durch das künstliche Licht, nicht entziehen konnte, zeigte mehr Offenheit, blieb aber etwas verwundert: »Abends noch einmal zurück in die Ausstellung. Welch ein Eindruck jetzt in der Dunkelheit! Künstliches Licht in den Baumkronen, kleine Lampen, die einen unwirklichen Lichtkegel verbreiten, auf den Beeten. […] Wir können die 35 Meter hohe Plattform per Fahrstuhl oder über eine Treppe erreichen. Von oben ein seltsam anrührendes Bild – Lichtpunkte und gespenstische Schatten die dunkle Alster, unergründliche Flächen, verschobene Perspektiven. Etwas später: Ich stehe am Wasser und sehe den gläsernen Turm aus einiger Entfernung. Der Anblick läßt mich nicht los. Sieg der Technik über die Pflanze?«[206] Technisierte Kunst und das künstliche Licht wurden hier als Ausdruck für die Moderne verstanden und bildeten einen ästhetischen Kontrapunkt zu Ausstellungsästhetiken der Vergangenheit. Dadurch, dass die Gestalter ein insgesamt modernes Erscheinungsbild geschaffen hatten, konnten sie dem Vorwurf vorbeugen, rückwärtsgewandt zu sein.

Leistungs- und Lehrschauen

Neben den Angeboten im Freiland wurden in den Messehallen Blumen-, Obst- und Gemüsesonderschauen unter Wettbewerbsbedingungen gezeigt, die als »Festtage im Alltag der Ausstellung« galten. Die oft empfindlichen und verderblichen Exponate – Obst, Gemüse und exotische Pflanzen – wurden nicht nur aufgereiht, sondern oft im Zusammenhang mit den Herkunftsländern oder als Erzählung inszeniert, wie der für die Hallenschauen Verantwortliche im Ausstellungskatalog beschrieb: »Die Hand des Künstlers ordnet Früchte, Blumen und die vielen anderen Dinge zu einem Bild; sie gibt ihnen den schönen Rahmen, in dem ihr Wert voll zur Geltung kommen kann.«[207] Beteiligt waren neben den späteren EWG-Partnerländern Frankreich, Niederlande, Belgien, Luxemburg und Italien Aussteller aus den USA, Australien, Japan, Großbritannien und Irland, Dänemark, Schweden, Österreich, der Schweiz, Spanien und Südafrika.[208] Die sechs Sonderschauen, die jeweils für fünf Tage in mehreren Hallen stattfanden, sprachen außer dem Fachpublikum auch das schaulustige Laienpublikum an.

Welche Bedeutung die Internationale Gartenbauausstellung als bundesdeutsche Repräsentation annehmen konnte, zeigte besonders auch die Eröffnung der Hauptschau »Blumen – Obst – Gemüse« am 28. August 1953 in Anwesenheit des Bundes-

---

205 Anna Rohlfs-von Wittich, Der Garten der Zukunft. Gedanken zur Internationalen Gartenbau-Ausstellung in Hamburg, in: *Achimer Kreisblatt*, 12.9.1953.
206 Cl. H. Bachmann, Hamburgs großes Ereignis. Rund um die »Internationale Gartenbauausstellung«, in: *Echo der Zeit*, 10.5.1953.
207 Georg Nowara, Die Hallensonderschauen, in: Gesamtleitung, Handbuch, S. 62-63, hier S. 62.
208 Siehe die Ausstellerliste in: Gesamtleitung, Handbuch, S. 117 f.

kanzlers Konrad Adenauer und des Wirtschaftsministers Ludwig Erhard.[209] Ebenfalls anwesend war der belgische Landwirtschaftsminister Charles Heger, der in seiner Eröffnungsrede die symbolische Bedeutung des Geschenks von 100.000 belgischen Begonien, die die Besucher hinter dem Haupteingang empfingen, unterstrich: »Der Gärtner schafft die Schönheit. Wer Blumen liebt und sie schützt, ist kein Unmensch; er ist kein Mensch, der vernichten kann. Hunderttausend Begonien sind von uns nach Hamburg gekommen. Wir möchten, daß sie hier bleiben, als Ausdruck unserer Anerkennung für das große Werk der Schönheit, der Freundschaft, des Friedens, das Ihre Stadt, Herr Bürgermeister, geschaffen hat.«[210] Angesichts des belgischen Geschenks äußerte Konrad Adenauer dann auch den Wunsch, »daß sich die Völker in Zukunft nur noch Blumen schenken«.[211]

Während dieser Sonderschau war eine Halle als Markt mit Obst- und Gemüseständen gestaltet. Eine überdimensionale Spielzeugeisenbahn symbolisierte die Transportmöglichen der Gegenwart. In einer weiteren Halle stellte die südafrikanische Union tropische Blumen aus, gruppiert um eine »Original-Negerhütte, deren Lehmwände mit Eingeborenenmalereien verziert [sind], die Aufschluß über die arteigene Kultur südafrikanischer Neger geben werden«.[212] Die Niederlande und Belgien präsentierten sich in einer eigenen Halle mit Gladiolen, Dahlien, Alpenveilchen, Chrysanthemen, Nelken und Orchideen.[213] Eine weitere Hallenschau widmete sich dem Thema »Technik und Gartenbau«, während auf dem benachbarten Musterfeld im Jungiusrund Maschinen vorgeführt wurden. Ein Zeitungsartikel warb dafür, sich gerade auch als Großstädter anzuschauen, »wieweit sich die Technik heute auch schon den Gartenbau erobert hat«: »Uns Laien überrascht bei den ausgestellten und vorgeführten Maschinen und Anlagen aber doch der hohe Grad der technischen Vollkommenheit. [...] Von den Obstsortier- und Verlesemaschinen über Beregnungsanlagen, motorisierte Düngerstreuer und Spritzmaschinen bis zu Ackerschleppern mit Pflanzsetz-, Hack- und Häufelmaschinen ist alles vertreten.«[214] Dabei machte der Autor darauf aufmerksam, dass die zur Schau gestellte Technik nicht den »wirklichen Durchschnittsstand der Technisierung im deutschen Gartenbau« repräsentiere.

Da die Eröffnung dieser Hallenschauen nur neun Tage vor den Bundestagswahlen am 6. September 1953 stattfand, konnte Adenauer, selbst als Rosenliebhaber bekannt,

---

209 Dr. Adenauer in Planten un Blomen, in: *Hamburger Abendblatt,* 28.8.1953.

210 Belgien schenkt Hamburg 100 000 Begonien. Feierlicher Eröffnungsakt für die Hauptschau Blumen, Obst und Gemüse in »Planten un Blomen«, in: *Hamburger Echo,* 29.8.1953.

211 Adenauer kam als Gärtner. Bundeskanzler eröffnete Hauptschau der Gartenbauausstellung, in: *Die Welt,* 29.8.1953.

212 Feenschlösser mit Orchideen. Vier Tage Hauptschau der Internationalen Gartenbau-Ausstellung, in: *Westdeutsches Tagesblatt,* 25.8.1953

213 Auf einem Baum aus Eisen ... hängen Obst und Gemüse – Eröffnung der 5. Sonderschau, in: *Hamburger Echo,* 28.8.1953.

214 Technik erobert den Gartenbau. Eröffnung der »Tage der Technik« – Haben Sie schon gewußt ..., in: *Hamburger Echo,* 27.8.1953.

Abb. 22 Das Innere einer Ausstellungshalle auf der IGA 1953.
Ausgestellt waren exotische Pflanzen; der Übergang vom Innen-
zum Außenraum war aufgrund der großen Fensterfront fließend.
Abb. 23 »Hamburg-Pavillon« mit Ausstellung über den Hamburger
Städte- und Wohnungsbau, 1953. Im Hintergrund sind die beiden
Tafeln zu sehen, die Hamburgs Zustand nach den Bombardierungen
1943 und im Wiederaufbau zehn Jahre später zeigen. Rechts an der
Wand waren Fotos von einem der Grindelhochhäuser und von Ein-
familienhäusern angebracht.

sie noch einmal als repräsentativen Rahmen nutzen, um auf die Erfolge der von ihm initiierten Westintegration hinzuweisen, die 1953 durch das Londoner Schuldenabkommen, die Ratifizierung des Wiedergutmachungsabkommens mit Israel und die Westverträge, den Deutschlandvertrag und Verträge über die Europäische Verteidigungsgemeinschaft (EVG) vorangetrieben worden war.[215]

Neben den sechs Gemüse-, Obst- und Pflanzenschauen stellten aber auch mehrere Informationsschauen Themen wie Stadtplanung, Wohnungsbau und Umweltschäden vor. Im »Hamburg-Pavillon« präsentierte eine Ausstellung den Wiederaufbau Hamburgs nach dem Zweiten Weltkrieg und stellte anhand von Modellen, Fotos und Statistiken den Wiederaufbau in Handel, Schifffahrt und Industrie vor. Außerdem gaben die Kultur-, Schul-, Jugend-, Sozial- und Finanzbehörde Einblicke in ihre Arbeit.[216] Initiator der Schau war Oberbaudirektor Werner Hebebrand.[217] Für die Gestaltung war Kurt Kranz, Professor an der Hochschule für bildende Künste (HfbK), mit einer Studierendengruppe zuständig. Kranz, ehemals Student des Bauhauses, hatte sich als Plakatkünstler etabliert und war an der Entwicklung der Werbung für Hamburg beteiligt.[218]

Besonderes Aufsehen erregten zwei Reliefmodelle im »Hamburg-Pavillon«, die das zerstörte Hamburg nach den Luftangriffen Ende Juli / Anfang August 1943 und den aktuellen Zustand 1953 dokumentierten, wie die Tageszeitung *Hamburger Echo* berichtete: »Die Menschen diskutieren leidenschaftlich vor diesen Karten. Das Grauen der Bombennächte wird wieder lebendig, die wilde Furie des Krieges, die sinnlos und mutwillig zerstörte, die eine blühende Stadt in eine Kraterlandschaft verwandelte. […] Und die Menschen dieser Stadt, von denen viele durch das Inferno der Vernichtung gegangen sind, können es selber kaum fassen, daß die andere Karte der Rechenschaftsbericht einer großartigen Aufbauarbeit ist. Die Allmacht des Tages läßt ihnen sonst kaum Zeit, darüber nachzudenken, einen einzigen Gedanken daran zu verschwenden, daß sich ihre Vaterstadt, ihre Heimat wieder aus den Trümmern erhoben hat und daß Hamburg wieder das Antlitz einer lebensvollen, zukunftsfrohen Stadt trägt.«[219] Derartige Gegenüberstellungen, die in der Nachkriegszeit verbreitet waren, sollten allgemein die Wiederaufbauleistungen und den Wiederaufbauwillen

---

215 Lemke, Adenauer, S. 142 f.

216 Zu den Inhalten und zum Aufbau vgl. StaHH, 371-16 II, 2658, Ausgestaltung des Hamburg-Pavillons auf der Internationalen Gartenbauausstellung, 23.1.1953.

217 Werner Hebebrand beschrieb die Ausstellung im Katalog: Hamburg-Pavillon unterrichtet über eine schaffensreiche Zeit, in: Gesamtleitung, Handbuch, S. 94-95.

218 In der Pressestelle wurde das Honorar für Kurt Kranz diskutiert. Der Leiter Erich Lüth begründete ein hohes Honorar folgendermaßen: »Er ist einer der wenigen deutschen Plakatkünstler, die europäischen Ruf besitzen. Er hilft uns auch, die Hamburg-Werbung aus jeder provinziellen Enge zu lösen.«, StaHH, 371-16 II, 2658, Vermerk von Erich Lüth über eine Besprechung, 30.3.1953. Vgl. zu Biografie und Wirken von Kurt Kranz: Renate Kübler-Reiser, Kurt Kranz (Hamburger Künstler-Monographien zur Kunst des 20. Jahrhunderts, Bd. 18), Hamburg 1981, S. 22 f.

219 Zwei Karten, in: *Hamburger Echo*, 21.7.1953.

der Bevölkerung demonstrieren.[220] Der besondere Vorzug des »Hamburg-Pavillons«
war, dass die Besucher nach dessen Betrachtung in den modern hergerichteten Ausstellungspark entlassen wurden, in dem ihnen die Veränderungen konkret vor Augen
geführt wurden.

Wie sich auch die Wohnverhältnisse in Zukunft verbessern sollten, stellte die Sonderschau »Wir bauen ein besseres Leben« im »Haus der Zukunft« in den Mittelpunkt.
Von einer galerieartigen Ebene aus konnten die Besucher eine »ideale Familie« beim
Wohnen in ihrem modern eingerichteten Haus beobachten.[221] Die Sonderausstellung »Hilfe durch Grün« von Hermann Mattern stellte in vier thematischen Bereichen – freie Landschaft, Industriegebiet, Großstadt und Garten – anhand von Großfotos, Plänen und Modellen Umweltschäden vor, die durch Bergbau, Abholzung
und Flussregulierungen entstanden.[222] Als Lösungsansatz wurde die Begrünung von
Trümmerlandschaften in mehreren während des Zweiten Weltkriegs stark zerstörten
Städten gezeigt, zudem wurden landschaftsarchitektonische Beispiele aus den USA,
England und Skandinavien präsentiert.[223] Bereits im Vorjahr während der »2. Gro-
ßen Ruhrländischen Gartenbau-Ausstellung« (Gruga) in Essen war unter demselben
Titel eine ähnliche Schau gezeigt worden, und auch auf den folgenden Bundesgar-
tenschauen sollten solche Sonderschauen stattfinden.[224] Der Aufruf »Hilfe durch
Grün« umriss das Aufbauprogramm der »Arbeitsgemeinschaft für Garten- und
Landschaftskultur«, die 1951 unter dem Dach des Zentralverbandes des Deutschen
Gemüse-, Obst- und Gartenbaues gegründet worden war und die die Begrünung als
städtebauliches Instrument gegen die Verödung durch den zunehmenden Verkehr
und die Industrialisierung publik machen wollte.[225] Aus der Arbeitsgemeinschaft
ging die Expertengruppe »Grünes Parlament« hervor, die sich ab 1957 jährlich zu
den »Mainauer Gesprächen« auf der gleichnamigen Insel im Bodensee traf und die
die 1961 verkündete »Grüne Charta von der Mainau« vorbereitete.[226]

---

220 Thießen, Eingebrannt, S. 158.
221 Eine Viertelmillion sah »Ein besseres Leben«, in: *Hamburger Abendblatt*, 9.7.1953.
222 Vgl. Grün in der Millionenstadt, in: *Hamburger Abendblatt*, 11.7.1953; Gerhard Olschowy, Was will
     »Hilfe durch Grün?, in: *Zentralblatt für den deutschen Erwerbsgartenbau*, 28.5.1953. Hermann Mat-
     tern stellte zehn Jahre später seine Überlegungen zu Umweltschäden dar in: Gras darf nicht mehr
     wachsen. 12 Kapitel über den Verbrauch der Landschaft, Frankfurt am Main / Wien 1964.
223 Sonderschau »Hilfe durch Grün in Hamburg«, in: *Zentralblatt für den deutschen Erwerbsgartenbau*,
     30.7.1953.
224 Auf der Bundesgartenschau in Dortmund 1959 ging es um Lärmschutz und Luftreinhaltung, auf der
     in Stuttgart 1961 um »Fragen der Gestaltung des Erholungsraumes Wasser« und Klimabeeinflussung
     durch Maßnahmen der Landespflege, siehe Reinhard Grebe, Die »Grüne Charta von der Mainau« auf
     der IGA 1963, in: *Garten und Landschaft* 73 (1963) 6, S. 192.
225 Walter Bäcker, Aufgaben und Ziele des Zentralverbandes, Gesamtleitung der Internationalen Garten-
     bau-Ausstellung Hamburg 1953 (Hrsg.), Handbuch Internationale Gartenbau-Ausstellung Hamburg
     1953, Hamburg 1953, S. 44-48, hier S. 45.
226 Vgl. Engels, Naturpolitik, S. 132 f.

Zwischen Kontaktaufnahme und Abgrenzung. Das Thema »Ostzone«

Anders als auf der »Grünen Woche« 1953 in Berlin wurde auf der IGA 1953 in Hamburg der Gartenbau der DDR nur am Rande thematisiert und deren Teilnahme von den Medien kaum aufgegriffen. Die reduzierte Wahrnehmung der DDR stand im Kontrast zur Brisanz des Aufstands am 17. Juni in Ost-Berlin und zu der Tatsache, dass allein im ersten Halbjahr 1953 etwa 220.000 DDR-Bürger nach West-Berlin und in die Bundesrepublik flüchteten.[227] Die Fluchtbewegung fand vor dem Hintergrund von Versorgungskrisen, der Kollektivierung der Landwirtschaft und der Erhöhung der Arbeitsnormen in den Wochen vor dem 17. Juni 1953 statt. Bei der »Grünen Woche« zu Jahresbeginn war der Schatten der »Bauernflucht« schon deutlich spürbar gewesen, da im Januar von 25.000 Flüchtlingen aus der DDR ein Drittel Bauern waren, wie *Die ZEIT* Anfang Februar berichtete. Viele der Ostdeutschen hätten auch die »Grüne Woche« besucht, zumal die Notaufnahmestelle für DDR-Flüchtlinge in unmittelbarer Nähe des Messegeländes lag.[228] Unter dem Eindruck der für die Bauern bedrohlichen Kollektivierungsmaßnahmen im Jahr 1953 sollen sogar mehr ost- als westdeutsche Bürger die »Grüne Woche« besucht haben.[229] Eine große Lehrschau hatte dort über die Situation der ostdeutschen Bauern und die sozialistische Umstrukturierung des Agrarsektors informiert. Die an eine Wand aufgebrachte Losung »Ehe der Bauer flieht, muß die Erde brennen« verwies auf die Fluchtbewegung. Im Kontrast zur negativen Darstellung der Lage in der DDR standen in anderen Hallen die Großfotos und Modelle moderner US-amerikanischer und kanadischer Farmen.

In Reden und Zeitungsartikeln zur Hamburger Gartenbauausstellung wurde die Existenz der DDR als Bedrohung dargestellt, da sich mit dem Wegfall des »Hinterlandes« die wirtschaftliche Situation Hamburgs verschlechtert habe.[230] Verkehrspolitisch sei Hamburg durch die Nähe zur »Zonengrenze« in eine »Königsberg-Lage« geraten.[231] Aufgrund des damit verbundenen eingeschränkten Ex- und Imports mit der DDR und eines reduzierten Transitverkehrs suchte Hamburg umso mehr nach internationalen Kontakten.[232] Im Vorwege der IGA 1953 setzten sich die Veranstalter aber durchaus mit einer möglichen Beteiligung der DDR auseinander. Im Januar 1952 überlegten die Gesamtleitung und der Zentralverband, ob sie Gartenbaubetriebe der DDR einladen sollten, da der Zentralverband des Deutschen Gemüse-, Obst-

---

227 Helge Heidemeyer, »Antifaschistischer Schutzwall« oder »Bankrotterklärung des Ulbricht-Regimes«. Grenzsicherung und Grenzüberschreitung im doppelten Deutschland, in: Udo Wengst / Hermann Wentker (Hrsg.), Das doppelte Deutschland. 40 Jahre Systemkonkurrenz, Berlin 2008, S. 87-109, hier S. 91.

228 Bauernflucht zur Grünen Woche, in: *Die ZEIT*, 5.2.1953.

229 Vgl. die Besucherstatistik der Grünen Woche bei Schultze, Auftrag »Grüne Woche«, S. 173.

230 »Mit Blumen gegen den eisernen Vorhang«. Hamburg entdeckt den Fremdenverkehr, in: *Deutsche Hotel-Nachrichten*, 30.9.1952.

231 Emil Schäfer, Viele Gesichter an Elbe und Alster. Hamburg – Stadtstaat und größte Stadt der Bundesrepublik, in: *Mannheimer Morgen*, 22.8.1953.

232 Vgl. Bajohr, Hochburg, S. 28.

und Gartenbaues regelmäßig zur jährlich stattfindenden Landwirtschaftlichen Ausstellung in Leipzig-Markkleeberg gebeten wurde.[233] Das Bundesministerium für gesamtdeutsche Fragen riet jedoch davon ab, die staatlichen Gartenbau-Organisationen offiziell einzuladen, und empfahl, der Zentralverband solle einzelne Organisationen und Gartenbaubetriebe ansprechen.[234] Auf einer Sitzung der Gesamtleitung mit der AIPH im März 1952 war man dann auch besorgt, dass nicht nur die DDR, sondern auch andere »Ostblockstaaten« die Gartenbauausstellung für politische Propaganda nutzen könnten. Der Präsident der AIPH aus der Schweiz sprach sich daher dafür aus, alle Länder mit autoritären Regierungssystemen fernzuhalten und lediglich Gartenbauverbände zu beteiligen, die sich freiwillig zusammengeschlossen hatten.[235] Trotzdem wollte die Gesamtleitung den Gartenbau der DDR nicht völlig ausschließen und suchte mit dem Ministerium für gesamtdeutsche Fragen nach Möglichkeiten einer Beteiligung, die bis kurz vor Eröffnungsbeginn diskutiert wurden. Im Januar 1953 sagten dann einige Gartenbaubetriebe bei Dresden ihre Teilnahme zu. Im April 1953 wurde die Beteiligung jedoch wieder fraglich, da die zentrale Handelsorganisation der DDR, »Deutscher Innen- und Außenhandel« (DIA), forderte, die Teilnehmer sollten unter der Bezeichnung »Deutsche Demokratische Republik – Sächsische Moorbeetkultur« auftreten. Da die Gesamtleitung eine Kollektivschau unter einer solchen Bezeichnung ablehnte, zog die DIA ihre Zusage zurück.[236] Erst im August 1953 meldeten einzelne Betriebe wieder Interesse an, sich unter dem Namen »Sächsische Moorbeetkulturen« an der Hauptschau zu beteiligen.[237] Bei der Fülle von exotischen Pflanzen der anderen Nationen geriet dieser Beitrag mit Eriken zur Hauptschau in der Hamburger Presseberichterstattung jedoch nur zur Randnotiz.[238]

Neben der Beteiligung von Gartenbaubetrieben aus der DDR sollte die Sonderschau des Ministeriums für gesamtdeutsche Fragen – ähnlich wie auf der »Grünen Woche« – aus der Perspektive der Bundesrepublik den Gartenbau der DDR und der Gebiete östlich der Oder-Neiße-Grenze darstellen.[239] Im Juni 1952 kam der Beauftragte für Ausstellungen nach Hamburg, um die vorhandenen Ausstellungsmöglichkeiten zu begutachten. Da die Leitung darauf bestand, das Thema an exponierter Stelle und in einem repräsentativen Rahmen zu zeigen, wurde ein Standort im Ein-

---

233 StaHH, 614-3/9, 1, Niederschrift über die Sitzung der Gesamtleitung, 3.1.1952.
234 StaHH, 614-3/9, 1, Niederschrift über die Sitzung der Gesamtleitung, 15.1.1952.
235 StaHH, 614-3/9, 1, Niederschrift über die gemeinsame Sitzung der Internationalen Arbeitsgemeinschaft des Erwerbsgartenbaus – AIPH – und der Gesamtleitung der Internationalen Gartenbau-Ausstellung Hamburg 1953, 7.3.1952.
236 StaHH, 614-3/9, 1, Niederschrift über die Sitzung der Gesamtleitung, 14.4.1953. Die 13 Fachzentralen der DIA waren dem Ministerium für Außenhandel und Innerdeutschen Handel (MAI) unterstellt.
237 StaHH, 614-3/9, 1, Niederschrift über die Sitzung der Gesamtleitung am 18.8.1953.
238 Blüten, wohin man blickt. Auch die Sowjetzone ist erstmalig beteiligt, in: *Hamburger Morgenpost*, 25.8.1953.
239 StaHH, 614-3/9, 12, Reisebericht über den Besuch der »Grünen Woche« vom 25.–27.1.52 in Berlin, 28.1.1952.

gangsbereich zu den Ausstellungshallen erwogen. Die Gesamtleitung nahm dann aber Abstand von dem Vorhaben einer umfangreichen Sonderschau, »da hier einem Teil des europäischen Gartenbaues ein zu großer Raum zur Verfügung stehen würde und [...] durch diese Tatsache der politischen Seite dieses Themas ein unangemessenes Gewicht gegeben würde, zumal bei der Internationalen Gartenbau-Ausstellung politische Gesichtspunkte nicht berücksichtigt werden dürfen«.[240] Stattdessen sollten bei den Schauen über den deutschen Gartenbau auch derjenige der DDR und der östlichen Gebiete genannt und in einer ergänzenden Übersichtsschau die Entwicklungen in Ostdeutschland gezeigt werden. Außerdem wurde die Idee verfolgt, das Motto »Denkt an den deutschen Osten!« in der Halle der Nationen zu exponieren.[241] Für die kleinere Übersichtsschau baute das Hamburger Architekturbüro Sprotte & Neve einen reduziert und modern wirkenden Pavillon, bestehend aus einer Überdachung und einem Turm für zwei »Freiheitsglocken« aus Schlesien und Ostpreußen.[242] Die Inhalte der Text-Bild-Tafeln sind nicht im Einzelnen bekannt, aber auf der Tafel im Vordergrund der Abbildung (Abb. 21, S. 116) sind die Überschrift »Die Bolschewisierung des Menschen in der sowjetischen Besatzungszone« und die Unterzeile »Deutsche Jugend in Stalins Hand« sowie zahlreiche Fotos zu erkennen. Allein die Formulierungen der Überschriften machen deutlich, dass es sich um eine wertende Ausstellung handelte. Den beiden »Freiheitsglocken« am Turm kam in der Folge eine symbolische Bedeutung zu, da sie von Kindern Heimatvertriebener in ostdeutschen Trachten jeden Sonntag und am »Tag der Heimat« im August geläutet wurden.[243] Ebenso wenig wie über die Inhalte ist etwas über die allgemeine Darstellung und Rezeption des »Pavillons des Ostens« bekannt. Im umfangreichen Ausstellungskatalog wurde die Sonderausstellung des Ministeriums für gesamtdeutsche Fragen nur erwähnt, aber nicht besonders hervorgehoben.[244] Auch in den Hamburger Tageszeitungen wurde nicht über die Tafelausstellung berichtet.

Einzig ein Artikel in der westdeutschen, kommunistischen Zeitung *Unser Tag* beschäftigte sich ausführlich mit der weitgehenden Abwesenheit der DDR auf der Gartenschau und nannte die Tafelausstellung eine »wüste Hetze gegen die Deutsche Demokratische Republik«, um »zu einem Aggressionskrieg gegen die Brüder in Ostdeutschland aufzuputschen«. Der Autor vertrat die Ansicht, dass die Gartenbauausstellung der »Verständigung der beiden Teile Deutschlands« und dem »Interzonenhandel« hätte dienen können, wenn nicht kurz vor Ende des entsprechenden Vertragsabschlusses die »Adenauer-Regierung« die Teilnahme der DDR verboten hätte. Der westdeutsche Gartenbau könne jedoch ohne die Absatzgebiete in der

240 StaHH, 614-3/9, 1, Niederschrift über die Sitzung der Gesamtleitung am 4. November 1952.
241 StaHH, 614-3/9, 1, Niederschrift über die Sitzung der Gesamtleitung, 6.1.1953.
242 Siehe die Liste der Bauten: Gesamtleitung, Handbuch, S. 57.
243 Hamburger Rundblick, in: *Hamburger Abendblatt*, 31.7.1953.
244 Bernhard Hermkes, Die Bauten auf dem Ausstellungsgelände, in: Gesamtleitung, Handbuch, S. 49-56, hier S. 54.

Deutschen Demokratischen Republik auf Dauer nicht auskommen. Zudem wurde Adenauer angeprangert, da er durch seinen politischen Kurs der Westintegration den Erzeugern des westlichen Auslandes gestatte, die westdeutschen Gärtner »auf dem eigenen deutschen Markt rücksichtslos nieder zu konkurrieren«.[245] Tatsächlich empfanden zu diesem Zeitpunkt viele der westdeutschen Gärtner die Konkurrenzsituation als bedrohlich. Die Probleme, die die Westintegration mit sich brachte, wurden auf der Gartenbauausstellung jedoch kaum thematisiert.

Die Anzahl der ostdeutschen Besucher blieb insgesamt gering. In der DDR sollte die Gartenbauausstellung nur individuell beworben und offizielle Einladungen völlig vermieden werden. Genutzt wurde hingegen der Hamburger Stand auf der »Grünen Woche« 1953, um Ostdeutsche zur Gartenbauausstellung in Hamburg einzuladen.[246] Am Ende der IGA 1953 hatte das Organisationsbüro über 1.000 Aufenthaltsgenehmigungen für ostdeutsche Besucher beantragt[247], insgesamt sollen 5.000 Gäste aus der DDR gekommen sein. Die Besuche brachen allerdings fünf Wochen vor Schließung der Gartenbauausstellung ab, als die DDR-Behörden keine Interzonenpässe mehr für den Besuch ausstellten.[248]

Anders als die Besucher des Evangelischen Kirchentages wurden die Gartenschaubesucher offenbar nicht offiziell empfangen und ihre Präsenz nicht medial hervorgehoben.[249] So wurde der prominenteste Gast aus der DDR – der Staudenzüchter Karl Foerster – nicht durch ein Senatsmitglied empfangen, wie der Autor eines kritischen Artikels in der Zeitschrift *Deutscher Kleingärtner* monierte. Ironisch spekulierte er darüber, dass Hamburgs Erster Bürgermeister angesichts der vielen internationalen Gäste und repräsentativen Ereignisse wohl keine Zeit gefunden habe, den Gast aus »Bornim, einem kleinen Dorf im märkischen Sande«, zu empfangen. Seine Empörung rührte daher, dass Foerster in den vergangenen Jahrzehnten durch seine Züchtungserfolge und gartengestalterischen Überlegungen die Grundlagen für Parks wie »Planten un Blomen« gelegt hatte.[250] Aus einem Schreiben Foersters an den Hamburger Senat vom August 1953 geht jedoch hervor, dass er mehrmals mit dem Gestalter Karl Plomin und Fritz Nobis von »Planten un Blomen« die ständige Einrichtung von Staudensichtungsgärten besprochen hatte. In dem Brief bot Foerster auch dem Senat seine Hilfe bei der Gestaltung eines solchen Gartens an.[251]

---

245 Kehrseite der Hamburger Gartenbau-Ausstellung, in: *Unser Tag,* 14.10.1953. Vgl. zum Feindbild Konrad Adenauer in der DDR und in der Bundesrepublik: Michael Lemke, Das Adenauer-Bild der SED, in: Arnd Bauerkämper / Martin Sabrow / Bernd Stöver (Hrsg.), Doppelte Zeitgeschichte. Deutschdeutsche Beziehungen 1945–1990, Bonn 1998, S. 102-112.

246 StaHH, 614-3/9, 8, Niederschrift über die Sitzung des Werbeausschusses am 19. Januar 1953.

247 »Neuer Leckerbissen«: eingemachter Kaktus … und was der Besucherdienst der Hamburger Gartenbau-Ausstellung sonst noch erlebte, in: *Kieler Nachrichten,* 7.10.1953.

248 Festlicher Ausklang der Gartenbauausstellung, in: *Flensburger Tageblatt,* 12.10.1953.

249 Zum Kirchentag in Hamburg kamen etwa 10.000 Teilnehmer mit Sonderzügen aus der DDR.

250 Blumen über Blumen grüßen in Hamburg ihren Züchter!, in: *Deutscher Kleingärtner,* 1.10.1953.

251 StaHH, 614-3/9, 1, Schreiben von Karl Foerster an die Stadt Hamburg, 4.8.1953.

Damit verfolgte er sein gesamtdeutsches Projekt von Schau- und Sichtungsgärten, um die »Weltfortschritte des Gartenbaus aus ganz Deutschland und aus allen Haupt-Gartenländern der Erde [zu] sammeln und alljährlich um die neuesten Ergebnisse [zu] bereichern«. Diese ständigen »Gemeinschaftsgärten« sah er als Ergänzung zu den »flüchtigen Gartenbau-Ausstellungen«, um dem Studium des Wachstums in unterschiedlichen Klimazonen und bei unterschiedlichen Bodenverhältnissen zu dienen.[252] Die Gesamtleitung der Gartenbauausstellung nahm Foersters Anregungen zur Kenntnis, konnte jedoch nicht über eine Verstetigung der Schaugärten entscheiden.[253] Für die IGA 1963 entstand dann aber tatsächlich der »Karl-Foerster-Garten«, für den der Staudengärtner selbst besondere Pflanzen ausgewählt habe, wie der Ausstellungskatalog versicherte.[254]

Landschaft und Kunst. Der Alsterpark und die Ausstellung »Plastik im Freien«

Auf westdeutschen Gartenbauausstellungen genossen Kunstwerke – meist plastische Arbeiten – große Beachtung. So waren auch im Freiraum der Bundesgartenschau 1951 in Hannover Kunstwerke gezeigt worden. Auf der IGA 1953 wurde mit »Plastik im Freien« ein Querschnitt der Moderne im neu gestalteten Alstervorland präsentiert.[255] Die erste »documenta«, zunächst als Bestandteil der Bundesgartenschau in Kassel 1955 geplant, überragte mit 570 Werken der Klassischen Moderne von 148 Künstlern die Hamburger Kunstausstellung bei Weitem. Diese große Kunstausstellung wurde als bedeutende Repräsentation gewertet, die der noch jungen Bundesrepublik kulturelle Identität verlieh.[256]

Legt man in erster Linie die Besucherzahlen von »Plastik im Freien« zugrunde, war die Schau eher ein Nebenschauplatz der Gartenbauausstellung.[257] Die genauere Betrachtung lohnt sich jedoch, weil die zeitgenössischen Diskussionen um die Ausstellung Aufschluss über den Zeitgeist geben und der Park bis heute als nachhaltiger Zugewinn gilt. Mit dem Alsterpark wurde ein Vorhaben realisiert, das seit dem

---

252 Vgl. Karl Foerster, Schau- und Sichtungsgärten, in: Mattern, Wohnlandschaft, S. 107-115, hier S. 107 ff.

253 StaHH, 614-3/9, 1, Niederschrift über die Sitzung der Gesamtleitung, 18.8.1953.

254 Gesamtleitung der Internationalen Gartenbau-Ausstellung Hamburg 1963 (Hrsg.), Katalog Internationale Gartenbau-Ausstellung Hamburg 1963, Hamburg 1963, S. 134.

255 Der Titel war eine Reminiszenz an eine Publikation des ehemaligen Baudirektors Fritz Schumacher, in der er Kunstwerke im öffentlichen Raum in leicht verständlicher Sprache dargestellt hatte. Dieses wurde Schulabgängern überreicht, siehe Oberschulbehörde (Hrsg.), Plastik im Freien. Versuche im Betrachten von Kunstwerken, Hamburg 1928.

256 Martin Schieder, Die documenta I (1955), in: Etienne François / Hagen Schulze (Hrsg.), Deutsche Erinnerungsorte, Band 2, München 2001, S. 637-651, hier S. 638.

257 Im Mai und Juni sollen 31.000 Besucher die Ausstellung besucht haben. Ab August wurde einmal monatlich ein eintrittsgeldfreier Tag angeboten, siehe Interesse für Freiplastiken steigt, in: *Hamburger Abendblatt*, 16.7.1953.

19. Jahrhundert immer wieder zur Debatte gestanden hatte. Da der ehemalige Klostergrund zu Beginn des 19. Jahrhunderts parzelliert worden war und die entstandenen Gärten in den Besitz der großbürgerlichen Anwohner jenseits des Harvestehuder Weges gelangt waren, existierte bis 1953 kein öffentlicher Zugang zum Alstervorland. Alfred Lichtwark, Leiter der Hamburger Kunsthalle, hatte 1910 Vorschläge begrüßt, die Grundstücke in den Staatsbesitz zu übernehmen und als Park zugänglich zu machen. Sein gestalterisches Szenario ließ die Assoziation an eine Wiesenlandschaft zu. Letztlich fand es keine Umsetzung.[258] 1933 wurde die Debatte um das Areal wiederbelebt, als einige Häuser am Harvestehuder Weg und die dazugehörigen Grundstücke an der Alster – darunter einige von emigrierten jüdischen Besitzern – in den Besitz der Stadt gelangten. Ein radikaler Vorschlag des Architekten Hans Ludwig, der jedoch nicht realisiert wurde, sah vor, die Ufergärten zu öffnen, den Harvestehuder Weg aufzulösen, die Vorgärten in das gewonnene Parkgelände zu integrieren und die Villen abzureißen.[259] Neue Ideen für das Alstervorland kamen auch nach den Luftangriffen auf Hamburg 1943 und anlässlich des von Konstanty Gutschow, dem Leiter des »Amtes für kriegswichtigen Einsatz«, ausgearbeiteten Generalbebauungsplans für Hamburg auf. Der Architekt Werner Kallmorgen schlug in einem Gespräch, zu dem Gutschow im Januar 1944 Architekten und Landschaftsarchitekten eingeladen hatte, die Renaturierung vor: »Die Außenalster muß den Charakter eines holsteinischen Sees mit Wiesen und Parks im Osten und Buchenwald am westlichen Steilhang zum Mittelweg wiederherstellen.«[260]

Da nach dem Zweiten Weltkrieg 10 der insgesamt 14,5 Hektar in städtischem Besitz und die übrigen Gärten verwildert waren, rückte die Möglichkeit einer öffentlichen Nutzung nun in greifbare Nähe. 1951 wurden die letzten privaten Eigentümer enteignet, sodass sich ein zusammenhängendes Areal von der Lombards- bis zur Krugkoppelbrücke ergab. Der mit der Gestaltung beauftragte Gartenarchitekt Gustav Lüttge, der zum Kreis um Gutschow gezählt hatte, wollte einen offenen Landschaftsraum mit weiten Wiesenflächen schaffen. Darin gliederte er für die Ausstellung »Plastik im Freien« eine Rasenfläche mit alten Bäumen durch niedrige Steinmauern.[261] Zur selben Zeit war Lüttge mit der landschaftsarchitektonischen Gestaltung der Siedlung Hohnerkamp im Norden Hamburgs beschäftigt, 1957 dann an der Internationalen Bauausstellung in West-Berlin beteiligt.[262]

Das Motiv der Wiesenlandschaft griff auch die Chefredakteurin von *Garten und Landschaft,* Gerda Gollwitzer, in ihrer Besprechung des Alsterparks auf und resümierte, es sei eine »echt hamburgische Ausstellung« gewesen: »Sie atmete die Ruhe,

258 Alfred Lichtwark, Das Vorland von Harvestehude, in: Jahrbuch der Gesellschaft Hamburgischer Kunstfreunde, 1910, abgedruckt in: Hesse, »Was nützet mir«, S. 98.
259 Nach Hesse, Lichtblick, S. 155.
260 Durth / Gutschow, Bauausstellungen, Band II, S. 621 f.
261 Vgl. Hesse, Lichtblick, S. 156 ff.
262 Ebd., S. 151.

Abb. 24 Der neu angelegte Alsterpark mit dem Kunstwerk »Rhythmus im Raum« von Max Bill
im Rahmen der Ausstellung »Plastik im Freien« auf der IGA Hamburg, 1953.

Weite und Großzügigkeit des niederdeutschen Landes, seiner weiten Baumräume, seiner grünen Wiesenflächen, seiner belebenden Gewässer.«[263] Dass die Kunst mehr Aufmerksamkeit bekomme als die landschaftliche Gestaltung, führte Gollwitzer darauf zurück, dass sich die gärtnerische Gestaltung wie selbstverständlich in die Landschaft einfüge.[264]

Wurde der neue Park begrüßt, so waren die Reaktionen auf die Freiluftausstellung zeitgenössischer Kunst deutlich gemischter.[265] Zehn Wochen nach Eröffnung berichtete das *Hamburger Abendblatt*, das Publikum habe bisher »mit Begeisterung, mit Kopfschütteln erregt diskutiert – auch mit Ablehnung« reagiert.[266]

Die kunstpädagogisch motivierte Schau, die maßgeblich von dem Direktor der Hamburger Kunsthalle, Carl Georg Heise, und dem Dozenten der HfbK, Werner Haftmann, zusammengestellt worden war, umfasste einen Querschnitt von Werken der aktuellen europäischen und deutschen Bildhauerei. Dem vorbereitenden Kunstausschuss gehörten außerdem die Hamburger Künstler Edwin Scharff und Hans Ruwoldt sowie der Direktor des Museums für Kunst und Gewerbe, Erich Meyer, und Gustav Lüttge an.

Mit Carl Georg Heise und Werner Haftmann waren zwei bedeutende Kunsthistoriker an der Realisierung von »Plastik im Freien« beteiligt, die sich besonders für die Kunst der Moderne engagierten. Heise, der sich schon in den zwanziger Jahren als Direktor des St. Annen-Museums in Lübeck für moderne Kunst eingesetzt und Kunstwerke im öffentlichen Raum gezeigt hatte, war 1933 von den Nationalsozialisten entlassen worden.[267] Als er 1946 zum Direktor der Hamburger Kunsthalle berufen wurde, konnte er die Politik seines Vorgängers Gustav Pauli fortsetzen, der bis zu seiner Entlassung 1933 ebenfalls eine Sammlung der Moderne in der Kunsthalle angelegt hatte. Werner Haftmann, der Dozent an der Hamburger HfbK war und später die künstlerische Oberleitung für die »documenta« 1955 in Kassel übernahm, setzte sich überhaupt als einer der profiliertesten Kunsthistoriker im 20. Jahrhundert für die Kunst der Moderne und die Rehabilitierung der im »Dritten Reich« verfemten Kunst ein.[268]

Carl Georg Heise kommentierte die Auswahl der Plastiken: Es sei »bewußt abgesehen worden von modischen Experimenten, alle ausstellenden Künstler haben

---

263 Gerda Gollwitzer, Plastik im Freien. Ausstellung deutscher und ausländischer Bildwerke in Hamburg 1953, in: *Garten und Landschaft* 63 (1953) 10, S. 5-6.
264 Ebd., S. 5.
265 Vgl. Volker Plagemann (Hrsg.), Kunst im öffentlichen Raum. Führer durch die Stadt Hamburg, Hamburg 1997, S. 108-115.
266 Interesse für Freiplastiken steigt. Zwei Führungen in der Woche – Einmal freier Eintritt im Monat, in: *Hamburger Abendblatt*, 16.7.1953.
267 Heise, Plastik im Freien, S. 5.
268 So veröffentlichte er bereits 1954 sein ausführliches Standardwerk zur modernen Malerei – vom Impressionismus bis zur Nachkriegszeit –, das in mehreren Auflagen erschien: Werner Haftmann, Malerei im 20. Jahrhundert, München 1954.

Rang und Ruf über ihre engere Heimat hinaus«. Er wollte keine Kunstwerke zeigen, die für den speziellen Raum geschaffen worden waren, sondern Besuchern die Möglichkeit geben, das Spannungsverhältnis von Kunst und Natur zu erleben.[269] Um die Entwicklung der modernen Kunst zu vermitteln, wurden Plastiken aus der zweiten Hälfte des 19. Jahrhunderts neben Werken der Nachkriegszeit gezeigt. Unter den älteren befanden sich »Ein Bürger von Calais« (um 1885) und »Johannes der Täufer« (1878–1880) von Auguste Rodin, dem Begründer der modernen Skulptur. Mit »Singender Klosterschüler« von Ernst Barlach und »Der Gestürzte« von Wilhelm Lehmbruck waren auch Werke von deutschen Bildhauern vertreten, deren Kunst zur Zeit des Nationalsozialismus als »entartet« gegolten hatte. Jüngere, oft abstrakte Kunstwerke stammten von Jean Arp, Max Bill, Alexander Calder, Alberto Giacometti, Julio Gonzalez und Henry Moore.[270]

Obwohl sich der Kunstausschuss für »Plastik im Freien« bei der Auswahl gegen »modische Experimente« entschieden hatte, rechnete Heise wohl mit dem Unverständnis des Publikums und warb deshalb um Offenheit: »Sie [die Ausstellung] möchte zeigen, was in den künstlerisch führenden Ländern Europas heute geleistet wird, doch Manches erscheint uns nur deswegen als neu oder gar befremdlich, weil wir jahrzehntelang von der außerdeutschen Entwicklung abgeschnitten waren.«[271]

Die ausgestellten Werke konnten auch als Gegenentwurf zu den auf der »Niederdeutschen Gartenschau« ausgestellten Kunstwerken gelten. Dort waren unter anderem plastische Darstellungen wie »Zwei sitzende Mädchen« von Klaus Hartung und ein mit einem Fisch spielender Knabe von Richard Bauroth – beide Hamburger Bildhauer – gezeigt worden. Neben dem volkstümlich wirkenden Park »Planten un Blomen« mit gastronomischen Einrichtungen und Vergnügungsangeboten bot der Alsterpark eher ein Bild der Kontemplation und Bildung und war eine intellektuelle Herausforderung für diejenigen, deren Sehgewohnheiten durch die NS-Kunstauffassung geprägt war. Hier klang bereits an, was dann auch 1955 auf der »documenta« in Kassel zum Tragen kommen sollte: Durch ein neues Kunstverständnis und eine neuartige Präsentationsform sollte der Gegensatz zum Nationalsozialismus verdeutlicht und dessen Überwindung symbolisiert werden.[272]

Internationale Verbindungen

Beide Akteure der Gartenbauausstellung – die Freie und Hansestadt Hamburg und der Zentralverband – teilten das Interesse an internationalen Verbindungen und präsentierten die Gartenschau als positives Zeichen der Völkerverständigung. Für den

---

269 Haftmann, Einleitung, in: Plastik, S. 3-6, hier S. 6.
270 Siehe das Verzeichnis und entsprechende Abbildungen in: Carl Georg Heise (Hrsg.), Plastik im Freien, Hamburg 1953.
271 Carl Georg Heise, Ausstellung »Plastik im Freien«, in: Gesamtleitung, Handbuch, S. 71-72, hier S. 71.
272 Vgl. Schieder, documenta I, S. 643 f.

internationalen Rahmen sorgten diverse international besetzte Gremien mit beratender Funktion wie ein Ehrenpräsidium, ein Ehrenkomitee, ein Exekutivkomitee und ein Ehrenausschuss.[273]

Dem entgegen standen die auf die Produzenten in der Bundesrepublik bedrohlich wirkenden Entwicklungen, die durch den Rückbau der Anbauflächen und Produktion und Einfuhren aus dem Ausland geprägt waren. Während Repräsentanten des Zentralverbandes in Reden und im Ausstellungskatalog die internationale Zusammenarbeit propagierten, wurde auf dem deutschen Gartenbautag zum Abschluss der Gartenbauausstellung aber auch Kritik an der Agrarpolitik laut. Nicht zuletzt wegen der Einfuhren von Südfrüchten sei der Verbrauch von heimischem Obst zurückgegangen. Da auch die Anbauflächen von Gemüse um mehr als die Hälfte geschrumpft waren, wurden daher Einfuhrkontingente gefordert.[274] So hatte eine Woche vor Eröffnung der Internationalen Gartenbauausstellung das *Zentralblatt für den deutschen Erwerbsgartenbau* von dem geringen Pro-Kopf-Einkommen in der Landwirtschaft und der Bedrohung durch Einfuhren aus dem Ausland berichtet, die die deutschen Produzenten von Obst und Gemüse bedrängten. Als Grundproblem wurde benannt, dass die Bundesrepublik Industrieerzeugnisse ins Ausland verkaufe und im Gegenzug landwirtschaftliche Produkte einführe.[275] Nachdem der Hamburger Senat zunächst eine Bundesgartenschau geplant hatte, erkannten der Zentralverband des Deutschen Gemüse-, Obst- und Gartenbaues und der AIPH 1951 Hamburg als angemessenen Austragungsort für eine internationale Ausstellung. Mit dem internationalen Anspruch verbanden sich Intentionen auf mehreren Ebenen. Auf fachlicher Ebene sollte sie den bundesdeutschen Gartenbau dabei unterstützen, sich in die westeuropäische Gartenbauwirtschaft zu integrieren, wie sich der Vorsitzende des Zentralverbandes, Ernst Schröder, programmatisch im Geleitwort zum Katalog äußerte: »Angesichts der Tatsache, daß die Gärtnervölker jenseits der Grenze ihre Leistungsfähigkeit in den letzten Jahrzehnten gewaltig steigern konnten, während unsere Betriebe unter den Kriegs- und Nachkriegsverhältnissen erheblich gelitten hatten, gehörte zu diesem Entschluß nicht nur der Glaube an das eigene Können, sondern vor allem die Zuversicht, dass wir in ein vereintes Europa hineinwachsen.«[276]

Hamburg wollte sich mit der Gartenbauausstellung aber auch als »Tor zur Welt« und angemessener Gastgeber für eine internationale Ausstellung präsentieren. Mit ihren Beschreibungen bestätigte Gerda Gollwitzer diese Selbstwahrnehmung und -darstellung der Hamburger nahezu perfekt: »Wenn man dann die Etiketten las und neben den vielen deutschen Züchtungen Orchideen aus England und Hawaii fand, Primeln aus der Schweiz und Grünpflanzen aus den USA, so spürte man ebenso wie

---

273 Gesamtleitung, Handbuch, S. 6 f.

274 Festlicher Ausklang der Gartenbauausstellung, in: *Flensburger Tageblatt*, 12.10.1953.

275 Gartenbau und deutsche Agrarpolitik, in: *Zentralblatt für den deutschen Erwerbsgartenbau*, 23.4.1953.

276 Ernst Schröder, Geleitwort, in: Gesamtleitung, Handbuch, S. 35.

im Hafen beim Anblick der Ozeanriesen aus allen Erdteilen, dass Hamburgs stolzer Name ›Tor zur Welt‹ nicht nur eine dekorative Floskel ist, sondern wieder beglückende Wirklichkeit.«[277]

Max Brauer wollte die Ausstellung nutzen, um Hamburgs Bekanntheitsgrad zu steigern und vom Tourismus zu profitieren. Im September 1952 lud daher die Gesamtleitung der Internationalen Gartenbauausstellung Repräsentanten des Hotel- und Gaststättengewerbes zu einer Informationsveranstaltung ein, auf der der »Fremdenverkehr« als neuer bedeutender Bereich für Hamburg neben den traditionellen Sektoren Hafen, Handel und Industrie herausgestellt wurde. Die Gartenbauausstellung und ergänzende Kongresse im Jahr 1953 sollten den internationalen Tourismus anziehen und stärken, um die wirtschaftlichen Einbußen durch den »Hinterlandverlust« zu kompensieren.[278] In den folgenden Jahren wollten auch die Fremdenverkehrs- und Kongress-Zentrale und der Landesverband des Gaststätten- und Hotelgewerbes den Tourismus in Hamburg weiter ausbauen. Potenziale wurden in dem Nord-Süd-Durchreiseverkehr, in Hamburgs Funktion als Knotenpunkt für den Schiffs- und Luftreiseverkehr sowie im Ausstellungs- und Kongresswesen gesehen.[279] In den fünfziger Jahren stiegen die Übernachtungszahlen in Hamburg dann auch kontinuierlich. Ein qualitativer Sprung war dabei 1953 jedoch nicht zu verzeichnen. Der Vorkriegsstand von 1938 wurde erst 1955 wieder annähernd erreicht.[280]

Den Bemühungen um die Gartenbauausstellung als Veranstaltung mit internationaler Strahlkraft stand jedoch die ungenügende Werbung im Ausland entgegen. So bemängelte der Direktor der Staatlichen Pressestelle, Erich Lüth, im Herbst 1952 die laufenden Werbemaßnahmen als zu provinziell, um Hamburg und Deutschland im Ausland adäquat zu präsentieren. Daher schlug er vor, in den Werbeausschuss zwei oder drei Mitarbeiter von internationalem Format einzusetzen, »denn dieser Ausschuß muss mehr sein als ein Hamburger Bürgerverein«.[281] Noch einmal insistierte Lüth Anfang 1953 und schlug vor, die IGA mit dem Slogan »Hamburg steht Kopf« zu bewerben, da die Umbaumaßnahmen tiefe Einschnitte für das öffentliche Leben der Hansestadt mit sich brächten.[282] Einige Politiker, denen dieser Slogan zu salopp

---

277 Gerda Gollwitzer, Die Internationale Gartenbau-Ausstellung Hamburg 1953 ist eröffnet, in: *Garten und Landschaft* 63 (1953) 5, S. 7-13, hier S. 7.

278 »Mit Blumen gegen den eisernen Vorhang«. Hamburg entdeckt den Fremdenverkehr, in: *Deutsche Hotel-Nachrichten*, 30.9.1952.

279 Vgl. Sonja Grünen, Touristenmetropole Hamburg. Die Entwicklung des Hamburger Städtetourismus, des Hamburg-Images und der touristischen Werbebilder in den Jahren 1955 bis 1975, in: Amenda / dies., »Tor zur Welt«, S. 101-157, hier S. 113.

280 1951 wurden 1.452.353 Übernachtungen registriert, 1952 waren es 1.594.021 und 1953 dann 1.772.764, vgl. Statistisches Landesamt Hamburg (Hrsg.), Statistisches Jahrbuch 1953/54, Hamburg 1954, S. 258. 1954 stiegen die Übernachtungszahlen auf 1.869.092, 1955 auf 2.066.897, vgl. Statistisches Landesamt Hamburg (Hrsg.) Statistisches Jahrbuch 1956, Hamburg 1956, S. 198.

281 StaHH, 614-3/9, 8, Erich Lüth: Schreiben wegen der Werbemaßnahmen, 18.10.1952.

282 StaHH, 614-3/9, 8, Erich Lüth: Hamburg steht Kopf, 6.1.1953.

erschien, wollten Hamburg jedoch konventionell bewerben. Werbeprospekte über die Gartenbauausstellung und Hamburg, illustriert mit Zeichnungen von Sehenswürdigkeiten und neuen Bauwerken, ordnen sich in die Werbeästhetik der fünfziger Jahre ein. Allgemein wurde in den fünfziger Jahren mit dem Hafen und Hafenrundfahrten, Kunst, Kultur und Grünanlagen geworben.[283] Lüths Warnungen und Ratschläge hatten offensichlich nicht geholfen, da er im Juni 1953 feststellte, die Internationale Gartenschau sei zu einer »deutschen Bezirksmesse« geworden und die Zahl der Übernachtungsgäste bleibe hinter den Erwartungen zurück. Die fehlende Resonanz führte er darauf zurück, dass sich in- und ausländische Reisebüros aufgrund fehlenden Werbematerials nicht für die Veranstaltung hätten einsetzen können.[284] (vgl. Farbabb. 25, S. 45)

Auch wenn die Zahlen der ausländischen Besucher hinter den Hoffnungen zurückblieben, wurde die Ausstellung abschließend als Erfolg betrachtet und sogleich eine erneute Gartenbauausstellung für 1963 in Erwägung gezogen.

Auf der Suche. Neuanfänge in Erfurt und Hamburg

Allgemein lassen sich Relevanz und Interesse der Veranstalter und des Publikums an Gartenbauausstellungen nach dem Zweiten Weltkrieg aus der Mangelsituation herleiten. Die deutsche Bevölkerung einte in allen Besatzungszonen die Erfahrung der Lebensmittelknappheit und der Zerstörung der Städte und Landschaft. Beide Staaten standen vor der Aufgabe, der jeweiligen Gesellschaft eine Zukunftsvision zu bieten. Gartenbauausstellungen dienten als Fachausstellungen dazu, die Handelskontakte zwischen Gärtnern, Züchtern und Händlern zu stärken und effiziente Produktionsmethoden, Neuzüchtungen und Gartentechnik vorzustellen. Außerdem besaßen sie das Potenzial, eine künftig ausreichende Versorgung mit Obst und Gemüse sowie mit Zierpflanzen in Aussicht zu stellen.

In beiden Städten waren die Bürgermeister wichtige Initiatoren für die Ausstellungen. In Hamburg trat Max Brauer vor und während der Gartenschau besonders als Botschafter für städtebauliche Maßnahmen auf. Als Sozialdemokrat, der sozialpolitische Erfolge aus der Zeit der Weimarer Republik vorzuweisen hatte, und Remigrant, der zehn Jahre in den USA gelebt hatte, konnte Max Brauer glaubhaft Frieden gegenüber dem Ausland propagieren und für die europäische Integration eintreten. Die Gartenschau wurde so auch als persönliches Verdienst Brauers betrachtet, der seit 1946 den Wiederaufbau und die Herstellung der Normalität als Beitrag zum Aufbau der Demokratie gesehen hatte.

---

283 Zur Hamburg-Darstellung in Werbeprospekten in den fünfziger Jahren vgl. Grünen, Touristenmetropole, S. 132.
284 StaHH, 614-3/9, 8, Erich Lüth: Werbemaßnahmen, 22.6.1953.

Erfurts Oberbürgermeister Georg Boock – zunächst ebenfalls Sozialdemokrat und ab 1946 Mitglied der SED – verfolgte seit Ende der vierziger Jahre bis zu seinem Tod kurz vor Eröffnung der iga 1961 den Plan, Erfurts Tradition als »Blumenstadt« zu stärken. »Erfurt blüht« hatte er sich zunächst als gesamtdeutsche Veranstaltung erhofft. Die »Samenexportschau« und die anderen Veranstaltungen des Jahres 1955 zeigten zumindest Bemühungen für Handelsgeschäfte mit dem Westen.

Neben diesen Parallelen unterschieden sich die Ausstellungen in Erfurt und Hamburg jedoch hinsichtlich der organisatorischen Bedingungen, Intentionen und ihrer unterschiedlichen Strahlkraft. Wie der Name »Internationale Gartenbauausstellung« impliziert, wurde die Hamburger Ausstellung mit einer Schaufensterfunktion nach Westeuropa, Skandinavien und in die USA verbunden. Hamburg beanspruchte innerhalb der Bundesrepublik solche Kontakte mit der Argumentation, dass es als Handels- und Industriezentrum wieder Beziehungen zur Weltwirtschaft brauche, die durch den Zweiten Weltkrieg und durch den Verlust des »Hinterlandes« jenseits der deutsch-deutschen Grenze verloren gegangen waren. Durch die Grenzlage sei Hamburg vor eine schwierige Situation gestellt, wie Max Brauer im Haushaltsplan für 1953 seine Hoffnung auf die Gartenbauausstellung hervorhob.[285] Die »Olympiade der Gärtner« diente dazu, dass sich alle beteiligten Nationen »in der Sprache der Blumen aller Kontinente und Regionen« wieder annähern sollten.[286] Die Ausstellung war gleichzeitig Werbung für Hamburg, die Bundesrepublik und Europa: »Es ist der Wunsch Hamburgs, durch die Ausstellung im kommenden Jahr zum Aufbau und Ansehen Deutschlands beizutragen und mitzuhelfen, das Werk eines friedlichen Europas und einer friedlichen Welt zu fördern.«[287] Verglichen mit der Bedeutung internationaler Aussteller, geriet die DDR hingegen zu einer Randerscheinung.

Hamburg erhielt durch die Internationale Gartenbauausstellung 1953 neue Messehallen und ein Ausstellungsgelände. Die Erfolge führten dazu, dass schon 1953 Überlegungen für eine Wiederholung der Gartenschau zehn Jahre später einsetzten. Die Gartenbauausstellung ließ sich in ihrer internationalen Ausrichtung ideal mit dem Image Hamburgs als »Tor zur Welt« verknüpfen. Da Hamburgs Charakter als Hafen- und Handelsstadt aber nicht allein für ein Tourismus förderndes Image ausreichte, waren die auf der Gartenschau vermittelten Themen des städtebaulichen Wiederaufbaus und der Kultur notwendig. In Reden und Publikationen zeigten sich der Hamburger Senat und der Bürgermeister zuversichtlich, angesichts der gelungenen Wiederaufbauleistungen die bevorstehenden Bürgerschaftswahlen im Novem-

---

285 Max Brauer, Hamburg. Großstadt der Zukunft. Rede zum Haushaltsplan für das Jahr 1953 von Bürgermeister Max Brauer, Hamburg, 1953, S. 5.
286 Zitiert nach: Erich Lüth / Günther Helm, So schön ist Hamburg. Die grüne Stadt. Landschaft, Parks und Tierwelt, Hamburg 1981, S. 11.
287 StaHH, 614-3/9, 3, Max Brauer, Schreiben an Bundeskanzler Adenauer, 21.10.1952.

ber 1953 gewinnen zu können.[288] Die Hoffnungen schlugen sich jedoch nicht im Ergebnis der Wahlen nieder, denn die SPD-Regierung wurde durch den »Hamburg-Block« aus CDU, FDP und DP ersetzt.[289]

Mit »Erfurt blüht« und der »Samenexportschau« bemühte sich Erfurt um ein Anknüpfen an die wirtschaftliche und kulturelle Tradition als »Blumenstadt Erfurt« vor dem Zweiten Weltkrieg und die Neuausrichtung im Zeichen des sozialistischen Gesellschaftssystems. Trotz politischer Widerstände und finanzieller Engpässe konnte Erfurt am Ende der zehnwöchigen Schau vom 7. Juli bis 17. September 1950 eine positive Bilanz ziehen: Obwohl nur 1,5 Millionen Mark für die Gestaltung des Geländes zur Verfügung gestanden hatten, war es gelungen, 551.000 Besucher anzuziehen. Mit der Ausstellung, die auch überregionales Interesse hervorrief und in der Bundesrepublik wahrgenommen wurde, waren die Grundlagen für den Ausbau des Erfurter Ausstellungswesens geschaffen. Der Rat der Stadt Erfurt entschied, das Ausstellungsgelände als »Dauer-, Lehr- und Blumenschau« zu verstetigen. In den folgenden Jahren wurde der Ausbau zum »Kulturpark« durch die Bevölkerung der DDR im »Nationalen Aufbauwerk« realisiert.[290] Wie Landwirtschaftsminister Reichelt in seiner Eröffnungsrede 1955 ankündigte, wollte die DDR mit der »Samenexportschau« und den Beteiligungen an den »Genter Floralien« und der Bundesgartenschau in Kassel beweisen, dass sie wettbewerbsfähig war. Da die Bundesrepublik 1955 ihre nationalstaatliche Souveränität erhielt, mussten die auf der »Samenexportschau« abgelegten Bekenntnisse der DDR zur deutschen Einheit zumindest westdeutschen Besuchern als wenig realistisch erscheinen.

Beide Erfurter Ausstellungen wurden später rückwirkend als Grundlage für eine internationale Gartenbauausstellung betrachtet. Da Veranstalter und Politik die »Samenexportschau« als Erfolg bewerteten, wollten sie fortan vergleichbare Ausstellungen im dreijährigen Rhythmus ausrichten.[291] Eine Nachfolgeveranstaltung kam 1958 jedoch noch nicht zustande. Stattdessen wurde 1957 die »Erste Internationale Gartenbauausstellung der sozialistischen Länder« beschlossen, um den Zwischenstand der Landwirtschaft in der östlichen Hemisphäre zu demonstrieren.

Das Hamburger Parkgelände, das im Zweiten Weltkrieg zum Teil durch Bomben zerstört worden war, wurde für die erste IGA 1953 wiederhergestellt und neu gestaltet. Der leitende Gartenarchitekt von 1935, Karl Plomin, sorgte für die personelle

---

288 Um den möglichen Vorwurf, die SPD wolle die Gartenschau zur »politischen Agitation« nutzen, von vornherein zu entkräften, schlug Senatssyndikus Harder vor, Vertreter der CDU und FDP in die beratenden Gremien aufzunehmen.

289 Axel Schildt, Max Brauer, Hamburg 2002, S. 102.

290 Willibald Gutsche, Zur Geschichte der Cyriaksburg. Aus der Vergangenheit des Geländes der IGA, in: Aus der Vergangenheit der Stadt Erfurt, Band 3, Heft 3 (1961), Sonderheft zur iga 1961, S. 89-95, hier S. 93.

291 ThHStAW, Bezirkstag und Rat des Bezirks Erfurt, Vs/St 49, Bericht über die »Samenexportschau« und Gartenbauausstellung der DDR in Erfurt, 1955.

und gestalterische Kontinuität. Die Vergangenheit von »Planten un Blomen« als propagandistische Ausstellung des NS-Regimes wurde hingegen beschwiegen. Die Distanz zur nationalsozialistischen Vergangenheit wurde durch ästhetische Trends wie das Ausstellungsgebäude im Stil der skandinavischen Moderne und durch die Schau »Plastik im Freien« manifestiert. Kunst, Architektur und Gestaltung bildeten das Feld, auf dem die Abgrenzung zur NS-Vergangenheit am deutlichsten demonstriert wurde. Sie bildeten gleichzeitig Elemente einer neu entstehenden kulturellen Identität.[292] Diese Praxis war nicht ungewöhnlich, sondern fügte sich in die Entwicklung der folgenden Jahre ein, in der die »documenta« 1955 in Kassel, die Interbau 1957 in Berlin und der bundesdeutsche Auftritt auf der Weltausstellung 1958 in Brüssel wichtige Schritte sein sollten.

In Erfurt waren zunächst westdeutsche Garten- und Landschaftsarchitekten für eine Beteiligung in Erwägung gezogen worden, schließlich fiel die Wahl aber auf Walter Funcke, der sich als geeigneter Unterstützer erwies, da er seinen persönlichen Ehrgeiz und seine politischen Überzeugungen einbrachte, um das durchaus umstrittene Projekt durchzuführen.

In der DDR wurde die Abgrenzung von früheren Gartenbauausstellungen und denen in den nicht sozialistischen Ländern deutlicher auf rhetorischer Ebene betrieben. In der ostdeutschen Vorstellung – wie in der Dissertation von Helmut Lichey von 1960 – waren die west- und ostdeutschen Gartenbauausstellungen »sichtbare Beweise unterschiedlicher Auffassungen zweier weltanschaulich getrennter Systeme und dien[t]en damit der gesellschaftlichen Aufklärung«.[293] Um die genossenschaftliche Arbeitsweise im neuen sozialistischen System durchzusetzen, sollten die Gartenschauen als »Lehrschauen« die Beschäftigten in diesem Sektor und die Bevölkerung über neue Produktionsformen informieren. Die frühen Gartenbauausstellungen in der DDR zwischen 1946 und 1956 seien »in ihrer methodischen Ausbildung als Übergangserscheinungen« zu betrachten.[294]

Direkte Vergleiche der Gartenschauen in Erfurt und Hamburg kamen nicht vor, da sie nicht zur selben Zeit stattfanden und es keine direkten Berührungspunkte gab. Hingegen wurden 1950 die Gartenschauen in Erfurt und Stuttgart und 1955 die in Erfurt und Kassel miteinander verglichen. Westdeutsche Besucher wie der Landschaftsarchitekt Wilhelm Hübotter würdigten an »Erfurt blüht«, dass mit wenigen materiellen Mitteln eine wissenschaftlich orientierte Schau geschaffen worden war. Diese wurde als Gegenmodell zu früheren Gartenschauen verstanden, da sie nicht in erster Linie Konsumbedürfnisse ansprach. Zu diesem Zeitpunkt wurde mit Idealis-

---

292 Vgl. zu den Debatten im Deutschen Werkbund über Tradition und Moderne in Architektur und Städtebau: Christopher Oesterreich, »Gute Form« im Wiederaufbau. Zur Geschichte der Produktgestaltung in Westdeutschland nach 1945, Berlin 2000, S. 107 ff.

293 Lichey, Vergleichende Untersuchung, S. 5.

294 Ebd., S. 90.

mus das neue gesellschaftliche System vorgestellt, zugleich wurden aber auch Musterhäuser, Blumenschauen und ein Spielplatz erstellt, mit denen das familienorientierte Publikum angesprochen werden sollte.

Die Hamburger Gartenbauausstellung verband Zugänge zur Natur mit der Wiederherstellung städtischer Identität. Außerdem konnten sich Hausbesitzer und Kleingärtner Anregungen für ihre Gärten holen. Nachdem in der Kriegs- und Nachkriegszeit private Gärten auf Nutzpflanzen reduziert worden waren, musste diese Pflanzenfülle – darunter exotische Pflanzen – eindrucksvoll auf die Besucher wirken, denen die Kriegserfahrungen noch präsent waren, und ausländischen Besuchern erste Eindrücke von einer sich konsolidierenden Wirtschaft und Gesellschaft vermitteln.

Persönliche Kontakte über die deutsch-deutsche Grenze hinweg blieben in den fünfziger Jahren möglich, auch wenn sie durch Reisevorschriften erschwert waren. Einzelne Garten- und Landschaftsarchitekten, die sich teilweise seit ihrer Ausbildung in den zwanziger Jahren kannten, standen miteinander im Austausch. Handelsbeziehungen wurden auf Gartenschauen aufgefrischt. Ostdeutsche Gartenschauen dienten als Treffpunkte für Familien, die durch die deutsch-deutsche Grenze getrennt waren. Gegenbesuche auf der IGA 1953 in Hamburg kamen jedoch aufgrund von rigiden Reisevorschriften seltener zustande. Trotz der Integration beider deutscher Staaten in die antagonistischen Systeme und der Hochphase des Kalten Krieges seit den fünfziger Jahren bestanden jedoch insgesamt diverse Beziehungen fort.

Kapitel IV

Gartenbauausstellungen in den sechziger Jahren.
Im Zeichen der Systemkonkurrenz

In der zweiten Hälfte der fünfziger und in den sechziger Jahren betrachteten sowohl die EWG- und als auch die RGW-Staaten ihre jeweilige Agrarpolitik als wichtiges Feld der Systemkonkurrenz. So präsentierte die EWG die Abschlüsse ihrer Verhandlungsrunden über agrarpolitische Aspekte als Erfolge des Westens, mit denen er »seine Fähigkeit demonstriere, auf demokratisch-marktorientiertem Weg zu Frieden, Wohlstand und Zusammenschluss zu kommen«.[1] Die sozialistischen Staaten versuchten hingegen, die gemeinsame Agrarpolitik der EWG und deren Folgen abzuwerten. Gleichzeitig musste die SED-Spitze der eigenen Bevölkerung die Notwendigkeit der im Winter 1959/1960 durchgeführten Kollektivierung der bäuerlichen und gärtnerischen Betriebe glaubhaft vermitteln.[2] Auf diese Phase folgte eine weitere Entwicklung zur »industriemäßigen Produktion« in der Landwirtschaft, wie sie der Vorsitzende des Staatsrats der DDR, Walter Ulbricht, 1963 ankündigte und die in den siebziger Jahren verstärkt durchgeführt wurde.[3]

Das Bundesministerium für gesamtdeutsche Fragen attackierte die Kollektivierung der Landwirtschaft in der DDR als »Terror-Kampagne«. Nach westdeutscher Darstellung befanden sich auf der einen Seite die selbstständigen Bauern, die bisher der »Zwangskollektivierung« widerstanden hätten, auf der anderen Seite die SED-Regierung, die die Bauern zur Aufgabe der Höfe oder zur Flucht in die Bundesrepublik zwinge.[4]

In dieser Situation präsentierten beide deutsche Staaten ihre Agrarsysteme auf Landwirtschafts- und Gartenbauausstellungen. Am 28. April 1961 wurden sogar zwei eröffnet: die Bundesgartenschau in Stuttgart und die »Erste Internationale Gartenbauausstellung der sozialistischen Länder« in Erfurt. Noch konnten Interessierte die Ausstellungen beiderseits der innerdeutschen Grenze besuchen und vergleichen, sofern sie die erforderliche Reisegenehmigung für den jeweils anderen Staat erhielten. Als 1963 die zweite Internationale Gartenbauausstellung in Hamburg stattfand, gab

---

1 Vgl. Patel, Europäisierung, S. 334.
2 Vgl. Schöne, Frühling, S. 206 ff.
3 Vgl. Bauerkämper, Ländliche Gesellschaft, S. 194; Heinz, Von Mähdreschern, S. 41 ff.
4 1960 erschien eine Dokumentation mit Aussagen von DDR-Flüchtlingen, die über die Kollektivierung der Landwirtschaft berichteten: Bundesministerium für gesamtdeutsche Fragen (Hrsg.), Die Zwangskollektivierung des selbständigen Bauernstandes in Mitteldeutschland, Bonn/Berlin 1960.

es weder Aussteller noch Besucher aus der DDR, da Ostdeutsche bekanntlich nicht mehr die Möglichkeit besaßen, in die Bundesrepublik zu reisen. Die deutsche Teilung wurde daher nur in Reden und in anderen Zusammenhängen thematisiert, die Existenz der DDR ansonsten aber weitgehend beschwiegen. Die Erfurter Veranstalter legten bei den ab 1962 jährlich stattfindenden nationalen Gartenbauausstellungen zwar weiterhin Wert auf die Anwesenheit westdeutscher Gäste, die Besucherzahlen blieben jedoch weit hinter denen der Leipziger Messe zurück. Als die DDR zur zweiten in internationalem Rahmen ausgerichteten iga 1966 nach Erfurt einlud, hatte sich die Situation insofern leicht gewandelt, als zum ersten Mal einzelne westliche Aussteller beteiligt waren.

Ausstellungen als Orte der Ost-West-Konfrontation

Mit dem im Dezember 1955 verkündeten Alleinvertretungsanspruch – der »Hallstein-Doktrin« – hatte die Bundesrepublik klargestellt, dass sie die DDR nicht als eigenständigen Staat anerkannte und zu Staaten, die diplomatische Beziehungen zur DDR aufnahmen, den Kontakt abbrechen würde.[5] Aber auch nach dieser Zäsur ließ sich die DDR nicht gegenüber der westlichen Welt abschotten. Bis zum 1973 in Kraft getretenen »Grundlagenvertrag« und zur Aufnahme der beiden deutschen Staaten in die UNO versuchte die DDR, ihre außenpolitische Isolation unter anderem durch Auftritte auf Ausstellungen und Messen im Ausland sowie Beteiligungen an Kultur- und Sportveranstaltungen zu überwinden.

Mit der Leipziger Messe verbanden sich vielfältige Interessen. Der SED-Führung diente sie dazu, staatliche Anerkennung »durch die Hintertür« zu erlangen.[6] Westdeutsche Industrieunternehmen nutzten sie, um den osteuropäischen Markt zu betreten. Für Bundesbürger ermöglichten erleichterte Einreisebestimmungen zur Leipziger Messe deutsch-deutsche Verwandtenbesuche.[7] Auf die Abschottung der DDR durch den Mauerbau 1961 reagierte die Bundesrepublik zwar mit einem Boykott der Messe, doch im Laufe der sechziger Jahre nahm die Anzahl der westdeutschen Aussteller und Besucher wieder kontinuierlich zu.[8]

---

5   William Glenn Gray, Germany's Cold War. The Global Campaign to Isolate East Germany, 1949–1969, Chapel Hill 2003, S. 39 ff.
6   Fritsche, Schaufenster, S. 315.
7   Katherine Pence, »A World in Miniature«: The Leipzig Trade Fairs in the 1950s and East German Consumer Citizenship, in: David Crew (Hrsg.), Consuming Germany in the Cold War, Oxford 2003, S. 21-50, hier S. 40. Ehemalige DDR-Bürger nutzten die Leipziger Messe zum Verwandtenbesuch. Nach dem Inkrafttreten des Passierscheinabkommens in Berlin 1963 konnten West-Berliner ihre ostdeutschen Verwandten in Ost-Berlin treffen, weshalb die Besucherzahlen für die Leipziger Messe abnahmen, vgl. Rudolph / Wüstenhagen, Große Politik, S. 121.
8   Rudolph / Wüstenhagen, Große Politik, S. 123 ff.

Die Bundesrepublik nutzte ebenfalls Ausstellungen im In- und Ausland zur Selbstinszenierung. Dabei galt das geteilte Berlin in besonderem Maße als »Schaufenster der Systemkonkurrenz«.[9] Auf der Internationalen Bauausstellung »Interbau« 1957, für die zum Teil internationale Architekten im kriegszerstörten Hansaviertel beim Tiergarten 1.300 Wohnungen, Geschäfte, Kirchen und eine Schule im Stil der Moderne bauten, wurden aktuelle Leitbilder der aufgelockerten, gegliederten und durchgrünten Stadt vorgestellt.[10] Von den insgesamt 1,37 Millionen Besuchern kam ein Drittel aus der DDR.[11] Die Ausstellung wurde als Antwort auf die ab 1951 in Ost-Berlin gebaute Stalinallee verstanden, die als erste »sozialistische Straße der DDR« dem Schlagwort der kompakten Stadt folgte.[12]

Ein Höhepunkt des Ausstellungsgeschehens war die »Expo« 1958 in Brüssel, auf der zum ersten Mal nach der Weltausstellung 1937 in Paris westeuropäische Staaten, die USA, Japan und die Sowjetunion umfassend miteinander in den Wettstreit traten. Unter dem Motto »Technik im Dienste des Menschen. Fortschritt der Menschheit durch Fortschritt der Technik« sollten Tendenzen der »internationalen Modernisierung und globalen Kooperation vor dem Hintergrund der politischen Konkurrenz der sich feindlich gegenüberstehenden Machtblöcke« in friedlicher Form präsentiert werden.[13] Architektonisch individuell entworfene Nationenpavillons ordneten sich in eine fließende Parklandschaft ein.[14] Das »Atomium« – ein 100 Meter hohes Gebäude in Form eines Atoms – symbolisierte als Zentrum und Wahrzeichen der »Expo« das »friedliche Atomzeitalter«.[15] Mit der »Expo« rückte Brüssel, seit 1958 Sitz der ein Jahr zuvor gegründeten EWG, ins Blickfeld der Weltöffentlichkeit. Die Sowjetunion präsentierte Objekte des technologischen Fortschritts und ein Modell des sowjetischen Satelliten, dessen Start am 4. Oktober 1957 – ein halbes Jahr zuvor – in den USA und der westlichen Welt den »Sputnik-Schock« ausgelöst hatte.[16] Der DDR wurde die Teilnahme aufgrund fehlender diplomatischer Beziehungen verwehrt.[17] Der Bundesrepublik bot die »Expo« Gelegenheit, sich von der Machtpräsentation

9   Michael Lemke (Hrsg.), Schaufenster der Systemkonkurrenz. Die Region Berlin-Brandenburg im Kalten Krieg (Zeithistorische Studien, Bd. 37), Köln u. a. 2006. Zur Planung und Realisierung der »Interbau« vgl. auch das ausführliche Kapitel bei Dieter Hanauske, »Bauen, bauen, bauen ...!« – Die Wohnungspolitik in Berlin (West) 1945–1961, Berlin 1995, S. 715-745.

10 Dabei wurden viele Kompromisse eingegangen, vgl. Wagner-Conzelmann, Interbau, S. 50 ff.

11 Ebd., S. 9.

12 Ebd., S. 13.

13 Sigel, Exponiert, S. 174.

14 Zur architektonischen Gestaltung: ebd., S. 176 ff.

15 Ebd., S. 175; siehe auch Dominik Scholz, Vom Fortschrittssymbol zur städtischen Marke. Brüssel und sein Atomium, in: *Informationen zur modernen Stadtgeschichte (IMS)* 42 (2011) 2, S. 32-43.

16 Johannes Paulmann, Die Haltung der Zurückhaltung. Auswärtige Selbstdarstellung nach 1945 und die Suche nach einem erneuerten Selbstverständnis in der Bundesrepublik, Bremen 2006, S. 23 ff.; Winfried Kretschmer, Geschichte der Weltausstellungen, Frankfurt am Main 1999, S. 224 f. In der Bundesrepublik verstärkte der »Sputnik-Schock« die Diskussionen über die überfällige Bildungsreform.

17 Sigel, Exponiert, S. 179.

des »Dritten Reiches« auf der Pariser Weltausstellung 1937 abzugrenzen und sich als demokratischen Staat zu präsentieren.[18] 1955 hatte Hans Schwippert, Vorsitzender des Deutschen Werkbundes, die Initiative für eine Konzeption des deutschen Pavillons ergriffen. Der Werkbund nahm Einfluss auf die Planungen und die Realisierung des deutschen Auftritts. Die Architekten Sep Ruf und Egon Eiermann wandten in kleinteiligen, transparenten Pavillons eine zurückhaltende Formensprache an. In den Mittelpunkt der Präsentation wurden der demokratische Gesellschaftsentwurf und Themen wie Wirtschaft, Wohnen, Bildung und Freizeit gestellt.[19] Obwohl das Ministerium für Vertriebene, Flüchtlinge und Kriegsgeschädigte eine Darstellung der »Dreiteilung« Deutschlands und der Situation der Vertriebenen forderte, wies schließlich nur eine künstlerische Installation auf die deutsche Teilung hin.[20] Hinweise auf die NS-Vergangenheit wurden komplett vermieden.[21] Das Schlagwort »Haltung der Zurückhaltung«, formuliert von Ernst Johann in der Zeitschrift des Werkbundes *werk und zeit,* drückte treffend das inoffizielle Motto des bundesdeutschen Auftritts aus.[22]

Ein Jahr nach der »Expo« führten die USA und die Sowjetunion mit zwei Ausstellungen im offiziellen »Kulturaustausch« den Wettbewerb der Systeme fort. Die Sowjetunion präsentierte sich im Juni 1959 mit der »Soviet National Exhibition« im Coliseum in New York mit Themen aus Wissenschaft, Technik und Kultur. Wie schon auf der »Expo« bildeten Modelle des »Sputnik« die Höhepunkte.[23] Im Gegenzug zeigte die »American National Exhibition« in Moskau im Juli 1959 den sowjetischen Besuchern den »american way of life« und die »consumer culture« in Ausstellungen über den amerikanischen Städtebau, das Erziehungs- und Gesundheitswesen und in Filmen über einen Arbeits- und einen Mußetag eines typischen US-Amerikaners.[24] Ein Höhepunkt war die »kitchen debate« zwischen dem amerikanischen Vizepräsidenten Richard Nixon und dem sowjetischen Regierungschef Nikita Chruschtschow. Die Debatte über die amerikanische »consumer culture«, geführt in der Küche eines amerikanischen Musterhauses, mündete in einen hitzigen Wortwechsel der beiden Politiker über das Verhältnis zwischen der Sowjetunion und den USA.[25]

---

18 Oestereich, Selbstdarstellung, S. 128.
19 Paulmann, Haltung, S. 20.
20 Für die Skulptur hatte der Künstler Josef Henselmann Holzbohlen zu einer großen Fläche montiert, auf die er eine Deutschlandkarte mit den Grenzen von 1937 aufgebracht hatte. Der Titel »Der Herzschlag eines Volkes geht durch geteiltes Land« bildete darauf die innerdeutsche Grenze. Die liegende Landkarte war flankiert von einem verkohlten Balken eines zerstörten Bauernhofes, abgebildet in: Sigel, Exponiert, S. 198 f.
21 Vgl. Oestereich, Selbstdarstellung, S. 142 f.; Sigel, Exponiert, S. 178.
22 Zitiert nach Sigel, Exponiert, S. 180; vgl. auch die gesamte Argumentationsführung in: Paulmann, Haltung.
23 Walter L. Hixson, Parting the Curtain. Propaganda, Culture and the Cold War 1945–1961, New York 1998, S. 170.
24 Klaus Franck, Ausstellungen – Exhibitions, Stuttgart 1961, S. 224 ff.
25 Ebd., S. 179 f.

Wie die Beispiele zeigen, verbanden sich bei den Ausstellungsbeiträgen Inhalte und Gestaltungsformen miteinander. Im Ausstellungs- und Messewesen setzte sich zunehmend eine professionelle Gestaltung durch. Verbreitung fanden klare Formsprachen, übersichtliche Raum- und besondere Lichtkonzepte.[26] Um auf internationalen Ausstellungen erfolgreich zu sein, mussten die Gestalter in der Bundesrepublik und der DDR zeitgenössische ästhetische Trends beobachten und diese mit Inhalten verbinden. Gerade auch die Bundesrepublik nutzte Ausstellungen wie die Weltausstellung in Brüssel und die Designmesse »Triennale« in Mailand zur Standortbestimmung. Durch modernes Design von Industrieprodukten, aber auch durch die Ausstellungsgestaltung fügte sie sich in die Entwicklung der westlichen Industrieländer ein.[27]

Gartenschauen. Verstetigung von Themen und Gestaltungsmitteln

Auf die Bundesgartenschau 1955 in Kassel folgten weitere 1957 in Köln und 1959 in Dortmund. Zum Inventar gehörten neben Mustergärten und Freilandwettbewerben immer wieder ähnliche Elemente wie Seil- und Kleinbahnen, Fernsehtürme und Spielplätze. So wurde der auf Trümmerfeldern in Köln-Deutz angelegte Rheinpark mit einer Seilbahn über den Rhein mit der auf der gegenüberliegenden Seite liegenden Stadt angeschlossen.[28] Die Bundesgartenschau 1959 in Dortmund sollte die Leistungen des städtebaulichen Wiederaufbaus demonstrieren, mit denen Prinzipien der »autogerechten Stadt« und der »gegliederten und aufgelockerten Stadt« verwirklicht wurden.[29] Für den dortigen »Westfalenpark« wurden bestehende Grünanlagen miteinander verbunden und neue Attraktionen wie ein Fernsehturm, eine Klein- und eine Gondelbahn gebaut.[30] Für die Bundesgartenschau in Stuttgart 1961 wurden wieder der Ausstellungspark und die -hallen auf dem Killesberg genutzt. Darüber hinaus wurden im Stadtzentrum Kriegsschäden beseitigt und neue Grünanlagen im Oberen und Mittleren Schlossgarten geschaffen.[31] Während im Oberen Schlossgarten Rasen-, Wasser- und Pflasterflächen dominierten, wurden im Mittleren Schlossgarten ein Freizeit- und Erholungspark mit Kinderspielplätzen, Bocciabahn, Freiluftschach und Lesegarten angelegt.[32]

---

26 Einen Überblick über vorbildliche Ausstellungen in den fünfziger Jahren gibt Franck, Ausstellungen. Sowohl Museumsausstellungen als auch Messestände sind mit Fotos und Beschreibungen dokumentiert.

27 Christopher Oesterreich, »Gute Form« im Wiederaufbau. Zur Geschichte der Produktgestaltung in Westdeutschland nach 1945, Berlin 2000, S. 456.

28 Panten, Bundesgartenschauen, S. 29 ff.

29 Kaja Fischer, Das neue Dortmund stellt sich vor. Die Bundesgartenschau 1959, in: Gisela Framke (Hrsg.), Das neue Dortmund. Planen, Bauen, Wohnen in den fünfziger Jahren, Dortmund 2002, S. 108-117, hier S. 109 f. In Dortmund fanden 1959, 1969 und 1991 Bundesgartenschauen statt.

30 Ebd., S. 112.

31 Eine ausführliche zeitgenössische Beschreibung findet sich in: Werner Kaufmann, Stuttgart und die Bundesgartenschau 1961, in: Garten und Landschaft 71 (1961) 6, S. 154-166.

32 Panten, Bundesgartenschauen, S. 39 ff.

In der DDR rückte bei den jährlichen Landwirtschaftsausstellungen in Leipzig-Markkleeberg der Anteil des Gartenbaus zunehmend in den Hintergrund. Wahrscheinlich auch deshalb wurde 1957 die Ausrichtung einer größeren Gartenschau in Erfurt als sozialistischer Gegenentwurf zu den westdeutschen Gartenschauen beschlossen. Der ostdeutsche Gartenarchitekt Helmut Lichey stellte fest, die »Zeiten des Improvisierens, des tastenden Suchens nach neuen Formen im gärtnerischen Ausstellungswesen« der DDR seien vorbei.[33] Als Kernelement der Gartenschauen im Sozialismus sah er die Lehrschauen, die auf didaktische Weise neue agrarpolitische Entwicklungen wie die »genossenschaftliche Arbeitsweise« vorstellen sollten.[34]

Um 1960 fanden außer in Deutschland auch mehrere Gartenschauen im westeuropäischen Ausland statt: die 1. Schweizerische Gartenbau-Ausstellung Zürich 1959 (G 59), die »Floriade« 1960 in Rotterdam, die Genter Floralien 1960 und die Wiener Internationale Gartenschau (WIG) 1964. Viele der westdeutschen und -europäischen Gartenschauen verband, dass städtebauliche Maßnahmen im Mittelpunkt standen. Sowohl west- als auch ostdeutsche Landschaftsarchitekten besuchten diese Ausstellungen, um sich für ihre Gartenschauen anregen zu lassen, wie aus Reiseberichten und Artikeln in Fachzeitschriften hervorgeht.

Die Internationalen Gartenbauausstellungen 1961 und 1966 in Erfurt

Die »Erste Internationale Gartenbauausstellung der sozialistischen Länder« 1961

Die Eröffnung

Zur Eröffnung der »Ersten Internationalen Gartenbauausstellung der sozialistischen Länder« in Erfurt hatten sich die Ehrengäste auf dem »Festplatz« vor der »Halle der Völkerfreundschaft« eingefunden.

Der Direktor der Ausstellungsgesellschaft, Helmuth Lehmann, brachte in seiner Ansprache die Hoffnung zum Ausdruck, dass die Gartenbauausstellung zur »Verallgemeinerung des wissenschaftlich-technischen Fortschritts zur Erhöhung der Produktion von Gemüse, Obst und Zierpflanzen beitragen« und die freundschaftlichen Beziehungen zwischen den sozialistischen Staaten weiter festigen werde. Er begrüßte die »Gäste aus Westdeutschland« und bedankte sich bei den freiwilligen Helfern aus Erfurt.[35] Im Anschluss hielt der Minister für Landwirtschaft, Erfassung und Forst-

---

33   Lichey, Vergleichende Untersuchung, S. 5.
34   Ebd., S. 6.
35   ThHStAW, iga, 234, Eröffnungsveranstaltung 1961, Helmuth Lehmann: Rede zur Eröffnung, 28.4.1961.

Abb. 27 Der Vorsitzende des Staatsrats der DDR, Walter Ulbricht, und seine Ehefrau Lotte
Ulbricht mit Direktor Lehmann (2. v. links) in einer Ausstellungshalle der Erfurter iga, 19.8.1961.
Abb. 26 Eröffnung der iga 1961. Vor der »Halle der Völkerfreundschaft« spielte das Orchester
der Städtischen Bühnen Erfurt. Zur Eröffnung sprach der Landwirtschaftsminister Hans
Reichelt. Auf der Fassade der zentralen Ausstellungshalle war eine Weltkarte angebracht.

wirtschaft der DDR, Hans Reichelt, eine einstündige Rede. Darauf folgte ein Redebeitrag des Leiters der sowjetischen Delegation. Anschließend wurden nacheinander die Hymnen der ausstellenden Nationen Sowjetunion, Bulgarien, ČSSR, Rumänien, Ungarn und der DDR gespielt und deren Flaggen gehisst.[36] Auf der Fassade der »Halle der Völkerfreundschaft« hinter den Rednern und dem Orchester war eine großformatige Weltkarte aufgebracht, auf der die sozialistischen Staaten hell, die nicht sozialistischen dunkel eingezeichnet waren. Daraufgemalte bunte Blüten verwiesen auf den eigentlichen Inhalt der Gartenschau. Eine abgebildete weiße Taube sowie das Wort »Frieden« in verschiedenen Sprachen versinnbildlichten den Anspruch eines internationalen Ereignisses im Zeichen der Völkerverständigung.

Nach den Reden machten der Minister und die Ehrengäste den obligatorischen Rundgang durch die Ausstellungshallen und das Freigelände. Abends lud der Landwirtschaftsminister 800 Gäste zu einem Empfang in die Zentralgaststätte auf dem Ausstellungsgelände.[37]

Zur Absicherung der Eröffnungsveranstaltung gegenüber politischen Anschlägen wurden Sicherheitskräfte der Volkspolizei und des MfS eingesetzt. Sie sollten unter anderem dafür Sorge tragen, dass es nicht zu Störungen der Eröffnungsreden, zu Provokationen und »Schmierereien« kam.[38]

Am Eröffnungstag verkündete das *Thüringer Tageblatt,* täglich gingen Hunderte von Anmeldungen für die iga ein. Nicht nur aus Ungarn und der ČSSR kämen Busladungen mit Gästen, sondern auch aus Westdeutschland, England und Frankreich würden Besucher erwartet.[39] Auch die Leser des *Hamburger Abendblatts* wurden über die Eröffnung informiert: »Das Zentrum der Ausstellung liegt im alten Parkteil der Cyriaksburg und auf dem anliegenden Ackerland. Gefällige Terrassen, moderne Hallen, geschmackvolle Anlagen. Auf 550 000 Quadratmetern wird den Besuchern der ›sozialistische‹ Gartenbau serviert.«[40]

Der zur Eröffnung verbreitete Optimismus stand im Gegensatz zur krisenhaften Stimmung in der DDR im Jahr 1961. Mit der Berlin-Krise, einer Missernte, 220.000 »Republikflüchtlingen« im ersten Halbjahr[41] und dem Mauerbau erlebte die DDR eine dramatische Zuspitzung ihrer Situation. Denn viele DDR-Bürger sahen die Ursachen für die Ernährungskrise in der überstürzt durchgeführten Kollektivierung

---

36 ThHStAW, iga, 197, Eröffnungsveranstaltung 1961, Helmuth Lehmann: Programm für die Eröffnung der 1. Internationalen Gartenbauausstellung der sozialistischen Staaten, 5.4.1961.

37 BStU, Bdl Nr. 1850, Einsatzplan zur Eröffnung der ersten Internationalen Gartenbauausstellung der sozialistischen Länder in Erfurt, 26.4.1961, Blatt 22.

38 Ebd., Blatt 22-30.

39 Erste iga-Gäste in Erfurt begrüßt. Heute festliche Eröffnung – Auch Interessenten aus England und Frankreich, in: *Thüringer Tageblatt,* 28.4.1961.

40 Heinz Joachim Kolberg, Erfurt soll eine Visitenkarte der Zone werden. Heute wird die Internationale Gartenbauausstellung eröffnet, in: *Hamburger Abendblatt,* 29./30.4.1961.

41 Heidemeyer, »Antifaschistischer Schutzwall«, S. 91.

der Landwirtschaft.[42] Dass viele in der Landwirtschaft Beschäftigte in die Bundesrepublik flüchteten, bewirkte einen zusätzlichen Arbeitskräftemangel. Außerdem standen die für eine Großraumwirtschaft im Agrarsektor notwendigen Maschinen noch nicht zur Verfügung. Darüber hinaus verstärkten schlechte Witterungsverhältnisse die Ernteausfälle.[43] Vor diesem Hintergrund stand die SED-Spitze unter enormem Handlungsdruck. Die iga bot die Möglichkeit, Aspekte des Gartenbaus und der Landwirtschaft in einem repräsentativen Rahmen darzustellen und von der tatsächlichen Versorgungslage abzulenken.

Nach sechs Monaten waren 3,5 Millionen Besucher auf dem iga-Gelände gezählt worden. Als prominentester Gast hatte Walter Ulbricht das iga-Gelände am 19. August 1961 – sechs Tage nach dem Bau der Berliner Mauer – besucht. Anlass für die Reise war das IV. Pioniertreffen, das vom 15. bis zum 20. August 1961 in Erfurt stattfand und für das 20.000 Pioniere angekündigt waren.[44] Für seinen Besuch war ein »Erfahrungs- und Meinungsaustausch« mit »erfahrenen Praktikern und Wissenschaftlern« über den Gartenbau der DDR angesetzt.[45]

Wie sich der Anspruch auf ein eigenständiges sozialistisches Format, das sich von den westlichen Gartenschauen abhob, in Organisation, Inhalten und Gestaltung ausdrückte, soll im Folgenden beleuchtet werden.

Organisation und Akteure

Bereits 1956 – ein Jahr nach der »Samenexportschau« 1955 in Erfurt – erhielt der Landschaftsarchitekt Reinhold Lingner, der Leiter des Zentralen Entwurfbüros für Hochbau des Ministeriums für Aufbau in der Gruppe Grünplanung war, den Auftrag, das Erfurter Ausstellungsgelände neu zu planen.[46] Im Juli 1957 empfahl dann die Ständige Kommission für ökonomisch-technisch-wirtschaftliche Zusammenarbeit auf dem Gebiet der Landwirtschaft des RGW der DDR, 1960 eine Internationale Gartenbauausstellung zu veranstalten.[47] Der 1949 gegründete Zusammenschluss der sozialistischen Staaten, dem zu diesem Zeitpunkt die Sowjetunion, Polen, Bulgarien,

---

42 Vgl. Patrick Major, Vor und nach dem 13. August 1961, in: *Archiv für Sozialgeschichte (AfS)* 39 (1999), S. 325-354, hier S. 332.

43 Vgl. Steiner, Plan, S. 117.

44 Zum Pioniertreffen und der Stimmung in anderen Ferienlagern im August 1961 vgl. Dorothee Wierling, Geboren im Jahr Eins. Der Jahrgang 1949 in der DDR. Versuch einer Kollektivbiographie, Berlin 2002, S. 172 ff.

45 ThHStAW, iga, 98, Schreiben über den geplanten Besuch von Walter Ulbricht auf der iga am 19.8.1961, 18.8.1961. Siehe auch Erfahrungsaustausch mit Walter Ulbricht. Gartenbauexperten trafen sich mit dem Vorsitzenden des Staatsrates auf der iga. Parteifreund Chrestensen sprach über Exportfragen, in: *Thüringer Landeszeitung*, Weimar, 24.8.1961.

46 ThHStAW, iga, 245 Karton 127 (alte Signatur), Einschätzung der Arbeit der Abteilung Gestaltung, ohne Datum.

47 BArch Berlin, DK1-1352, Rahmenplan der Internationalen Gartenbauausstellung der Deutschen Demokratischen Republik 1961 in Erfurt, S. 1.

die ČSSR, Rumänien, Ungarn und die DDR angehörten, koordinierte die wirtschaftliche Zusammenarbeit in den Staaten. Nach der Gründung der EWG im März 1957 versuchte die SED-Regierung, die Zusammenarbeit im RGW zu intensivieren.[48]

1958 gründete das Ministerium für Land- und Forstwirtschaft die Ausstellungsgesellschaft »Internationale Gartenbauausstellung« (iga) in Erfurt. Das Ministerium, das die »Blumenstadt« wegen der Nähe zur deutsch-deutschen Grenze als Standort für die Ausstellung für besonders geeignet hielt, erhoffte sich »eine wirksame Ausstrahlung zum kapitalistischen Lager hin«.[49] Ziel der iga war dann auch, »die allseitige Überlegenheit des sozialistischen Gartenbaues gegenüber dem kapitalistischen zu demonstrieren und die Erfahrungen bei der Organisation der sozialistischen gärtnerischen Traditionen auszutauschen«.[50] Vorgestellt werden sollte die genossenschaftliche Produktionsweise, deren Einführung 1960 als abgeschlossen galt.[51] Damit folgten die Organisatoren den Vorgaben des V. Parteitages der SED 1958, auf dem die Kollektivierung der Landwirtschaft und die Produktionssteigerung beschlossen worden waren, um die DDR-Wirtschaft unabhängig von teuren Importen zu machen.[52]

Noch 1958 wurde Helmuth Lehmann zum Direktor der iga bestimmt, der er bis zu seinem Eintritt in den Ruhestand 1987 blieb. Lehmann, Jahrgang 1920, hatte in den dreißiger Jahren eine Lehre zum Gärtner, nach dem Zweiten Weltkrieg ein Fachschulstudium zum Gartenbautechniker absolviert sowie die Verwaltungsakademie in Potsdam-Babelsberg besucht. Für seine Ernennung waren bestehende private Kontakte zu Oberbürgermeister Georg Boock hilfreich.[53]

Von Beginn an wurde die iga als ständige Einrichtung mit jährlich stattfindenden kleineren nationalen Fachausstellungen und im Abstand von fünf Jahren erfolgenden Ausstellungen mit internationaler Beteiligung vorgesehen.[54] Außerdem sollte die iga-Gesellschaft die Teilnahme an Gartenbauausstellungen im Ausland vorbereiten und Ausstellungen in der DDR koordinieren, beraten und kontrollieren.[55] Die

---

48   Jana Wüstenhagen, RGW und EWG: Die DDR zwischen Ost- und Westintegration, in: Pfeil, Die DDR, S. 135-149, hier S. 135.

49   Reinhold Lingner, Gärten des Sozialismus werden in Erfurt blühen. Die Bedeutung der Internationalen Gartenbauausstellung 1961 in Erfurt. Der Aufbau der Gesamtanlage, in: Erfurt 1949–1959, S. 97-98.

50   BArch Berlin, DK1-1352, Rahmenplan der Internationalen Gartenbauausstellung der Deutschen Demokratischen Republik 1961 in Erfurt, S. 1.

51   Schöne, Frühling, S. 227.

52   Patrice G. Poutrus, Lebensmittelkonsum, Versorgungskrisen und die Entscheidung für den »Goldbroiler«. Problemlagen und Lösungsversuche der Agrar- und Konsumpolitik in der DDR 1958–1965, in: *AfS* 39 (1999), S. 391-421, hier S. 394 f.

53   Vgl. von Plato, »Gartenkunst und Blütenzauber«, S. 192. Weitere ausführliche Informationen stammen aus einem Interview von Alice von Plato mit Helmuth Lehmann, 14.12.2000. Alice von Plato hat mir freundlicherweise ihre Aufzeichnungen überlassen.

54   Lichey, Vergleichende Untersuchung, S. 95.

55   Hans Reichelt, Anordnung über die »Internationale Gartenbauausstellung der Deutschen Demokratischen Republik vom 12.6.1959, in: Gesetzblatt der Deutschen Demokratischen Republik, 13.7.1959, Nr. 15.

Veranstalter zielten darauf ab, das westdeutsche Fachpublikum über das westdeutsche und -europäische Agrarsystem zu informieren, Missstände im Gartenbau der Bundesrepublik darzustellen und »hier den Zusammenhang von Bonner Agrarpolitik mit EWG und ›Grünem Plan‹ und dem Ruin von hunderttausenden Gärtnern und Bauern hervor[zu]heben. Dem westdeutschen Gärtner muß der Ausweg der von Bonn geschaffenen Situation gezeigt werden. Sie müssen erkennen, daß sie gegen die wachsende Kriegsgefahr, gegen die Atomkriegsstrategen und gegen die reaktionären, klerikal-militärischen Kräfte auftreten, um sich demokratische Verhältnisse zu schaffen, die ihnen die Garantie geben für eine wirtschaftliche und berufliche Entwicklung.«[56]

Neben den RGW-Staaten wurden China, Korea, Albanien sowie die Mongolische Volksrepublik als Aussteller eingeladen, die jedoch alle absagten. Sie begründeten dies damit, dass eine sechsmonatige Ausstellung zu lang und der Transportweg zu weit sei, um das Ausstellungsgut zwischenzeitlich auszuwechseln.[57] Da Polen ebenfalls eine Beteiligung ablehnte[58], verblieben sechs Ausstellerstaaten.

Auch wenn die iga dem Landwirtschaftsministerium direkt unterstellt war, waren unterschiedliche Akteure mit vielgestaltigen Interessen beteiligt. So arbeitete die Ausstellungsgesellschaft mit der Stadt Erfurt und dem Bezirk zusammen, wenn es um den Ausbau der Infrastruktur der Stadt, die Beteiligung der Erfurter Bevölkerung im »Nationalen Aufbauwerk«, das Kulturprogramm und die Unterbringung der Besucher ging. Der Rat der Stadt Erfurt – und besonders der Oberbürgermeister – verfolgten das Ziel, mit Hilfe der iga die städtische Infrastruktur zu verbessern. Die verstaatlichten Erfurter Gartenbaubetriebe, die als Exkursionsbetriebe der iga »in der Praxis die Überlegenheit der sozialistischen Produktionsweise eindeutig unter Beweis« stellen sollten, wurden um Gewächshäuser und Maschinen ergänzt.[59] Dem Arbeitskräftemangel versuchten die Organisatoren durch die Einbindung der Erfurter Bevölkerung im Rahmen von freiwilligen Arbeitseinsätzen zu begegnen.

Erfurt und die iga. Die Aktivierung der Erfurter Bevölkerung

Der Rat der Stadt Erfurt verknüpfte mit der iga Hoffnungen, Erfurts Image zu verbessern und die Stadt über die Landesgrenze hinaus bekannt zu machen: »Die IGA wird durch die Teilnahme der sozialistischen Staaten zu einem Schaufenster des ganzen soz. Lagers. [...] Erfurt mit der IGA wird aus diesem Grunde im Blickpunkt

---

56 ThHStAW, iga, 98, SED-Stadtleitung Erfurt, Abt. Agit / Prop in Verbindung mit der Internationalen Gartenbauausstellung der DDR: Arbeitsmaterial über die 1. Internationale Gartenbauausstellung der sozialistischen Staaten 1961 in Erfurt zur Ausarbeitung einer Rededisposition zur Mitgliederversammlung der Wohngebietsparteiorganisationen (WPO'n), 28.8.1960, Blatt 291.

57 ThHStAW, iga, 98, Vermerk, ohne Datum, Blatt 108.

58 ThHStAW, iga, 245 Karton 127 (alte Signatur), VVB Landmaschinen- und Traktorenbau – Gruppe Werbung und Messen – Aufbauleitung iga Erfurt: Auswertung iga 1961, 1961, Blatt 240.

59 Erfurt 1960 im Zeichen der Vorbereitung der 1. Internationalen Gartenbauausstellung der sozialistischen Staaten. Rechenschaftsbericht des Rates der Stadt für das Jahr 1960, Erfurt 1961, S. 16 f.

der ganzen Welt stehen.«[60] Der Vorsatz, »daß ›Erfurt – die Stadt der Internationalen Gartenbauausstellung‹ in aller Welt zu einem ebensolchen Begriff wird, wie es die ›Messestadt Leipzig‹ oder die ›Blumenstadt Erfurt‹ ist«[61], entsprang wohl eher dem Wunschdenken als der Realität, da das Thema Gartenbau keine entsprechende wirtschaftliche Bedeutung hatte wie die auf der Leipziger Messe vorgestellten Konsum- und Industriegüter. Das Ziel Erfurts, innerhalb eines halben Jahres vier bis fünf Millionen Gäste zu empfangen, war für eine Stadt mit 200.000 Einwohnern ebenso wenig realisierbar, da die Anzahl der gastronomischen Einrichtungen und Unterkünfte nur in begrenztem Maße steigerungsfähig war.[62] Städtebauliche Maßnahmen wie der Ausbau von Straßen, die Verlängerung der Straßenbahnlinie bis zur iga, die Schaffung von Parkplätzen, der Umbau des Flughafens und die Modernisierung von Tankstellen erforderten zusätzliche Arbeitskräfte.[63] Im Hinblick auf die iga sollte Erfurt als Standort für Gartenbaubetriebe gestärkt werden. Unter anderem sollten die 1960 gegründeten Gärtnerischen Produktionsgenossenschaften (GPG) so ausgebaut werden, dass die iga-Gäste sie als Exkursionsbetriebe besuchen konnten, um sich ein Bild von den Ergebnissen der Kollektivierung zu machen.[64]

Für viele Arbeiten wurde die Erfurter Bevölkerung aktiviert. So ergingen in der Lokalpresse Appelle an die Stadtbewohner, sich freiwillig an der Verschönerung des Stadtbildes zu beteiligen.[65] Der Bürgermeister und der Rat der Stadt wollten das Stadtbild durch die Restaurierung von Häusern in der Altstadt und die Pflege von Privatgärten und Balkonkästen aufwerten. Wie schon 1953 beim Ausbau des Geländes von »Erfurt blüht« zum Kulturpark wurde die Bevölkerung zur Beteiligung im Rahmen des NAW aufgerufen. Zuweilen wurden Arbeitseinsätze wie im März 1959 öffentlichkeitswirksam inszeniert, als Soldaten der Nationalen Volksarmee und der sowjetischen Armee auf das iga-Gelände zogen: »Angelockt durch die Klänge des an der Spitze marschierenden Standortmusikkorps, erleben Tausende schaulustige Erfurter, die gerade von der Arbeit kommen, eine eindrucksvolle Verbundenheit der Nationalen Volksarmee mit der Partei der Arbeiterklasse und allen Werktätigen.«[66]

60 ThHStAW, 98, SED-Stadtleitung Erfurt, Abt. Agit / Prop in Verbindung mit der Internationalen Gartenbauausstellung der DDR: Arbeitsmaterial über die 1. Internationale Gartenbauausstellung der sozialistischen Staaten 1961 in Erfurt zur Ausarbeitung einer Rededisposition zur Mitgliederversammlung der WPO'n, 28.8.1960.

61 ThHStAW, iga – Bezirkstag und Rat des Bezirkes Erfurt, K 206, Internationale Gartenbauausstellung der Deutschen Demokratischen Republik. Abteilung Presse / Werbung / Kultur / Verkehr: Vorschläge für Werbemaßnahmen zur Internationalen Gartenbauausstellung in der Stadt Erfurt.

62 ThHStAW, iga – Bezirkstag und Rat des Bezirkes Erfurt, K 206, Georg Boock: Bericht über den Stand der Folgemaßnahmen der Internationalen Gartenbauausstellung 1961, Blatt 29.

63 Ebd., Blatt 30 f.

64 Erfurt 1960, Rechenschaftsbericht, S. 17.

65 Unsere Stadt schöner, heller, sauberer. Gaststättenkultur wesentlich verbessern – Im Altstadtprogramm zurückgeblieben – Mitwirkung der Bevölkerung ist unerläßlich – Oberbürgermeister Boock berichtete über Vorbereitungen zur IGA, in: *Thüringische Landeszeitung*, 1.7.1960.

66 Mit Spaten und Schaufel auf die Cyriaksburg. Beispielhaftes Vorbild von anderthalbtausend Soldaten und Offizieren des Standortes Erfurt, in: *Das Volk*, 9.3.1959, S. 2.

Während der Vorbereitungen berichtete die Lokalpresse jedoch mehrfach, dass die Beteiligung der Bevölkerung noch ungenügend, aber unbedingt notwendig sei, um zentrale Bauvorhaben fertigzustellen.[67] Daher wurden Freikarten für die iga als Aufwandsentschädigung angeboten.[68]

Zudem wurden unter anderem Studenten und Hausfrauen als Arbeitskräfte für Cafés und Restaurants auf der iga angeworben.[69] Eine weitere direkte Verbindung zwischen Bevölkerung und iga war die Unterbringung von Gästen in privaten Haushalten. So rief Boock die Bevölkerung dazu auf, Zimmer zur Verfügung zu stellen, da nur wenig mehr als 600 Hotel- und Pensionsbetten vorhanden waren. Ziel war es, 4.000 bis 6.000 Betten in Privathaushalten zu finden.[70]

Ein Bericht in der ostdeutschen Fachzeitschrift *Deutsche Gärtnerpost* beschrieb, wie Teile der Bevölkerung auf ihre Rolle als Gastgeber der iga vorbereitet wurden und welche Hoffnungen damit verbunden sein konnten. So hätten 66 Verkäuferinnen des Kaufhauses am Anger[71] Sprachkurse belegt: 33 lernten Russisch, 22 Englisch, weitere Französisch, Polnisch und Tschechisch. In dem Artikel kam unter anderem eine Englischschülerin zu Wort, die hoffte, es werde mehr englischsprachige Kunden geben, wenn sich diplomatische Beziehungen auf mehr Länder erstrecken würden.[72]

Es bestanden also vielfältige Wechselbeziehungen zwischen der iga und Erfurt. Die iga war auf die städtische Infrastruktur, das Reservoir an potenziellen Mitarbeitern und Unterstützern und die Gastfreundschaft der Erfurter angewiesen. Die Bevölkerung wiederum wurde durch die Mitarbeit in die iga eingebunden und konnte Identifikation aus dem Großereignis beziehen.

Anknüpfungspunkte. Ausstellungen in der Bundesrepublik, im östlichen und im westlichen Ausland

Auf dem Weg zu einem neuen »Typ gärtnerischer Ausstellungen unter sozialistischen Bedingungen« existierten für die Organisatoren der iga 1961 kaum Vorbilder in anderen sozialistischen Staaten.[73] Auch wenn die Planung einer eigenständigen

---

67 Nicht zufrieden stellende Bilanz. Nach fünf Monaten erst 20 Prozent des Jahressolls im NAW erreicht, in: *Thüringische Landeszeitung*, 8.6.1960.

68 Monats- und Dauerkarten zur IGA ... und wie man sie erwerben kann, in: *Das Volk*, 11.5.1960; ThHStAW, iga – Bezirkstag und Rat des Bezirkes Erfurt, K 206, Bericht von Georg Boock über den Stand der Folgemaßnahmen der Internationalen Gartenbauausstellung 1961, Blatt 34; ThHStAW, 98, SED-Stadtleitung Erfurt, Abt. Agit / Prop in Verbindung mit der Internationalen Gartenbauausstellung der DDR: Arbeitsmaterial über die 1. Internationale Gartenbauausstellung der sozialistischen Staaten 1961 in Erfurt zur Ausarbeitung einer Rededisposition zur Mitgliederversammlung der WPO'n, 28.8.1960, Blatt 293 (Rückseite).

69 ThHStAW, iga – Bezirkstag und Rat des Bezirkes Erfurt, K 206, Georg Boock: Bericht über den Stand der Folgemaßnahmen der Internationalen Gartenbauausstellung 1961.

70 Ebd., Blatt 294.

71 Der Anger ist der zentrale Platz in Erfurt.

72 Hans Smitmans, In Erfurt ist das Lernen schon heute eine Lust. Wie sich die HO-Verkäuferinnen auf die 1. Internationale Gartenbau-Ausstellung vorbereiten, in: *Deutsche Gärtnerpost* 11, 25.10.1959, S. 5.

73 Lichey, Vergleichende Untersuchung, S. 90.

Abb. 28 Die zentrale Reiseinformation in Erfurt, 1961. Originale Bildunterschrift: »In den modern eingerichteten Räumen des Erfurter Reisebüros finden die Gäste liebevolle Aufnahme. Exkursionen, Besichtigungen und Rundfahrten werden hier vermittelt.«

sozialistischen Ausstellung Priorität genoss, besuchten die Planer westdeutsche und -europäische Gartenschauen. Zudem bezogen sie Anregungen aus westlichen Fachzeitschriften und Ausstellungskatalogen.[74] Aus Reinhold Lingners Vorlagensammlung in seinem Nachlass wird deutlich, für welche Gestaltungselemente er sich interessierte. Dort finden sich unter anderem Fotos von Mauern, Pflasterungen und Gartenmöbeln der Bundesgartenschauen in Kassel und Köln ebenso wie aus Osteuropa.[75]

Die Erfurter Planer besuchten im Wesentlichen die gleichen Gartenschauen wie die Hamburger Organisatoren, die zeitgleich die IGA 1963 in Hamburg vorbereiteten. So bereisten sie die Bundesgartenschau 1959 in Dortmund, die »Grüne Woche« 1960 in West-Berlin, die »G 59« in Zürich, die »Genter Floralien« 1960 und die »Floriade« 1960 in Rotterdam. Im Gegensatz zu ihren westlichen Kollegen waren sie allerdings durch strengere Reiseauflagen und knappe Devisen eingeschränkt. Berichte über die West-Reisen dokumentieren die dortige Organisation und Gestaltung und zeugen von Begeisterung für gestalterische Lösungen, enthalten meist aber auch ideologisch begründete Ablehnungen von Gestaltungselementen und Präsentationsformen. Nach einem Besuch der Bundesgartenschau in Dortmund 1959 befand ein Abgeordneter der Stadt Erfurt, das Ausstellungsgelände zeige »in der Formgebung sehr starke Neigungen zur Auflösung«. Die Gartenteile erschienen ihm verspielt und zu niedlich; der Park wirke nicht wie eine Gartenschau, sondern eher wie ein Vergnügungspark. Er kritisierte schmutzige Hausfassaden und ungepflegte Parks im Stadtbild und resümierte: »Die Reise nach Dortmund war ein lehrreicher Vergleich und zeigte sichtbar unsere Überlegenheit auf gartenbaulichem Gebiet.«[76] Lingner kritisierte nach seiner Dortmund-Reise den Fernsehturm, »der seiner Funktion nach nichts mit einer Gartenbauausstellung zu tun hatte« und als »überdimensionale Hauptdominante« in der Mitte »den Maßstab zerschlug«. Weiter bemängelte er die Diskrepanz zwischen der »Überfülle an Material und der inhaltlichen Leere«.[77] Aber auch die Hamburger sparten nicht mit Kritik an der Dortmunder Schau: Es fehle eine Gesamtidee, die räumliche Trennung von Freigelände und Hallen sei unglücklich und Pflanzen und Bäume seien zu spät gepflanzt worden.[78]

iga-Direktor Lehmann besuchte 1960 die »Grüne Woche« in West-Berlin mit dem Auftrag, sich mit dem Thema »Ausstellungsmethodik« zu beschäftigen. Besonderes Augenmerk legte er auf die Halle der EWG und den Abschnitt über die USA, die er als

---

74 Dies galt zumindest für das Ende der achtziger Jahre. Die Bibliothekarin des Deutschen Gartenbaumuseums erinnerte sich im Gespräch daran, dass die französische Zeitschrift *Mon Jardin & Ma maison* im Abonnement bezogen und vom Direktor unter Verschluss gehalten wurde.

75 IRS, Nachlass Lingner, 14 – Mappe II, Fotos von Felssteinmauern, Zäunen, Wegeplatten.

76 ThHStAW, iga, 102, Bericht des Stadtrats Hans Bien über die Reise zur Bundesgartenschau Dortmund vom 4.–7.7.1959, 16.7.1959.

77 Reinhold Lingner, Die I. Internationale Gartenbauausstellung der sozialistischen Länder, in: *Deutsche Gartenarchitektur* 1 (1960) 2, S. 33-39, hier S. 33.

78 StaHH, 614-3/11, 3, Niederschrift über die 10. Sitzung der Gesamtleitung am 16.6.1959.

»propagandistische Schwerpunkte der grünen Woche« identifizierte.[79] »Mit psychologisch stark wirkenden Mitteln, Film auf Breitwand mit Spiegelung, rotierende[m] Bildwerfer, Kurzvorträge[n] und Tonsäulen [sei] auf die sogenannten Vorteile der EWG hingewiesen« worden. Man versuche nachzuweisen, dass Produktionssteigerungen durch »individuelle Einwirkung« bedingt seien, konkrete Vorteile für die arbeitenden Menschen dieser Länder seien jedoch nicht nachgewiesen worden, so Lehmanns Urteil.

Ein anderer Bericht stammt von der »Floriade« 1960 in Rotterdam. Aus Reinhold Lingners Beschreibung spricht überraschend viel Begeisterung über die Gestaltung des westdeutschen Beitrags: »Der Pavillon selbst löst sich vom Boden, er steht auf Stützen, hat ein flaches, kaum sichtbares Dach, seine Wände sind vollkommen in Glas aufgelöst. In die Glasfenster eingefügt sind an einigen Stellen Schauvitrinen und im Innern des Pavillons, der den Grundriss eines Wohnhauses hat, aber in der Ausstattung ein reiner Ausstellungspavillon ist, sind ästhetisch besonders bemerkenswerte Erzeugnisse der Industrie und des Kunsthandwerkes zur Schau gestellt. Der Garten selbst hat rein landschaftlichen Charakter mit einem Teich, größeren Flächen aus grobem Kies, die von Staudengruppen umrahmt werden.«[80] Damit beschreibt Lingner ein modernes Gebäude und eine fließende Landschaftsgestaltung, wie sie in dieser Kombination in der Bundesrepublik typisch waren und an die Gestaltungsprinzipien der »Interbau« oder des bundesdeutschen Beitrags auf der »Expo« in Brüssel anschlossen.

Während sich die Reisenden aus der DDR auf diesen Ausstellungen hatten frei bewegen können, mussten sie Ende der fünfziger Jahre feststellen, dass die »Hallstein-Doktrin« konkrete Auswirkungen auf ihre Reiseaktivitäten hatte. So verwehrte der »Bund schweizerischer Garten- und Landschaftsarchitekten« Reinhold Lingner und Helmuth Lehmann die offizielle Einladung zum Besuch der »G 59« in Zürich mit der Begründung: »Da erfahrungsgemäß Ost-West-Kontakte unter dieser Voraussetzung auf östlicher Seite zu propagandistischen Zwecken gebraucht werden, können und wollen wir als unpolitische Berufsorganisation nicht dazu Vorschub leisten.«[81] Daraufhin bat Lingner Walter Funcke, bei befreundeten Schweizern die für die Einreise notwendige Einladung zu erwirken.[82] 1960 scheiterte dann die Teilnahme an den »Genter Floralien«. Dabei hatte die DDR 1959 eine offizielle Einladung erhalten und sich um einen eigenen Beitrag bemüht, nachdem die Teilnahme 1955 problemlos

---

79 ThHStAW, iga, 102, Helmuth Lehmann: Bericht über den Besuch der »Grünen Woche vom 1.–2.2.1960, 2.2.1960.
80 ThHStAW, iga, 102, Reinhold Lingner: Künstlerische Fragen der Rotterdamer Gartenbauausstellung Floriade 1960, 2.10.1960.
81 ThHStAW, iga, 102, Bund schweizerischer Garten- und Landschaftsarchitekten: Betr. Besuch der G 59, 8.6.1959.
82 ThHStAW, iga, 102, Schreiben von Reinhold Lingner an Walter Funcke: Besuch der G 59, 29.6.1959.

gewesen war.[83] Als der westdeutsche Zentralverband des deutschen Gemüse-, Obst- und Gartenbaues Einspruch erhob, riet die Genter Ausstellungsleitung der DDR, sie solle sich mit dem Zentralverband über eine Beteiligung an der westdeutschen Präsentation verständigen. Da das Landwirtschaftsministerium der DDR auf einem eigenen Stand beharrte, erteilten die Genter Veranstalter eine endgültige Absage.[84] Als Reinhold Lingner und Helmuth Lehmann die Schau trotzdem besuchten, erfuhren sie in einem Gespräch mit der Ausstellungsleitung, dass es für sie nur ein Deutschland gebe und dieses durch Westdeutschland vertreten werde. Für die Teilnahme müsse eine eigene Sektion gegründet werden. Lingner schloss aus dem Besuch, es müsse alles getan werden, damit die DDR sich an solchen internationalen Ausstellungen beteiligen könne, um den Export zu steigern. Der Bericht lobte außerdem den westdeutschen Beitrag als »einzig wirklich moderne Schau«.[85]

Die Berichte zeigen, dass die Ostdeutschen bemüht waren, ihr Experteninteresse an gestalterischen Fragen mit ideologisch geprägten Einschätzungen zu verbinden. Persönliche Begegnungen mit Kollegen aus dem Westen fanden hingegen in offiziellen Berichten, die letztlich die Reisen legitimierten, keine Erwähnung.

Auch nach 1961 trat die DDR auf Messen und Ausstellungen im westlichen und blockfreien Ausland auf. Der geschickt inszenierte Auftritt auf der Landwirtschaftsausstellung in Neu-Dehli im November 1961 zeigte, dass sie dabei Interesse hervorrufen und westdeutsche Beobachter irritieren konnte. Unter der Leitung des Direktors der Landwirtschaftsausstellung Leipzig-Markkleeberg wurde dort das kurz zuvor eingeführte Genossenschaftssystem vorgestellt. Zur Attraktion der gesamten Ausstellung wurde die »gläserne Kuh« aus dem Deutschen Hygiene-Museum Dresden. Da Kühe in Indien als heilig gelten, zog dieses Exponat wohl besondere Aufmerksamkeit auf sich. Westdeutsche Beobachter sahen auch mit Sorge, dass die ostdeutschen Repräsentanten DDR-Fähnchen, Abzeichen mit der Aufschrift »10 Jahre DDR« und Luftballons mit dem Aufdruck »Frieden, Freiheit, DDR« an Messebesucher verteilten. Geradezu alarmierend fanden sie, dass Indiens Ministerpräsident Pandit Nehru sich wesentlich länger als geplant im DDR-Pavillon aufhielt.[86]

Auf dem Gebiet des Gartenbaus verlief eine Initiative zur Teilnahme an der Wiener Internationalen Gartenschau (WIG) 1964 dagegen erfolglos. Die Handelsorganisation DIA Nahrung, die den Handel mit Moorbeetpflanzen im westlichen Ausland ausweiten wollte, veranlasste Helmuth Lehmann, sich um eine Einladung zur WIG zu bemühen. Grund war, dass die DDR, die immer noch 90 Prozent ihrer garten-

83   ThHStAW, iga, 102, Teilnahme des Gartenbaus der DDR an der Gentse Floralien, 6.7.1959.

84   ThHStAW, iga, 102, Absage der Teilnahme an der Gentse Floralien, 18.1.1960.

85   ThHStAW, iga 6-94-3622, 94, Reinhold Lingner: Bericht über das Studium der Gentse Floralien 1960 in Gent, Belgien, 21.6.1960.

86   Karl-Heinz Woitzik, Die Auslandsaktivität der sowjetischen Besatzungszone Deutschlands. Organisation – Wege – Ziele, Mainz [ca. 1967], S. 128 ff.

baulichen Exporterzeugnisse in die Bundesrepublik ausführte, sich neue Märkte erschließen wollte.[87] Lehmann bat daher den Bundesverband der Erwerbsgärtner Österreichs um eine Einladung, da »die Teilnahme der weltbekannten Moorbeet-pflanzen- und Saatzuchtbetriebe der DDR eine nicht unwesentliche Bereicherung der WIG 64 darstellen wird«.[88] Zunächst schien es, als könnten sich die Betriebe der DDR unter der nationalen Herkunftsbezeichnung beteiligen.[89] Die Organisatoren aus Erfurt planten daher eine Kollektivschau der DDR mit für den Export bestimmten Zierpflanzen wie Eriken, Azaleen und Kamelien.[90] Aufgrund der Wettbewerbsbedingungen des B.I.E., die diplomatische Beziehungen zu den teilnehmenden Ländern vorschrieben, verweigerte dann aber der Bundesverband der Erwerbsgärtner Österreichs einen offiziellen Beitrag der DDR. Der Bundesverband stellte Lehmann jedoch in Aussicht, einzelne DDR-Betriebe könnten ihre Produkte mit Firmen- und Ortsbezeichnung, aber ohne Nennung der DDR als Herstellernation präsentieren[91], was Lehmann aber ablehnte.[92] Trotz des negativen Ausgangs besuchte im August 1964 eine Delegation der iga die WIG sowie mehrere Wiener Gartenbaubetriebe. Der Reisebericht verharrte in bekannten Argumentationsmustern, wie sie sich auch bei der Beurteilung von westdeutschen Gartenschauen fanden: »Der Inhalt der Ausstellung, soweit man überhaupt von einem sprechen kann, wurde durch den Schaucharakter bestimmt, welcher sich ausdrückte in dem Ringen der einzelnen Formen um Anerkennung ihrer Produkte, um Schlagzeilen für die Absatzwerbung zu erhalten, und in den publikumswirksamen Schauen im Freigelände und in den Ausstellungspavillons. Der Lehrcharakter, wie wir ihn von unseren Ausstellungen her kennen, war nicht vorhanden, aber wahrscheinlich nicht beabsichtigt. Das Dominierende war die Gestaltung, die Architektur und die Dekoration.«[93] Die Gartenschau wurde also abqualifiziert, da sie keine Lehr-, sondern nur Leistungsschauen beinhaltete, obwohl die Erfurter Ausstellungsgesellschaft den ursprünglich geplanten DDR-Auftritt auf der WIG gerade zu handelspolitischen Zwecken hatte nutzen wollen.

Reinhold Lingners Gesamtkonzeption für die iga 1961

Die Gesamtkonzeption des Ausstellungsgeländes und die Leitung der Realisierung lagen bei Reinhold Lingner, einem der profiliertesten Landschaftsarchitekten

87 ThHStAW, iga, 8, Schreiben der DIA Nahrung, Kontor Sämereien an Helmuth Lehmann wegen der Internationalen Gartenbauausstellung in Wien 1964, 17.7.1963.

88 ThHStAW, iga, 8, Schreiben von Helmuth Lehmann an den Bundesverband der Erwerbsgärtner Österreichs, 29.4.1963.

89 ThHStAW, iga, 8, Schreiben von Helmuth Lehmann wegen der WIG 64, 14.5.1964.

90 ThHStAW, iga, 246-1 Karton 128 (alte Signatur), Konzeption für die Teilnahme an der Internationalen Gartenschau in Wien – Österreich, ohne Datum, Blatt 179 f.

91 ThHStAW, iga, 8, Schreiben vom Bundesverband der Erwerbsgärtner Österreichs an Helmuth Lehmann, 24.3.1964.

92 ThHStAW, iga, 8, Schreiben von Helmuth Lehmann wegen der WIG 64, 14.5.1964.

93 ThHStAW, iga, 8, Bericht über die Studienreise nach Österreich vom 8.–15.10.1964, 30.10.1964.

der DDR, der unter anderem die Freiraumgestaltung für die Stalinalleen in Berlin und Karl-Marx-Stadt geleitet hatte. Für das Vorhaben konnte Lingner sowohl auf seine praktischen Erfahrungen als auch auf seine theoretischen Überlegungen für eine dem Sozialismus angemessene Gartenarchitektur zurückgreifen. In einem 1954 veröffentlichten Artikel »Zum Kampf um eine neue deutsche Gartenkunst« leitete er seine Überlegungen zum einen aus den Traditionen der deutschen Gartenkunst und Landschaftsplanung und zum anderen aus den Prinzipien des sowjetischen Kulturparks her.[94] Als Vorbilder galten ihm außerdem Landschafts- und Barockgärten, während er Volksparks der Weimarer Zeit ablehnte, weil diese in Randlagen und zu »hygienischen Zwecken« geschaffen worden seien. Hingegen propagierte er zentral gelegene »Kulturparks« mit umfangreichen Kultur- und Bildungsangeboten.

Lingner verstand die iga als »wissenschaftlich konzipierte Lehrschau, eine ›Akademie des Gartenbaues‹, die in ständig wiederkehrenden Ausstellungen auf dem gleichen Gelände fortlaufend den jeweiligen Stand und die Perspektiven des Gartenbaus im Sozialismus, die Fortschritte in den Produktionsmethoden und Produkte zeigen wird«.[95] In seiner Gestaltungskonzeption betonte er das Ziel, »speziell dem gemeinsam Verbindlichen, dem Gesellschaftlichen Ausdruck zu geben, also den Rahmen zu schaffen, in dem die Werktätigen sich ihrer eigenen Kraft im künstlerischen Erlebnis bewußt werden«.[96] In der Gestaltung sollten sich daher »wesentliche Merkmale der sozialistischen Gesellschaftsordnung widerspiegeln, Merkmale wie die Einheitlichkeit der humanistischen Richtung, Frieden, freundschaftliche Verständigung unter den Völkern«. Die sozialistische Gesellschaft wollte er vor allem durch »architektonische Straffheit«, große Plätze und klare Wegeführungen visualisieren.[97] Um ein möglichst einheitliches Erscheinungsbild zu erhalten, ließ er ein Farbkonzept mit wenigen Farben für alle baulichen Elemente und Möbel entwickeln. Darüber hinaus untermauerte der Chefarchitekt die vermeintliche Eigenständigkeit rhetorisch und grenzte sie von westdeutschen Gartenschauen ab. Sie stehe im Gegensatz zu den Ansichten der westdeutschen Gestalter, die »keine riesigen Plätze und Räume für große Volksmassen« wollten, sondern »kleine intime Gärten« als Rückzugsorte.[98] Mustergärten für Einzelhäuser, wie sie auf westdeutschen Gartenschauen vorkamen, lehnte Lingner ganz ab. Negativbeispiele waren für ihn auch Weltausstellungen, auf denen

---

94 Reinhold Lingner, Zum Kampf um eine neue deutsche Gartenkunst, in: Probleme der Gartenarchitektur, Sonderheft Deutsche Architektur (1954), S. 4-9. Siehe dazu Fibich, Rückbesinnung. Mit historischen Bezügen zur Gartenkunst versuchte Lingner, die eigene Disziplin aufzuwerten und ihr ein wissenschaftliches Gepräge zu geben, doch wollte er sich in seiner gestalterischen Freiheit nicht einschränken lassen, vgl. Karn, Lingner, S. 151.

95 Reinhold Lingner, Gestaltungsprobleme der internationalen Gartenbauausstellung Erfurt 1961, in: *Deutsche Gartenarchitektur* 3 (1962) 1, S. 1-5, hier S. 1.

96 Reinhold Lingner, Die I. Internationale Gartenbauausstellung der sozialistischen Länder in Erfurt 1961, in: *Deutsche Gartenarchitektur* 1 (1960) 2, S. 33-39, hier S. 39.

97 Lingner, Gestaltungsprobleme, S. 2 ff.

98 Lingner, I. Internationale, S. 38 f.

sich »jeder Teilnehmer mit seinem Bau um jeden Preis mit allen nur möglichen Superlativen von den anderen abzuheben strebt, so dass schließlich im Gesamtbild dieser disharmonischen Anhäufung unterschiedlich gestalteter und unruhig zueinander gesetzter Baukörper der für die kapitalistische Gesellschaftsordnung typische Konkurrenzkampf als Spiegelbild deutlich in die Augen springt«.[99]

Am Ende der iga 1961 beklagte Lingner die fehlende Wertschätzung für seine Freiraumgestaltung seitens der staatlichen Auftraggeber: Diese hätten den Ausstellungspark »nur mit Ausnahme der zum ökonomischen Programm gehörenden Sortenschauen und der Gartenbau-Maschinenausstellung – lediglich als dekorative Umrahmung angesehen, die der Gartenarchitekt sozusagen als Dekoration an sich, unabhängig von den ideellen und ökonomischen Aufgaben, ausgestalten konnte«.[100] Die Enttäuschung empfand Lingner wohl auch, da er sich schon früher für seine Disziplin eingesetzt hatte, die im Schatten der anderen Künste – und auch der Architektur – stand.[101] Würdigung erfuhr Lingners Engagement für die iga und frühere Projekte aber dennoch, denn 1961 erhielt er die Berufung an den Lehrstuhl für Landschaftsarchitektur an der Humboldt-Universität in Ost-Berlin, dessen Inhaber Georg Pniower 1960 verstorben war. Außerdem wurde ihm die höchste staatliche Auszeichnung – der Nationalpreis der DDR – verliehen.[102]

Obwohl Lingner seine Konzeption stets von westdeutschen Gartenschauen abgrenzte, war er doch fachlich an der Stuttgarter Schau und am Austausch mit westdeutschen Kollegen interessiert. Nach der dreijährigen Arbeit an der iga war er allerdings zu erschöpft, um die Stuttgarter Bundesgartenschau zu besuchen, wie er einem befreundeten Stuttgarter Ehepaar mitteilte.[103] Ursprünglich hatten sie gegenseitige Besuche geplant, um beide Gartenschauen miteinander zu vergleichen. Ende August 1961 hatte jedoch auch der Bekannte abgesagt, da man »ihm einen Strick daraus drehen« würde, wenn er nach Erfurt führe, da er als »Hitler-Feind« den »alten Nazis« suspekt sei. Dabei wäre ihm nach dem für ihn enttäuschenden Besuch der Stuttgarter Schau daran gelegen gewesen, die Erfurter Veranstaltung zu besuchen.[104]

Einige Jahre nach Fertigstellung des iga-Geländes bewertete Reinhold Lingner das iga-Gelände als vorbildlichen »Kulturpark« und stellte ihn in eine Reihe mit dem Gorki-Park in Moskau. Als Gestaltungselemente hob er »Gartenräume, Terrassen, Gaststätten und festlich geschmückte Plätze, die sich über das weitläufige Gelände verteilen«, hervor, die Platz für die 100 Kulturveranstaltungen in den Sommermonaten böten.[105]

---

99 Lingner, Gestaltungsprobleme, S. 2.
100 Ebd., S. 6.
101 Karn, Lingner, S. 155.
102 Zutz, Grüne Moderne, S. 13.
103 IRS, Nachlass Lingner, 8, Brief von Reinhold Lingner an Manfred und Anna Pahl, 17.12.1961.
104 IRS, Nachlass Lingner, 8, Brief von Manfred Pahl an das Ehepaar Lingner, 29.8.1961.
105 Reinhold Lingner, Einleitung, in: Hermann Schüttauf, Parke und Gärten in der DDR, Leipzig 1973, S. 8-15, hier S. 13.

Die Mischung an kulturellen Veranstaltungen entsprach den Forderungen nach der »Pflege des nationalen deutschen Kulturerbes« und des »Bitterfelder Weges« und bildete den Stand der sechziger Jahre ab. Die von ihm entworfenen »Kulturparks« wollte Lingner aber nicht als reine Sport- und Vergnügungsstätten verstanden wissen und setzte sich gegen deren Umgestaltung ein.[106]

Als Chefarchitekt wurde Lingner in den folgenden Jahren kaum in offiziellen Publikationen und Werbeschriften für die iga erwähnt. Seine persönlichen Verdienste mussten wohl hinter den Kollektivleistungen der iga-Gesellschaft und der Mitarbeit der Erfurter Bevölkerung zurücktreten. Erst Anfang der neunziger Jahre wurde er als Urheber wieder hervorgehoben, als das iga-Gelände unter Denkmalschutz gestellt wurde.

Rundgang über das Ausstellungsgelände

Für die iga 1961 stand ein 50 Hektar großes Gelände zur Verfügung, das den in den fünfziger Jahren geschaffenen Kulturpark, die Erweiterung für die »Samenexportschau« 1955 und eine neue Fläche auf der Anhöhe umfasste.

In dem bisherigen Bereich mit den Überresten der ehemaligen Cyriaksburg beließ Lingner die historisch gewachsene Struktur, während er die dazugewonnenen Flächen nach eigenen Vorstellungen gestaltete.

Der für die »Samenexportschau« 1955 entstandene Eingang auf der Anhöhe an der Gothaer Straße wurde neuer Haupteingang. Am Fuß des Cyriaksbergs am Gothaer Platz blieb ein zweiter Eingang bestehen, ein dritter befand sich am Luisenpark im Süden. Zum Haupteingang wurde eine Straßenbahnlinie gelegt und davor ein Großparkplatz gebaut. Die breite Treppe zum Einlass war für Ost- und West-Gäste unterteilt. Schon vor den Kassengebäuden wurden die Besucher mit der überlebensgroßen Bronzeplastik »Der Aufbauhelfer« des Bildhauers Fritz Cremer auf die Mitarbeit der Erfurter im »Nationalen Aufbauwerk« eingestimmt. Der Arbeiter mit Schiebermütze krempelte sich mit der linken Hand den rechten Ärmel hoch, während er in der rechten Hand eine Spitzhacke hielt und entschlossen nach vorn schaute. Die Plastik – hier ein Zweitguss – war zuerst im Andenken an den Wiederaufbau Berlins entstanden. Von Cremer stammte auch die Figurengruppe am Glockenturm der Nationalen Mahn- und Gedenkstätte Buchenwald auf dem Ettersberg gegenüber dem iga-Gelände.[107]

Im zweigeschossigen, gelb geklinkerten Empfangs- und Verwaltungsgebäude mit großer Fensterfront rechts neben dem Eingang waren eine Empfangshalle und Räumlichkeiten für das Pass- und Meldewesen, eine Wechselstube und Sitzungs-

---

106 Peter Fibich, Zwischen Rückbesinnung und Neubeginn. Zum Traditionsverständnis Reinhold Lingners (1902–1968), in: *Stadt + Grün* 52 (2003) 3, S. 30-35, hier S. 35.

107 Ruth Menzel, Denkmale in Erfurt – Denk mal drüber nach. Der Aufbauhelfer, in: *Stadt und Geschichte. Zeitschrift für Erfurt* 5 (2002) 1, S. 29.

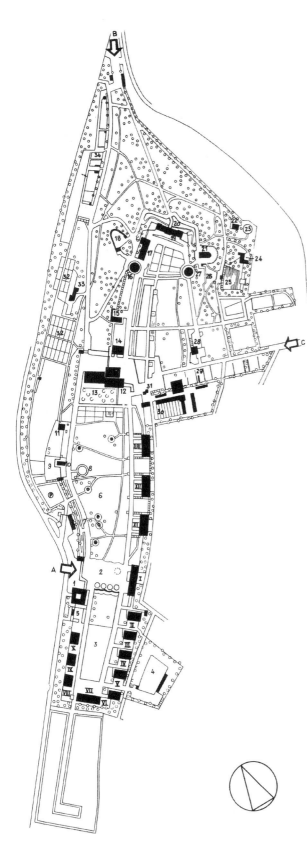

Abb. 29 Übersichtsplan der iga 1961 Erfurt

A   Haupteingang
B   Eingang Gothaer Platz
C   Südeingang

I   Halle »Völkerfreundschaft«
II   Halle »Mechanisierung«
III   Halle der Ungarischen Volksrepublik
IV   Halle der CSSR
V   Halle der Rumänischen Volksrepublik
VI   Halle der VR Bulgarien
VII Halle der UdSSR
VIII Halle »10 Jahre DAL«
IX   Halle »VVB Saatgut«
X   Halle »VVB Landmaschinen«
XI   Halle der DDR
XII Halle »Gemüse- und Obstbau«
XIII Halle »Blumen- und
      Zierpflanzenbau«

1   Empfangs- und Verwaltungsgebäude
2   Festplatz
3   Maschinenausstellung im Freien
4   Maschinenvorführfläche
5   Imbißgarten
6   Blumenwiese mit Pavillons des
    Internationalen Kunsthandwerks
7   Erfurter Blumenstellagen
8   Großer Springbrunnen und
    Kinderplansche
9   Kinderspielplatz
10 Kindertheater
11 Kinderbar
12 Hauptgaststätte
13 Rosenterrasse
14 Pavillon des staatlichen
    Chemiekontors
15 Altes Verwaltungsgebäude
16 Volkssternwarte
17 Gaststätte »Sternwarte«
    (Ungarisches Restaurant)
18 Tanzplatz
19 Gartenbaumuseum
20 Burggraben, Rumänische Wein-
    caponniere und Sektcaponniere
21 Gaststätte Caponniere
    (Ungarisches Weinrestaurant)
22 Wirtschaftsgebäude
23 Aussichtsplatz »Buchenwaldblick«
24 Umkleideräume des Freilichttheaters
25 Freilichttheater
26 Lesegarten mit Parkbibliothek
27 Aussichtsturm
28 Tanz-Café am Südhang
29 Pavillon in der Baumschulenschau
30 Wirtschaftshof und Gewächshaus-
    anlage
31 Buchpavillon des Volksbuchhandels
32 Musterkleingartenanlage
33 Zentralhaus der Kleingärtner
    (Klubhaus)
34 Jugendpavillons der Aussteller-Länder
35 Parkplatz

räume untergebracht.[108] Hinter dem Eingang erstreckte sich der Festplatz mit Fahnenmasten, vier Leuchtfontänen, Pflasterornamenten und Blumenkübeln, dahinter die »Halle der Völkerfreundschaft«.

Rechts davon befand sich das Ausstellungszentrum mit den Nationenbeiträgen und der Technikpräsentation. Zehn Hallen in Stahlkonstruktion mit grünem Profilglas gruppierten sich um eine Freifläche. In fünf Hallen und auf den vorgelagerten Gartenflächen präsentierten sich die beteiligten sozialistischen Nationen – Ungarn, die ČSSR, Rumänien, Bulgarien, die UdSSR – mit ihren Produkten. Die größte Halle – die der Sowjetunion – war durch ihre exponierte Lage am Ende und an der höchsten Stelle des Ausstellungsgeländes hervorgehoben. Auf der Freifläche wurde Gartenbautechnik ausgestellt, während hinter den Hallen Maschinenvorführungen stattfanden. Vom Festplatz führte der breite Hauptweg in Richtung Norden zur Zentralgaststätte, östlich flankiert von den drei Hallen der DDR, für Obst und Gemüse sowie für Zierpflanzen. Diese sowie die »Halle der Völkerfreundschaft« waren aufgrund der anfänglich knappen Materiallage in Holzkonstruktion gebaut worden.[109] Links von der Hauptachse erstreckte sich ein 370 Meter langes Blumenbeet mit einer ornamentalen Bepflanzung, die die Ehefrau des Chefarchitekten, Alice Lingner, entworfen hatte. Durch das Beet, das am Festplatz 38 Meter breit war und sich zu den Rosenterrassen vor der Zentralgaststätte hin verjüngte, schlängelte sich eine Bepflanzung mit Symbolcharakter: das »völkerverbindende weiße Band des Friedens« aus weiß blühenden Blumen. Das Beet war in sechs »Farbbögen« untergliedert, die im Sommer mit 117 Sorten bepflanzt waren.[110] Flankiert wurde das Beet von einer Blumenwiese mit sechs kleineren Rundpavillons, in denen die beteiligten Nationen Kunsthandwerk ausstellten. Hinter dem Beet war die Zentralgaststätte als Riegel zwischen das neue Gelände mit den Hallen und den alten Ausstellungspark gelegt worden.[111] Für die Selbstbedienungsgaststätte mit Bühne und Tanzfläche war eine bestehende Ausstellungshalle umgebaut und um einen zweigeschossigen Anbau erweitert worden. Daran angegliedert war die »Rendezvousbrücke«, die den Hauptweg überbrückte und Blicke auf das Ausstellungsgelände, die Altstadt sowie auf die nach Norden liegenden Blumenfelder ermöglichte. (vgl. Abb. 31, S. 162, und Farbabb.32, S. 50)

Hinter der Zentralgaststätte befanden sich die gärtnerischen Anlagen mit Stauden- und Steingarten, Iris-Sondergarten und Karpatengarten. In der Staudenvergleichsschau von Walter Funcke und Hermann Göritz waren unter anderem Rittersporne von Karl Foerster zu sehen. Zur Rechten erstreckte sich ein 150 Meter langes

---

108 Reinhold Lingner, iga 1961. Die Bauten der Internationalen Gartenbauausstellung, in: *Deutsche Architektur* 11 (1962) 4/5, S. 197-207, hier S. 202.

109 Ebd., S. 198.

110 Alice Lingner, in: *Das große Sommerblumenbeet auf der internationalen Gartenbauausstellung Erfurt 1961*, in: *Garten und Landschaft* 71 (1961) 10, S. 299-301.

111 Siehe die Beschreibung in: Lingner, iga 1961, S. 203.

Abb. 31 Bildpostkarte der Zentralgaststätte mit Rendezvousbrücke, sechziger Jahre.
Abb. 30 »Der Aufbauhelfer« von Fritz Cremer im Eingangsbereich der iga in Erfurt,
um 1966. Die Plastik erinnert bis heute an die Mitarbeit der Erfurter Bevölkerung
an der iga 1961 im Rahmen des »Nationalen Aufbauwerks«.

Wasserbecken mit Fontänen. In dem Bereich rund um die Cyriaksburg wurden mehrere historische Gebäude für Gaststätten und Bildungseinrichtungen genutzt. Ein Befestigungsturm war bereits seit 1950 »Volkssternwarte«. Die »Weincaponniere« war in dem Gewölbe eines historischen Befestigungsgebäudes untergebracht. In der ehemaligen Zitadelle wurde das Gartenbaumuseum eröffnet. Neu war hingegen das Freilichttheater für Theater-, Opern- und Filmvorführungen am Nordosthang mit 3.000 Plätzen, das als das modernste in der DDR beworben wurde.[112] Dahinter lag der Aussichtspunkt »Buchenwaldblick« mit der Plastik »Der Rufer«, einer verkleinerten Replik der Figurengruppe in der Nationalen Mahn- und Gedenkstätte. Hier deutete die Plastik auf die Gedenkstätte und ihren prominenten Glockenturm auf dem gegenüberliegenden Ettersberg.

Eine Parkbibliothek mit Lesegarten wandte sich an das Fach- und Laienpublikum. Am Nordhang hatten Schüler der Erfurter Gartenfachschule den »Jugendpark der Länder« mit Tanzfläche und Gaststätte, einer Wiese für Veranstaltungen und einer Fläche für Zelte angelegt. Eine Ausstellung informierte über die Ausbildung in gärtnerischen Berufen.[113] Bei der Musterkleingartenanlage mit Klubhaus hatte Lingner auf Abgrenzungen zwischen den 28 Einzelgärten verzichtet, um den Eigentumscharakter zu vermeiden. Zur Anschauung gingen die Kleingärtner während der iga ihren üblichen Tätigkeiten nach. Auf dem Rückweg zum Haupteingang befand sich der Kinderbereich mit Spielplatz, Theater, Bar und Planschbecken.

Der Rundgang zeigt, dass einzelne Funktionsbereiche wie Sondergärten, Jugend- und Kinderbereich und die Kleingartenanlage voneinander getrennt waren. Elemente wie Gartenmöbel und das Farbkonzept zogen sich hingegen durch alle Parkbereiche, um ein harmonisches Gesamtbild zu erzeugen. Alle Gartenmöbel – runde Hocker und Tische für die Terrasse der Zentralgaststätte, Stapel- und Klappstühle sowie vier verschiedene Banktypen – hatten Studierende des Instituts für Innengestaltung an der Hochschule für Architektur und Bauwesen Weimar entworfen.[114] Der Berliner Maler Bert Heller hatte für die Fassaden der Ausstellungshallen, Gartenmöbel und Wandbilder ein Farbkonzept aus den sieben Farben Weiß, Blau, Hellgrau, Gelb, Anthrazit, helles Rot und Türkis entwickelt, die den Blumen keine Konkurrenz machen und Harmonie erzeugen sollten.[115]

Die sozialistische Weltanschauung wurde durch Kunstwerke wie »Der Aufbauhelfer« und »Der Rufer«, das große Blumenbeet und die Gestaltung der »Halle der Völkerfreundschaft« versinnbildlicht. In der Zentralgaststätte bildete ein fünfteiliger Bilderzyklus – im Stil des sozialistischen Realismus von dem Erfurter Maler Otto Knöpfer gemalt – die Erfurter Bevölkerung bei den Vorbereitungen für die Gartenschau

---

112 Lingner, Bauten, S. 206.
113 Lingner, I. Internationale, S. 36.
114 Gartenmöbel auf der »iga«, in: *Möbel und Wohnraum* 8 (1961) 7, S. 204-206.
115 Lingner, Bauten, S. 200.

ab.[116] Andere Kunstwerke wie »Liebespaar« von Ursula Schneider-Schulz, »Schulkinder« von Hans Klakow, »Die Schwimmerin« von Waldemar Grzimek und »Der Mundharmonikaspieler« von Hans Hennig hatten dagegen eher dekorativen Charakter.[117]

Auf der iga 1961 war das Bemühen um eine einheitliche Gestaltung deutlich. Dabei wechselten gartenkünstlerisch gestaltete Anlagen mit Cafés und Kultureinrichtungen, was sich nicht besonders von westdeutschen Gartenschauen unterschied. Die großen Unterschiede zu den westdeutschen Gartenschauen wurden jedoch im Rahmen der Lehrschauen in den Ausstellungshallen vorgestellt.

Lehrschauen

1960 hatte Helmut Lichey in seiner Dissertation über kapitalistische und sozialistische Gartenbauausstellungen festgestellt, dass die Schwerpunkte der Ausstellungen im Sozialismus in der »Belehrung als Hilfsmittel für die Praxis, zum Erwerb von Kenntnissen über allseitige Möglichkeiten zur Steigerung der Produktion, aber auch zur Schulung von Staats- und Wirtschaftsfunktionären für die Planung, Kontrolle und Anleitung der Praxis in der Erfüllung ihrer Produktionsaufgaben« lägen.[118] Dabei räumte er ein, dass »die allgemeine visuelle Erscheinung der Ausstellung« gegenüber kapitalistischen Ausstellungen abfalle.[119] Die Veranstalter in der DDR befanden sich also in einem Dilemma: Einerseits mussten sie die selbst gestellten Aufgaben für Wissenschaftlichkeit und Belehrung erfüllen, andererseits eine Gestaltung für die Lehrschauen finden, die Vergleichen mit dem Westen standhielt.

Die Lehrschauen erfüllten die Forderung nach Belehrung, indem sie über Produktionsweisen, Stand der Mechanisierung und Erzeugnisse informierten. Die Ausstellungssprache sollte »sachlich, klar, zweckmäßig mit modernen Elementen« sein und sich damit von der früher üblichen »naturalistischen und romantischen Darstellung« von Gärtnern abheben.[120] Technische und wirtschaftliche Inhalte wurden durch Grafiken, Dioramen und Modelle visualisiert.[121]

Für die Ausarbeitung der Lehrschauen war ein Kollektiv aus Architekten, Innenarchitekten, Grafikern und Wissenschaftlern zuständig. Für die grafische und technische Gestaltung sorgte die Deutsche Werbe- und Anzeigengesellschaft (DEWAG), die das Monopol für Werbung in der DDR hatte. Sie war 1945 in Dresden gegründet worden und hatte 1949 ihren Hauptsitz nach Berlin verlegt. 1953 in einen Volks-

---

116 Abgebildet in: Erfurter Garten- und Ausstellungs GmbH (Hrsg.), 50 Jahre iga – ega – egapark, Erfurt 2011, S. 56 f.

117 Abgebildet in: Ernst Schäfer, iga. Internationale Gartenbauausstellung der Deutschen Demokratischen Republik Erfurt, Dresden um 1966, ohne Seitenzählung.

118 Lichey, Vergleichende Untersuchung, S. 82.

119 Ebd.

120 ThHStAW, iga, 245 Karton 127 (alte Signatur), Einschätzung der Arbeit der Abteilung Gestaltung, Blatt 167.

121 Lichey, Vergleichende Untersuchung, S. 165.

eigenen Betrieb (VEB) umgewandelt, hatte sie durch Großaufträge für die Leipziger Messe frühzeitig Bedeutung erlangt.[122]

Die zentrale Ausstellung der iga 1961 befand sich in der »Halle der Völkerfreundschaft« gegenüber dem Haupteingang des Gartenschaugeländes. Als »Ehrenhalle« stellte sie den Besuchern den Sozialismus und die beteiligten Nationen im Überblick vor. Wie bereits erwähnt, zeigte die Außenfassade eine Weltkarte mit den sozialistischen und kapitalistischen Staaten. Im Innenraum zog die Losung »Der volle Triumph des Sozialismus und Kommunismus im Weltmaßstab ist unausbleiblich« die Blicke der eintretenden Besucher auf sich.

Auf Großfotos waren Wissenschaftler und im Gartenbau tätige Menschen während der Arbeit und mit ihren Ernteprodukten abgebildet. Ein Film, der über die Geschichte der Sowjetunion und die Entwicklung des Sozialismus informierte, beinhaltete unter anderem Szenen der Oktoberrevolution, des Aufbaus der neuen Gesellschaftsordnung, der »Zerschlagung des Faschismus« und Bilder der neu entstandenen Genossenschaften im Obst- und Gemüsebau.[123] Die Anbaugebiete der sozialistischen Staaten waren auf einer transparenten Landkarte durch Lichteffekte markiert.[124] Wie auf dem Foto der Halle zu erkennen ist, wandten sich die dort abgebildeten Besucher aber vor allem den Schnittblumen und den großen transparenten Ballons in der Mitte des Raumes zu, weniger den propagandistischen Darstellungen an den Wänden. Vermutlich interessierten sich diese Besucher weniger für politische Losungen als für die inszenierten Exponate.

Während in der »Halle der Völkerfreundschaft« ein Überblick über die sozialistische Staatenwelt gegeben wurde, verfügten die Sowjetunion, die ČSSR, Ungarn, Bulgarien, Rumänien und die DDR zudem über eigene Länderhallen.

Die Halle der DDR stellte das neue Genossenschaftssystem am Beispiel von einzelnen GPGs und LPGs und mit Hilfe von Fotos, Texten und Grafiken vor.[125] Außerdem wurde ein Blick auf den Gartenbau in der Bundesrepublik geworfen. So sollten in einem Film jeweils ein Gärtner aus der Bundesrepublik und aus der DDR über ihre Lebens- und Arbeitsbedingungen berichten. Geplant war, den westdeutschen Gärtner von dem Bau eines Gewächshauses, einer Kreditaufnahme und dem Konkurrenzdruck durch den ausländischen Markt erzählen zu lassen, weshalb er Ernteprodukte habe vernichten müssen, wie das Drehbuch berichtet.[126]

---

122 Simone Tippach-Schneider, Messemännchen und Minol-Pirol. Werbung in der DDR, Berlin 1999, S. 24 ff. Ab 1959 wurde nur noch die Abkürzung DEWAG verwendet, um das »Deutsche« zu vermeiden und den Bereich der »Anzeigen« nicht mehr hervortreten zu lassen, da weitere Dienstleistungen hinzugekommen waren.

123 ThHStAW, iga, 245 Karton 127 (alte Signatur), Drehbuch Halle Völkerfreundschaft, 5.8.1960.

124 Letzte Hand wird angelegt. Wir sprechen mit Professor Keler, Künstlerischer Leiter der Ausstellungshallen der iga, in: Thüringer Tageblatt, 22.4.1961.

125 Farbensinfonie im DDR-Pavillon. Imposante Ausstellung zeugt vom hohen Leistungsstand des Gartenbaus unserer Republik, in: Norddeutsche Zeitung, 3.5.1961.

126 ThHStAW, iga, 0.0.1./0.2 Bd. 1 – Karton 194 (alte Signatur), Drehbuch Halle DDR, ohne Datum. Ob der Film fertiggestellt und gezeigt wurde, ließ sich anhand der Quellen nicht belegen.

Dass nicht alle Besucher die Präsentation der DDR begrüßten, zeigt ein Eintrag in das Besucherbuch: »Der Pavillon der DDR ist sehr geschmacklos gestaltet worden. […] Die vielen Porträts und Bilder, die das Leben im Gartenbau und in der Landwirtschaft widerspiegeln, sind überflüssig.«[127] Dieser Besucher hatte sich wohl vor allem an der propagandistischen Darstellung gestört.

Andere Hallen widmeten sich den Themen Mechanisierung, Ausbildung und Saatgut. Ferner gab es wechselnde Leistungsschauen in den Hallen für Obst und Gemüse sowie Zierpflanzen. Eine weitere Halle stellte die Arbeit des Verbandes der Kleingärtner, Siedler und Kleintierzüchter (VKSK) dar, der 1959 gegründet worden war und sich zu einer der größten Massenorganisationen der DDR entwickeln sollte.[128] Kleingärten wurden in den sechziger Jahren zwar noch nicht uneingeschränkt von der SED begrüßt, zunehmend aber die Selbstversorgung durch den privaten Anbau propagiert.[129] Erst ab Mitte der siebziger Jahre erkannte die SED die ganze Bedeutung der Kleingärten und förderte sie in den achtziger Jahren in besonderem Maße.[130]

Schwierigkeiten bei der Bestückung der Leistungsschauen mit Ausstellungsmaterial verzeichnete die Abteilung Gestaltung. Zwar hatte die iga die Leistungswettbewerbe in Fachzeitschriften und mittels Informationsbroschüren beworben, Anmeldungen aus Gartenbaubetrieben kamen jedoch nur schleppend. Daher wurden die einzelnen Räte der Bezirke um Unterstützung gebeten.[131]

In der Kakteenschau konnte nur »durch geschickte Anordnung und Gruppierung der Pflanzen [...] die gesamte Fläche gefüllt werden«, so ein interner Vermerk.[132] In der Fachzeitschrift *Der Deutsche Gartenbau* wurde die spärliche Gestaltung der Kakteenschau hingegen damit begründet, dass Abstand von einer »romantisch-naturalistischen Darstellung« genommen wurde zugunsten »einer klaren, bewußt konzentrierten Formgebung« und des Mottos »wenig ist viel«. Außerdem wurden dort Anzucht, Düngung und Veredelung in didaktischer Weise vermittelt.[133] Die Halle für Obst und Gemüse wurde mit Unterstützung der ČSSR, Ungarns und Rumäniens gefüllt. Bei den Zierpflanzenschauen wurde immer wieder auf Pflanzen der drei Erfurter Betriebe VEG Saatzucht, F. C. Heinemann und N. L. Chrestensen zurückgegriffen, wenn Ausstellungsmaterial fehlte.[134]

---

127 ThHStAW., iga, 104, Bericht der ökonomischen Abteilung vom 14., 15. und 16.6.1961, Blatt 484.
128 Zur schwierigen Gründung vgl. Isolde Dietrich, Hammer, Zirkel, Gartenzaun. Die Politik der SED gegenüber den Kleingärtnern, Berlin 2003, S. 140 ff.
129 So würdigte Walter Ulbricht am 15.9.1965 zum ersten Mal in der Öffentlichkeit die Selbstversorgung der Kleingärtner und deren Verkäufe an die Aufkaufstellen, vgl. ebd., S. 176.
130 Ebd., S. 236 ff.
131 ThHStAW, iga, 245 Karton 127 (alte Signatur), Einschätzung der Arbeit der Abteilung Gestaltung, Blatt 162 f.
132 Ebd., Blatt 163 f.
133 Gunar Franke, Die Kakteenschau auf der iga Erfurt 1961, in: *Der Deutsche Gartenbau* 8 (1961) 11, S. 478-479.
134 ThHStAW, iga, 245 Karton 127 (alte Signatur), Einschätzung der Arbeit der Abteilung Gestaltung, Blatt 165.

Abb. 33 Ausstellung in der zentralen »Halle der Völkerfreundschaft«
der iga 1961. Die Losung »Der volle Triumph des Sozialismus im Weltmaßstab ist unausbleiblich« demonstriert den programmatischen
Anspruch dieser Hallenschau.
Abb. 34 »Erklärer« mit Studiengruppe in der Halle der Landmaschinen
auf der iga 1961.

Eine wichtige Rolle spielten bei der Vermittlung der Inhalte auch die »Erklärer« – oft Studenten des Gartenbaus, die organisierte Studiengruppen über technische Neuerungen informierten. Allerdings wurde bemängelt, dass sie mitunter »in der Argumentation zurückhaltend und unsicher« wirkten. Diese Schwächen sollten »politisch qualifizierte Funktionäre« durch Schulungen ausgleichen.[135]

Kulturprogramm

Neben wirtschaftlichen und politischen Aspekten flossen auch kulturelle Themen in die iga ein. Offizielles Ziel war, zu demonstrieren, »dass die humanistischen Gedanken der Weltkultur nur in der sozialistischen Gesellschaft verwirklicht werden können«.[136] Weitere Ziele waren die »Aneignung der Kulturschätze in der DDR sowie die Entwicklung der Bürger der DDR zur gebildeten Nation«.[137] Mit der ersten Devise war vor allem die Ausstrahlung ins nichtsozialistische Ausland verbunden, die zweite zielte primär auf die Herausbildung einer kulturellen und nationalen Identität der DDR-Bevölkerung ab.

Dafür, wie diese politisch-ideologischen Ansprüche umgesetzt werden sollten, wurden indessen keine detaillierten Vorgaben entwickelt. Im Jahr vor Eröffnung der iga 1961 hatte die Abteilung Kultur des Bezirkstages beklagt, dass die Leitung der iga und der Rat der Stadt Erfurt noch keine kulturpolitische Konzeption erstellt hätten. Bei den vorgesehenen Veranstaltungen bestehe daher die »Gefahr der Mittelmäßigkeit«. So seien weder große nationale noch internationale Künstler vorgesehen. Stätten der »Nationalkultur« in Thüringen wie die der Weimarer Klassik und die Wartburg sowie die »Nationale Mahn- und Gedenkstätte Buchenwald« müssten noch stärker einbezogen werden.[138] Aus dem Rat der Stadt Erfurt, der sich für das Kulturprogramm zuständig fühlte, kamen dann noch bis zur Eröffnung wiederholt Klagen über die ungenügende Zusammenarbeit mit dem Ministerium für Kultur, da dieses die Bedeutung der iga noch nicht erfasst habe. Der Rat der Stadt plante zu diesem Zeitpunkt mehrere Veranstaltungen wie die Auftritte von sowjetischen Ensembles, Festwochen sozialistischer Theaterstücke, den Auftritt mehrerer Erfurter Chöre sowie Filmpremieren. Außerdem nahm man die iga zum Anlass, um Erfurter Kultureinrichtungen wie die beiden Theater, das Museum am Anger, Kongresssäle und die Bibliothek zu renovieren.[139] Als Mittelpunkt des kulturellen Lebens auf der iga stand das Freilichttheater mit 3.000 Sitzplätzen zur Verfügung.[140]

---

135 ThHStAW, iga, 98, Einschätzung der 1. Internationalen Gartenbauausstellung der sozialistischen Länder, 1.7.1961.

136 ThHStAW, Bezirkstag und Rat des Bezirks Erfurt, 487, Konzeption der Kulturveranstaltungen sowie des gesamten kulturellen Lebens während der IGA, ohne Datum.

137 ThHStAW, Bezirkstag und Rat des Bezirks Erfurt, K 206, Internationale Gartenbauausstellung. Stand der Vorbereitungen auf dem Gebiete der Kultur, nach dem 14.2.1961.

138 ThHStAW, Bezirkstag und Rat des Bezirks Erfurt, K 205, Hinweise zum kulturellen Teil der Internationalen Gartenbauausstellung Erfurt, 3.8.1960.

139 ThHStAW, Bezirkstag und Rat des Bezirkes Erfurt, K 206, Bericht über den Stand der Folgemaßnahmen der Internationalen Gartenbauausstellung 1961, Blatt 35.

140 Lingner, Bauten, S. 206 f.

Im Dezember 1960 wandte sich der stellvertretende Vorsitzende des Rates des Bezirks Erfurt an den Leiter des Staatlichen Rundfunkkomitees, weil die Zuständigen beim Rundfunk und Fernsehen entgegen der Verabredung keine Vorschläge eingebracht hätten.[141] Noch zwei Monate vor der Eröffnung wurden Engpässe bei der Organisation von kulturellen Höhepunkten festgestellt. Der Schwerpunkt wurde nun auf die kulturellen Aktivitäten der Stadt Erfurt gelegt, um Einblicke in das kulturelle Leben der DDR zu geben.[142] Dabei sollten die Grundsätze der Bitterfelder Konferenz vom 24. April 1959 befolgt werden, die sich die »sozialistische Kulturnation« zum Ziel gesetzt hatte, indem z. B. Künstler Fabrikarbeiter bei kreativen Aktivitäten anleiteten.[143]

Westdeutsche und -europäische Besucher.
Zwischen freundschaftlichen Kontakten und Instrumentalisierung

Die Ausstellungsleitung und das Landwirtschaftsministerium maßen den Erfolg der iga 1961 auch an der Resonanz aus der Bundesrepublik, wie aus Besucherstatistiken und Zwischenberichten hervorgeht. Zwei Monate nach Eröffnung wurden 10.000 Gäste aus der Bundesrepublik und West-Berlin gezählt bei insgesamt einer Million Besuchern zu diesem Zeitpunkt. Aus dem sozialistischen Ausland waren zum selben Zeitpunkt 8.235 Gäste angereist. Die gleichzeitig gezählten 208 Besucher aus den »kapitalistischen Ländern« entsprachen nicht den Erwartungen der Veranstalter. Gründe für den ausbleibenden Besuch wurden bei der unzureichenden Werbung vermutet.[144]

Westdeutsche Besucher konnten entweder individuell und aus Eigeninitiative oder aufgrund einer Einladung aus der DDR anreisen. Für Individualreisende stellte die iga-Leitung die Anmeldeformalitäten als unbürokratisch dar. Auch die westdeutsche Zeitschrift *Garten und Landschaft* berichtete, Interessierte müssten lediglich die iga-Leitung anschreiben, um eine Besucherkarte zu erhalten.[145] Außerdem luden massenpolitische Organisationen der DDR wie die Nationale Front, die Vereinigung der gegenseitigen Bauernhilfe (VdgB), der Freie Deutsche Gewerkschaftsbund (FDGB), die Freie Deutsche Jugend (FDJ), der Demokratische Frauenbund Deutschlands (DFD) und die Demokratische Bauernpartei Deutschlands (DBD)

---

141 Barch, DY30/IV2/902/54, Schreiben über die Internationale Gartenbauausstellung, 20.12.1960.

142 ThHStAW, Bezirkstag und Rat des Bezirks Erfurt, K 206, Rat des Bezirkes Erfurt. Stellvertreter des Vorsitzenden: Internationale Gartenbauausstellung. Stand der Vorbereitungen auf dem Gebiete der Kultur, nach dem 14.2.1961.

143 ThHStAW, Bezirkstag und Rat des Bezirks Erfurt, 487, Konzeption der Kulturveranstaltungen sowie des gesamten kulturellen Lebens während der IGA, ohne Datum. Vgl. zum »Bitterfelder Weg«: von Richthofen, Culture, S. 155.

144 ThHStAW, iga, 98, Einschätzung der 1. Internationalen Gartenbauausstellung der sozialistischen Länder, 1.7.1961, Blatt 252.
Ebd., Blatt 247, Blatt 249 f.

145 Gerda Gollwitzer, Alte und neue Gartenkunst im Herzen Deutschlands. IGA Erfurt 1961, in: *Garten und Landschaft* 71 (1961) 8, S. 240-246, hier S. 240 f.

Abb. 35 Bildpostkarte vom Lichterfest auf der iga 1961. Bei der Abendveranstaltung wurde das gesamte Parkgelände illuminiert – hier die »Halle der Völkerfreundschaft«. Das Lichterfest – 1955 zum ersten Mal auf der »Samenexportschau« veranstaltet – wurde in der Folge verstetigt.

ihnen bekannte Personen aus der Bundesrepublik ein, bei denen sie Interesse an der Veranstaltung vermuteten.[146] Auch die Staatssicherheit hatte die Möglichkeit, Einfluss auf Einladungen zu nehmen und für sie interessante Personen anzuschreiben.[147]

In der Praxis verlief die Einreise jedoch nicht immer problemlos, da die iga-Leitung, Volkspolizei und Staatssicherheit die Antragsteller überprüften und Einspruch erheben konnten.[148] Dazu gab die iga die Namen der westdeutschen Interessierten an die Zentralkartei der Volkspolizei weiter. Diejenigen, die unauffällig waren, erhielten die Anmeldekarte zurück und durften einreisen, während unliebsame Personen nicht zugelassen wurden. Nach der Ankunft mussten die westdeutschen Gäste sich dann im »Organisationsbüro West« auf dem iga-Gelände melden.

Für die »gesamtdeutsche Arbeit« waren die VdgB, die DPD, der FDGB, die FDJ und das staatliche Reisebüro der DDR (DER) zuständig. Die koordinierende Rolle bei der politischen Betreuung übernahm die VdgB, die auch den Auftrag hatte, 1.500 westdeutsche Gärtner, Obstbauern, Winzer und Wissenschaftler zum Besuch zu bewegen, um mit diesen die politische Arbeit durchzuführen. Ihnen sollten Themen wie die »Einheit und Geschlossenheit der sozialistischen Länder« und die DDR als »fester Bestandteil dieses sozialistischen Weltsystems« nahegebracht werden. In den »gemeinsamen Aussprachen« sollten die westdeutschen Besucher für die »aktive Teilnahme am Volkskampf zur Bändigung der Militaristen, gegen atomare Aufrüstung, zur Herstellung demokratischer Verhältnisse in Westdeutschland« gewonnen werden.[149]

Wie westdeutsche Besucher ihren Aufenthalt unter diesen Vorzeichen erlebten, lässt sich aus Briefen an die iga-Leitung sowie Presseartikeln von westdeutschen Landschaftsarchitekten herauslesen. Die Chefredakteurin von *Garten und Landschaft*, Gerda Gollwitzer, fasste in einer Reportage ihren Besuch der iga sowie kultureller Stätten und Parks in Thüringen zusammen. Darin drückte sie sowohl ihre Begeisterung für die Gestaltung als auch Skepsis gegenüber dem politischen System der DDR aus. Viel Anerkennung fand sie für die Arbeit der ostdeutschen Garten- und Landschaftsarchitekten wie Reinhold Lingner, Karl Foerster, Walter Funcke und Hermann Göritz. Negativ äußerte sie sich über die Propaganda in den Hallenschauen und die mündlichen Belehrungen: »Daß [...] kein freundliches Wort an den anderen Teil gerichtet ist, daß die Freundschaft nur den Ostblockstaaten gilt und nicht der ganzen Welt [...] das macht diese Halle, die doch der Freundschaft der Völker dienen

---

146 BStU, Bdl Nr. 1850, MfS, Bezirksverwaltung Erfurt, Leitung, Organisatorischer Ablauf der Einladungen westdeutscher Besucher zur IGA und Möglichkeiten für das MfS, mit interessanten Personen in Verbindung zu kommen bzw. Personen in unserem Interesse zum Besuch der IGA einzuladen, 19.4.1961, Blatt 208.
147 Ebd., Blatt 3 f.
148 BStU, Bdl Nr. 1850, Maßnahmeplan zur Gewährleistung der Absicherung der IGA vom 28.4. bis 15.10.1961, 27.1.1961.
149 BArch Berlin, DY 30, Abteilung Gesamtdeutsche Verbindungen: Politisch organisatorischer Plan für die gesamtdeutsche Arbeit zur I. Internationalen Gartenbauausstellung, 10.1.1961.

soll, zu einer erschütternden Demonstration des Risses, der sich heute durch die Welt zieht.«[150] Weiterhin stellte sie fest: »Die Belehrung der Besucher zieht sich durch das ganze Gelände der Ausstellung mit geschickt abgefaßten, anschaulichen Erklärungen, z. B. in der Baumschulschau oder in den Gärten der Jugend, nicht überall mit so propagandistischer Vehemenz wie in den Hallen.«[151] Auch wenn Gerda Gollwitzer von der Propaganda auf dem Ausstellungsgelände befremdet war, appellierte sie abschließend doch an die Leser, die iga zu besuchen: »Die iga sollte zu einem Begegnungsort zwischen Ost und West werden, denn es erweist sich dort wieder mal, daß nichts die Menschen gegenseitig so aufschließt wie der Kontakt zur Natur, der in seiner Unmittelbarkeit vor allen anderen Weltanschauungen steht.«[152] Diese Hoffnung erwies sich jedoch schon kurz nach dem Erscheinen des Artikels in der August-Ausgabe von *Garten und Landschaft* durch den Mauerbau am 13. August 1961 als Illusion; nach Schließung des letzten Schlupfloches für DDR-Bürger in den Westen wäre der Artikel im September 1961 kaum noch in dieser Form erschienen.

Wilhelm Hübotter, der 1950 »Erfurt blüht« besucht hatte und seit 1954 an der Hochschule für Gartenbau und Landeskunde in Hannover lehrte, zeigte sich bei einem ersten Aufenthalt Anfang 1960 von dem Vorhaben beeindruckt, die iga als ständige Einrichtung der Lehre und Forschung auszubauen. Nach diesem ersten Besuch kündigte er den Erfurter Veranstaltern an, eine Studienreise mit einer Gruppe von Studenten und Kollegen zur iga unternehmen zu wollen.[153] In welchem politischen Spannungsfeld er sich bewegte, erfuhr er dann während seiner Reisevorbereitungen, als eine Dresdner Zeitung berichtete, dass »Professor Hübotter aus Hannover« plane, mit 35 Studenten zur iga nach Erfurt zu reisen. Da Hübotter daraufhin die politische Instrumentalisierung seiner Reise durch die DDR und eine Stigmatisierung in der Bundesrepublik als »fellow traveler« oder »Illusionist« befürchtete, machte er Lingner im Februar 1961 zur Bedingung, dass keine weiteren Berichte über die geplante Reise veröffentlicht würden.[154] Hübotters Erlebnis mit der DDR-Presse war kein Einzelfall. Auch Besucher der Leipziger Messe erfuhren, dass sie durch ihre Anwesenheit gegen die Bundesregierung instrumentalisiert wurden.[155]

Von seinem eigentlichen Vorhaben, die iga mit Studierenden zu erkunden, hatte Hübotter offenbar Abstand genommen. Stattdessen reiste er Anfang Juni 1961 mit der 25-köpfigen »Wandervogel«-Gruppe »Männertreu« aus Hannover, in seinem Reisebericht als »Kleingartenverein Männertreu« bezeichnet, zur iga. Der Besuch diente unter anderem dazu, ostdeutsche Freunde aus der Jugendbewegung zu tref-

---

150 Gollwitzer, Gartenkunst, S. 240.
151 Ebd., S. 244.
152 Ebd., S. 246.
153 ThHStAW, iga, 98, Wilhelm Hübotter, 4.1.1960.
154 ThHStAW, iga, 98, Wilhelm Hübotter: wg. Besuch auf der iga, 18.2.1961.
155 Vgl. Fritsche, Schaufenster, S. 351 ff.

fen.[156] In seinem Reisebericht äußerte er sich positiv über die Länderpräsentationen, die für ihn inhaltlich Neues boten: »›Die Reise durch die Länder‹ war für uns ein wirkliches Erlebnis. In den einzelnen Hallen empfingen uns die Direktoren dieser Ländervertretungen und führten uns in die besonderen Eigenheiten ihrer Länder ein. […] Die Tschechische Halle, gestaltet von dem Architekten, der auch in Brüssel auf der Weltausstellung die so sehr bewunderte Halle gestaltet hatte, war besonders eindrucksvoll. Die Bulgaren zeigten hochinteressante Projekte und Probleme des Gartenbaues auf in dem verkarsteten Lande, in dem die Wasserwirtschaft und die Wiederaufwaldung eine so große Rolle spielt. Ebenso wie in Rumänien. Ungarn zeigte besonders eindringlich die Bemühungen der dortigen Gärtner und der Landwirtschaft an ausgezeichneten Erzeugnissen, ebenso Rumänien.«[157] Im Anschluss an die Reise bedankte sich Hübotter bei Lehmann für dessen Gastfreundschaft und kündigte einen Artikel in der von Hermann Mattern herausgegebenen Zeitschrift *Pflanze und Garten* an[158], der jedoch nicht mehr erschien. Mit großer Wahrscheinlichkeit entfiel er aufgrund der politischen Entwicklungen im August 1961.

Auch das *Hamburger Abendblatt* berichtete in zwei Artikeln über die Erfurter Gartenschau. Der zur Eröffnung erschienene würdigte die Gestaltung und die Vielzahl an Themen und hob den Maschinenpark mit 40 Traktoren und Flugzeugen für den landwirtschaftlichen Einsatz sowie die Pflanzensonderschauen hervor. Gleichzeitig kritisierte er, dass die städtebaulichen Maßnahmen für die historisch wertvolle Stadt notwendig seien, die Bündelung der finanziellen und materiellen Mittel aber zu Lasten anderer Städte gehe. Schließlich monierte der Autor die Verstaatlichung, da auch die Erfurter Blumenzüchter »im parteiamtlichen Gleichschritt des zonalen ›Sozialismus‹ marschieren« müssten.[159] Der zweite Artikel stellte die Diskrepanz zwischen dem Erscheinungsbild der iga und dem der Stadt Erfurt heraus und zeichnete das Bild eines Potemkin'schen Dorfes: Während im sowjetischen Pavillon Äpfel, Apfelsinen und Tomaten den Erfurtern das Wasser im Munde zusammenlaufen ließen, gebe es auf dem Erfurter Wochenmarkt nur einen einzigen Händler mit kleinen und runzligen Äpfeln. Ebenso registrierte der Autor eine Diskrepanz im Stadtbild: Auf der einen Seite sei die Innenstadt vom Zweiten Weltkrieg unzerstört geblieben und durch Verschönerungsmaßnahmen im Zuge der iga in verhältnismäßig gutem Zustand, auf der anderen Seite entstünden am Stadtrand einförmige Mietskasernen. Die Innenstadt wirke am Abend unbelebt, da jedes zweite Geschäft unbeleuchtet sei.[160]

---

156 ThHStAW, iga, 98, Wilhelm Hübotter: Thüringen-Fahrt des Kleingärtnervereins »Männertreu« zu Hannover a.d.L. vom 1.–5. Juni 1961.

157 Ebd.

158 ThHStAW, iga, 98, Wilhelm Hübotter: Danksagung für den Besuch der iga. 19.6.1961.

159 Heinz Joachim Kolberg, Erfurt soll eine Visitenkarte der Zone werden. Heute wird die Internationale Gartenbauausstellung eröffnet, in: *Hamburger Abendblatt*, 29./30.4.1961.

160 Rudolf Brüning, In Erfurt blühen viele Blumen ... aber das Gesicht der Stadt ist grau. Gartenschau als Schaufenster, in: *Hamburger Abendblatt*, 10./11.6.1961.

Gustav Allinger, der zu dem Wettbewerb für »Erfurt blüht« 1950 eingeladen gewesen war, ordnete in seine 1963 erschienene Geschichte der Gartenbauausstellungen die iga 1961 in die Chronologie ein, ohne die DDR als Veranstaltungsort hervorzuheben.[161] Er erwähnte, dass die Ausstellungstradition der »Blumenstadt-Erfurt« schon 1838 und 1865 begründet worden sei, und bildete einen Plan des Ausstellungsgeländes ab.

Zur Auswertung der Besucherresonanz dienten der iga-Leitung auch Zuschriften von westdeutschen und -europäischen Ausstellungsbesuchern und Berichte der »Erklärer«. Alarmierend wirkten Äußerungen wie die zweier westdeutscher Ärzte, die der DDR eigentlich positiv gesonnen waren. Sie zeigten sich aber enttäuscht, da die Exponate nicht dem internationalen Niveau entsprächen und die gesamte Ausstellung einen ungepflegten Eindruck mache. Sie halte »in keiner Weise einen Vergleich mit der Ausstellung in Stuttgart aus«, so das Fazit.[162] Ein »Erklärer« gab Äußerungen von französischen Gästen wieder, im französischen Radio werde von Reisen in die DDR abgeraten. Die Menschen würden »zerlumpt und abgemagert« herumlaufen und Besuchern drohe Inhaftierung. Diese Besucher hätten gefragt, ob die gezeigten Maschinen nur zur Schau da seien oder ob sie auch wirklich in der Praxis eingesetzt würden.[163] Schweizer Gartenbaustudenten berichteten, in ihrem Land bestehe kein klares Bild über die Verhältnisse in der DDR und die Zeitungen berichteten nur sehr selten und nicht immer objektiv. Vor diesem Hintergrund zeigten sie sich beeindruckt von der Gastfreundschaft und der »Großräumigkeit der iga«.[164] In Erklärungsnöte gerieten die »Erklärer«, wenn ostdeutsche Besucher fragten, warum es in der DDR so wenig Frischgemüse gäbe.[165]

Auch wenn westdeutsche und -europäische Besucher Diskrepanzen zwischen den teilweise dekorativen Hallenschauen und der realen Versorgungssituation in der DDR feststellten und von propagandistischen Tönen abgeschreckt waren, würdigten die meisten aber doch den Gesamteindruck des Ausstellungsgeländes.

Die Internationale Gartenbauausstellung und -messe iga 1966

Die Eröffnung

Fünf Jahre nach der ersten Internationalen Gartenbauausstellung in Erfurt wurde die Internationale Gartenbauausstellung und -messe am Vormittag des 16. April 1966 in Anwesenheit von 600 Gäste eröffnet.[166] Zur Begrüßung erhielten die Ehrengäste

---

161 Allinger, Hohelied, S. 138 f.
162 ThHStAW, iga, 98, Weitergabe von Kritik, 25.5.1961.
163 ThHStAW, iga, 245 Karton 127 (alte Signatur), Erklärer-Bericht vom 3. und 4.8.1961, 5.8.1961.
164 ThHStAW, iga, 245 Karton 127 (alte Signatur), Erklärer-Bericht vom 4.9.– 8.9.1961, 11.9.1961.
165 ThHStAW, iga, 245 Karton 127 (alte Signatur), Erklärer-Bericht vom 21.5.1961, 23.5.1961.
166 ThHStAW, iga, 197, Eröffnungsveranstaltung 1966, Konzeption Organisationsplan für den Empfang und die Betreuung der eingeladenen Gäste zur Eröffnung der iga 66, 1.4.1966.

einen Tulpenstrauß und wurden mit dem »iga-Express« zur Glashalle gefahren, in der die Feierlichkeiten stattfanden.[167] Darunter befanden sich Delegationen des Landwirtschaftsministeriums Ungarns, des Ministeriums für Land- und Forstwirtschaft der ČSSR, Vertreter der bulgarischen Handelsorganisation, mehrere Botschafter sozialistischer Staaten, Vertreter des Dänischen Blumenzwiebelzüchtervereins und eines Niederländischen Verbandes sowie vereinzelte westdeutsche Aussteller.[168]

Zunächst sprach Direktor Helmuth Lehmann die Grußworte; danach hielt der erste Stellvertreter des Landwirtschaftsministers der DDR, Heinz Kuhrig, seine Rede.[169] Anschließend besichtigten die Ehrengäste auf einem zweistündigen Rundgang die Ausstellung über das 20-jährige Bestehen der SED in der »Halle der Völkerfreundschaft«, die Frühjahrsblumenschau, die Hallenschauen Ungarns und Bulgariens sowie die dänische und niederländische Messehalle.[170] Nach dem Rundgang wurde in der Zentralgaststätte ein Mittagessen für die Ehrengäste gegeben. Eine Stunde später wurde die Ausstellung für die Bevölkerung geöffnet.[171]

Aufgabe der Eröffnungsveranstaltung war, »einen würdigen Beitrag zum 20. Jahrestag der Sozialistischen Einheitspartei Deutschlands zu leisten und zu dokumentieren, daß 20 Jahre Agrarpolitik der Partei und Regierung den sozialistischen Aufbau auf dem Lande ermöglichten, als Grundlage einer gesicherten Perspektive in Frieden und Wohlstand für alle Werktätigen der Landwirtschaft«.[172]

Am Ende der sechsmonatigen iga 1966 wurden insgesamt zwei Millionen Ausstellungsbesucher verzeichnet.[173] Davon waren 26.000 aus dem Ausland und 2.300 aus der Bundesrepublik gekommen.[174] Insgesamt hatten sich 1.158 Aussteller aus dem In- und Ausland beteiligt.[175] Der neue Charakter als Messe schlug sich in Handelsabschlüssen in Höhe von 3.345.000 Verrechnungseinheiten mit dem Ausland und 895.000 Mark mit dem Inland nieder.[176]

---

167 Ebd.
168 ThHStAW, iga, 197, Eröffnungsveranstaltung 1966., ohne Datum.
169 ThHStAW, iga, 197 Eröffnungsveranstaltung 1966, Rede von Helmuth Lehmann zur Eröffnung der Internationalen Gartenbauausstellung und -messe 1966, ohne Datum.
170 ThHStAW, iga, 246-1 Karton 128 (alte Signatur), Protokoll über den Rundgang anläßlich der Eröffnung der iga 66, ohne Datum.
171 ThHStAW, iga, 197, Eröffnungsveranstaltung 1966, Konzeption Organisationsplan für den Empfang und die Betreuung der eingeladenen Gäste zur Eröffnung der iga 66, 1.4.1966.
172 ThHStAW, iga, 197, Abt. Organisation und Internationale Zusammenarbeit: Konzeption. Organisationsplan für den Empfang und die Betreuung der eingeladenen Gäste zur Eröffnung der iga 66, 1.4.1966.
173 BStU, Bdl Nr. 1848, Abschlußbericht zur IGA 1966, 12.10.1966, Blatt 2.
174 ThHStAW, iga, 246-1 Karton 128 (alte Signatur), Abschlußbericht der Internationalen Gartenbauausstellung und Messe 1966, 14.12.1966, Blatt 70.
175 Ebd., Blatt 69.
176 ThHStAW, iga, 124, Vorlage für die Leitung der DIA Nahrung Berlin. Konzeption Weiterentwicklung der iga als Internationale Fachmesse des Gartenbaues, ohne Datum.

Organisation

Im Dezember 1964 lud die iga-Leitung mehrere Landschaftsarchitekten – darunter Reinhold Lingner und Walter Funcke – zu einem Arbeitstreffen ein, um über eine Erweiterung des Gartenschaugeländes zu diskutieren. Auf den neuen Flächen sollte die Technik im Gemüse- und Obstanbau ausgestellt und der Übergang zur industriemäßigen Produktion anhand von Versuchsflächen dargestellt werden.[177] Die geladenen Architekten sprachen sich jedoch gegen das avisierte Vorhaben aus, weil ein derart großes Gelände zu unübersichtlich für die Besucher, der veranschlagte Kostenrahmen zu klein und die Vorbereitungszeit von anderthalb Jahren zu kurz sei. Daher brachten sie ins Gespräch, anstatt der Versuchsfläche Exkursionen zu vorbildlichen Gartenbaubetrieben in der Umgebung anzubieten.[178] Trotz der Expertise beschloss das Präsidium des Ministerrats der DDR Ende 1964, in anderthalb Jahren eine sechsmonatige Gartenbauausstellung unter internationaler Beteiligung zu veranstalten und dafür das Gelände zu vergrößern. Ziel war, anlässlich des 20-jährigen Jubiläums der SED die »allseitige Überlegenheit der marxistisch-leninistischen Agrarpolitik« und die »Anwendung der industriemäßigen Organisation« des Gartenbaus zu demonstrieren.[179] Das Vorhaben korrespondierte mit den 1963 formulierten Zielen für die Agrarpolitik zur intensiveren Bodennutzung und Kooperation von Agrarbetrieben.[180]

Beteiligt wurde das Ministerium für Außen- und Innerdeutschen Handel (MAI), da der Gartenbau der DDR sich in internationalen Wettbewerben mit Ausstellern sozialistischer und kapitalistischer Länder vergleichen und als Gartenbaumesse den Export fördern sollte.[181] Als Kulturveranstaltung sollte die iga noch mehr als in den vorangegangenen Jahren »einen Einblick in die Weite und Vielfalt der sozialistischen Kunst durch das Wirken von Berufs- und Laienkünstlern« bieten.[182] Im Anschluss musste Lehmann jedoch einräumen, dass die Vorbereitungszeit zu kurz und die Bauaufgaben nicht genügend durchgeplant gewesen seien.[183] Die ungenügende internationale Beteiligung – 43 Prozent der 1.158 Aussteller kamen aus der DDR – führte er auf die kurze Vorbereitungsdauer und ungenügende Werbung zurück. Außerdem waren die Standmieten bei ausländischen Ausstellern auf Kritik gestoßen, da sie

---

177 IRS, Nachlass Lingner, 4, Gestaltungskonzeption für die Vorbereitung und Durchführung der Internationalen Gartenbauausstellung – iga 66 – in Erfurt. 5.2.1965.

178 IRS, Nachlass Lingner, 4 IGA (1959–1965), Walter Funcke: Beratung über die Internationale Gartenbauausstellung 1966, 14.12.1964.

179 ThHStAW, iga, 246-1 Karton 128 (alte Signatur), Abschlußbericht der Internationalen Gartenbauausstellung und Messe 1966, 14.12.1966, Blatt 65.

180 Vgl. Steiner, Plan, S. 150.

181 ThHStAW, iga, 246-1 Karton 128 (alte Signatur), Abschlußbericht der Internationalen Gartenbauausstellung und Messe 1966, 14.12.1966, Blatt 65.

182 ThHStAW, iga, 246-1 Karton 128 (alte Signatur), Konzeption der kulturellen Massenarbeit zur iga 66, 30.9.1965, Blatt 240.

183 Sie soll 55.927 NAW-Stunden geleistet haben, siehe ThHStAW, iga, 246-1 Karton 128 (alte Signatur), Abschlußbericht der Internationalen Gartenbauausstellung und Messe 1966, 14.12.1966, Blatt 66.

unüblich waren.[184] DDR-Betriebe beklagten hingegen, dass sie keine Verträge mit westlichen Ausstellern hätten abschließen können, da nur die DIA Nahrung und Genuß dazu berechtigt war.[185] In seiner Bilanz der iga 1966 stellte Lehmann fest, die Mitarbeiterschaft der iga müsse künftig durch »politisch ideologische Erziehungsarbeit« besser auf ihre Aufgaben vorbereitet werden, da es an konkretem Wissen über die Beschlüsse der SED fehle, um die Inhalte der iga angemessen darstellen zu können. Außerdem forderte er, die Ausstellungen zwei Jahre im Voraus zu planen.[186]

Wie bereits 1961 wurde die Erfurter Bevölkerung wieder im Rahmen des NAW zu baulichen Maßnahmen auf dem Ausstellungsgelände herangezogen. So rief die *Erfurter Wochenzeitung* dazu auf, durch Pflanzaktionen das Stadtbild zu verschönern.[187] Oft waren die Veranstalter unzufrieden mit Privatquartieren, da Gäste sich z. B. in der Küche waschen mussten.[188] Da es nicht genügend Übernachtungsmöglichkeiten gab, mussten die iga und »Thüringen-Tourist« Besucher aus der DDR und dem Ausland abweisen.[189]

Lehr- und Leistungsschauen

Wie schon 1961 bildeten Lehrschauen in den Hallen einen Schwerpunkt der iga. Hinzu kam die fachliche Lehrschau »Mechanisierung von der Aussaat bis zur Ernte« auf der neuen 30 Hektar großen Versuchsfläche.[190]

In der »Halle der Völkerfreundschaft« informierte die Ausstellung »20 Jahre erfolgreiche Politik der SED beim Aufbau des ersten Arbeiter- und Bauern-Staates« über die Agrarpolitik und den Gartenbau in Zusammenhang mit der allgemeinen SED-Politik seit 1946.[191] Ihre Bedeutung wurde auch daran deutlich, dass Landwirtschaftsminister Hans Reichelt Drehbücher sichtete und Inhalte und Losungen abänderte.[192]

Eine weitere zentrale Lehrschau beschäftigte sich mit praktischen Fragen nach den Verflechtungen von Produktion, Handel und Verarbeitungsindustrie und den Kooperationsmöglichkeiten zwischen den entsprechenden Betrieben.[193] Wieder be-

---

184 ThHStAW, iga, 246-1 Karton 128 (alte Signatur), Abschlußbericht der Internationalen Gartenbauausstellung und Messe 1966, 14.12.1966, Blatt 69.
185 BStU, Bdl Nr. 1848, Abschlußbericht zur iga 1966, 12.10.1966.
186 ThHStAW, iga, 246-1 Karton 128 (alte Signatur), Abschlußbericht der Internationalen Gartenbauausstellung und Messe 1966, 14.12.1966, Blatt 73.
187 Schneeflocken fürs ›ewz‹ Beet, in: *Erfurter Wochenzeitung*, 9.2.1966; In genau vier Wochen wird die iga 66 eröffnet, in: *Erfurter Wochenzeitung*, 16.3.1966; ohne Titel (Editorial), in: *Erfurter Wochenzeitung*, 30.3.1966.
188 ThHStAW, iga, 124, Quartieranalyse »iga 66«, ohne Datum.
189 ThHStAW, iga, 246-1 Karton 128 (alte Signatur), Abschlußbericht der Internationalen Gartenbauausstellung und Messe 1966, 14.12.1966, Blatt 71.
190 Ebd., Blatt 68.
191 Ebd., Blatt 66.
192 Vgl. auch von Plato, »Gartenkunst und Blütenzauber«, S. 211 ff.
193 ThHStAW, iga, 145, Drehbuchberatung, ohne Datum, Blatt 66 f.

Abb. 36 Vorführung der Schädlingsbekämpfung auf
der Versuchsfläche der iga Erfurt, 1966.
Abb. 37 Die »Straße der Mechanisierung« (Originalbildunterschrift) mit landwirtschaftlichen Geräten, um 1966.

stückten die ČSSR, Ungarn und Bulgarien eigene Nationenhallen.[194] Die ČSSR präsentierte vor allem Zierpflanzen in einer modern und aufwendig gestalteten Szenerie. In der Ungarn-Halle waren Ernteprodukte wie Pfirsiche und Paprika in Kombination mit folkloristischen Motiven zu sehen. Aussteller aus den Niederlanden und Dänemark präsentierten Tulpen und Gladiolen, die in der DDR Seltenheitswert hatten.[195] Ebenso wurden im Freiland holländische Tulpen präsentiert. (vgl. Farbabb. 38, S. 50)

Auch wenn seit der iga 1961 Erfahrungen gesammelt worden waren und die Politik die Ziele hoch gesteckt hatte, musste die Abteilung Gestaltung nach der Durchführung der iga 1966 einräumen, es habe noch an Erfahrung gemangelt, um eine Gartenbauausstellung sechs Monate lang durchzuführen.[196]

Kulturprogramm

Nach der iga 1961 hatte sich der Ausstellungspark zum kulturellen Veranstaltungsort weiterentwickelt. Alljährlich fanden auf der Freilichtbühne Sommerfilmtage statt, bisweilen in Anwesenheit prominenter Schauspieler. So trat 1964 nach der Vorführung von »Mir nach, Canaillen« der Hauptdarsteller Manfred Krug mit einer Jazz-Improvisation auf und gab Autogramme.[197]

Das Programm der iga 1966 umfasste Konzerte, Veranstaltungen für Kinder und der »heiteren Muse« sowie Filmvorführungen. Mehr als noch 1961 wurden die nationalen Feiertage wie der 20. Jahrestag der SED-Gründung, der Tag der Arbeit am 1. Mai, der Tag der Befreiung am 8. Mai und der Tag der Republik am 9. Oktober mit Festveranstaltungen begangen. Orchester, sowjetische Ensembles, Künstler aus der ČSSR und Bulgarien sowie die städtischen Theater aus Weimar und Erfurt traten zu derartigen Anlässen auf. Hinzu kamen Feste und Bälle wie das Frühlingsfest, das Fest der Iris, das Lichterfest und der Gärtnerball, die auch in den folgenden Jahren regelmäßig stattfinden sollten.[198]

Aus Sicht der Organisatoren unterstützten solche Veranstaltungen gerade auch spezifische Ziele der sozialistischen Gesellschaft: »Das kulturelle Geschehen auf der iga konnte dazu beitragen, das sozialistische Lebensgefühl der Werktätigen zu festigen, gab Brigaden und Arbeitsgemeinschaften neue Möglichkeiten, ihre Freizeit gemeinsam sinnvoll und froh zu gestalten.«[199] Wie viele Besucher tatsächlich im Gruppenverband teilnahmen und wie groß der Anteil von Individualbesuchern aus der Region war, ist nicht überliefert. Möglicherweise handelte es sich bei der Fest-

---

194 Der Film »Gartenkunst und Blütenzauber« gibt einen Eindruck von den Leistungsschauen.
195 BStU, Bdl Nr. 1848, Abschlußbericht zur IGA 1966, 12.10.1966.
196 ThHStAW, iga, 245 Karton 127 (alte Signatur), Einschätzung der Arbeit der Abteilung Gestaltung, Blatt 170.
197 Christine Riesterer / Kerstin Richter / Rudolf Benl, Erfurt 1950 bis 1980, Erfurt 2005, S. 50 f.
198 ThHStAW, iga, 246-1 Karton 128 (alte Signatur), Konzeption der kulturellen Massenarbeit zur iga 66, ohne Datum.
199 ThHStAW, iga, 246-1 Karton 128 (alte Signatur), Rat des Bezirkes Erfurt / Abteilung Kultur: Information über die kulturpolitische Wirksamkeit der iga im Jahre 1966, 10.11.1966.

stellung, dass viele Besucher beruflich bedingt in Gruppen anreisten, um die rhetorische Legitimierung des sozialistischen Charakters der Ausstellung, wie sie häufiger in Berichten der iga zu finden ist.

Nach dem Ende der iga 1966 stellte der Rat des Bezirkes Erfurt fest, dass das iga-Gelände stärker als in den vorangegangenen Jahren als Erholungs-, Kultur- und Bildungszentrum genutzt wurde. Anders als noch 1961 wurde dabei weniger auf die Außenwirkung der »sozialistischen Weltkultur« ins westliche Ausland abgezielt. Vielmehr richteten sich die Kulturveranstaltungen an die Bevölkerung der DDR – und allenfalls an die Besucher aus dem sozialistischen Ausland –, um die kulturelle Identität zu stärken.

Westdeutsche Präsenz

Mitte der sechziger Jahre war die Leipziger Messe eines der wenigen Schlupflöcher durch den Eisernen Vorhang für Bundesbürger, um Verwandte in der DDR zu treffen. Nach einem erheblichen Rückgang der Besucherzahlen auf der Herbstmesse 1961 und der Frühjahrsmesse 1962 stiegen sie in den folgenden Jahren und erreichten mit 27.013 Besuchern im Herbst 1964 und 39.589 Besuchern im Frühjahr 1965 wieder den Stand von vor dem Mauerbau.[200] Im Frühjahr 1966 kamen sogar 45.452, im Herbst 29.593 westdeutsche Besucher. Die westdeutschen Besucher hatten damit jeweils einen Anteil von zehn Prozent, während die auf der iga 1966 gezählten 2.300 westdeutschen Besucher weit dahinter zurückblieben. Dabei hatte Helmuth Lehmann erleichterte Einreisebedingungen für westdeutsche und -europäische Aussteller und Fachleute als Voraussetzung angesehen, um die iga 1966 als Verkaufsmesse zum Erfolg zu führen.[201] So sprach er sich für Reiseerleichterungen für die sechs Sonderschauen im Sommerhalbjahr 1966 aus und schlug vor, dass die iga, staatliche Institutionen und Gartenbaubetriebe Anmeldungen an Fachleute des Gartenbaues und der Landwirtschaft, Kaufleute und Saatguthändler versenden sollten. Durch eine Überprüfung der Antragsteller wollte er zwar ausschließen, dass westdeutsche Besucher den Aufenthalt vornehmlich zum Verwandtentreffen nutzten[202], offenbar wollte er aber doch eine größere Breitenwirkung erzielen, da er alle registrierten westdeutschen Besucher früherer Gartenschauen mit einer Neujahrskarte zur iga 1966 einladen ließ, ohne dies mit dem Ministerium abzustimmen.[203] Diese angekündigten Reisemodalitäten mussten jedoch später zurückgenommen werden.[204] Viele westdeutsche Antragsteller, die eine Absage erhielten, teilten daraufhin der Ausstellungs-

---

200 Vgl. die Statistik der westdeutschen Besucher bei Fritsche, Schaufenster, Tabelle 10, S. 591.
201 ThHStAW, iga, 246-1 Karton 128 (alte Signatur), Erleichterte Einreisebedingungen zur -iga 66-, ohne Datum, vermutlich von Helmuth Lehmann.
202 Ebd.
203 BStU, Bdl Nr. 1848, Abschlußbericht zur iga 1966, 12.10.1966, Blatt 4.
204 Ebd., Blatt 3.

leitung ihre Verärgerung mit.[205] Außerdem berichteten westdeutsche Presseartikel – von der Staatssicherheit »Hetzartikel« genannt – über die Rücknahme der von der iga angekündigten Besuchsmöglichkeiten.[206]

Obwohl die 2.300 angereisten Gäste aus der Bundesrepublik bereits ein Prüfverfahren durchlaufen hatten, erhob das MfS weiterhin den Generalverdacht, dass ihre Reise in erster Linie dem Verwandtenbesuch diene.[207] Das geht auch aus dem Fall der »Sondergruppe Stauden«, dem Berufsverband der Staudengärtner als Untergruppe des Zentralverbandes, hervor, deren Reise durch die VdgB Eisenach genehmigt worden war.[208] Die aus 45 Teilnehmern bestehende Gruppe wollte sowohl die iga als auch das Dessau-Wörlitzer Gartenreich und Potsdam besichtigen. Höhepunkt sollte aber der Besuch bei dem 92-jährigen Karl Foerster in Bornim sein. Nach dem Besuch der Wartburg in Eisenach und der iga wurde den Fachleuten jedoch ohne Nennung von Gründen die Weiterfahrt über die Grenzen des Bezirks Erfurt hinaus und damit der Foerster-Besuch untersagt, wie einer der Teilnehmer verständnislos in *Pflanze und Garten* berichtete. Daher dehnten die Staudengärtner ihren Besuch der iga aus und besichtigten den Erfurter Samenzuchtbetrieb N.L. Chrestensen. Die Staatssicherheit hatte die Weiterfahrt verboten, da Teilnehmer auf der Reise Verwandte besuchen wollten, wie ein interner Bericht des MfS unterstellte.[209]

Für westdeutsche Gäste wurden neben dem Besuch der iga Besichtigungen der Nationalen Mahn- und Gedenkstätte Buchenwald und von LPG und GPG angeboten. Des Weiteren wurden 432 politische Einzelgespräche und 86 Gruppengespräche mit Besuchern durchgeführt.[210] Die politischen Gespräche enthielten Themen wie »Lübke als Kriegsverbrecher an der Spitze des aggressiven Bonner Staates«, »Erläuterung der antisozialistischen, antinationalistischen und antidemokratischen Politik der CDU-Regierung«, die Notstandsgesetze, die atomare Bewaffnung der Bundeswehr und der Krieg in Vietnam.[211] Allerdings stellte der Abschlussbericht der Staatssicherheit fest, dass anfangs viele Bundesbürger der Einladung zum politischen Gespräch nicht nachgekommen seien. Nachdem die VdgB die Organisation und Durchführung übernommen hätte, hätten sie aber nicht mehr gewagt, sich zu entziehen. Zwar registrierte der Bericht, dass viele Westdeutsche unpolitisch eingestellt seien, fasste aber abschließend zuversichtlich zusammen: »Insgesamt muß man einschätzen, daß der größte Teil der Besucher nach dem individuellen Gespräch beeindruckt ist und

---

205 Ebd.

206 BStU, Bdl Nr. 1848, Zwischenbericht zur iga 66, 23.8.1966.

207 BStU, Bdl Nr. 1848, Zwischenbericht zur iga 66, 23.8.1966, Blatt 25; BStU, Bdl Nr. 1848, Abschluß-bericht zur IGA 1966, 12.10.1966, Blatt 9.

208 E. Vlyten, Sondergruppe Stauden fuhr zur iga Erfurt, in: *Pflanze und Garten* 16 (1966) 9.

209 BStU, Bdl Nr. 1848, MfS Erfurt, Informationsbericht, 16.8.1966.

210 ThHStAW, iga, 246-1 Karton 128 (alte Signatur), Abschlußbericht der Internationalen Gartenbau-ausstellung und Messe 1966, 14.12.1966, Blatt 70.

211 ThHStAW, iga, 0.185, Karton 265 (alte Signatur), Konzeption: Arbeit mit Besuchern aus Westdeutsch-land im Jahre 1966, ohne Datum.

sich den politischen Fragen nicht mehr so verschließt, man fährt nachdenklicher und zugänglicher nach Hause.«[212] Das MfS hatte darüber hinaus ein eigenes Interesse an der iga, denn es nutzte die Veranstaltung in Einzelfällen zur Anwerbung von Inoffiziellen Mitarbeitern in der Bundesrepublik. Dazu definierte das MfS politisch »interessante« Personen zu Fachleuten um, damit sie einreisen konnten.[213]

Dass die VdgB und die iga-Leitung in der Ansprache der westdeutschen Besucher unterschiedliche Ziele verfolgten, wird auch an einem Streit über eine kleine Ausstellung für Westbesucher deutlich. Der Verantwortliche der VdgB für Westarbeit wollte diese Tafelausstellung über Heinrich Lübke in der Empfangshalle aufstellen. Ein Bericht des MfS unterstellte Helmuth Lehmann, er habe die Ausstellung nicht zeigen wollen und habe kein Interesse an »konkreten politischen Fragen«.[214] Denkbar ist, dass Lehmann die Ausstellung zurückgehalten hatte, um die westdeutschen Gäste nicht durch die Kampagne zu verschrecken, die Albert Norden, Sekretär des Zentralkomitees der SED für Agitation und Propaganda, seit 1964 gegen den Bundespräsidenten führte. Darin wurde Lübke zur Last gelegt, im Zweiten Weltkrieg an der Errichtung von Konzentrationslagern beteiligt gewesen zu sein. Als Beweisstücke dienten Baupläne mit Lübkes Unterschrift, die jedoch durch die Staatssicherheit gefälscht waren, wie sich später herausstellte.[215]

Wie westdeutsche Fachbesucher sich den Veranstaltungen näherten und mit den Vereinnahmungsversuchen umgingen, zeigte sich auch in veröffentlichten Reisereportagen. Einige Fachjournalisten, die während einer Rundreise die iga und Gartenbaubetriebe besichtigt hatten, bewegten sich zwischen Neugier an ihnen unbekannten Inhalten, Kritik an ideologischen Darstellungen und Wohlwollen gegenüber gestalterischen Elementen. Einer der Teilnehmer schrieb über die Ausstellung »20 Jahre Sozialismus«, man müsse sich bei der Gestaltung »plumpe Angriffe auf den Kapitalismus« wegdenken.[216] In anderen Hallen, in denen die technischen Entwicklungen der Gartenbauwirtschaft dargestellt wurden, fand er durchaus Anregungen für die gärtnerische Arbeit. Bei der Parkanlage sah er vor allem Ähnlichkeiten zu westdeutschen Ausstellungsparks: »Der Teil um die Cyriaksburg schließlich ist Ausstellungspark mit all den Attraktionen, die wir auch kennen, Kinderspielplatz,

---

212 BStU, Bdl Nr. 1848, Abschlußbericht zur IGA 1966, 12.10.1966, Blatt 10.

213 E. Vlyten, Sondergruppe Stauden fuhr zur iga Erfurt, in: *Pflanze und Garten* 16 (1966) 9.

214 BStU, Bdl Nr. 1848, MfS Erfurt, Informationsbericht, 16.8.1966, Blatt 35.

215 Mitte der sechziger Jahre griffen die westdeutschen Magazine *Der Spiegel* und *Stern* die Kampagne auf. Udo Wengst führt sogar den vorzeitigen Rücktritt Lübkes, den der Bundespräsident offiziell damit begründete, er wolle eine »angemessene Zeitspanne« zwischen der Wahl eines neuen Bundespräsidenten und der nächsten Wahl des Bundestages lassen, auf die Kampagne der SED zurück, vgl. Wengst, Das vorzeitige Ausscheiden von Heinrich Lübke aus dem Bundespräsidentenamt. Zweierlei »Vergangenheitsbewältigung« im Systemkonflikt, in: ders./Wentker, Das Doppelte Deutschland, S. 161-182, hier S. 161 f. Außerdem führte aber auch Lübkes fortschreitende Altersdemenz zum vorzeitigen Rücktritt.

216 Reiner Deppe, Politische Reise wider Willen. Tagebuch einer Fahrt durch Mitteldeutschland, *Zentralblatt für den deutschen Erwerbsgartenbau*, 4.8.1966, 31, S. 3.

Sondergärten, Leseecke, Waldtheater. [...] Besondere gestalterische Ideen scheinen nicht verwirklicht zu sein.«[217] Abschließend betonte er die Notwendigkeit deutsch-deutscher Begegnungen: »[...] jedes Gespräch mit unseren Landsleuten ist wichtig, und wir alle sollten jede Gelegenheit nutzen, nach drüben zu fahren. Ebenso sollten wir auch allen Landsleuten von drüben, denen die Ausreise gestattet wird, alle bürokratischen Hürden aus dem Weg räumen.«[218] Als Manko sah er, dass er und seine westlichen Kollegen nicht vergleichbar »dialektisch geschult« waren wie die Funktionäre der SED, war aber von den eigenen besseren Argumenten überzeugt.

Der Autor eines längeren Artikels in *Deutsche Gärtnerbörse* erkannte ebenfalls Unterschiede bei der inhaltlichen Ausrichtung der Lehrschauen. Zunächst beschrieb er aber die Haltung, mit der er und seine Berufskollegen sich auf eine Besichtigungsreise zur iga und zu Gartenbaubetrieben in Erfurt, Dresden und Berlin begeben hatten: »Wir wollten sehen, Eindrücke sammeln und uns ein Urteil bilden. Und es war gut, daß wir uns zumindest bemühten, ohne Vorbehalte in die Ausstellung zu gehen: denn das eine bemerkten wir sehr schnell: Die iga 1966 ist ganz anders als unsere vergleichbaren Ausstellungen [...].«[219] Den größten Unterschied sah er bei den Lehrschauen, deren Funktionen ihm von westdeutschen Gartenschauen gänzlich unbekannt waren: »Das Studium dieser und anderer Lehrschauen ist so gedacht, daß einzelne Betriebe Delegationen zur Ausstellung schicken, die sich mit ganz bestimmten Problemen beschäftigen. Das Ausstellungsstudium wird im Betrieb besprochen und nach der Rückkehr der Delegation ausgewertet. Diese Auswertung wird durch Broschüren unterstützt, die von der iga herausgegeben werden. Dieser ›organisierte Ausstellungsbesuch‹ ist für uns ungewohnt.« Auch wenn beide Autoren abwehrend auf ideologische Überredungsversuche reagierten, ist aus ihren Schilderungen die Bereitschaft herauszulesen, das System der DDR von innen verstehen und sich ein eigenes Urteil bilden zu wollen.

Werbung und Repräsentation

Dass die iga 1961 große Akzeptanz in der DDR-Bevölkerung fand, lag vermutlich weniger an den didaktisch aufbereiteten Fachschauen als vielmehr an den kulturellen Veranstaltungen und dem unpolitischen Erscheinungsbild, wie es in Werbematerialien, Publikationen und dem Film »Gartenkunst und Blütenzauber« erzeugt wurde.

Für den Einsatz vielfältiger Werbemittel war von Vorteil, dass in den sechziger Jahren Werbung generell als wichtig erachtet wurde und die Werbebudgets zwischen 1964 und 1970 am höchsten waren.[220] Werbung, die über Produkte und wirtschaftliche Entwicklungen informierte, transportierte in der DDR oft ideologische Inhalte,

---

217 Ebd.
218 Ebd.
219 Besuch auf der iga in Erfurt, in: *Deutsche Gärtnerbörse* 66 (1966) 34, S. 502-504, hier S. 502.
220 Vgl. Tippach-Schneider, Messemännchen, S. 22 f.

um sozialistische Konsum- und Lebensgewohnheiten zu fördern. Zudem wurde sie eingesetzt, um den Konsum entsprechend der tatsächlich erhältlichen Waren zu kanalisieren, von Lieferengpässen abzulenken und eine verbesserte Versorgung in Aussicht zu stellen.[221] In der iga-Gesellschaft war dann auch eine eigene Abteilung für Werbung zuständig.

Ein wichtiges Werbeelement war ab 1966 das Maskottchen »Florinchen«. Die weibliche Figur mit dunklen Haaren und Mandelaugen sowie roten Wangen war mit grüner Latzhose und Gärtnerhut bekleidet und trug einen Spaten, Blumen oder einen Obstkorb bei sich. Die vom Trickfilmstudio Dresden entworfene Figur fand nicht nur Verbreitung durch Werbe- und Informationsschriften, sondern wurde auch bis in die siebziger Jahre als Puppe zum Verkauf angeboten und trat auf dem iga-Gelände auf. 1969 wurde sie in der Kinderzeitschrift *Frösi* vorgestellt und warb auch für den Kräuterbitter »iga-Tropfen« aus Erfurt.[222] »Florinchen« schaffte es außerdem einige Male in die Kinderfernsehsendung »Unser Sandmännchen«. In einer Episode von 1969 landete das Sandmännchen mit einem modernen Hubschrauber auf der iga, kenntlich gemacht durch den Schriftzug »iga« in einem Blumenbeet, um »Florinchen« zu besuchen.[223]

Neben den eigentlichen Werbemitteln erschienen auch mehrere Erfurt- und Thüringen-Führer, die die iga vorstellten. In seinem Geleitwort in dem Bildband über die iga 1966 griff der Vorsitzende des Ministerrates der DDR, Willi Stoph, die Intentionen für die erste iga auf, »die besten Erfahrungen bei der Produktion gärtnerischer Erzeugnisse auszutauschen, die wissenschaftlich-technische und ökonomische Zusammenarbeit zwischen den sozialistischen Staaten zu fördern und zur Festigung der Freundschaft zwischen den Völkern beizutragen«.[224] Rückblickend stellte er sie als »großen internationalen Treffpunkt von Fachexperten, Kaufleuten und Touristen« dar. Das Geleitwort, das Nachwort von Helmuth Lehmann und die Bildunterschriften demonstrierten auch den internationalen Anspruch, da sie auf Deutsch, Russisch, Englisch und Französisch verfasst waren. Abbildungen wie die von wehenden Fahnen der RGW-Mitgliedsstaaten und ausländischer Besucher – wie Gruppen von Afrikanern oder syrischen Landwirtschaftsstudenten – drückten ebenfalls den internationalen Charakter aus. Das Schild an den Treppen zum Eingang »Besucher aus dem Ausland und der Deutschen Bundesrepublik« wies auf den Weg zum Empfangsbüro. Die Verbindung zur Stadt Erfurt wurde durch Bilder vom Anger in der Innenstadt, von einem Neubaugebiet und von Blumenfeldern lokaler

---

221 Zu den allgemeinen Funktionen der DDR-Werbung vgl. ebd., S. 12 ff.

222 Vgl. Simone Tippach-Schneider, Das große Lexikon der DDR-Werbung. Kampagnen und Werbesprüche, Macher und Produkte, Marken und Warenzeichen, Berlin 2002, S. 144 f.

223 Abgebildet in Volker Petzold, Das Sandmännchen. Alles über unseren Fernsehstar, Hamburg 2009, S. 111. Das Sandmännchen besuchte bekannte Orte der DDR wie die Leipziger Messe oder den Alexanderplatz. Dabei wechselte es ständig die Fortbewegungsmittel.

224 Willi Stoph, Zum Geleit, in: Ernst Schäfer, iga. Erfurt DDR, Dresden um 1966, S. 6.

Gartenbaubetriebe hergestellt. Sozialistische Parolen kamen hingegen im ganzen Buch nicht vor.

Ein ähnliches Bild wie die Publikation entwarf der 26-minütige Farbfilm »Gartenkunst und Blütenzauber«, der die fiktive Urlaubsreise eines Liebespaares nachzeichnete, das nicht im Bild zu sehen war. Ein männlicher Erzähler erinnerte sich an zwei iga-Besuche mit seiner Freundin Katrin im Frühjahr und Herbst 1966. Filmaufnahmen, mit beschwingter Musik der »Dresdner Tanzsinfoniker« unterlegt, zeigten nicht nur die iga, sondern auch Sehenswürdigkeiten in Erfurt, Weimar und Eisenach sowie die Nationale Mahn- und Gedenkstätte Buchenwald.[225] Dabei berichtete der Erzähler eher beiläufig über das sozialistische Wirtschafts- und Alltagsleben. Thematisiert wurden Anbaumethoden, der Einsatz von Chemie und die Mechanisierung der Landwirtschaft. Auffallend oft wurden aber auch Blumen aus Dänemark und den Niederlanden mit Ausstellerschild gezeigt. Der Film endete mit Aufnahmen des Lichterfestes, der Freilichtbühne und einem Blick über das Ausstellungsgelände.

Der Film stellte eine Reise privaten Bildungscharakters dar, um Informationen über die Gartenschau, die Wirtschaft und historische Daten in Thüringen einfließen zu lassen. Durch den unverfänglichen Plot konnte er einen offenen Blick westlicher Rezipienten auf die Gartenbauausstellung und die politischen Zusammenhänge fördern. Dabei half der bildungsbürgerliche Hintergrund des Paares, das nicht nur Wolfgang von Goethe und Heinrich Heine zitierte, sondern sich gegenseitig in ironischer Weise über das sozialistische System belehrte: So etwa, wenn Katrin beim Besuch eines Schlosses ihren Freund aufforderte: »So, nun trage deine Prinzessin über die Schwelle.« Er kommentierte den Wunsch: »Zum Glück war ich kein Prinz und sie keine Prinzessin.« Damit wollte er sich vom Klassendenken und den Geschlechterrollen in der Monarchie distanzieren.

Der Werbefilm sollte die iga im Ausland bekannt machen, die Besucherwerbung unterstützen und den neuen Charakter als Gartenbaumesse untermauern.[226] Dabei ließ das Amt für Auswärtige Angelegenheiten, das sich an den Produktionskosten beteiligte, dem Regisseur offenbar freie Hand bei den Inhalten.[227] Aus einem Schreiben von Helmuth Lehmann an den Regisseur Heinz Busch geht hervor, dass der Film zumindest im sozialistischen Ausland eingesetzt wurde, denn Lehmann berichtete von positiver Resonanz auf einer Auslandsreise nach Warschau, Prag und Budapest.[228] Welchen Verbreitungsgrad der Film in der Bundesrepublik und im westlichen Ausland hatte, ist nicht bekannt.

---

225 Eine ausführliche Analyse befindet sich in von Plato, »Gartenkunst und Blütenzauber«, S. 219-223.
226 ThHStAW, iga, 234, Konzeption Farbfilm iga 66, 12.12.1966.
227 ThHStAW, iga, 234, Abschrift Vereinbarung, 16.6.1967.
228 ThHStAW, iga, 234, Schreiben von Helmuth Lehmann wegen des Films »Gartenkunst und Blütenzauber«, 2.1.1969.

Die Werbung, in der das Bild einer weltoffenen Veranstaltung gezeichnet wurde und mit der Interessenten im westlichen Ausland angesprochen werden sollte, stand allerdings im Gegensatz zu eingeschränkten Einreisemöglichkeiten für westdeutsche Interessenten. Die Akteure der iga und die beteiligten staatlichen Institutionen verfolgten unterschiedliche Ziele. Letztlich mussten sich die lokalen Veranstalter der iga-Gesellschaft den Direktiven des ihnen gegenüber weisungsberechtigten Landwirtschaftsministeriums fügen.

Die Internationale Gartenbauausstellung Hamburg 1963

Die Eröffnung

Während der Eröffnung der Internationalen Gartenbauausstellung am 26. April 1963 in Hamburg steckte eine lachende junge Frau in einer Tracht der Vierländer Bäuerin dem Bundespräsidenten und Schirmherrn der iga, Heinrich Lübke, Maiblumen ans Revers. Ein Foto der Szene leitete den Erinnerungsband über die IGA 1963 ein. Die Maiblumen, die alle Ehrengäste erhielten, standen für einen überaus erfolgreichen Sektor des Hamburger Gartenbaus. Denn mehr als 20 Millionen Maiblumenkeime sollen jährlich von Hamburg aus in alle Welt exportiert worden sein, wie aus der Bildunterschrift hervorgeht.[229]

In seiner Eröffnungsrede sprach Lübke, der von 1953 bis 1959 Bundesminister für Ernährung, Landwirtschaft und Forsten gewesen war, die aktuellen Probleme »Naturentfremdung« und »Umweltzerstörung« an und hob die Bedeutung von Grünflächen für die städtische Bevölkerung hervor. Besonders ging er auf die »Grüne Charta von der Mainau« als Zäsur in der Wahrnehmung und im Umgang mit der Natur ein.[230] Darin seien Forderungen unter Bezugnahme auf das Grundgesetz erhoben worden, die ein gesundes und menschenwürdiges Leben in Stadt und Land sichern sollten. In der »Grünen Charta« hatten 1961 Landschaftsarchitekten und Gartenbaufachleute einen Appell gegen den unkontrollierten Flächenverbrauch und bestehende Umweltschäden verabschiedet.[231]

Nachdem Lübke die wirtschaftliche Bedeutung der Ausstellung für Hamburg hervorgehoben hatte, erinnerte er an die Abwesenheit der deutschen Bevölkerung jenseits des Eisernen Vorhangs: »Der gegenwärtige, dem deutschen Volk aufgezwungene Status der Teilung verletzt die Grundsätze von Menschenwürde, Freiheit und Recht auf das gröblichste. Deshalb ist unsere Freude, bei dieser Ausstellung Vertreter von

---

229 Karl-Heinz Hanisch, Internationale Gartenbauausstellung Hamburg, Hamburg 1963, ohne Seitenzählung.
230 Zu der Bedeutung von Heinrich Lübke für die »Grüne Charta von der Mainau« vgl. Engels, Naturpolitik, S. 138 f.
231 Ebd., S. 131 ff.

Abb. 39 Eröffnung der IGA 1963. Eine junge Hamburgerin in der traditionellen Vierländer Tracht steckte dem westdeutschen Bundespräsidenten Heinrich Lübke Maiblumen ans Revers. Die Blumen waren ein wichtiges Anbau- und Exportprodukt der Vierlande.

33 Nationen begrüßen zu dürfen, dadurch getrübt, daß die Menschen unseres Volkes, die nur 30 km östlich von Hamburg auf der anderen Seite der Elbe leben, hier nicht unter uns sein können. Das soll uns aber nicht hindern, heute unserer Landsleute von drüben zu gedenken und ihnen zu versichern, daß alles, was wir in der Bundesrepublik Deutschland auf den verschiedensten Lebensbereichen entwickeln und planen, auch im Gedenken an sie geschieht.«[232]

Anschließend sprachen der Erste Bürgermeister Paul Nevermann, der Vorsitzende des Zentralverbandes des deutschen Gemüse-, Obst- und Gartenbaues, Ernst Schröder, und der Vorsitzende der AIPH. Nevermann beschäftigte sich mit der Rolle Hamburgs im Machtgefüge in Vergangenheit und Gegenwart, dem Wiederaufbau des Hafens, dem Ausbau der Industrie und den städtebaulichen Veränderungen nach 1945. Die Gartenschau bezeichnete er als »wahrhaft international und kosmopolitisch – wie es dem Geist dieser Stadt entspricht« – und als »Ausstellung der Völkerfreundschaft«[233], womit er einen Terminus verwendete, der auch in der DDR gebräuchlich war.[234] Das Attribut »kosmopolitisch« war hingegen in der DDR ganz und gar verpönt. Gerade aber durch die internationale Beteiligung und das kosmopolitische Erscheinungsbild sollte Hamburgs Rolle als »Tor zur Welt« untermauert werden.

Auch Ernst Schröder schloss in seine Begrüßung »die deutschen Gärtner jenseits von Mauer und Stacheldraht ein, denen es nicht vergönnt ist, diesen festlichen Tag mit uns zu erleben«.[235] Der anschließende Rundgang durch »Planten un Blomen« und die Wallanlagen endete dann auch mit dem Besuch des »Berlin-Pavillons«, in dem der Wiederaufbau und die Teilung Berlins und damit der zwei Jahre zurückliegende Mauerbau dargestellt wurden. Mit dem Besuch des »Berlin-Pavillons« am Eröffnungstag wurde demonstriert, dass es sich bei IGA 1963 nicht nur um eine städtische, sondern auch um eine nationale Repräsentation handelte. Daher wurde die schwierige Situation in Berlin und damit die deutsche Teilung thematisiert.

Als am folgenden Tag das *Hamburger Abendblatt* auf seiner Titelseite über die feierliche Eröffnung berichtete[236], erschien dort auch ein Aufruf an die Leser, ihren Verwandten in der DDR Gemüse- und Blumensamen zu schicken, da daran »großer Mangel« herrsche.[237] Der Appell bezog sich zwar nicht unmittelbar auf den größeren Artikel über die Eröffnung, die thematische Nähe machte aber die Diskrepanz deutlich: hier die weltläufige Großveranstaltung mit 35 beteiligten Nationen,

---

232 StaHH, 614-3/11, 48, Ansprache von Bundespräsident Dr. h.c. Lübke zur Eröffnung der Internationalen Gartenbauausstellung 1963 in Hamburg, 26.4.1963.

233 StaHH, 614-3/11, 48, Ansprache von Bürgermeister Dr. Nevermann bei der Feierstunde zur Eröffnung der Internationalen Gartenbauausstellung am 26.4.1963.

234 So hieß die Haupthalle auf der iga in Erfurt »Halle der Völkerfreundschaft«.

235 StaHH, 614-3/11, 48, Ansprache von Ernst Schröder zur Eröffnung der IGA Hamburg 1963, 26.4.1963.

236 IGA erwartet ersten Ansturm am Wochenende, in: *Hamburger Abendblatt*, 27.4.1963.

237 Schickt Gemüsesamen in die Zone, in: *Hamburger Abendblatt*, 27.4.1963.

drüben der Mangel an Grundnahrungsmitteln, weshalb DDR-Bürger Strategien der Selbstversorgung verfolgen müssten.

Die Beispiele zeigen, dass auf der IGA 1963 zwei Jahre nach dem Mauerbau die Existenz der DDR nicht ignoriert wurde. So gehörte es zur Logik von Reden, die Solidarität mit der DDR-Bevölkerung zu bekunden. Allerdings bildete die deutsch-deutsche Teilung keinen Fokus, sondern die Internationalität und der Anspruch als Veranstaltung der »Superlative« wurden in den Vordergrund gerückt.

Organisation

Schon 1953 hatten Hamburger Gärtner angeregt, im Abstand von zehn Jahren erneut eine Internationale Gartenbauausstellung in Hamburg zu veranstalten.[238] Ab 1955 wurden entsprechende Verhandlungen mit dem Zentralverband und der AIPH über Form und Ziele der IGA 1963 geführt.[239] Der offizielle Startschuss fiel aber erst im Sommer 1957, als die Hansestadt und der Zentralverband den Vertrag unterzeichneten, die Gesamtleitung einberufen wurde und der Senat mit den Plänen an die Öffentlichkeit trat.[240] Wie schon 1953 wurde Karl Passarge Vorsitzender der Gesamtleitung. Aus einem 1958 veranstalteten Ideenwettbewerb gingen die Preisträger Karl Plomin, Heinrich Raderschall und Günther Schulze hervor, die in der Folge eine Arbeitsgemeinschaft für die Gesamtgestaltung des Freiraumes bildeten. Die Leitung für die Hochbauten übernahm Hamburgs Erster Baudirektor Paul Seitz.

Die Ziele für die »Schau der Superlative« waren weitaus höher gesteckt als 1953: 35 teilnehmende Nationen wurden angekündigt und acht bis zehn Millionen Besucher erwartet.[241] Den Anspruch auf Internationalität demonstrierten die Veranstalter unter anderem dadurch, dass sie 1961 beim »Bureau International des Expositions« in Paris den Antrag auf Anerkennung als internationale Ausstellung stellten. Das Reglement sah die gleichberechtigte Teilnahme von internationalen Ausstellern und die Einsetzung eines international besetzten Preisgerichts vor. Ziel war es, Hamburg durch diese offizielle Auszeichnung als bedeutende Gartenbauregion und Handelszentrum für Gartenbauerzeugnisse zu präsentieren.[242] Das Ziel, diesen Wirtschafts-

---

238 Max Brauer fasste die Geschichte der Ausstellungsvorbereitungen bis 1960 auf einer Beiratssitzung zusammen, StaHH, 614-3/11, 6, Notizen für die Ansprache des Bürgermeisters Brauer in der Beiratssitzung der IGA 63, 19.10.1960.

239 Mitteilung des Senats an die Bürgerschaft Internationale Gartenbau-Ausstellung Hamburg 1963, Nr. 10, 22.1.1960.

240 StaHH, 614-3/11, 3, Niederschrift über die 1. Sitzung der Gesamtleitung, 23.9.1957. Das *Hamburger Abendblatt* berichtete positiv über die Nachricht, dass es erneut eine Internationale Gartenbauausstellung geben sollte: Große Pläne für die Gartenschau im Jahre 1963. Mit Gartenarchitekten aus aller Welt, in: *Hamburger Abendblatt*, 14.9.1957.

241 1960 wurde von acht Millionen gesprochen, in: Mit kleinen Abstrichen. Ausschuß zu den Gartenschau-Plänen/Grundkonzeption bleibt, in: *Hamburger Abendblatt,* 16.3.1960.

242 Gerhard Weber, Absatz von Gartenbauerzeugnissen auf den Hamburger Großmärkten, in: *Gartenwelt* 63 (1963) 7, S. 145 f.

sektor zu stärken, konnte auch dadurch unterstützt werden, dass 1962 die neuen von Bernhard Hermkes entworfenen und in Hafennähe gelegenen Großmarkthallen für den Handel von Obst und Gemüse fertiggestellt wurden.

Der internationale Zuschnitt der IGA war allerdings insofern eingeschränkt, als nur westeuropäische Staaten, die USA, Israel und nord- und südamerikanische sowie asiatische Staaten teilnahmen. Die Beteiligung einzelner Staaten aus Osteuropa wurde dagegen um 1960 verworfen. Zu diesem Zeitpunkt war das Konzept der »Politik der Elbe«, das der »Hamburg-Block«, der von 1953 und 1957 den Senat gestellt hatte, zur Förderung des Außenhandels mit Mittel- und Osteuropa entworfen hatte, nicht mehr leitend.[243]

Die Planungen wurden durch teils heftige Diskussionen über planerische Aspekte in der Hamburger Tagespresse begleitet. Ab Ende 1959 setzte eine Debatte um den Botanischen Garten ein, da durch den Bau neuer Pflanzengewächshäuser das Freigelände der wissenschaftlichen Einrichtung reduziert werden musste. Als Kompensation wurde ein neuer Botanischer Garten in Klein Flottbek in Aussicht gestellt, der in den siebziger Jahren realisiert wurde.[244] Im Folgejahr riefen Pläne für eine Betonbrücke über den Wallgraben ebenfalls Proteste hervor.[245] Ebenso waren Überlegungen, den traditionellen Hamburger Jahrmarkt »Dom« vom Heiligengeistfeld auf die Moorweide jenseits des Dammtorbahnhofes zu verlegen, um Platz für die Schau »Technik im Gartenbau« zu gewinnen, umstritten, denn die dortige Rasenfläche war nach dem Zweiten Weltkrieg nur mühsam wiederhergestellt worden. Schließlich fiel der »Dom« in den Sommermonaten aus, da die Technik-Schau für das Heiligengeistfeld beschlossen und kein Ausweichort gefunden wurde.[246] Außerdem begleiteten Fragen nach Parkplätzen und der Unterbringung auswärtiger IGA-Besucher die Vorbereitungen der Veranstaltung.[247] 1962 debattierte die Bürgerschaft angesichts der verheerenden Sturmflut im Februar, in deren Folge hohe Kosten für die Beseitigung der Schäden entstanden, ob die IGA überhaupt stattfinden könne. Sie entschied aber: »Hamburg braucht, erst recht nach der Flutkatastrophe, diese werbende und wirtschaftsfördernde Ausstellung.«[248] Noch unmittelbar vor und während der Ausstellung sorgten dann hohe Eintrittsgelder und Preissteigerungen in der Gastrono-

---

243 Vgl. zu den Anfängen der »Politik der Elbe« Bajohr, Hochburg, S. 32 f.

244 Vgl. Poppendieck, Botanischer Garten, S. 272 ff. Siehe auch den Zeitungsartikel »Kein Baum wird fallen ohne meine Genehmigung«. Hausstreit um den Botanischen Garten. Freunde fürchten für Oase der Stille. Prof. Mevius beruhigt, in: *Hamburger Abendblatt,* 2.12.1959.

245 Die umstrittene Betonbrücke. SPD-Fraktion bleibt dabei. »Nach wie vor vernünftig«, in: *Hamburger Abendblatt,* 11.10.1960.

246 Moorweide kein Rummelplatz! Heftige Ablehnung der Dom-Projekte. Neues Tauziehen. CDU: Nach Neu-Altona, in: *Hamburger Abendblatt,* 8.3.1961.

247 IGA-Parkplätze nicht an falschen Stellen. Handelskammer kritisiert die Pläne der Baubehörde, in: *Hamburger Abendblatt,* 14.8.1961; Schwere Sorgen zur IGA: Wohin mit den Besuchern? Unterkünfte und Parkplätze fehlen / Personalmangel befürchtet, in: *Hamburger Abendblatt,* 25.9.1962.

248 Alle Fraktionen einig: Gartenbau-Ausstellung wird durchgeführt, in: *Hamburger Abendblatt,* 15.3.1962.

mie für Unmut bei Besuchern und eine negative Berichterstattung in der Hamburger Lokalpresse.

Trotz dieser Streitpunkte wurde die IGA 1963 in der Hamburger Öffentlichkeit jedoch nur selten insgesamt in Frage gestellt. Überraschend kritisch äußerte sich dagegen Karl Passarge, der Vorsitzende der Gesamtleitung: »Die Vielzahl der Gartenschauen (elf in zehn Jahren) ist ein Übel. Gartenschauen sind Mode geworden. Die Städte reißen sich darum. Jeder Ort will seinen Vorgänger mit einer Mammutschau übertreffen. Dies hat schon jetzt zu einer Müdigkeit bei den Ausstellern geführt.«[249] Weiter bezweifelte Passarge, dass Stadtplaner ohne Großereignisse derart hohe Ausgaben begründen und akquirieren könnten. Diese fundamentale Kritik überrascht zu diesem frühen Zeitpunkt – zumal von dem Leiter –, denn derartige Argumentationslinien wurden erst Ende der siebziger Jahre geäußert. Insgesamt waren mit der IGA 1963 eher positive Hoffnungen verbunden, die teilweise aber übersteigert waren, wie sich während der Veranstaltung erweisen sollte.

Rundgang über das Ausstellungsgelände

Für die IGA 1963 stand eine 76 Hektar große Fläche zur Verfügung, die sich aus »Planten un Blomen«, dem Messegelände, dem Botanischen Garten, den Großen und Kleinen Wallanlagen sowie dem Heiligengeistfeld zusammensetzte.

Oberbaudirektor Werner Hebebrand ließ die sechs durch Straßen voneinander getrennten Bereiche durch Brücken und Unterführungen verbinden.[250] Ziel war es, einen zusammenhängenden innerstädtischen Erholungsraum von der Alster bis zur Elbe zu schaffen, ohne dass die Besucher Straßen überqueren mussten. Die vermeintliche Fußgängerfreundlichkeit wurde jedoch durch dunkle Unterführungen eingeschränkt. Da nicht daran gedacht war, die Straßen unter die Erde zu verlegen, spiegelten sie das in den fünfziger Jahren von Hans Bernhard Reichow formulierte und breit rezipierte Leitbild der »autogerechten Stadt« wider, das den Fluss des Autoverkehrs in den Vordergrund stellte.[251] Das weitläufige Ausstellungsgelände war außerdem durch eine Kleinbahn in »Planten un Blomen« und eine Gondelbahn von dort über den Botanischen Garten, die Kleinen und Großen Wallanlagen bis zum Heiligengeistfeld erschlossen.

Hinter dem Haupteingang am Dammtorbahnhof informierte das »Grüne Karussell« mit einem sich drehenden Modul über die Grundsätze der »Grünen Charta von der Mainau«. Es beinhaltete eine künstlerisch-grafische Darstellung und Fotocollagen.[252]

---

249 Werner Domke, Noch viele Fragen zur Gartenschau. Chefplaner: Zuwenig Parkplätze, in: *Hamburger Abendblatt*, 31.5.1960, S. 6.

250 Mitten durch die Stadt. Grünzug von den Lombardsbrücken bis zur Elbe, in: *Hamburger Abendblatt*, 29.5.1958.

251 Hans Bernhard Reichow, Die autogerechte Stadt. Ein Weg aus dem Verkehrs-Chaos, Ravensburg 1959.

252 Vgl. die ausführliche Beschreibung auf S. 203 f.

Abb. 40 Übersichtsplan der IGA 1963 in Hamburg

E Große Wallanlagen
1 Wasserrampe
2 Hausgärten der Nationen
3 Teehaus
4 Museumsgarten
5 Barockgarten
6 Museum für Hamburgische
   Geschichte
7 Berlin-Pavillon
8 Restaurant »Wallterrassen«

F Heiligengeistfeld
1 Cinerama-Zeltkino
2 IGA-Basar
3 Hamburger Bierhaus
4 Mustergärtnerei
5 Kleingärten
6 Zelthallen
7 Internationale Baumschulenschau
8 Leichtbauhallen
9 Einjahrsblumen
10 Technik im Gartenbau

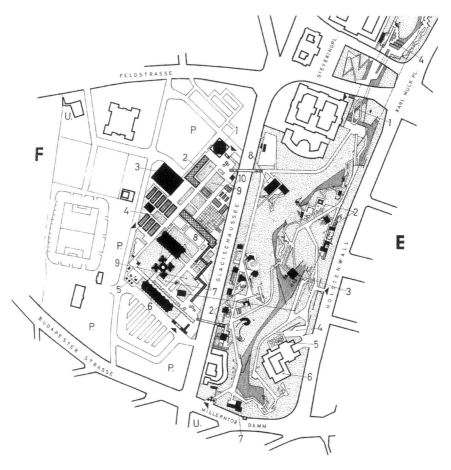

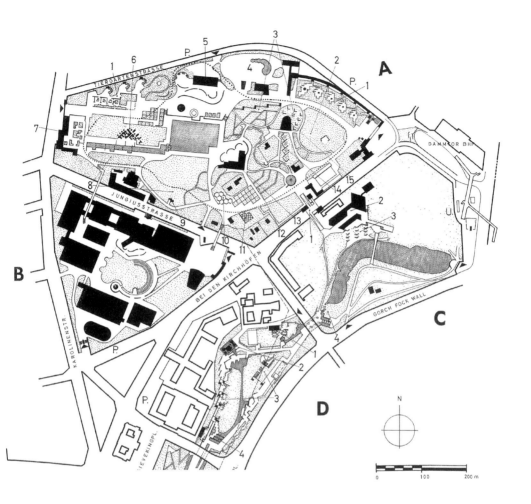

A Planten un Blomen
1 Rosen
2 Tulpen, Sommerblumen
3 Iris und Lilien
4 Kinderspielplatz
5 Restaurant »Rosenhof«
6 Japanische Wasseriris
7 Orchideen-Café
8 Rhodendron
9 Philipsturm
10 Apothekergarten
11 Imbiß Dänemark
12 Stauden-Vergleichsschau
13 Restaurant »Seeterrassen«
14 Steingärten
15 Tropenhaus

B Hallensonderschauen

C Botanischer Garten
1 Übergang
2 Pflanzenschauhäuser
3 Mittelmeerterrassen
4 Quellgrund und Farntal

D Kleine Wallanlagen
1 Kinderspielplatz
2 Grillrestaurant »Le Paris«
3 Hausgärten
4 Wassertreppe

Abb. 41   Die Lehrschau »Grünes Karussell« über die »Grüne Charta
von der Mainau« auf der IGA 1963 in Hamburg. Die Bedeutung
der »Grünen Charta«, mit der Anfang der sechziger Jahre ein neuer
Umgang mit Umweltschäden gefordert wurde, wurde durch die
exponierte Lage hinter dem Haupteingang betont.

»Planten un Blomen« mit seinen Cafés und Restaurants blieb weitgehend erhalten, da dort für die IGA 1953 erhebliche Mittel investiert worden waren.[253] Hier wurden Schau- und Sichtungsgärten angelegt und Freilandwettbewerbe veranstaltet. Am Philipsturm stach der neue »Apothekergarten« heraus, der in sieben sechseckigen Mauerhöfen Organkrankheiten und entsprechende Heilpflanzen vorstellte.[254]

Eine bauliche Neuerung waren die Pflanzenschauhäuser, die sich an den Hang des ehemaligen Stadtwalls im Botanischen Garten schmiegten.[255] Der Architekt Bernhard Hermkes hatte das rautenförmige Tragskelett für die eingehängten Glaskörper nach außen gelegt, um einen freien Innenraum ohne störende Stützen zu gewinnen. Die in fünf Klimazonen untergliederten Gewächshäuser enthielten tropische und subtropische Pflanzen. Ihnen vorgelagert waren die Mittelmeerterrassen mit Blick auf den Wallgraben. Verschiedene Ebenen waren mit Zypressen, Pinien und Oleander aus italienischen Baumschulen bepflanzt. Von den Mittelmeerterrassen führte die Johan-van-Valckenburgh-Brücke aus Beton über den historischen Wallgraben.[256] Die Brücke ist nach dem niederländischen Ingenieur Johan van Valckenburgh benannt, der ab 1616 die Hamburger Festungsanlagen mit 22 Bastionen ringförmig um die Stadt gelegt hatte.[257] Am Ende der noch erhaltenen historischen Wallanlagen lag der Quellgrund. Dieser bildete den Endpunkt eines Wasserlaufs durch die Großen und Kleinen Wallanlagen, der den im Zweiten Weltkrieg zerstörten und danach mit Trümmerschutt überformten historischen Wallgraben durch Wassertreppen, einen Kaskadengarten und Wasserbecken aus Betonelementen in abstrahierter Form wieder sichtbar machte.[258]

In den Kleinen Wallanlagen befand sich auf der nordwestlichen Seite ein neuer Spielplatz, den das Hamburger Architekturbüro Sprotte & Neve gebaut hatte und der von der Firma Maizena, die Maisstärke-Produkte herstellte, mit finanziert worden war. Als Gegenleistung für das Sponsoring mit 20.000 DM trug der Spielplatz

253 Von der Alster zur Elbe mit der Schwebebahn? Gartenbauausstellung 1963. Wettbewerb ausgeschrieben, in: *Hamburger Abendblatt*, 20.6.1958.
254 Karl Plomin, Mauerhöfe für Heilpflanzen in der Internationalen Gartenbauausstellung Hamburg 1963, in: *Garten und Landschaft* 73 (1963) 1, S. 22.
255 Siehe die detaillierte Beschreibung: Die Pflanzenhäuser im Hamburger Botanischen Garten, in: *Bauwelt* 54 (1963) 27, S. 768 f.
256 Das dreiteilige Ensemble ist seit 1996 in die Denkmalliste eingetragen. Auf dem Gelände von »Planten un Blomen« wurden bisher keine weiteren Objekte unter Denkmalschutz gestellt. Für die Begründung und die Beschreibung der Bauten siehe das Gutachten von Ilse Rüttgerodt-Riechmann: K 63, Gewächshausanlage, Mittelmeerterrassen und Johan-van-Valckenburgh-Brücke im Alten Botanischen Garten in Hamburg, 17.9.1996.
257 Karl-Klaus Weber, Johan van Valckenburgh. Das Wirken des niederländischen Festungsbaumeisters in Deutschland 1609–1625 (Städteforschung). Veröffentlichungen des Instituts für vergleichende Städtegeschichte in Münster, Reihe A: Darstellungen, Köln / Weimar / Wien 1995, S. 43 ff.
258 Vgl. zur Gestaltung des Wasserlaufs die Darstellungen der verantwortlichen Architekten: Heinrich Raderschall, Kleine Wallanlagen, in: *Garten und Landschaft* 73 (1963) 6, S. 184; Günther Schulze, Große Wallanlagen, in: *Garten und Landschaft* 73 (1963) 6, S. 186-190.

während der IGA 1963 den Namen »Maizena« im Schriftzug. Außerdem verteilte die dortige Kindergartenleitung Kostproben der Maizena-Produkte.[259] Das dahinter liegende Grillrestaurant »Le Paris« hatte eine futuristische Anmutung und wurde mit der »Kommandobrücke eines Ferienschiffs« verglichen. Hier befanden sich auch Freizeitangebote wie eine Boccia- und eine Minigolfbahn.[260]

Der Sievekingplatz zwischen den Gerichten, der abgesenkt worden war, präsentierte als »Justitias Blumengarten« mehrere Blumenschauen. Durch eine Unterführung gelangten die Besucher von dort in die Großen Wallanlagen, in die die meisten Nationengärten eingestreut waren. Die entstandene Parklandschaft setzte sich vor allem durch Rasenflächen, große Wasserflächen und breite Wege zusammen. (vgl. Farbabb. 42 und 43, S. 52)

Das moderne transparente Teehaus von Heinz Graaf mit quadratischem Grundriss wurde von einer Konstruktion aus vier Pylonen und Stahlseilen gehalten und schien über dem Japanischen Garten zu schweben. Das Ausstellungsgelände schloss am Eingang Millerntordamm mit dem »Berlin-Pavillon« ab. Am Wallterrassenrestaurant führte eine Brücke über die Straße zum Heiligengeistfeld, dessen Ausstellungsfläche der Technik im Gartenbau vorbehalten war.

Da die Bepflanzung im Jahr der Gartenschau noch nicht ausgewachsen war, standen die eher kargen Wallanlagen im Kontrast zu der üppigen Bepflanzung in »Planten un Blomen«. Neu war die durchgängige Verwendung von Beton beim Wasserlauf und bei den Hausgärten in den Kleinen und Großen Wallanlagen.

Wie schon bei der IGA 1953 hatten Kunstwerke wieder eine wichtige Bedeutung, wurden allerdings mehr als »heitere Zugaben in Gärten, Spielanlagen, an Wegen und Gewässern« verstanden. 15 Kunstobjekte stammten von der ersten IGA, 17 weitere Objekte waren für die IGA 1963 angeschafft worden.[261]

Hausgärten. Suburbane Lebensstile

Für die iga 1961 in Erfurt hatte Reinhold Lingner Musterhäuser und Hausgärten in Abgrenzung von westdeutschen Gartenschauen kategorisch abgelehnt.[262] Zwar stellten viele westdeutsche Gartenbauausstellungen Hausgärten vor, aber 1953 hatte Karl Plomin Hausgärten abgelehnt. Auf der Bundesgartenschau 1961 in Stuttgart und auf

---

259 StaHH, 614-3/11, 23, Schreiben an die Deutsche Maizena Werke GmbH, Kinderspielplatz Kleine Wallanlagen, 5.3.1963.

260 Gesamtleitung der Internationalen Gartenbau-Ausstellung Hamburg 1963 (Hrsg.), Katalog Internationale Gartenbau-Ausstellung Hamburg 1963, Hamburg 1963, S. 152.

261 Gisela Gerdes, Kunstwerke auf der Internationalen Gartenbauausstellung Hamburg 1963, in: Gesamtleitung der Internationalen Gartenbauausstellung Hamburg 1963 (Hrsg.), Kunstwerke auf der Internationalen Gartenbauausstellung Hamburg IGA 63, Hamburg 1963, S. 7-8, hier S. 7.

262 Lingner, Gestaltungsprobleme, S. 4.

Abb. 44 Wasserlauf und Fußgängerwege am Übergang vom
Sievekingplatz zu den Großen Wallanlagen, 1963.
Abb. 45 Brasilianischer Wohngarten, gestaltet durch den brasilia-
nischen Landschaftsarchitekten Roberto Burle Marx, 1963.

der IGA 1963 in Hamburg hingegen bildeten Einzelhäuser mit umgebendem Garten geradezu ein Leitmotiv. Diese Entwicklung lässt sich vor dem Hintergrund betrachten, dass suburbane Lebensstile in der Bundesrepublik aufgrund von wirtschaftlichen Zuwächsen, steigender Mobilität und verbesserter Verkehrsinfrastruktur seit den fünfziger Jahren einen Aufschwung erlebt hatten.[263] Mit dem zweiten Wohnungsbaugesetz von 1956 wurde nach einer mehr als dreijährigen Debatte im Parlament beschlossen, in erster Linie »Familienheime« – Einzel-, Doppel- und Reihenhäuser – staatlich zu fördern; dagegen sollte die Förderung von Mietwohnungen reduziert werden.[264] Mit diesen Richtlinien wollte die regierende CDU das Eigentum zur Grundlage ihres Gesellschaftsentwurfes machen.[265] Mit der Wunschvorstellung eines Eigenheimes war der eigene Garten – oft treffend als »Wohngarten« bezeichnet – verknüpft.[266] Auch aus Hamburg zogen immer mehr Menschen an den nördlichen Stadtrand und ins südliche Schleswig-Holstein, um im eigenen Haus mit Garten im Grünen zu wohnen.[267] Für diejenigen, die sich diesen Wunsch nicht erfüllen konnten, blieb die Möglichkeit des Kleingartens. Sicherlich verfolgten Haus- und Kleingärtner teilweise auch noch Motive der Selbstversorgung, insgesamt verloren diese aber an Bedeutung. Stattdessen wurden Kleingärten zunehmend als Orte der Freizeitbeschäftigung entdeckt. Körperliche Betätigung wurde sogar als »grüne Medizin« mit gesamtgesellschaftlichem Nutzen verstanden: »[...] Sie ist das Heilmittel für Körper und Seele zugleich. [...] Nirgends sonst wird die Muskulatur des Körpers so in Bewegung gesetzt wie durch die Gartenarbeit. Mag der Garten dem einzelnen ein Hobby sein, in der Gesamtheit und der Vielzahl ist er jedoch eines der wirksamsten Mittel, den Zivilisationsschäden der Gegenwart erfolgreich zu begegnen.«[268]

Auf der IGA 1963 führten in den Kleinen und Großen Wallanlagen 23 individuell gestaltete Hausgärten – darunter 19 Nationengärten – diverse Gestaltungsmöglichkeiten vor. Modern und schlicht gehaltene Atriumhäuser verkörperten die Idee vom

---

263 Johann Jessen, Suburbanisierung – Wohnen in verstädterter Landschaft, in: Tilman Harlander (Hrsg.), Villa und Eigenheim, Stuttgart 2001, S. 316-329, hier S. 316 f.

264 Vgl. Günther Schulz, Wiederaufbau in Deutschland. Die Wohnungsbaupolitik in den Westzonen und der Bundesrepublik von 1945 bis 1957, Düsseldorf 1994, S. 288 ff. Das erste Wohnungsbaugesetz von 1950 hatte dagegen den Sozialen Wohnungsbau, also den Mietwohnungsbau, zu einer der wichtigsten Aufgaben in der Bundesrepublik erklärt, vgl. ebd., S. 241.

265 Clemens Zimmermann, Wohnungspolitik – Eigenheime für alle?, in: Harlander, Villa, S. 330-349, hier S. 333.

266 Gustav Allinger, Der deutsche Garten. Sein Wesen und seine Schönheit in alter und neuer Zeit, München 1950; Hans Grohmann, Eigenheim und Wohngarten, München 1955; Hermann Mattern, Gärten und Gartenlandschaften, Stuttgart 1960.

267 Vgl. Meik Woyke, »Wohnen im Grünen«? Siedlungsbau und suburbane Lebensstile im nördlichen Hamburg von den fünfziger bis zu den siebziger Jahren, in: Zeitgeschichte in Hamburg. Nachrichten aus der Forschungsstelle für Zeitgeschichte in Hamburg 2005, S. 22-49.

268 Paul Brando, Kleine Gärten einst und jetzt. Geschichtliche Entwicklung des deutschen Kleingartenwesens, Hamburg 1965, S. 289.

»ebenerdigen Wohnen«.[269] Diese Bungalows nahmen allerdings nur eine Stellvertreterfunktion ein, denn das Augenmerk der Besucher sollte auf die Ausgestaltung der Gärten gelenkt werden. In den Nationengärten demonstrierten internationale Landschaftsarchitekten ihr Verständnis vom Garten, hergeleitet aus den klimatischen Verhältnissen, typischen Pflanzen und Traditionen.[270]

Viele der Gärten – wie auch die Wallanlagen insgesamt – wiesen eine strenge Gestaltung mit klaren Linien auf, die im Kontrast zu fließenden Linien und lieblicher Gestaltung in den fünfziger Jahren standen.[271] Der »Theatergarten« von Ernst Cramer aus der Schweiz war durch 14 Meter hohe Betonstelen, eine Betonplatte und Wasser dominiert und hatte als Pflanzenbewuchs nur eine Rasenfläche zu bieten.[272] Der puristische »Garten eines Individualisten« von Günther Schulze, der vorwiegend aus Granit, Kies und wenigen Pflanzen bestand, sparte alle repräsentativen Elemente aus und sollte der »Stille und Sammlung« dienen.[273]

Ziel war es, den Besuchern mit Mustergärten Anleitungen für die Gestaltung des eigenen Gartens zu bieten: »Dem Hausbesitzer sollen Beispiele zeigen, wie er am Hang, am Wasser oder in ebenem Gelände seine rechte Gartenform findet, wie er seinen alten Garten bereichern kann um ein Detail, sei es ein pflanzliches, sei es ein gebautes. Alle sollten sie hierbei Vergleiche treffen mit ausländischen Beispielen.«[274] Dass die Gärten den Besuchern zur Geschmacksbildung dienen konnten, zeigte auch eine Fotostrecke im Magazin *Schöner Wohnen*. Appelliert wurde an die Leser, sich für ungewöhnliche Gestaltungsideen zu öffnen: »Da ist vieles, was zunächst befremdet, wie der Beton-Garten aus der Schweiz oder die barocken Reminiszenzen der Franzosen – aber gerade am Ungewöhnlichen kann sich die Phantasie entzünden. Man braucht das extreme Beispiel, um sich von erstarrten Formen zu lösen und neue Wege zu finden.«[275]

Zumeist handelte es sich bei den Gärten auf der IGA um ästhetisch durchgestaltete Gärten, wie sie sich nur eine kleine gesellschaftliche Gruppe leisten konnte. Daher bleibt fraglich, in welchem Maße diese Einzelgärten Breitenwirkung entfalten konnten. So beobachtete *Garten und Landschaft,* dass sie großes Interesse unter Fach-

---

269 Beispiele für Flachbauten, meist Reihenhaussiedlungen in den USA, Skandinavien, Australien und der Bundesrepublik versammelt Walter Meyer-Bohe, Ebenerdig wohnen. Der Flachbau als Wohnform und als städtebauliches Element, Stuttgart 1963. Vgl. zu den Gebäuden Marketa Haist, Achtundzwanzig Männer brauchen einen neuen Anzug. Die internationalen Gärten auf der Internationalen Gartenbau-Ausstellung 1963 in Hamburg, in: *Die Gartenkunst* 8 (1996) 2, S. 252-314, hier S. 254.

270 Ebd., S. 254 f. Haist beschreibt auch die Einzelgärten ausführlich.

271 Ebd., S. 261. Vgl. das Plädoyer gegen eine »Wildnis« und dafür, inmitten der Stadt zu »bauen«: Ulrich Conrads, Hamburgs neuer Stadtgarten, in: *Bauwelt* 54 (1963) 27, S. 761.

272 Ernst Cramer, Theatergarten, in: *Garten und Landschaft* 73 (1963) 8, S. 250-251.

273 Günther Schulze, Garten eines Individualisten, in: *Garten und Landschaft* 73 (1963) 8, S. 244-246.

274 Heinrich Raderschall, Kleine Wallanlagen, in: *Garten und Landschaft* 73 (1963) 6, S. 184.

275 Gisela Gramenz, Notizen von einem Streifzug durch die IGA 63, in: *Schöner Wohnen* (1963) 7, S. 92-101, hier S. 92.

leuten fanden, während sie auf die Laien eher ermüdend wirkten: »Den Fachmann dagegen fasziniert die Gelegenheit, die Handschrift von Kollegen aus verschiedenen Nationen kennenzulernen und zu entziffern. So sieht man in den Wallanlagen die Gartenfachleute heftig diskutieren sowohl über die Gesamtlösungen wie über die mannigfaltigen Details und die Art und Wirkung der verschiedenartigen Materialien bei den Mauerbildungen, Bodenbelägen, Wasserbecken und -spielen, Pergolen und Rankgerüsten und ebenso über die vorerst freilich erst im Keim sichtbare Bepflanzung.«[276]

Neben den Garten- und Landschaftsarchitekten nutzte die Wohnungswirtschaft in Gestalt der Unternehmensgruppe »Neue Heimat« die Gartenbauausstellung, indem sie vor den Augen der Besucher einen Fertigbungalow aufbaute. Das in zwei Wochen wachsende Musterhaus war exemplarisch für eine Siedlung in Quickborn in Schleswig-Holstein, in der Häuser zum Verkauf standen.[277] Bis zum Abbau im April 1964 hatten 100.000 Besucher das Musterhaus besichtigt.[278] Außerdem zeigte die »Neue Heimat« auf dem Heiligengeistfeld die Sonderschau »Großstädtisches Wohnen im Grünen«. Mit Fotos Hamburger Großsiedlungen aus den fünfziger Jahren sollten Beispiele für die Verbindung von Wohnen und Natur aufgezeigt werden. Ergänzend wurden den IGA-Besuchern Besichtigungstermine für die von Hans Bernhard Reichow im Hamburger Norden gebauten Siedlungen Hohnerkamp und Farmsen angeboten.[279]

Die große Anzahl und die Ausführung individuell gestalteter Hausgärten, der Fertigbungalow und die Schau »Großstädtisches Wohnen im Grünen« auf der IGA 1963 spiegelten die veränderte Situation in der Konsumgesellschaft wider, in der der Traum vom eigenen Haus mit Garten für viele Menschen erreichbar wurde und Nutzgärten zur Selbstversorgung nicht mehr die Bedeutung wie in der frühen Nachkriegszeit hatten. Die Kleingartenschau mit Musterlauben und -wochenendhäusern sowie zwei Musterkleingärten – einem Nutzgarten und einem Ruhegarten – auf dem Heiligengeistfeld war demgegenüber übersichtlich.[280]

Angebote für die Fachwelt. Leistungswettbewerbe und Technikschauen

Anders als in der DDR wurden in die Hallenschauen selten konkrete Informationen über die ausstellenden Länder, dortige Arbeitsbedingungen oder die politischen Systeme in Lehrschauen vermittelt. Insgesamt traten Lehr- hinter Leistungsschauen

276 Gerda Gollwitzer, Geleitwort, in: *Garten und Landschaft* 73 (1963) 8, S. 243.
277 »Neue Heimat« zeigt ihr Musterhaus in Hamburg, in: *Hamburger Abendblatt*, 3.10.1963.
278 100.000 sahen das »Neue-Heimat-Haus«, in: *Hamburger Abendblatt*, 11.4.1964.
279 Katalog 1963, S. 172 f.
280 Ebd., S. 177 f.

zurück. Aus Kostengründen und Platzmangel wurde die Notwendigkeit dieser Schauen für die IGA 1963 sogar komplett in Frage gestellt.[281]

Dabei war die deutsche Gartenbauwirtschaft mit einem tief greifenden und komplexen Wandel konfrontiert, der es wert gewesen wäre, im Rahmen einer Großausstellung thematisiert zu werden. So nahmen in der Bundesrepublik 1963 die Importe von gartenbaulichen Produkten aus den anderen EWG-Ländern zu, da Zollsenkungen eingeführt wurden. Allein die Importe von Zierpflanzen stiegen um 24,5 Prozent.[282] Im selben Jahr zeichneten sich Schwierigkeiten bei den Regulierungen des EWG-Marktes ab. Da es durch Anbauerweiterungen bei Gemüse höhere Ernteerträge gab, gleichzeitig aber die Einfuhren von Gemüse wuchsen, sanken die Marktpreise.[283]

1963 – wie schon zehn Jahre vorher – standen sechs Leistungsschauen der beteiligten Nationen im Mittelpunkt, die im Abstand von drei bis sechs Wochen stattfanden.[284] Mit Ausstellern aus 35 Ländern war die Zahl gegenüber der von 15 beteiligten Nationen auf der IGA 1953 erheblich gestiegen.[285] Neben die Aussteller aus den EWG-Staaten, Skandinavien und den USA, die bereits 1953 teilgenommen hatten, traten nun weitere aus Asien, Afrika und Südamerika.

Die beteiligten Gartenarchitekten entwarfen aufwendige Inszenierungen in Form von üppigen künstlichen Landschaften, die teilweise unter einem besonderen Motto standen. So deutete Günther Schulze Wohngebäude an, aus denen Pflanzen wuchsen. Karl Plomin bildete Marktstände nach, die mit Obst und Gemüse bestückt waren. In der ersten Hallenschau zeigten unter anderem Südafrika, Singapur und Japan Orchideen, die mit dem »Düsenflugzeug« eingeflogen worden waren. Erst durch den ausgebauten Flugverkehr war die Anlieferung dieser empfindlichen Exponate aus weit entfernten Ländern möglich geworden.[286] Gerade für Laien mag die Verfügbarkeit von teilweise exotischen Waren durch neue Transportwege und Handel bemerkenswert gewesen sein: So zeigte Norwegen Weihnachtssterne und Obst. Südafrika präsentierte Apfelsinen, die künftig auch im Sommer nach Europa gebracht werden konnten. 600 Preisrichter – darunter 400 aus dem Ausland – begutachteten und beurteilten die Exponate der Wettbewerbe.[287]

---

281 StaHH, 614-3/11, 45, Arbeitsgemeinschaft für Garten- und Landschaftskultur: Aktenvermerk über eine Besprechung der Durchführung der Lehrschau »Hilfe durch Grün« zur IGA Hamburg 1963 am 7.12.1961, 19.12.1961.

282 Panten, Politik, S. 68.

283 Ebd., S. 71.

284 Vgl. das Kapitel »Hallenschauen« bei Karl-Heinz Hanisch, Gartenbauausstellung 1963, Hamburg 1963, ohne Seitenzählung.

285 1963 waren teilnehmende Nationen: Argentinien, Australien, Belgien, Brasilien, Ceylon, Dänemark, Finnland, Frankreich, Großbritannien, Haiti, Hawaii, Indien, Israel, Italien, Japan, Kanada, Libanon, Madagaskar, Malaysia, Marokko, Neuseeland, Niederlande, Norwegen, Österreich, Portugal, Singapur, Spanien, Südafrika, Schweden, Schweiz, Thailand, Tschechoslowakei und die USA.

286 Der IGA-Frühling kommt mit dem Düsenflugzeug, in: *Hamburger Abendblatt*, 13.4.1963.

287 Karl Passarge, Ein internationaler Wettbewerb der Gärtner, in: *Hamburger Abendblatt*, 26.4.1963.

Abb. 47 Die norwegische Hallenschau, 1963. Die stilisierten Gletscher sollten
die schwierigen Wachstumsbedingungen nahe dem Polarkreis andeuten.
Die aufgebauten Weihnachtssterne stammten aus norwegischen Treibhäusern.
Abb. 46 Die ästhetische italienische Hallenschau, im Vordergrund Kaktusfeigen
und Zitronen, 1963.

Der technischen Seite des Gartenbaues widmete sich die Schau »Technik im Gartenbau« auf dem Heiligengeistfeld. In Zeltbauten stellten Produzenten – die meisten aus der Bundesrepublik – technische Geräte, Landmaschinen, Dünge- und Pflanzenschutzmittel, Gartenmöbel und Garten- und Berufsbekleidung aus. Weiße Zeltbauten des Architekten Frei Otto erinnern an seine späteren Dachkonstruktionen für die »Expo 67« in Montreal und die Olympischen Spiele 1972 in München.[288] Das größte Exponat war eine automatische Gärtnerei, die sich nahezu selbstständig mit Wasser, Luft und Wärme versorgen konnte.[289] Während die Schau sich an Fachleute wandte, bot der »IGA-Basar« dem »Blumenfreund und Gartenliebhaber« Gebrauchsartikel und Pflanzen zum Kauf an.[290]

Auseinandersetzungen mit der Umwelt

Aus den wenigen Lehrschauen auf der IGA 1963 stach das bereits erwähnte »Grüne Karussell« (Abb. 41, S. 194) hervor, das den Text der »Grünen Charta von der Mainau« plakativ in einzelnen Sätzen darstellte: »Gesunde Landwirtschaft erhält Landschaft gesund; ohne Landschaftsplanung geht es nicht.« Bei der These 7 »Zivilisation darf Natur nicht morden« wurden die Forderungen der Charta genannt: »Die Verhinderung vermeidbarer landschaftsschädigender Eingriffe, z.B. beim Siedlungs- und Industriebau, beim Bergbau, Wasserbau und Straßenbau.« Die auf den Tafeln abgebildeten Fotos zeigten eine dicht befahrene Straße und eine Mülldeponie.[291] Die Schau entworfen und realisiert hatte Kurt Kranz, Professor an der HfbK, mit einer Studentengruppe. Damit wurde an die frühere Zusammenarbeit auf der IGA 1953 angeknüpft, als Kranz mit Studierenden den »Hamburg-Pavillon« ausgestaltet hatte. Das *Hamburger Abendblatt* begrüßte die Installation: »Wer mit der trüben Brühe, namens Elbwasser, zu tun hat, weiß, daß sich dieses ›Grüne Karussell‹ auch für Hamburg dreht.«[292]

Mit dem »Grünen Karussell« wurde den Belastungen der Städte durch den schnellen Wiederaufbau und die Umweltverschmutzung Rechnung getragen, die Anfang der sechziger Jahre in der Öffentlichkeit erste Aufmerksamkeit erhielten. Besonders setzte sich Graf Lennart Bernadotte für die Auseinandersetzung mit dem Thema ein, indem er als Präsident der 1955 gegründeten Deutschen Gartenbau-Gesellschaft (DGG)[293]

---

288 Zum Beitrag für die »Expo« in Montreal siehe Sigel, Exponiert, S. 222 ff.

289 Auch die Technik hat ihren Platz auf der IGA. Am Rande: Bismarck mit Lockenkopf, in: *Hamburger Abendblatt*, 22.5.1963.

290 Katalog 1963, S. 174.

291 Reinhard Grebe, Die »Grüne Charta der Mainau« auf der IGA 1963, in: *Garten und Landschaft* 73 (1963) 6, S. 192.

292 »Grünes Karussell« mahnt alle Menschen. Premiere in der IGA. Sammlung von Forderungen, in: *Hamburger Abendblatt*, 9.5.1963.

293 Die DGG veranstaltete ab 1961 den Wettbewerb »Unser Dorf soll schöner werden«, der in den Anfängen vor allem auch Blumenschmuckelemente hatte. Ziel war, der Landflucht zu begegnen.

seit 1957 Experten der Landschaftspflege jährlich zu den »Mainauer Rundgesprä-
chen« auf die Insel Mainau im Bodensee einlud. Dort wurde auch die »Grüne Charta
von der Mainau« formuliert. Unter den 16 Unterzeichnern befanden sich Heinrich
Wiepking, Gustav Allinger, Konrad Buchwald, Alfred Toepfer, Werner Lendholt,
Walter Rossow und Gerhard Olschowy sowie die ehemaligen »Landschaftsanwälte«
Alwin Seifert, Erich Kühn und Hermann Mattern. 1962 gründete ein kleiner Kreis
von Experten den Deutschen Rat für Landespflege (DRL), um die Grundsätze der
»Grünen Charta« in Politik und Öffentlichkeit zu verankern.[294] Der Rat übernahm
auch beratende Funktionen bei den Planungen für Braunkohletagebau, den Ausbau
von Flüssen und Straßenbau, mit denen Eingriffe in die Natur und Landschaft ein-
hergingen.[295] Die elitär zusammengesetzte Gruppe pflegte Kontakte zu einflussrei-
chen Politikern und war nicht auf Partizipation wie die Umweltbewegung der siebziger Jahre ausgerichtet. Da der Rat auf die raumbezogene Planung konzentriert war
und Themen der Zukunft wie Kernenergie und Ökologie vernachlässigte, verlor er
aber in den siebziger Jahren an Bedeutung.[296]

Die relative Abwesenheit der DDR

Ende der fünfziger Jahre hatten sich noch ostdeutsche Betriebe an westdeutschen
Ausstellungen beteiligt, diese Beteiligungen waren aber in ihrer Funktion als nationale Repräsentationen begrenzt worden. Denn nachdem das Bundeskabinett am
17. Oktober 1956 das generelle Verbot der Bezeichnungen »Deutsche Demokratische Republik« und der Abkürzung »DDR« beschlossen hatte, bekräftigte der Bun-
deswirtschaftsminister dieses noch einmal für bundesdeutsche Messen und Ausstellungen. Trotzdem tauchte die Bezeichnung immer wieder auf wie z. B. bei einer
nicht staatlich veranstalteten Landesausstellung in Bremen, auf der die Aussteller
den Titel »Ausstellung der Deutschen Demokratischen Republik« verwendet hatten.
Angesichts dieses Zwischenfalls appellierte der Hamburger Senat Ende 1959 an die
Wirtschafts- und Landwirtschaftsbehörde, ähnliche Fälle in Hamburg zu melden,
um solche DDR-Auftritte zu vermeiden.[297]

    1960 verwarf die Gesamtleitung dann auch eine Einladung an die DDR zur IGA
1963, da sie einen propagandistischen Auftritt befürchtete. Hingegen zeigte sie sich zunächst offen für Überlegungen, andere sozialistische Länder einzuladen, vor allem die
Sowjetunion, da die Bundesrepublik diplomatische Beziehungen zu ihr unterhielt.[298]

294 Vgl. Engels, Naturpolitik, S. 136.
295 Ebd., S. 141 f.
296 Ebd., S. 148 f.
297 StaHH371-16 II, 2739, Auftreten der sogenannten »Deutschen Demokratischen Republik« auf deut-
     schen Messen und Ausstellungen und sonstigen wirtschaftlichen Veranstaltungen, 22.12.1959.
298 1957 hatte Hamburg die erste Städtepartnerschaft mit Leningrad abgeschlossen, auch gegen den
     Willen des Auswärtigen Amtes. Vgl. Frank Bajohr, Hamburger »Außenpolitik« im Kalten Krieg. Die
     Städtepartnerschaft mit Leningrad, in: 19 Tage Hamburg. Ereignisse und Entwicklungen der Stadt-

Außerdem wurde angenommen, dass Bulgarien, Rumänien und Jugoslawien Interesse an der IGA 1963 haben könnten, um ihren gartenbaulichen Absatz zu steigern, sich aber nicht wie die DDR propagandistisch präsentieren würden.[299] Diese Überlegungen wurden jedoch fallen gelassen.

Als unliebsame Erscheinung sahen die Hamburger Veranstalter die »Erste Internationale Gartenbauausstellung der Sozialistischen Länder« in Erfurt. Im Mai 1961 kritisierte Karl Passarge, dass das Reisebüro der Deutschen Bundesbahn »eine über Gebühr lebhafte Werbung für den Besuch der Internationalen Gartenbauausstellung der sozialistischen Länder in Erfurt 1961« betreibe, und wollte mit dem Bundesministerium für Landwirtschaft und Ernährung über Beschränkungen der Werbung für diese »Zonenveranstaltung« verhandeln.[300] Tatsächlich hatten die Erfurter iga-Gesellschaft und das Ministerium für Landwirtschaft der DDR im September 1960 eine Werbekampagne mit Plakaten und Werbeanzeigen für die Bundesrepublik geplant, auf denen es heißen sollte: »Besuchen Sie die Internationale Gartenbauausstellung in Erfurt.« Die Bezeichnung »DDR« sollte dort hingegen vermieden werden.[301] Im September 1961 diskutierte die Gesamtleitung die Frage, ob die Abkürzung »IGA« geschützt werden könne, um die Verwendung durch die DDR zu verhindern. Rechtliche Prüfungen schlossen dies jedoch aus.[302] Danach fand die Erfurter iga in Sitzungsprotokollen oder anderen schriftlichen Zeugnissen der Hamburger IGA keine Erwähnung mehr. Offenbar bestand bei der Gesamtleitung Konsens darüber, die Erfurter Konkurrenz zu ignorieren.

Im Zusammenhang mit der IGA 1963 tauchte die DDR vor allem indirekt und in symbolischen Gesten auf. So thematisierte der Erste Bürgermeister Paul Nevermann in einer Rede am 13. August 1962 – ein Jahr nach dem Bau der Mauer – die deutsche Teilung, als er den geschmückten und mit Obst und Gemüse beladenen IGA-Kutter »Sperber« auf seine Reise zum deutschen Gartenbautag in Mainz verabschiedete. Dem Kapitän gab er mit auf den Weg, nichts sei wichtiger als die Freiheit. Alle Völker könnten über den Rheinstrom von Rotterdam bis nach Basel fahren, jedoch sei die Freiheit der Elbe wenige Kilometer hinter Hamburg zu Ende. Dieses solle der Kapitän auf dem Weg nach Mainz verkünden.[303] Wie bereits gezeigt, sprachen bei der Eröffnung der IGA 1963 die Redner über die deutsche Teilung und »die Menschen unseres Volkes, die nur 30 km östlich von Hamburg auf der anderen Seite der Elbe leben«.[304] Derartige rhetorische Bekenntnisse zur deutschen Einheit waren in

geschichte seit den fünfziger Jahren, hrsg. von der Forschungsstelle für Zeitgeschichte in Hamburg, München / Hamburg 2012, S. 49-61.

299 Weshalb keine Einladungen wie zur WIG 64 ergingen, ist nicht überliefert.

300 StaHH, 614-3/11, 3, Kurz-Protokoll über die 27. Sitzung der Gesamtleitung am 10.5.1961.

301 ThHStAW, iga, 98, Aktennotiz, 15.9.

302 StaHH, 614-3/11, 3, Kurz-Protokoll über die 31. Sitzung der Gesamtleitung am 13.9.1961.

303 Vgl. Hanisch, Gartenbauausstellung 1963, ohne Seitenzählung.

304 StaHH, 614-3/11, 48, Ansprache von Bundespräsident Dr. h.c. Lübke zur Eröffnung der Internationalen Gartenbauausstellung 1963 in Hamburg, 26.4.1963.

Politikerreden in der Bundesrepublik obligatorisch, ein tatsächlicher »Wandel durch Annäherung«, wie ihn Egon Bahr mit Grundsätzen zu einer neuen Ostpolitik der SPD im Juli 1963 forderte, bahnte sich hingegen nur langsam an.

In der Ausstellung im »Berlin-Pavillon« in den Großen Wallanlagen konnten sich alle Besucher über die geteilte Stadt und damit die deutsche Teilung informieren. In der Berichterstattung über die IGA trat der »Berlin-Pavillon« jedoch kaum in Erscheinung. Eine Ausnahme war der IGA-Aufenthalt des Berliner Regierenden Bürgermeisters Willy Brandt, bei dem er gemeinsam mit Paul Nevermann den Pavillon besuchte.[305] Zwar gibt es keine konkreten Belege dafür, aber möglicherweise war die Ausstellung besonders auch für ausländische IGA-Besucher gedacht. Denn für diese bestand auch die Gelegenheit, sich auf einer Tagesreise nach Berlin mit der »deutschen Spaltung« auseinanderzusetzen. Diese Ausflüge, organisiert vom »Landeskuratorium Ungeteiltes Deutschland«, umfassten einen vergünstigten Flug und eine Berlin-Stadtrundfahrt. An der ersten Gruppenreise am 14. Mai 1963 nahmen 37 Besucher – darunter Amerikaner, Briten, Dänen, Spanier, Griechen und Indonesier – teil.[306] Zudem bot das Landeskuratorium für IGA-Gäste Fahrten an die innerdeutsche Grenze bei Lauenburg und Informationsgespräche über die deutsche Teilung an.[307]

Ein weiterer indirekter Hinweis auf die DDR war der »Karl-Foerster-Garten« mit Züchtungen, die der ostdeutsche Staudengärtner selbst ausgewählt habe, wie der Ausstellungskatalog erwähnte.[308] Foerster konnte aber nicht wie zehn Jahre zuvor die IGA besuchen. Zwar hatte er sich eine offizielle Einladung zur Staudenzüchtertagung in Hamburg erbeten[309] und diese von Karl Passarge erhalten[310], die Ausreise in die Bundesrepublik wurde ihm jedoch seitens der DDR nicht gestattet.[311]

Nur wenige Zeitungs- und Zeitschriftenartikel gingen auf die relative Abwesenheit der DDR auf der IGA 1963 ein. Eine Ausnahme bildete ein Artikel unter der Überschrift »Wirklich international?« in der *Gartenwelt*. Der Autor vermisste internationales Flair sowie die Beteiligung von Ausstellern aus den Staaten jenseits des Eisernen Vorhangs: »Eine fühlbare und in meinen Augen schmerzliche Lücke ist allerdings vorhanden: Es fehlt der Gartenbau aus den ›Sozialistischen Ländern‹, ein Gartenbau, der uns durchaus manches Sehenswerte zu zeigen hätte. Es scheint aber wohl so, daß auch bei dieser Sache unser Wunsch zu einem vorbehaltlosen sachlichen Erfahrungsaustausch von den ›Sozialistischen Ländern‹ durch politische Gesichtspunkte abgetötet wurde [...].«[312] Nach der IGA 1963 änderte sich jedoch die

---

305 Hunderttausende hörten den Klang der Friedlandglocke. Fünftes Heimkehrer-Treffen. Gast aus Berlin: Willy Brandt, in: *Hamburger Abendblatt*, 1.7.1963.
306 Wiedersehen mit Berlin, in: *Hamburger Abendblatt*, 14.5.1963.
307 50-Mark-Flüge nach Berlin, in: *Hamburger Abendblatt*, 7.5.1963.
308 Katalog IGA 1963, S. 134.
309 StaHH, 614-3/11, 48, Notiz von Karl-Heinz Hanisch für Herrn Nowara, 29.3.1963.
310 StaHH, 614-3/11, 48, Brief von Karl Passarge an Karl Foerster, 2.4.1963.
311 Hanisch, Gartenbauausstellung 1963, ohne Seitenzahl.
312 Carl-Heinz Maass, Wirklich international?, in: *Gartenwelt* 63 (1963) 7, S. 151-152.

Haltung gegenüber den östlichen Staaten. So wollte Willy Brandt, der sich beim Zentralverband Gartenbau um die IGA 1973 für Berlin bemühte, osteuropäische Staaten beteiligen. Dabei verwies er auf eine solche Teilnahme an der 1964 stattfindenden Wiener Internationalen Gartenschau.[313] Als dann Anfang 1966 nicht Berlin, sondern wieder die Stadt Hamburg sowie der Zentralverband den Vertrag für die IGA 1973 unterzeichneten, erwog auch Ernst Schröder, der Vorsitzende des Zentralverbandes, die Beteiligung der sozialistischen Staaten ČSSR, Ungarn, Bulgarien und Sowjetunion, da diese bereits ihr Interesse bekundet hätten: »Wenn sich der Ostblock beteiligt, dann verspricht Hamburgs neue IGA eine echte ›Olympiade des Gartenbaues‹ zu werden.«[314] Tatsächlich nahmen dann nicht nur einige osteuropäische Staaten, sondern auch die DDR zum ersten Mal offiziell teil.

Hamburg und die IGA. Wirtschaftliche Interessen

Seit Mitte der fünfziger Jahre hatte der Hamburger »Fremdenverkehr« die kriegsbedingten Einbrüche überwunden und den Vorkriegsstand der Übernachtungszahlen erreicht.[315] Auch an vielen vorbereitenden Maßnahmen für die IGA 1963 ließ sich ablesen, dass mit der Veranstaltung Hoffnungen auf die Belebung des Massentourismus in Hamburg verbunden waren. So erhob Anfang 1963 der Geschäftsführer der Hamburger Fremdenverkehrs- und Kongreßzentrale die Forderung: »Das Jahr 1963 muß unter dem Motto ›Das freundliche und gastliche Hamburg‹ stehen.«[316] Ein Vier-Punkte-Programm sah die Ausstattung aller für die IGA wichtigen Hochbahn-Busse mit Lautsprecheranlagen, Preisauszeichnungen in den Geschäften der Innenstadt in den Währungen Skandinaviens, Frankreichs und der USA, bei Parksündern freundliche Mahnungen statt Strafmandate und die Ausgabe von IGA-Informationen an alle Taxifahrer vor. Eine Touristenfahrkarte mit Gültigkeit für alle Verkehrsmittel wurde in Erwägung gezogen, denn der bisherige Fahrschein für Touristen galt nur für die U-Bahnen, Straßenbahnen und Busse der Hochbahn AG, nicht aber für Fähren und S-Bahnen.[317] Anlässlich der Verhandlungen zwischen Hamburger Verkehrsunternehmen über ein generelles gemeinsames Preissystem, das dann aber im März 1963 scheiterte, stellte das *Hamburger Abendblatt* noch einmal die Frage, ob nicht zumindest eine gemeinsame Fahrkarte für

313 StaHH, 377-10 II, 700-76.00, Schreiben von Willy Brandt wegen der IGA 73 in Berlin, 13.8.1964.
314 IGA 73 findet vielleicht mit Gärtnern des Ostblocks statt, in: *Hamburger Abendblatt*, 6.1.1966; IGA 73: Kein Fest mit »Klimbim«. Verträge für Internationale Gartenbauausstellung in Hamburg unterzeichnet, in: *Lauenburgische Landeszeitung*, 6.1.1966.
315 Grünen, Touristenmetropole, S. 112.
316 Auswärtige Parksünder werden freundlich gemahnt. Vier-Punkte-Programm zur IGA. Damen in Weinrot, in: *Hamburger Abendblatt*, 23.1.1963.
317 Touristenkarte muß noch vor der IGA kommen. Drei-Tage-Fahrschein für fünf Mark, in: *Hamburger Abendblatt*, 18.2.1963.

die IGA-Gäste eingeführt werden könne.[318] Offenbar wurde darüber jedoch keine Einigung erzielt.

Die Hamburger Hochbahn, die mit einer merklichen Zunahme der Fahrgast-zahlen rechnete, setzte zusätzliche Busse rund um das Ausstellungsgelände ein und richtete eine eigene Spur für Busse auf »IGA-Kurs« am Dammtor ein.[319] Außerdem wurde das Fahrpersonal dazu angehalten, weltoffen, freundlich und hilfsbereit aufzu-treten und Busse, Straßen- und U-Bahnen als »Visitenkarte der Stadt« erscheinen zu lassen. Eine Handreichung – als »freundschaftliche Anregung zur Dienstausübung« bezeichnet – stellte die Inhalte der IGA und ihre Funktionen für Hamburg vor und erläuterte, wie Ordnung, Höflichkeit und Sicherheit im Arbeitsalltag zu erreichen seien, um das internationale Publikum für Hamburg zu begeistern.[320]

Da die Polizei mit täglich 10.000 zusätzlichen Pkws in Hamburg rechnete, wurden kostengünstige Großparkplätze außerhalb der Innenstadt eingerichtet, von denen kostenlose Shuttlebusse zum IGA-Gelände fuhren, während am Ausstellungsgelände hohe Parkgebühren erhoben wurden.[321]

Auch andere Hamburger Unternehmen beschäftigten sich in den Monaten vor der Eröffnung mit der Frage, wie Hamburg sich vorteilhaft präsentieren könne. Um eine »blitzsaubere Stadt« zu schaffen, wurde das System der Müllentsorgung umge-stellt, indem die Bürger dazu angehalten wurden, nicht mehr zusätzlichen Müll zur Abholung neben die Abfalltonnen zu legen.[322]

Da in der Gastronomie zu Beginn der sechziger Jahre Personal fehlte, kamen von dort sogar Forderungen, Chinesen aus Hongkong anzuwerben. Wiederholt kursierte in der Hamburger Presse die Meldung, dass die IGA 1963 aufgrund des Arbeitskräf-temangels gefährdet sei.[323] Da sich das Image des Vergnügungsviertels St. Pauli, das dem IGA-Gelände benachbart war, dermaßen verschlechtert hatte, dass in- und aus-ländische Touristen wegblieben, gründeten Gastronomen 1962 den Aktionsausschuss »St. Pauli ist für alle da«. Eine von dem Ausschuss beauftragte PR-Agentur sollte das Amüsierviertel während der IGA 1963 in der Bundesrepublik und den skandinavi-schen Ländern bewerben. Die beteiligten Gastronomen vereinbarten, dass die Lo-kale ihre Getränkepreise sichtbar anschlagen und Türsteher die Gäste nicht durch »Ankobern« – also aufdringliches Ansprechen – belästigen sollten.[324] Trotz dieser

---

318 Der gemeinsame Tarif ist leider in weiter Ferne. Verhandlungen dauern noch ein Jahr, in: *Hamburger Abendblatt,* 6.3.1963.

319 Trennung des öffentlichen und des privaten Verkehrs – ein Gebot für die Gesundung der Städte, in: *Fahr mit uns* (1963) 2, S. 14.

320 Ohne Titel (Anleitung für die Behandlung von Fahrgästen), 1963.

321 Das ist der IGA-Plan der Polizei, in: *Hamburger Abendblatt,* 20./21.4.1963.

322 Ohne Tüten und Tonnen bleibt der Müll liegen. Kartons am Straßenrand. »Die IGA steht vor der Tür«, in: *Hamburger Abendblatt,* 10.1.1963.

323 Vgl. Lars Amenda, Fremde – Hafen – Stadt. Chinesische Migration und ihre Wahrnehmung in Ham-burg 1897–1972 (Forum Zeitgeschichte, Bd. 17), Hamburg 2006, S. 315.

324 Werner Rittich, Kurz vor der IGA: Schnellpolitur für lädierten Ruf von St. Pauli, in: *Hamburger Abendblatt,* 28.11.1962.

Anstrengungen deckten jedoch fünf Wochen vor Eröffnung der IGA sechs Reporter des *Hamburger Abendblattes,* die als auswärtige Geschäftsleute getarnt waren, die »raffinierten Tricks« mit Getränken auf.[325] Trotz einiger bleibender Mängel fruchteten aber anscheinend die Bemühungen der »Aktionsgemeinschaft« insgesamt, denn im Juni 1963 berichtete *Der Spiegel,* dass wieder mehr Gäste die Reeperbahn und die Große Freiheit besuchten als in den vorangegangenen Jahren.[326] In anderen Stadtteilen folgten Gastwirte den Appellen der Fremdenverkehrszentrale jedoch nicht. So erschienen im April 1963 mehrere Meldungen über Preiserhöhungen für öffentliche Toiletten, in Restaurants und Cafés sowie bei Bootsvermietungen an der Alster.[327]

Werbung und Repräsentation

Wer zwei Monate nach Eröffnung den Bericht im *Hamburger Abendblatt* über die Resonanz auf die IGA 1963 las, musste annehmen, dass die Verantwortlichen für die Werbung versagt hatten. Unter der Überschrift »Außerhalb Hamburgs weiß man wenig oder nichts von der IGA« berichteten Korrespondenten aus Paris, Wien, Den Haag und Kopenhagen, dass den dortigen Reisebüros die IGA 1963 völlig unbekannt sei. In London hätten zwar Zeitungen das Ereignis vorgestellt, Besucher aus Großbritannien seien jedoch kaum zu erwarten, da dort eigene traditionelle Gartenschauen stattfänden. In Lübeck, Hannover und Stuttgart bestehe Interesse, in anderen deutschen Städten hingegen kaum.[328] Auch insgesamt blieben dann die Besucherzahlen hinter den hohen Erwartungen zurück.[329]

Rückblickend vermisste auch ein Werbefachmann in einem vom Senat in Auftrag gegebenen Gutachten ein überzeugendes Werbekonzept und tragfähige Botschaften für die IGA 1963.[330] Z.B. beanstandete er das wenig aussagekräftige Logo der Veranstaltung, das aus dem Signet »IGA 63« und stilisierten Blüten in Form von bunten Farbtupfern bestand. (vgl. Farbabb. 48, S. 53)

---

325 Nepplokale auf St. Pauli schaden immer noch unserem guten Ruf. Raffinierte Tricks / Die vielen anständigen Gastwirte sind verärgert, in: *Hamburger Abendblatt,* 23.3.1963.
326 St. Pauli: Angst im Nacken, in: *Der Spiegel,* 12.6.1963, S. 44-46, hier S. 44.
327 Vgl. die folgenden Artikel: IGA-Gäste sollen den besten Eindruck von Hamburg haben. Appell des Bürgermeisters. »Verärgerte Gäste untergraben unseren Ruf als Fremdenverkehrsstadt«, in: *Hamburger Abendblatt,* 4.4.1963. Höhere Preise nicht nur in einem Lokal. Gastronomen: »Mit der IGA hat das nichts zu tun«, in: *Hamburger Abendblatt,* 9.4.1963; IGA-Lokale haben feste Preise – andere Betriebe fordern mehr. Erhöhungen bisher in 40 Gaststätten. Auch Mietboote wurden jetzt teurer, in: *Hamburger Abendblatt,* 22.4.1963.
328 Außerhalb Hamburgs weiß man wenig oder nichts von der IGA, in: *Hamburger Abendblatt,* 22.6.1963.
329 Noch wartet Hamburg auf den großen Fremdenstrom. Entlassungen auf Hotelschiff »Orion«. Genügend Betten frei, in: *Hamburger Abendblatt,* 6.6.1963.
330 StaHH, 377-10 II, 700.75.30/02, Gutachten über die IGA 1963 von Johannes Senger, April 1968, S. 38 f.

Von einem Merchandising wie auf der IGA 1973, das die Werbefigur »Käpt'n Blume« in den Mittelpunkt stellte, konnte ebenso wenig die Rede sein. Allerdings wurden zur IGA 1963 weitaus mehr farbige Ansichtskarten als zur IGA 1953 angeboten, und diverse Produkte wie eine Dia-Serie, ein Leporello, Bierdeckel und -gläser waren im Umlauf.

Außerdem wurden einige werbewirksame Aktionen durchgeführt, um die IGA bekannt zu machen. So verabschiedete Bürgermeister Paul Nevermann am 13. August 1962 den mit Obst und Gemüse bestückten Fischkutter »Sperber« in Richtung Mainz, der die IGA auf der dortigen deutschen Gartenbautagung bewerben sollte.[331] Ein exklusiver Empfang für Konsuln in Hamburg sollte diese dazu bewegen, in den von ihnen vertretenen Ländern die IGA 1963 zu bewerben.[332]

Resonanz und Nachwirkungen

Nach der IGA 1963 bilanzierte zwar der Hamburger Senat, dass die Veranstaltung die »größte gärtnerische Leistungsschau, die je stattgefunden hat«, gewesen sei und zeigte sich damit zufrieden, dass Hamburg sich als Zentrum des norddeutschen Gartenbaus vorgestellt habe und in gärtnerischen Fachkreisen bekannter geworden sei.[333] Die Prognose, acht bis zehn Millionen Besucher erreichen zu können, hatte sich jedoch nicht bewahrheitet. Von den registrierten fünf Millionen Besuchern waren lediglich 2,2 Millionen Einzelkartenkäufer gewesen. Die hohe Zahl hatten die Veranstalter dagegen durch die Annahme erreicht, dass jeder der 69.000 Dauerkartenbesitzer die IGA 40-mal besucht habe. Aber selbst mit den durch diesen Rechentrick erzielten fünf Millionen Besuchern lag die Zahl noch um 40 bis 50 Prozent unter der erhofften.[334] Die IGA-Besuche schlugen dann auch nicht in der Gesamtstatistik der Übernachtungen in Hamburg zu Buche, denn der Sprung zwischen 1962 auf 1963 war nicht auffällig angesichts der in den sechziger Jahren kontinuierlich steigenden Übernachtungszahlen.[335]

Fünf Jahre später stellte der bereits erwähnte Werbefachmann die Frage, ob Hamburg sich überhaupt für eine internationale Gartenbauausstellung eigne: »Kann diese Stadt über den regionalen Bereich hinaus und unter Ausklammerung der ausgesprochenen Gartenbauexperten, die ohnehin interessiert sind, überregional und

---

331 Hanisch, Gartenbauausstellung, ohne Seitenzahl.

332 StaHH, 614-3/11, 44, Rede des Bürgermeisters Dr. Paul Nevermann aus Anlass des Konsularempfangs, 22.6.1961.

333 Mitteilung des Senats an die Bürgerschaft, Abrechnung der Internationalen Gartenbau-Ausstellung Hamburg 1963, VI. Wahlperiode, Drucksache Nr. 98, 7.6.1966, Anlage 1, S. 16 f.

334 Mitteilung des Senats an die Bürgerschaft, Abrechnung der Internationalen Gartenbau-Ausstellung Hamburg 1963, VI. Wahlperiode, Drucksache Nr. 98, 7.6.1966, Anlage 1, S. 17 f. Vgl. auch StaHH, 377-10 II, 700.75.30/02, Gutachten über die IGA 1963 von Johannes Senger, April 1968, S. 5, 8.

335 1961 waren es 2,65 Mio. Übernachtungen, 1962 dann 2,7 Mio. und 1963 schließlich 2,8 Mio., vgl. Statistisches Jahrbuch 1964, S. 222.

im europäischen Ausland größere Resonanz und Anziehungskraft auslösen?«[336] Zwar bejahte er die Frage, stellte aber auch fest, dass die gärtnerischen Themen zu stark gewesen seien und auswärtige Besucher, die neben der Gartenschau die Stadt Hamburg erkunden wollten, nur wenige Anreize gefunden hätten: »Man hatte bei den verantwortlichen Stellen in zu starkem Maße den ›Garten anvisiert‹ anstatt die Stadt Hamburg mitanzubieten. Mit diesem ›Doppelangebot‹ beeindrucken wir den Hamburger zwar nur indirekt – für den Auswärtigen und Ausländer aber wäre diese Offerte zweifellos attraktiver gewesen.«[337]

Anders als in Erfurt und nach der IGA 1953 in Hamburg wurde noch während der IGA 1963 der Abriss von Ausstellungsgebäuden diskutiert.[338] So wurde im September 1963 der Abbruch der Restaurants »Le Paris« und »Wallterrassen« beschlossen, da diese nicht winterfest waren und der alte Zustand des Heiligengeistfeldes wiederhergestellt werden sollte. Der Erhalt der Gondelbahn und eine erweiterte Streckenführung durch die Wallanlagen bis zu den Landungsbrücken als touristische Attraktion wurden hingegen frühzeitig wieder verworfen, da ein Umbau für den Dauerbetrieb zu teuer gewesen wäre.[339] Außerdem wurden die meisten Häuser in den Nationengärten abgerissen und die Gärten eingeebnet.[340] In der Folge verloren die Wallanlagen an Attraktivität, denn im Sommer 1964 blieben viele Besucher fern, obwohl der Besuch kostenfrei war. Dagegen waren der Botanische Garten und »Planten un Blomen«, wo Eintrittsgeld erhoben wurde, besser besucht.[341]

Ankommen. Konsolidierung und Systemkonkurrenz in Erfurt und Hamburg

Auf den Gartenbauausstellungen der sechziger Jahre wurde deutlich, dass sich in beiden Staaten unterschiedliche Organisationsformen für die Gartenbauausstellungen durchgesetzt hatten. In Hamburg wurden einerseits der Rhythmus und die Organisationsstrukturen der Bundesgartenschauen aufgegriffen, andererseits an die lokalen Erfahrungen mit der IGA 1953 angeknüpft. Das bundesdeutsche System war vor allem auf den Wettbewerb der Städte, Architekten und Gartenbaubetriebe gegründet,

---

336 StaHH, 377-10 II, 700.75.30/02, Gutachten über die IGA 1963 von Johannes Senger, April 1968, S. 24.

337 Ebd., S. 102.

338 Welche IGA-Sonderbauten sollen erhalten bleiben? Die Zeit drängt nun: Der Senat muß sich bald entscheiden, in: *Hamburger Abendblatt*, 7.9.1963; Kommt es zum Streit um den Abbruch der IGA? Gartenarchitekten nehmen Stellung, in: *Hamburger Abendblatt*, 16.10.1963.

339 Senat entschied: IGA-Gondelbahn wird abgebaut. Als Dauereinrichtung ist sie zu teuer, in: *Hamburger Abendblatt*, 25.9.1963.

340 Jetzt werden IGA-Bauten zu Trümmern, in: *Hamburger Abendblatt*, 5.1.1965.

341 Einsam ist es auf dem IGA-Gelände, in: *Hamburger Abendblatt*, 30.7.1964.

außerdem aber auch durch privatwirtschaftliche Interessen – z. B. die der lokalen Gastronomen und Hoteliers – geprägt.

In Erfurt wurde mit der Gründung der iga-Gesellschaft und der iga 1961 ein neues Format geschaffen, das sich in seiner Größe und durch die Beteiligung der RGW-Partnerländer deutlich von vorherigen Ausstellungen abhob. Die Gründung einer Ausstellungsgesellschaft, die dem Landwirtschaftsministerium unterstellt war, bot Möglichkeiten, um langfristig zu planen und das Know-how der Mitarbeiter dauerhaft zu nutzen.

Auch in der Gestaltung der iga 1961 und 1966 in Erfurt und der IGA 1963 in Hamburg wurden unterschiedliche Grundsätze deutlich. So war Reinhold Lingner auf einen einheitlichen Gesamteindruck des Erfurter Ausstellungsgeländes bedacht. Hallen und Präsentationsflächen befanden sich in exponierter Lage hinter dem Eingangsbereich, um die Entwicklung und die Leistungsstärke der beteiligten sozialistischen Staaten zu demonstrieren.

Da in Hamburg fünf unterschiedliche topografische Bereiche zur Verfügung standen, konnte keine Gestaltung »aus einem Guss« erfolgen. Auch wenn die Geländeteile durch Brücken und Fußgängerunterführungen miteinander verbunden wurden, blieb der Eindruck der Zergliederung bestehen. Die Ausstellungshallen und die Schau »Technik im Gartenbau« auf dem Heiligengeistfeld waren nicht vergleichbar exponiert wie in Erfurt. Der Ausstellungspark – »Planten un Blomen« und die Wallanlagen – war hingegen in seiner städtebaulichen Eingliederung wichtiger, sollte er doch über das Ausstellungsende hinaus der Bevölkerung zur Verfügung stehen.

Auf allen Gartenbauausstellungen der sechziger Jahre hatte die Präsentation von Technik großes Gewicht. Die Erfurter Schauen dienten dazu, die Bevölkerung der DDR über den staatlich durchgesetzten Agrarwandel zu informieren und die in der Landwirtschaft Beschäftigten fortzubilden. Im Krisenjahr 1961 wurde die im Jahr zuvor durchgesetzte Kollektivierung der Landwirtschaft propagandistisch vorgestellt, auf der iga 1966 dann die Möglichkeiten der Industrialisierung der Landwirtschaft anhand von Versuchsflächen und Gewächshäusern propagiert.

Auf der IGA 1963 in Hamburg wurden ebenfalls technische Neuerungen im Gartenbau zur Schau gestellt. Gewächshaustypen mit entsprechender Heiztechnik und Maschinen demonstrierten den gegenüber der IGA 1953 gestiegenen Technisierungsgrad. Eine voll automatisierte Gärtnerei gab Einblicke in die Praxis, aber umfassende Lehrschauen über Anbaumethoden und politisch bedingte Änderungen kamen nicht vor.

Einen eigenen thematischen Schwerpunkt in Hamburg bildeten hingegen individuelle Wohnformen mit eigenem Garten wie bei den Nationengärten und in einem Fertigbungalow. Städtebauliche Themen und Einzelgärten wurden in die Erfurter iga nicht eingebracht. Die integrierte Kleingartenanlage und der Park hatten hingegen auch dort Vorbildfunktion für Kleingärten und öffentliche Parks in der DDR.

Während das iga-Gelände in Erfurt durch Kontinuität geprägt war und im Laufe der Jahre um Ausstellungselemente ergänzt wurde, waren schon direkt nach der IGA

1963 in Hamburg mehrere Gebäude dem Abriss preisgegeben. Grund war, dass der weitere Unterhalt zu teuer gewesen wäre.

In der DDR verstanden die Veranstalter die iga 1961 als Werbemaßnahme mit Wirkungskraft nach innen und außen. Zum einen sollte die Bevölkerung, aus der im ersten Halbjahr 1961 200.000 DDR-Bürger in die Bundesrepublik flüchteten, von den wirtschaftlichen Fortschritten überzeugt werden. Zum anderen sollte die iga 1961 den RGW-Staaten als Forum dienen und die vermeintliche Einigkeit der sozialistischen Staaten auch in die Bundesrepublik und ins westliche Ausland ausstrahlen. Vor dem Mauerbau als »Veranstaltung des Friedens und der Völkerverständigung« präsentiert, ließ sich der Anspruch einer positiven Ausstrahlung in den Westen ab dem Spätsommer 1961 kaum aufrechterhalten.

In den folgenden Jahren wurde die iga als nationale Ausstellung verstetigt und jeweils für zwei Wochen veranstaltet. Die iga 1966 sollte dann zur Messe mit internationaler Beteiligung ausgebaut werden und auch westliche Fachbesucher erreichen. Problematisch erscheint, dass die VdgB Kriterien für die Auswahl der Besucher schuf, um die Anzahl der westdeutschen und ausländischen Besucher zu reduzieren. Für die iga 1966 wurden die Besucherzahlen so an die personellen Kapazitäten zur »politischen Bearbeitung« angepasst. Angereiste westdeutsche Aussteller und Besucher mussten Kontrollen und Gespräche in Kauf nehmen, um sich auf der iga aufhalten zu können. Bei den rigiden Einreise- und Aufenthaltsbestimmungen blieb das Interesse von westdeutschen Fachbesuchern dann verständlicherweise begrenzt. Diejenigen Besucher, die sich darauf einließen, versuchten auch die positiven Aspekte des Besuchs zu sehen. Dabei hatten die iga-Leitung und die städtischen Organisatoren Interesse an einem fachlichen Austausch mit dem westlichen Ausland, waren jedoch durch die ideologischen Vorgaben der SED in ihrem Handlungsspielraum eingeschränkt. Trotzdem profitierte Erfurt vom Etikett der Internationalität, weil damit Investitionen in die städtische Infrastruktur flossen und Versorgungsprivilegien für die Erfurter verbunden waren. Die Einbindung der Bevölkerung in die praktischen Vorbereitungen verhalf außerdem dazu, dass die Erfurter sich mit der iga identifizierten.

Die IGA 1963 war gleichzeitig eine Repräsentation Hamburgs und der Bundesrepublik. Durch die Teilnahme von 35 Nationen konnte der Hamburger Senat zeigen, dass Hafen- und Handelsstadt weltweit bekannt und die Bundesrepublik international anerkannt war. Allerdings hatte die internationale Beteiligung nicht automatisch zur Folge, dass der internationale Bekanntheitsgrad der IGA gesteigert wurde und ausländische Besucher angezogen wurden, denn noch fehlten moderne PR-Strategien, um das überregionale und internationale Publikum anzusprechen.

Kapitel V

Gartenbauausstellungen in den siebziger Jahren. Im Zeichen von Freizeitkultur und Umweltkrisen

Wandlungsprozesse

Auftakte zu einer deutsch-deutschen Annäherung und der politische Rahmen

Im März 1970 geriet Erfurt in den Blick der Weltöffentlichkeit, als sich dort der ostdeutsche Ministerpräsident Willi Stoph und der westdeutsche Bundeskanzler Willy Brandt zum ersten Mal offiziell trafen. Das »Arbeitsgespräch« fand in der thüringischen Bezirksstadt statt, da in den angespannten Vorverhandlungen keine Einigung über den Ablauf eines Treffens in Ost-Berlin hatte erzielt werden können.[1] Am 19. März 1970 traf der Bundeskanzler mit einem Regierungssonderzug zu dem eintägigen Treffen in Erfurt ein. Willi Stoph begrüßte Willy Brandt auf dem Bahnsteig »in der Blumenstadt Erfurt«.[2] Als sich die beiden Politiker vom Erfurter Hauptbahnhof zum Tagungsort – dem gegenüberliegenden Hotel »Erfurter Hof« – begaben, durchbrachen tausend Erfurter die Sicherheitskette, ohne aber zu ihnen vorzudringen. Mit den Rufen »Willy Brandt ans Fenster« bewegte die Menge den Bundeskanzler, der sich im Hotelzimmer auf das folgende Gespräch vorbereitete, dazu, das Fenster zu öffnen. Nur kurz nickte Brandt der Menge zu, weil er nicht den Unwillen der SED-Regierung provozieren wollte.

In den folgenden Tagen deuteten westliche Medien die Rufe der Erfurter als Sinnbild der Sympathie für die Bundesrepublik und als Kritik an ihrer eigenen Regierung.[3] Westdeutsche und ausländische Journalisten berichteten aus einem Pressezentrum, das auf dem iga-Gelände eingerichtet war.[4] Sie nahmen Brandts Besuch auch zum Anlass, Erfurt vorzustellen, das vielen Bundesbürgern kaum mehr ein Begriff war, und die Tradition als »Blumenstadt« aufzugreifen.[5]

---

1 Vgl. Jan Schönfelder / Rainer Enrices, Willy Brandt in Erfurt. Das erste deutsch-deutsche Gipfeltreffen 1970, Berlin 2010, S. 75 ff. Die ostdeutschen Verhandlungsführer nannten keine Gründe für die Wahl Erfurts. Da die DDR die von Willy Brandt gewünschte Einreise von West- nach Ost-Berlin bzw. die Ausreise von dort nach West-Berlin wegen des schwierigen Symbolgehalts abgelehnt hatte, wurde schließlich auf das grenznahe Erfurt ausgewichen, vgl. ebd., S. 123.
2 Ebd., S. 200.
3 Ebd., S. 202 ff.
4 Ebd., S. 175 ff.
5 Ebd., S. 128. Am Nachmittag besuchte Brandt auf eigenen Wunsch die nahe gelegene Nationale Mahn- und Gedenkstätte Buchenwald.

Das Erfurter Treffen und das Folgegespräch am 21. Mai 1970 in Kassel, die neun Jahre nach dem »Mauerbau« und ein halbes Jahr nach Willy Brandts Wahl zum Bundeskanzler stattfanden, waren Schritte mit Symbolwirkung auf dem Weg zum »Grundlagenvertrag«, den die beiden deutschen Staaten im Dezember 1972 abschlossen und der im Juni 1973 in Kraft trat. Im September 1973 stellte sich mit der völkerrechtlichen Anerkennung der DDR und der Aufnahme beider deutschen Staaten in die UNO ein neuer Status quo ein. Mit der politischen Annäherung seit Ende der sechziger Jahre waren Voraussetzungen für ein verändertes Auftreten beider Staaten im internationalen Rahmen und zwischenstaatliche Begegnungen bei repräsentativen Ereignissen gegeben. Die Verhandlungen und Entscheidungsprozesse verliefen jedoch keineswegs geradlinig, da z. B. westdeutsche konservative Politiker Brandts »Neue Ostpolitik« kritisierten.[6] In der Phase der Verhandlungen im Winter 1972 bis zum Frühjahr 1973 und kurzzeitig noch einmal bei Inkrafttreten des Grundlagenvertrages im Juni 1973 wuchsen aber die Sympathien in der westdeutschen Bevölkerung gegenüber der DDR.[7] Das kurze Zeitfenster für die offenere Haltung schloss sich allerdings mit der »Guillaume-Affäre« im April 1974 und Brandts Rücktritt am 6. Mai 1974.[8]

Obwohl nun zwei getrennte deutsche Staaten existierten, bestand in der Bundesrepublik das Modell einer gemeinsamen deutschen Kulturnation weiter.[9] Die DDR stellte sich ab 1970 stärker als zuvor als »sozialistische Nation« und eigenständige Kulturnation dar und grenzte sich nach Abschluss des Grundlagenvertrages von der Bundesrepublik ab. Am 7. Oktober 1974 trat in der DDR die Änderung eines Verfassungstextes in Kraft, in dem das »Recht auf sozial-ökonomische, staatliche und nationale Selbstbestimmung« festgeschrieben und die Möglichkeit einer gesamtdeutschen Perspektive ausgeschlossen wurde.[10] Der 1971 an die Macht gekommene Generalsekretär der SED, Erich Honecker, hatte auf dem VIII. Parteitag der SED 1971 die neuen Grundsätze für eine Einheit von Sozial- und Wirtschaftspolitik verkündet.[11]

---

6 Bernd Stöver, Der Kalte Krieg, Geschichte eines radikalen Zeitalters 1947–1991, München 2007, S. 389 ff.

7 Vgl. Manuela Glaab, Deutschlandpolitik in der öffentlichen Meinung. Einstellungen und Regierungspolitik in der Bundesrepublik Deutschland 1949 bis 1990, Opladen 1999, S. 339.

8 Ebd., S. 340.

9 Diese Mechanismen der kulturellen Abgrenzungspolitik durch die DDR und die Position der Bundesrepublik sind in einer zeitgenössischen Studie der Friedrich-Ebert-Stiftung dargestellt: Hans Lindemann / Kurt Müller, Auswärtige Kulturpolitik der DDR. Die kulturelle Abgrenzung der DDR von der Bundesrepublik Deutschland, Bonn 1974, S. 21 ff.

10 Zit. nach: Monika Gibas / Rainer Gries, Die Inszenierung des sozialistischen Deutschland. Geschichte und Dramaturgie der Dezennienfeiern in der DDR, in: dies. / Barbara Jakoby / Doris Müller (Hrsg.), Wiedergeburten. Zur Geschichte der runden Jahrestage der DDR, Leipzig 1999, S. 11-40, hier S. 26.

11 Vgl. von Richthofen, Culture, S. 177.

Seit Ende der sechziger Jahre kündigten sich weltweit neue Krisen und Herausforderungen an. Auf die Umweltkrisen reagierte die sozialliberale Bundesregierung im Herbst 1971 mit einem Umweltprogramm.[12] Im selben Jahr thematisierte Erich Honecker auf dem VIII. Parteitag der SED den Umweltschutz.[13] Die Ende der sechziger Jahre von der SED verkündete »Einheit von Natur und Gesellschaft« zog jedoch die Ausbeutung von Braunkohlevorkommen nach sich; Pläne für die Rekultivierung von Tagebaurestlöchern fanden oft keine Umsetzung.[14] Die forcierte Industrialisierung der Landwirtschaft brachte in den siebziger Jahren ebenfalls gravierende Umweltprobleme mit sich.

Für die westliche Welt hatte der 1972 erschienene Bericht »Die Grenzen des Wachstums« des »Club of Rome«, der darin das Ausmaß der Umwelt- und Bevölkerungsprobleme analysierte, große symbolische Bedeutung.[15] Schon vor dem Ölpreisschock im Winter 1973/74 gerieten einige Produktionszweige in die Krise. Die Verteuerung und Verknappung des Öls ab 1973 verstärkte die wirtschaftliche Krisensituation, die der westdeutschen Bevölkerung zum Beispiel durch die »autofreien Sonntage« deutlich vor Augen geführt wurde.[16]

In die Zeit der politischen und gesellschaftlichen Umbrüche fielen die IGA 1973 in Hamburg und die iga 1974 in Erfurt. Wie schlugen sich die neuen Beziehungen in Hamburg und Erfurt nieder?

Olympische Spiele in München und Weltfestspiele der Jugend und Studenten in Ost-Berlin

Kurz vor den beiden Gartenbauausstellungen in Hamburg 1973 und Erfurt 1974 hatten in München und Ost-Berlin zwei Großveranstaltungen mit neuen Repräsentationsformen und ästhetischen Formen stattgefunden, die große öffentliche Aufmerksamkeit erhielten und Zäsuren für beide deutsche Staaten bedeuteten. Referenzpunkt für die Hamburger IGA waren die Olympischen Spiele in München 1972, für die Erfurter iga die »X. Weltfestspiele der Jugend und Studenten« in Ost-Berlin 1973.

Die Bundesrepublik stand bei der Organisation der Olympischen Sommerspiele vor zwei bedeutenden Aufgaben. Erstens musste sie das Ereignis in seinem Erscheinungsbild von den Olympischen Spielen 1936 in Berlin absetzen. Zweitens sahen sich die Veranstalter vor das Problem gestellt, die Bundesrepublik selbstbewusst zu präsentieren und zugleich den Repräsentationsrahmen der DDR zu be-

---

12 Vgl. Engels, Naturpolitik, S. 275 ff.
13 Vgl. Dix / Gudermann, Naturschutz, S. 574
14 Ebd., S. 563.
15 Dennis Meadows / Donella Meadows / Erich Zahn / Peter Milling, Die Grenzen des Wachstums, Bericht des Club of Rome zur Lage der Menschheit, Stuttgart 1972. Der »Club of Rome« hatte sich 1968 als informeller Zusammenschluss gegründet, um Fragen der Zukunft zu diskutieren.
16 Vgl. von Manteuffel / Raphael, Boom, S. 53 f.

grenzen.[17] Das Erscheinungsbild der »heiteren Spiele«, das unter anderem durch ein modernes Corporate Design von Otl Aicher, eine von dem Büro Behnisch und Part-ner entworfene leicht anmutende Architektur sowie eine fließende, hügelige Landschaft des Landschaftsarchitekten Günther Grzimek geprägt war, bildete einen starken Kontrast zur monumentalistischen Architektur des Berliner Olympiastadions von 1936.[18] Hatten an den Olympischen Spielen 1968 in Mexico City die beiden getrennten deutschen Nationalmannschaften unter gemeinsamer Flagge und mit Ersatzhymne teilgenommen[19], so konnten durch einen Beschluss des Internationalen Olympischen Komitees in München beide Mannschaften jeweils unter eigener Flagge auftreten. Um aber den Auftritt der DDR zu regulieren, beschloss das Nationale Olympische Komitee der Bundesrepublik eine insgesamt zurückhaltende Verwendung von Nationalsymbolen.[20] Trotzdem wurde das Ereignis zum Schauplatz der deutsch-deutschen Systemkonkurrenz. Die DDR deutete schließlich ihr Abschneiden mit der dritten Position im Medaillenspiegel als Überlegenheit auf sportlicher Ebene. Die Bundesrepublik erreichte dahinter immerhin Platz vier.[21]

Die DDR lud im August 1973 zu den neuntägigen »X. Weltfestspielen der Jugend und Studenten« in Ost-Berlin ein. Das Rahmenprogramm mit kulturellen und politischen Veranstaltungen, eine heitere Atmosphäre und ein internationales Publikum sollten die DDR weltoffen erscheinen lassen.[22] Flankiert wurde das Erscheinungsbild durch neue städtebauliche Projekte, die zu Beginn der siebziger Jahre fertiggestellt worden waren. Diese baulichen Maßnahmen und Kulturangebote sollten Ost-Berlin als Hauptstadt und touristisches Aushängeschild der DDR stärken.[23]

In der Bundesrepublik wurden die Weltfestspiele der Jugend mit Skepsis beobachtet. So stellte die westdeutsche Presse die postulierte Weltoffenheit vorab in Frage, da die DDR Besucher aus West-Berlin von dem Ereignis ganz ausschließen wollte. Da es aber ein Verstoß gegen das Viermächteabkommen gewesen wäre, musste sie dieses

---

17 Vgl. Uta Andrea Balbier, »Der Welt das moderne Deutschland vorstellen«: Die Eröffnungsfeier der Spiele der XX. Olympiade in München 1972, in: Paulmann, Repräsentationen, S. 105-119, hier S. 106; vgl. das Kapitel »East versus West« in: Kay Schiller / Christopher Young, The 1972 Munich Olympics and the Making of Modern Germany, Berkeley / Los Angeles 2010, S. 157-186.

18 Vgl. das Kapitel »Architecture, Design, and Ceremony« bei Schiller / Young, Olympics, S. 87-126.

19 Balbier, Kalter Krieg, S. 126.

20 Balbier, Eröffnungsfeier, S. 111.

21 Balbier, Kalter Krieg, S. 11.

22 Zur Binnen- und Außenwirkung vgl. Ina Rossow, »Rote Ohren, roter Mohn, sommerheiße Diskussion«. Die X. Weltfestspiele der Jugend und Studenten 1973 als Möglichkeit für vielfältige Begegnungen, in: Dokumentationszentrum Alltagskultur der DDR e.V. (Hrsg.), Fortschritt, Norm und Eigensinn. Erkundungen im Alltag der DDR, Berlin 1999, S. 257-275; Denise Wesenberg, X. Weltfestspiele der Jugend und Studenten 1973 in Ost-Berlin, in: *Deutschland Archiv* 36 (2003) 6, S. 651-659.

23 »Wellkemm tu se käpitell«. Spiegel-Report über die DDR-Hauptstadt Berlin, in: *Der Spiegel*, 9.4.1973, S. 54-68.

Vorhaben einen Monat vor Beginn revidieren.[24] Teilnehmer aus der Bundesrepublik – darunter Abgeordnete aus dem Bundestag – waren dazu angehalten, sich politischen Gesprächen zu stellen. Trotz mancher Einschränkungen– aus westlicher Perspektive – unterstrichen die Weltfestspiele der Jugend den Anspruch auf eine neu gewonnene Souveränität der DDR – ähnlich wie die Olympischen Spiele in München für die Bundesrepublik.

Die Internationale Gartenbauausstellung Hamburg 1973

Die Eröffnung

Zu den Eröffnungsfeierlichkeiten der Internationalen Gartenbauausstellung 1973 hatten sich am 27. April 1973 rund 3.000 Ehrengäste aus dem In- und Ausland im neuen Congress Centrum Hamburg (CCH) am Rande von »Planten un Blomen« eingefunden. Bundespräsident Gustav Heinemann als Schirmherr und der Erste Bürgermeister der Hansestadt, Peter Schulz, betonten in ihren Reden die überregionale Bedeutung der IGA 1973. Schulz erläuterte Hamburgs Bemühungen, sich mit dem CCH und der IGA als Kongressstadt zu profilieren.[25] Heinemann charakterisierte das Ereignis als Instrument, mit dem Hamburg sich als »Weltstadt« und »Zentrum internationaler Begegnungen« unter Beweis stellen wolle.[26] Beide unterstrichen den Wert von Park- und Grünanlagen sowie Freizeitangeboten für die städtische Gesellschaft. Das für die IGA 1973 gebaute Spiel- und Freizeitzentrum in den Wallanlagen sollte zur Belebung der Innenstadt beitragen, um der vermeintlichen »Krise der Stadt« zu begegnen, deren Ursachen Schulz im raschen Wiederaufbau nach dem Zweiten Weltkrieg sah.[27] Auch Heinemann hob die Aufgaben der Stadtplaner, Gärtner und Landschaftsgestalter hervor, »Grünräume sowohl in den innerstädtischen Bereichen als auch in den neu entstehenden Wohnsiedlungen am Stadtrand als ›Lungen der Großstadt‹ und attraktive Orte der Freizeitgestaltung einzuplanen«.[28] Die IGA sollte sowohl Lösungen für aktuelle Probleme von Großstädten aufzeigen als auch Hamburg als »lebendige Metropole in einer lebendigen Region« vorstellen und zum wirtschaftlichen Wachstum der Region Hamburg beitragen.[29]

---

24 Joachim Nawrocki, Festspiele mit beschränktem Eintritt. Die DDR versucht, das Viermächteabkommen zu unterlaufen, in: *Die ZEIT*, 20.7.1973.

25 StaHH, 377-10 II, 700.76.42, Schreiben von Peter Schulz an Bundespräsident Heinemann und Ablauf des Eröffnungsprogramms als Anlage, 31.1.1973

26 StaHH, 371-16 II, 2680, Ansprache von Bundespräsident Gustav W. Heinemann bei der Eröffnung der Internationalen Gartenbauausstellung 1973 am 27.4.1973.

27 StaHH, 377-10 II, 700.76.42, Ansprache von Bürgermeister Peter Schulz zur Eröffnung der IGA 73 am 27.4.1973.

28 StaHH, 371-16 II, 2680, Ansprache von Bundespräsident Gustav W. Heinemann bei der Eröffnung der Internationalen Gartenbauausstellung 1973 am 27. 4.1973.

29 Mitteilung des Senats an die Bürgerschaft. Internationale Gartenbau-Ausstellung Hamburg 1973, Drucksache Nr. 2355, 23.9.1969, S. 2.

Nach den Redebeiträgen trat die Hamburger Gala-Show-Band »Studiker« auf der neuen Showbühne des CCH auf. Anschließend verließen der Bundespräsident und der Bürgermeister das Gebäude und begaben sich mit hundert Ehrengästen zur Kleinbahn, um auf der 5,6 Kilometer langen Rundfahrt die neuen Anlagen zwischen Dammtorbahnhof und Millerntordamm zu erleben.[30]

Schau- und Mustergärten und das Informationszentrum für Hobbygärtner boten fachliche Anleitungen für Klein- und Hausgärtner. Der Kinderspielplatz in »Planten un Blomen« und das Freizeitzentrum in den Großen Wallanlagen machten Spiel- und Bewegungsangebote für alle Altersstufen. Ein gemischtes Musikprogramm am Eröffnungstag – eine Schülergesangsgruppe, ein Liedermacher mit Gitarre und Protestsongs, James Last mit Band und der Hamburger Polizeichor traten auf mehreren Bühnen auf – gab einen Vorgeschmack auf das Veranstaltungsprogramm der folgenden Monate.[31]

Städtebaulicher Wandel

Wer die IGA 1963 besucht hatte und nun nach zehn Jahren wieder nach Hamburg kam, wird »Planten un Blomen« und seine Umgebung kaum wiedererkannt haben, denn viele Gebäude waren nach der IGA 1963 und weitere 1970 abgerissen worden. Der Fernsehturm – offiziell Heinrich-Hertz-Turm, im Volksmund Tele-Michel genannt – ragte seit 1968 in unmittelbarer Nachbarschaft von »Planten un Blomen« 200 Meter in die Höhe. Vier Wochen vor Beginn der IGA 1973 waren am Rande des IGA-Geländes das 118 Meter hohe Plaza-Hotel und zwei Wochen zuvor das Congress Centrum Hamburg eröffnet worden. Das CCH, in dem bis zu 10.000 Teilnehmer Platz fanden, galt zu diesem Zeitpunkt als »größte Tagungsmaschine Europas«, wie *Der Spiegel* anlässlich der Eröffnung berichtete.[32]

In der Phase des Planungsoptimismus in den sechziger Jahren waren diese und andere innenstadtnah gelegene Gebäude, Verkehrsprojekte und Großsiedlungen in Stadtrandlage initiiert worden und wurden zum großen Teil 1973 und 1974 fertiggestellt. So war außerdem im Januar 1973 die Alsterschwimmhalle in St. Georg eröffnet worden. Am 2. Juni 1973 wurde der vergrößerte unterirdische Bahnhof Jungfernstieg

---

30 Zur Beschreibung der Eröffnungsveranstaltung siehe: Die IGA '73 ist eröffnet. Bürgermeister Schulz: Eine Visitenkarte unserer Stadt, in: *Hamburger Abendblatt*, 27.4.1973; Alle genossen die Blumenschau in vollen Zügen, in: *Hamburger Abendblatt*, 28./29.4.1973.

31 Polizisten singen um die Wette. Großes Konzert zur IGA-Eröffnung, in: *Hamburger Abendblatt*, 25.4.1973.

32 Kongresse: Ein Volk geht auf Spesenreise, in: *Der Spiegel*, 9.4.1973, S. 168-173, hier S. 168. Eine Beschreibung findet sich auch in: Architekten- und Ingenieurverein Hamburg e.V. / Patriotische Gesellschaft von 1765 (Hrsg.), Hamburg und seine Bauten 1969–1984, Hamburg 1984, S. 368 ff.

Abb. 49 Bundespräsident Gustav Heinemann und Hamburgs Erster Bürgermeister
Peter Schulz in der Kleinbahn auf der IGA 1973. im Hintergrund formieren sich Hamburger
Spielmannszüge für einen Sternmarsch.

der Öffentlichkeit übergeben.[33] Im Bau befindlich waren noch Verkehrsprojekte mit großer Bedeutung für den Hamburger Hafen wie die Köhlbrandbrücke und der Neue Elbtunnel, die 1974 jeweils mit großen Volksfesten eingeweiht wurden.[34] An der Peripherie entstanden gleichzeitig die Großsiedlungen Steilshoop, Osdorfer Born und Mümmelmannsberg.[35] Parallel zur IGA 1973 liefen hitzige Debatten um den geplanten Stadtteil Billwerder-Allermöhe für bis zu 80.000 Menschen. Die Siedlung, die die größte in der Bundesrepublik geworden wäre, sollte die Abwanderung von Steuern zahlenden Hamburgern ins Umland aufhalten.[36] Insgesamt waren die Großprojekte Ausdruck für den »verlängerten Boom«, der mit dem Ölpreisschock ein Ende fand.[37]

Die Fachkritik an dem schnellen Wiederaufbau der Städte in der Nachkriegszeit, die Schulz in seiner Eröffnungsrede aufgriff, war spätestens Anfang der siebziger Jahre in die öffentlichen Debatten eingegangen.[38] Unzählige Publikationen machten die städtebaulichen Leitmodelle wie die »autogerechte Stadt«, die »dichte Stadt« und die Trennung der Funktionen Wohnen und Arbeiten als Ursachen für die Krise aus. 1971 hatte sich der deutsche Städtetag mit der »Krise der Stadt« beschäftigt und den Appell »Rettet unsere Städte jetzt!« veröffentlicht.[39] Aber nicht nur Architektur und Städtebau sollten verändert werden, sondern die Politik investierte ab Mitte der sechziger Jahre in den Ausbau der sozialen Infrastruktur.[40] Einige Politiker und andere Akteure versuchten, die Hochkultur aus den bestehenden Bildungsinstitutionen zu lösen, neue Zugänge zu schaffen sowie »Underground-

33 Vgl. zum Schnellbahnknoten Jungfernstieg: ebd., S. 225 ff.
34 Vgl. zum Elbtunnel: ebd. S. 204 ff.
35 Vgl. zu den neuen Wohnsiedlungen: ebd., S. 108-103.
36 Vgl. Allermöhe: 1976 die ersten Mieter. Erfahrungen aus anderen Neubaugebieten als Schutz gegen Fehlplanungen, in: *Hamburger Abendblatt,* 17.3.1973; Kritik am Allermöhe-Plan. Architekten: »Senat hat keine Alternative anzubieten«, in: *Hamburger Abendblatt,* 9.10.1973; Veit Ruppersberg, Heiße Bürgerschaftsdebatte um Allermöhe – Hat Hamburg sich mit Haut und Haaren verkauft?, in: *Hamburger Abendblatt,* 11.10.1973; Allermöhe – Ghetto für die junge Mittelklasse? In Hamburg wird Westdeutschlands größte Trabantenstadt geplant, in: *Der Spiegel,* 5.11.1973. Vgl. außerdem die kritische zeitgenössische Darstellung der Planungen für Billwerder-Allermöhe: Michael Grüttner, Wem die Stadt gehört. Stadtplanung und Stadtentwicklung in Hamburg 1965–1975, Hamburg 1976, S. 229-237.
37 Christoph Strupp, Perspektiven und Probleme Hamburger Stadtgeschichte in der zweiten Hälfte des 20. Jahrhunderts, in: *Zeitschrift für Hamburgische Geschichte* (ZHG), Bd. 97 (2011), S. 99-130, hier S. 109 f.
38 Vgl. Jane Jacobs, Tod und Leben großer amerikanischer Städte, Berlin 1964 (amerik. Originalausgabe: The death and life of great American cities, New York 1961); Kevin Lynch, Das Bild der Stadt, Berlin 1965 (englische Originalausgabe 1960); Alexander Mitscherlich, Die Unwirtlichkeit unserer Städte. Anstiftung zum Unfrieden, Frankfurt am Main 1965; Martin Neuffer, Städte für alle. Entwurf einer Städtepolitik, Hamburg 1970; Robert Goodman, Stadtplanung als Geschäft oder Handlanger am Reißbrett. Die Zerstörung der amerikanischen Stadt, Reinbek 1973 (amerik. Originalausgabe: After the Planners, 1971); Konrad-Adenauer-Stiftung (Hrsg.), Stadtentwicklung – Von der Krise zur Reform (Schriftenreihe des Instituts für Kommunalwissenschaften, Bd. 1), Bonn 1973.
39 Hermann Glaser, Einleitung. Urbanistik als kritische Wissenschaft, in: ders. (Hrsg.), Urbanistik. Neue Aspekte der Stadtentwicklung, München 1974, S. 7-12, hier S. 7.
40 Doering-Manteuffel / Raphael, Boom, S. 47.

Kulturen« zu fördern. Dabei betonten sie die Bedeutung der Kultur für den Demokratisierungsprozess der Gesellschaft.[41]

Auf städtebaulicher Ebene kündigte sich 1975 mit dem »Jahr des Denkmalschutzes« ein Wandel im Umgang mit historischer Bausubstanz in der Bundesrepublik an.[42] Ab Mitte der siebziger Jahre kam Kritik an neuen Tendenzen der falsch verstandenen Sanierung von Innenstädten auf, mit der die Vergangenheit romantisch verklärt werde. Der Architektursoziologe Werner Durth kritisierte diese neuen Konzepte zur »Humanisierung« der Städte in Form der sogenannten Stadtgestaltung.[43] Ebenso kritisierte er die Kommerzialisierung des öffentlichen Raumes und die Stadtwerbung, die »Stadt als Ware« verstand.[44]

Wie ist die IGA 1973 hier einzuordnen, da deren Planungen schon in den sechziger Jahren begonnen hatten, als die politischen und gesellschaftlichen Zäsuren in den siebziger Jahren noch nicht absehbar waren? Es wird zu beleuchten sein, ob die IGA 1973 noch weitgehend im Geiste der langen sechziger Jahre stand, zumal der Ölpreisschock im Winter 1973/1974 noch bevorstand[45], und in welchem Maße sie die zeitgenössischen Diskurse aufgriff.

Organisation

Auch wenn sich vor und während der IGA 1963 Kritik an hohen Kosten und einzelnen Maßnahmen entzündet hatte, bewarb sich der Hamburger Senat 1963 beim Zentralverband Gartenbau, der schon Interesse signalisiert hatte, um die Ausrichtung einer Folgeveranstaltung für 1973. Die Entscheidung zugunsten Hamburgs erfolgte jedoch nicht automatisch, da der Berliner Senat sich bereits 1962 um die Ausrichtung beworben hatte. Berlins Regierender Bürgermeister Willy Brandt machte sich dann im Juli 1963 mit seinem Hamburger Amtskollegen Paul Nevermann ein eigenes Bild vom Hamburger Gartenschaugelände.[46] Am 13. August 1964 – dem symbolisch aufgeladenen Jahrestag des Mauerbaus – bat Brandt in einem Schreiben Nevermann und den Hamburger Senat, die Bewerbung um die IGA 1973 zugunsten Berlins zurückzuziehen und stattdessen 1970 eine Ausstellung unter dem

---

41 Konzeptionelle Ideen zu verschiedenen kulturellen Teilbereichen stellte der Band des damaligen sozialdemokratischen Kulturdezernenten von Frankfurt am Main vor: Hilmar Hoffmann (Hrsg.), Perspektiven der kommunalen Kulturpolitik, Frankfurt am Main 1974. S. auch: ders., Kultur für alle. Perspektiven und Modelle, Frankfurt am Main 1979.

42 Vgl. die zeitgenössische Bestandsaufnahme der Hinwendung zur Vergangenheit: Durth, Inszenierung, S. 9.

43 Ebd., S. 9 f.

44 Einkaufszentren und Fußgängerzonen waren konkrete kommerzielle Räume, vgl. ebd., S. 126 ff. Zu »Stadt als Ware« vgl. ebd., S. 80 ff.

45 Ebd., S. 53 f.

46 Hunderttausende hörten den Klang der Friedlandglocke. Fünftes Heimkehrer-Treffen. Gast aus Berlin: Willy Brandt, in: *Hamburger Abendblatt*, 1.7.1963.

Titel »Großstadt im Grünen« zu veranstalten.[47] Die Dringlichkeit der IGA für Berlin begründete er mit der geplanten Beteiligung osteuropäischer Staaten, wie sie der Präsident des Zentralverbands angeregt hatte. Der deutsche Gartenbau müsse ein besonderes Interesse an der Einladung dieser Staaten haben, wenn die Veranstaltung in Berlin stattfände, so Brandt. Die Wiener Internationale Gartenschau 1964 führe vor, wie eine Öffnung für diese Nationen aussehen könne. Brandts Argumentation für die Einbeziehung osteuropäischer Nationen fügte sich in das Konzept für einen »Wandel durch Annäherung« zwischen der Bundesrepublik und der DDR sowie den osteuropäischen Staaten ein, das der Sozialdemokrat Egon Bahr im Juli 1963 unter Berufung auf die »Strategie des Friedens« des US-Präsidenten John F. Kennedy zum ersten Mal öffentlich verkündet hatte.[48] Darüber hinaus war Brandt vermutlich aber auch das Potenzial der Gartenschau als große Publikumsveranstaltung mit städtebaulichen Komponenten bewusst, die die Attraktivität Berlins als kosmopolitisches Reiseziel für Städtetouristen verstärken konnte.[49]

Trotz Brandts persönlicher Bitte hielt der Hamburger Senat jedoch an seiner Bewerbung fest, da der Zentralverband erwogen habe, Hamburg als regelmäßigen Austragungsort für die IGA zu bestimmen. Außerdem argumentierte er gegenüber Brandt damit, Hamburg könne wegen seiner geografischen »Randlage« nicht auf die alle zehn Jahre stattfindende Ausstellung verzichten.[50]

Im August 1965 stellte der Zentralverband mit dem Vertragsabschluss die Weichen für die IGA 1973 in Hamburg.[51] 1964 bis 1965 favorisierte der Senat noch die Schaffung eines neuen Erholungsgebietes in Klein Flottbek, im Niendorfer Gehege oder in den Boberger Dünen.[52] Schließlich entschied er sich aber doch für »Planten un Blomen« und die Wallanlagen, denn nach dem Rückbau vieler IGA-Gebäude war die Forderung laut geworden, die Wallanlagen bräuchten eine auf Dauer angelegte Gestaltung. Außerdem stand dort die für eine internationale Ausstellung nötige Infrastruktur mit Verkehrsanbindungen und Messehallen zur Verfügung.[53]

---

47   StaHH, 377-10 II, 700-76.00, Schreiben von Willy Brandt wegen der IGA 73 in Berlin, 13.8.1964.

48   Stöver, Der Kalte Krieg, S. 388 f.

49   In den sechziger Jahren versuchte das Berliner Verkehrsamt den Blick vom Mauertourismus abzulenken und setzte mit seinem Marketing auf die eher unpolitischen »urban travellers« als Zielgruppe, vgl. dazu: Michelle A. Standley, From Bulwark of Freedom to Cosmopolitan Cocktails. The Cold War, Mass Tourism and the Marketing of West Berlin as a Tourist Destination, in: Hochscherf, Divided, S. 103-118, hier S. 114.

50   StaHH, 377-10 II, 700-76.00, Entwurf eines Schreibens an Willy Brandt, November 1964.

51   Mitteilung des Senats an die Bürgerschaft, Drucksache 6/204, 21.12.1965.

52   StaHH, 377-10 II, 700-76.00, Internationale Gartenbauausstellung 1973 in Hamburg, 4.12.1964. Vgl. die Mitteilung des Senats an die Bürgerschaft, Schlußbericht der Gesamtleitung für die IGA 73, Drucksache 8/740, 13.5.1975, S. 3.

53   Vier Architekten hatten aus diesen Gründen dem Zentralverband die Wallanlagen empfohlen, vgl. StaHH, 377-10 II, 700-76.00, Gutachten für die Durchführung der Internationalen Gartenschau 1973 in Hamburg, 6/1965.

Auch wenn der Hamburger Senat sich wieder für das innerstädtische Ausstellungsgelände entschieden hatte, war ihm doch bewusst, dass die IGA 1973 einen neuen organisatorischen und inhaltlichen Charakter annehmen musste. Auch das *Hamburger Abendblatt* riet dazu, einen »Manager, der alle Spielregeln der modernen Werbung und Organisation beherrscht«, zu finden.[54] Daher wurde das Organisationsteam verjüngt und sukzessive eine neue thematische Richtung eingeschlagen.[55] Zunächst sah der im August 1967 international ausgeschriebene Ideenwettbewerb für die Gestaltung ebenso wie 1963 einen durchgehenden Grünzug von »Planten un Blomen« bis zur Elbe vor. Aus dem Wettbewerb ging die Arbeitsgemeinschaft der Gartenarchitekten Dietrich Brunken, Heinz Becsei und Hans Stieglitz hervor, die sämtlich nicht aus Hamburg stammten. In der Behörde für Ernährung und Landwirtschaft wurde zur Vorbereitung eine Sonderdienststelle IGA 1973 unter Leitung des Landschaftsarchitekten Ulrich Brien eingerichtet.[56]

Im Herbst 1969 kam es dann zu einigen wegweisenden Entscheidungen. Die Leitidee sah Maßnahmen vor, um Hamburgs Image zu verbessern. So wollte der Hamburger Senat die Hafenstadt als »Zentrum von Kultur, Wissenschaft, Wirtschaft und Verkehr, Sport und Freizeitgestaltung«, als »urbanes Zentrum« und als »lebendige Metropole in einer lebendigen Region« vorstellen.[57] Dafür wurden jedoch nicht mehr Finanzmittel zur Verfügung gestellt, sondern im Gegenteil der Rotstift angesetzt. Als eine Kürzung des Budgets von 68 auf 50 Millionen Mark beschlossen wurde, fielen ihr die Fußgängerunterführung unter dem Millerntordamm bzw. eine Überführung, um den Elbpark an die Großen Wallanlagen anzubinden, zum Opfer.[58] Die CDU monierte, dass durch die Streichung keine städtebaulichen Lösungen über die IGA hinaus blieben und nur eine »Aufforstung eines schon vorhandenen Parks« zu erwarten sei.[59] Trotz knapper Haushaltsmittel beschloss der Senat aber im November 1969 den Bau eines Kongresszentrums samt Hotelturm bis 1973. Schon wenige Tage später wurden das Eingangsgebäude, die Kakteenhäuser und das Orchideen-Café der »Niederdeutschen Gartenschau« 1935 sowie das Tropenhaus und der Philipsturm von Bernhard Hermkes, die Eisbahn sowie der Kinderspielplatz von 1953 abgerissen, um Platz für das Bauvorhaben zu schaffen. Planung und Realisierung des CCH und des Hotelturms lagen bei der Unternehmensgruppe »Neue Heimat«.[60]

---

54 Das braucht die IGA 1973: Neue Manager, neue Ideen, in: *Hamburger Abendblatt*, 10.8.1965.

55 Werner Lüchow, Nächste IGA mit neuen Männern und neuen Ideen, in: *Hamburger Abendblatt*, 5.1.1966.

56 Mitteilung des Senats an die Bürgerschaft, Internationale Gartenbauausstellung 1973, Drucksache 2355, 23.9.1969, S. 3.

57 Ebd., S. 2.

58 Weniger Geld für die IGA, in: *Hamburger Abendblatt*, 2.6.1969; Nach der drastischen Kürzung: IGA 73 auf »Provinzniveau«?, in: *Hamburger Abendblatt*, 7./8.6.1969.

59 Jeder möchte den Durchbruch bis zur Elbe, aber Geld ist knapp, in: *Hamburger Abendblatt*, 20.12.1969.

60 Aus Zeitmangel: Mehrheit paukte das Projekt durch, in: *Hamburger Abendblatt*, 6.11.1969.

Abb. 50 Abriss des Eingangsgebäudes und der Kakteenhäuser von 1935, 13.11.1969. Die Gebäude mussten dem CCH und dem neuen Hotelturm weichen, die kurz vor der IGA 1973 eröffnet wurden.

Hatte Hamburg sich schon gegen Berlin als Mitspieler um die IGA 1973 bewähren müssen, so befürchteten einige der beteiligten Veranstalter mit den 1966 für München beschlossenen Olympischen Spielen neue Konkurrenz im Kampf um internationale Besucher. Daher wurde im »Ausschuss Fremdenverkehr« der Handelskammer eine Zusammenarbeit mit dem Olympischen Komitee in München und eine Vorverlegung der IGA debattiert, um die Gäste aus dem überseeischen Raum nach Hamburg zu lotsen.[61] Dagegen sprach jedoch außer der geografischen Distanz zwischen Hamburg und München, dass beide Veranstaltungen unterschiedliche Zielgruppen hatten und die Olympischen Spiele als größere Veranstaltung Werbung und Presse auf sich konzentrieren würden.[62]

Als Konkurrenten um Besucherzahlen wurde außerdem die »Floriade« 1972 in Amsterdam sowie die Feierlichkeiten anlässlich des 100-jährigen Jubiläums der Deutschen Gartenbaugesellschaft in Berlin gesehen.[63] Zudem beobachteten die Hamburger Veranstalter die Entwicklung der Bundesgartenschauen, die teilweise zum zweiten Mal in einer Stadt stattfanden. So baute Essen mit der Bundesgartenschau 1965 das Gelände aus, auf dem 1929 die erste »Große Ruhrländische Gartenbauausstellung« (»Gruga«), 1936 die erste »Reichsgartenschau« und 1952 eine zweite »Gruga« stattgefunden hatten. Inmitten des durch Bergbau und Schwerindustrie geprägten Ruhrgebiets hatte sich der »Gruga-Park« seither stetig zu einem beliebten Naherholungsort entwickelt.[64] Mit der Bundesgartenschau in Karlsruhe 1967 wurden Schloss- und Stadtgarten saniert und ein Grünkonzept für die gesamte Stadt erstellt.[65] 1969 richtete Dortmund zum zweiten Mal – wie zehn Jahre zuvor – im Westfalenpark eine Bundesgartenschau aus.[66] Ebenfalls zum zweiten Mal veranstaltete Köln 1971 eine Bundesgartenschau.[67] Große Spiel- und Freizeitanlagen – darunter eine »Spielhügellandschaft« – wurden im Rheinpark realisiert.[68]

Im Vergleich zu den Bundesgartenschauen erforderte die Hamburger IGA 1973 mehr Internationalität hinsichtlich Inhalten, Gestaltung, Beteiligung und Werbung, sollte sie dem Anspruch als internationales Ereignis gerecht werden. Die Erwartun-

---

61 StaHH, 371-16 II, 2679, Niederschrift über die Sitzung des Ausschusses Fremdenverkehr der Handelskammer Hamburg, 6.6.1966.

62 Anton Luft von der Fremdenverkehrs- und Kongress-Zentrale sprach sich aus mehreren Gründen gegen die Verlegung aus, siehe StaHH, 371-16 II, 2679, Schreiben von Anton Luft an den Ltd. Regierungsdirektor Gerhard Weber wegen der IGA 1973, 7.6.1966.

63 Mitteilung des Senats an die Bürgerschaft. Internationale Gartenbau-Ausstellung Hamburg 1973. Haushaltsplan 1967, 1.11.1967.

64 Astrid Schröer, »und Sonntag geht es in die Gruga.« Die Geschichte des Essener Volksparks, Essen 1996.

65 Panten, Bundesgartenschauen, S. 57 ff.

66 Ebd., S. 63 ff.

67 Ebd., S. 66 ff.

68 Vgl. Viola Brixius, Der Rheinpark in Köln. Geschichte einer Gartenanlage von 1914 bis heute, Köln, Diss. 2004, S. 170 ff.; vgl. auch das Kapitel »Die Bundesgartenschau 1971« in: Joachim Bauer / Dieter Klein-Meynen / Henriette Meynen, Garten am Strom: Der Rheinpark in Köln, Köln 2007, S. 60-81.

gen an die Besucherzahlen wurden dagegen zurückgeschraubt, um nicht wieder wie bei der IGA 1963 hinter zu hoch angesetzten Zielen zurückzubleiben.

Rundgang über das Ausstellungsgelände

Der Fokus der IGA 1973 lag auf zwei städtebaulichen Vorhaben. Das erste sah die Integration des Kongresszentrums und Hotels in die topografische Situation und die Schaffung eines Übergangs zu den Messehallen vor. Das zweite umfasste die Gestaltung der Großen Wallanlagen mit dem Spiel- und Freizeitzentrum und den Nationendarstellungen. (vgl. Farbabb. 51, S. 54/55)

Grundlegend war die Idee, »Zonen der stillen Erholung mit Bereichen größerer Aktivität« zu kombinieren.[69] Das 56 Hektar große Gelände war über acht Eingänge zugänglich; der Haupteingang wurde wegen des Neubaus des CCH vom Dammtorbahnhof zum Stephansplatz verlegt. (vgl. Farbabb. 52, S. 56)

Die Umgestaltung des Botanischen Gartens war möglich geworden, weil dessen wissenschaftliche Funktionen für die Universität langfristig aufgegeben werden sollten und ab 1970 Planungsarbeiten für einen neuen Botanischen Garten in Klein Flottbek begannen, der allerdings erst 1979 eröffnet wurde.[70]

Zwischen dem neuen Eingang und dem CCH entstand eine durchgehende Fläche, indem die Marseiller Straße abgesenkt und mit einer Betondecke überbrückt wurde. Diese wurde für Schaugärten wie einen Farngarten, das Alpinum mit Pflanzen der Bergwelt, eine Staudenvergleichsschau, einen Wassergarten unter Zypressen und die von der Zeitschrift *Schöner Wohnen* gestifteten »mobilen Gärten« genutzt. Mehrere Terrassen, die zum CCH hinaufführten, wurden im Frühjahr mit Tulpen und Stiefmütterchen, danach mit Sommerblumen und schließlich im Herbst mit Eriken bepflanzt. Ihnen gegenüber lagen ein Rosengarten mit historischen Rosenarten und ein neu erbauter, größerer Musikpavillon. An die Stelle des Orchideen-Cafés trat der »Tropen-Grill« mit Bar und Tanzfläche. Auf dem Messegelände, das nicht verändert wurde, fanden die üblichen Hallenschauen statt.

Am nördlichen Ausgang verband eine Überführung über die Rentzelstraße »Planten un Blomen« mit dem 1968 fertiggestellten Heinrich-Hertz-Turm mit Drehrestaurant und Aussichtsebene.

Die gärtnerischen Fachthemen wurden an verschiedenen Stellen in den Park eingestreut, da sich auf der IGA 1963 nicht genügend Besucher für die Ausstellung »Technik im Gartenbau« auf dem Heiligengeistfeld interessiert hatten. »Planten un Blomen« erhielt zwei Lehrschauen, die Kleinen Wallanlagen das Informationszent-

---

69   Ebd., S. 4.
70   Zu den ersten Plänen vgl. Mitteilung des Senats an die Bürgerschaft, VII, Drucksache Nr. 297, 8.9.1970; zur Fertigstellung vgl. Poppendieck, Botanischer Garten, S. 276 ff.

rum für den Hobbygärtner und die Großen Wallanlagen die gärtnerischen Nationendarstellungen. Große Bedeutung gewannen Spielplätze, die in drei Abschnitten –
in »Planten un Blomen« sowie in den Kleinen und den Großen Wallanlagen – zu
finden waren. Das Heiligengeistfeld wurde indessen von Ende April bis Ende August
1973 für den IGA-Dom genutzt.

Anders als 1963 war eine größere Anzahl von privaten und staatlichen Unternehmen mit Beiträgen auf der IGA 1973 vertreten, die nicht unbedingt in direktem
Zusammenhang mit dem Thema Gartenbau standen. Der Stromversorger Hamburgische Electricitätswerke (HEW) stellte in einem futuristisch wirkenden Pavillon
mit der Ausstellung »Energie für eine bessere Welt« eine »Vision einer auf optima-
le Nutzung von Energie ausgerichteten Gesellschaft mit humanem Profil« vor und
thematisierte besonders die Nutzung der Kernenergie.[71] Die Deutsche Bundespost
zeigte in einem überdimensionalen und begehbaren Telefonhörer das elektronische
Wählsystem.[72]

Die dänische Firma LEGO, die 1973 auch den Freizeitpark LEGOLAND in Sierksdorf an der Ostsee eröffnete, stellte eine Kleinbahn für Kinder in »Planten un Blomen« zur Verfügung. Der Norddeutsche Rundfunk (NDR) ließ in dem gläsernen
NDR-IGA-Studio täglich Hörfunksendungen über Gartenthemen und die IGA 1973
produzieren. Durch eine Glaswand konnten die Besucher die Produktionsabläufe
im Aufnahmestudio beobachten.[73] Dabei handelte es sich um ein bewährtes Format,
da der NDR zwischen 1957 und 1967 die Fernsehsendung »Aktuelle Schaubude« in
einem Autosalon mit großen Schaufenstern am Rande der Hamburger Innenstadt
produziert hatte. Schließlich bot die Centrale Marketinggesellschaft der Deutschen
Agrarwirtschaft (CMA) an einem Stand landwirtschaftliche Produkte an.[74]

Städtische Natur und Landschaft. Zwischen den Interessen der Gartenbauwirtschaft und aufkommendem Umweltschutz

Vor und während der IGA 1973 versuchten Veranstalter und Politiker, auf dem Gartenschaugelände und im städtischen Raum Lösungen für eine lebenswerte Stadt
zu präsentieren. Eine Maßnahme, mit der Hamburgs Erster Bürgermeister Peter

---

71 StaHH, 377-10 II, 700.76.50/17, Ausstellungsbeitrag der HEW zur IGA 73 mit Leitlinien für die Aus-
    stellung »Energie für eine bessere Welt« (Anlage), 4.10.1972. Zu diesem Zeitpunkt wurden mehrere
    Kernkraftwerke an der Unterelbe geplant, vgl. »Hier entsteht ein neuer Ruhrpott. Spiegel-Report über
    die Industrialisierung der Unterelbe, in: *Der Spiegel*, 28.10.1974, S. 49-67. Das Kernkraftwerk Stade
    wurde 1972 fertiggestellt. Die Arbeiten am Kernkraftwerk in Brunsbüttel begannen 1970. 1977 wurde
    es in Betrieb genommen.
72 Jürgen W. Scheutzow / Jürgen Stelter, IGA Hamburg 73. Internationale Gartenbauausstellung vom
    27. April bis 7. Oktober, Hamburg 1973, S. 26.
73 Ebd., S. 55.
74 Ebd., S. 42.

Schulz, der auch Vorsitzender der Senatskommission für Umweltschutz war, und das *Hamburger Abendblatt* auf die IGA 1973 hinarbeiteten, war die »Aktion grünes Hamburg«.[75] Im März 1972 riefen sie die Bevölkerung zum Pflanzen von Bäumen bzw. zum Spenden für die Aktion auf. Privatleute, Firmen, Baumschulen und Schulen stifteten Bäume und halfen bei Pflanzaktionen, unterstützt durch prominente Schauspieler, Schlagersänger und Sportler.[76] Zu verschiedenen Gelegenheiten betonte Schulz die Besonderheit von Bäumen und Grünanlagen für die Identität Hamburgs: »Als Hamburger sind wir stolz auf unsere ›Stadt im Grünen‹. Gerade die vielen Bäume tragen dazu bei, daß Hamburg eine lebenswerte Stadt ist. Ein Baum ist Leben und für uns zugleich Sinnbild für das Leben. Leider sind unsere Bäume von mancherlei Gefahren bedroht; ihre Umwelt ist feindlich für sie.«[77] Ebenso hob er auf dem Kleingärtnertag 1973 den Wert von Grünanlagen im Zeichen der Umweltkrisen hervor: »[...] Blumen und Bäume stellen die lädierte Verbindung zur Natur wieder her und mit ihr erfüllt sich der Drang, einer Kette von Unabänderlichkeiten zu entfliehen, wie sie sich in unserer technisierten, elektrifizierten, standardisierten, durchorganisierten Umwelt ergibt. [...] Wenn die Welt schon nicht wirklich gemütlich sein kann – so doch wenigstens baumbestanden.«[78] Den Kleingärtnern versicherte er, dass ihre Anlagen als Orte der Freizeitgestaltung wichtige Funktionen übernähmen, und bekannte sich zu Kleingärten »als Teil unseres Stadtbildes«.[79]

Auch der Zentralverband hatte zu diesem Zeitpunkt Aspekte des Umweltschutzes in sein Programm aufgenommen und erweiterte das Aufgabenspektrum der Gärtner: »Neben der in erster Linie auf Versorgung ausgerichteten Produktion und der gewerblichen Tätigkeit reichen die Aufgaben der Gärtner in gesellschaftspolitische Bereiche hinein. Die Gestaltung einer menschengerechten Umwelt in Stadt und Landschaft gehört zur Verantwortung des Gärtners von heute, wie das Einwirken auf eine sinnvolle Freizeitbeschäftigung in und mit der Natur.«[80]

Entstanden war eine stark durchgestaltete Landschaft aus Blumenteppichen und Mustergärten, die von breiten asphaltierten Wegen durchzogen war. Darin stellte der Zentralverband in mehreren Lehrschauen einerseits den Berufsstand der Gärtner und deren Aufgaben vor, andererseits die Funktionen von Grünanlagen für die Stadtbevölkerung und den Umweltschutz. In »Planten un Blomen« warben die beiden Schauen »Flora Vision 73« und »Umwelt und Pflanze« für den Beruf des Gärtners

---

75 Die Aktion findet auch Erwähnung in der Autobiografie des ehemaligen Ersten Bürgermeisters. Für jede gespendete Mark stellte der Hamburger Senat eine weitere Mark zur Verfügung, siehe Peter Schulz, Rostock, Hamburg und Shanghai: Erinnerungen eines Hamburger Bürgermeisters (Veröffentlichungen des Vereins für Hamburgische Geschichte), Bremen [2]2009, S. 329.

76 Rigobert Monard, Aktion »Grünes Hamburg«, in: *Das Gartenamt* 22 (1973) 4, S. 207-210, hier S. 207 ff.

77 Zit. nach Monard, Aktion, S. 207.

78 Peter Schulz, Kleingärten in der Gesellschaftspolitik, in: *Der Hamburger Kleingärtner* 25 (1973) 11, S. 331-332, hier S. 331.

79 Ebd., S. 332.

80 Zentralverband Gartenbau, Vorwort, in: Gassner, Weg des deutschen Gartenbaues, S. VII.

und gartenbauliche Produkte. Die Diaschau »Flora Vision 73« des Zentralverbandes Gartenbau war in einem 13 Meter hohen, orangefarbenen Kuppelbau untergebracht. 5.000 Fotos, die auf 28 verschiedene Bildwände projiziert wurden, vermittelten Einblicke in den Gartenbau und die Arbeitswelt der Gärtner, unterlegt mit Musik des Jazzmusikers Wolfgang Dauner.[81] Dabei sollte das Bild eines modernen Berufes entstehen, der nichts mehr mit dem »alten Mann in grüner Schürze« zu tun habe.[82] In der benachbarten Informationsschau »Umwelt und Pflanze« zeigten die vier Verbände Bund deutscher Landschaftsarchitekten, Bund deutscher Baumschulen, Bund Garten- und Landschaftsbau und die Sondergruppe Stauden im Zentralverband Gartenbau Beispiele für die Bepflanzung von Grünanlagen und Privatgärten. Einige Meter entfernt erhielten die Besucher in zwei Musterkleingärten des Hamburger Landesbundes der Kleingärtner Informationen über Kleingärten und Gartenlauben. In den 300 Quadratmeter großen Gärten standen nicht Nutz-, sondern Zierpflanzen im Mittelpunkt.[83] Weitere niedrigschwellige Angebote zur Gartengestaltung waren im »Informationszentrum für den Hobbygärtner« gegenüber den Pflanzenschauhäusern im Botanischen Garten erhältlich. In vier Zelten, acht Kleingewächshäusern und einem Vortragsraum präsentierten Verbände wie der Bund deutscher Baumschulen ihre Arbeit. Ein »Pflanzendoktor« gab in »Konsultationsstunden« Tipps zur Pflanzenpflege.

Die Deutsche Gartenbau-Gesellschaft (DGG) veranstaltete Seminare zur zeitgemäßen Gartengestaltung unter Leitung von Karl Plomin.[84] In den Großen Wallanlagen gaben einzelne Gärten Einblicke in die Pflanzen- und Gartenwelt der beteiligten Nationen. Vertreten waren z. B. Japan mit einem japanischen Garten rund um das Teehaus, Großbritannien mit Blumen und Bäumen für englische Hausgärten und öffentliche Parkanlagen sowie die Niederlande mit einem »romantischen Heidegarten«. Spanien und Italien präsentierten Ausschnitte aus der mediterranen Pflanzenwelt.[85] Dänemark erläuterte mit einer »Containerbaumschule« den rationalisierten Produktionsprozess, bei dem Bäume und Sträucher in Behältnissen gezogen wurden, mit denen sie später zum Verkauf angeboten wurden. Senator Wilhelm Eckström betonte die Aufgaben der Nationenausstellungen und die Funktionen für die Besucher, die Informationen für den heimischen Garten vorfinden sollten: »[...]gerade hier wird es eine der Hauptaufgaben sein, darzustellen, wie andere Nationen ihre Gärten und ihren Gartenbau in ihre sonstige Umwelt einordnen. Schließlich gehört zum engeren Bereich der gärtnerischen Fachausstellung auch die umfassende Unter-

---

81 Das Gebäude war bereits auf der Bundesgartenschau 1971 in Köln vorgestellt worden, vgl. Bauer / Klein-Meynen / Meynen, Garten am Strom, S. 71.

82 Scheutzow / Stelter, IGA Hamburg 73, S. 12 f.

83 IGA 73. Im Herzen Hamburgs, in: *Der Hamburger Kleingärtner* 25 (1973) 4, S. 95.

84 Hohe Schule für Freizeitgärtner und Gartenliebhaber, in: *Der Hamburger Kleingärtner* 25 (1973) 2, S. 32.

85 Ebd., Anlage, S. 3.

Abb. 53   Der »Pflanzendoktor« auf der IGA 1973 gab den Besuchern praktische Tipps
für die Pflanzenpflege.

richtung des Laien und Hobbygärtners über die Möglichkeiten, die ihm die gärtneri-sche Produktionstechnik und die Gartenzubehör-Industrie im weitesten Sinne heute geben.«[86]

Insgesamt versuchten die Akteure zwar, Umweltthemen zu betonen, boten jedoch keine umfassenden Lösungsansätze an. Wie lässt sich aber die IGA vor dem Hinter-grund der aufkommenden Umweltprobleme und des Umweltschutzes einordnen? In Bezug auf den Umgang mit der Umwelt und den durch die Industrie hervorgerufe-nen Schäden standen sich in den siebziger Jahren zwei Gruppen mit divergierenden Weltanschauungen gegenüber: diejenige, die die Konsumgesellschaft nicht grund-sätzlich in Frage stellte und um wissenschaftlich-technische Lösungen der Umwelt-probleme bemüht war, und diejenige, die das wirtschaftliche Wachstum als Ursache für Umweltkrisen ausmachte und Konsum und Wachstum kritisierte.[87] Anfang der siebziger Jahre gingen auch die regierenden Sozialdemokraten von der Planbarkeit des Umweltschutzes aus.[88] 1971 legte die sozialliberale Bundesregierung das erste Umweltprogramm vor.[89] Auch der Deutsche Rat für Landespflege suchte noch den »Ausgleich von Technik und Natur«, wie Gerhard Olschowy in seinem 1970 erschie-nenen Buch »Landschaft und Technik« zeigte.[90] Als Gegenmaßnahmen empfahl Olschowy z.B. die Begrünung von Abraumhalden sowie landschaftsarchitektonische Eingriffe an Industrieunternehmen und Pflanzungen rund um Parkplätze zur Ka-schierung der Autos. Daraus spricht jedoch wenig Verständnis für die existenzielle Bedrohung der Umwelt. Die Gruppe der Konsum- und Kapitalismuskritiker, die in den siebziger Jahren zu einer wichtigen sozialen Bewegung wurde, bewertete daher die Umweltpolitik der ersten Gruppe, die die Symptome der Umweltschäden be-kämpfte, aber nicht an den Ursachen ansetzte, als nicht mehr zeitgemäß und schein-heilig.[91]

Da die IGA 1973 die Interessen der Wirtschaft und die Ansprüche des staatlichen Umweltschutzes widerspiegelte, rief sie vereinzelt Kritik von Umweltschützern her-vor. Ein Vorwurf zielte darauf ab, dass die wirtschaftliche Entwicklung die »Zerstö-rung von Natur und Landschaft« und eine ökologische Krise mit sich bringe, die aber gleichzeitig die Basis für einen neuen »expansionsfähigen Markt einer Umweltindus-trie« bereite. »Indem der Staat jeden Bürger, z.B. mittels der IGA, dazu anhält, seinen

---

86 StaHH, 377-10 II, 700-76.70, Wilhelm Eckström, Ausstellungsgedanke rückt in den Vordergrund. Hamburg wird sich im Jahre 1973 den Besuchern aus aller Welt als ein lebendiger Treffpunkt von Gärtnern, Gartenarchitekten, Städteplanern und Laien aus aller Welt präsentieren, ohne Datum, S. 3 f.

87 Zu den Anfängen des wachsenden Umweltbewusstseins vgl. Hünemörder, Umweltkrise, S. 182 ff.

88 Engels, Naturpolitik, S. 282 ff.

89 Ebd., S. 275 f.; Frank Uekötter, Am Ende der Gewissheiten. Die Ökologische Frage im 21. Jahrhundert, Frankfurt am Main / New York 2011, S. 91 ff.

90 Gerhard Olschowy, Landschaft und Technik. Landespflege in der Industriegesellschaft, Hannover 1970. Olschowy hatte die Charta von der Mainau 1961 unterzeichnet, war von 1964 bis 1978 Direktor der Bundesanstalt für Vegetationskunde, Naturschutz und Landschaftspflege und außerdem langjäh-riger Geschäftsführer des DRL.

91 Engels, Naturpolitik, S. 146 f.

Teil zur Krisenüberwindung beizutragen, wird die Voraussetzung individueller Kaufmotivationen für industriell gefertigte Naturprodukte geschaffen.«[92]

Auch wenn sich für die IGA 1973 ein Bemühen registrieren lässt, das Thema Umweltschutz zu verankern, lagen die Schwerpunkte aber doch bei den Informationen für Hobbygärtner und bei der allgemeinen Werbung für die Gartenbauwirtschaft, die der bundesdeutschen Bevölkerung das ausdifferenzierte Equipment für Freizeitbeschäftigungen im Haus- oder Kleingarten lieferte.[93] Dagegen wurde eine geplante mehrtägige Fachschau »Technik im Gartenbau«, die sich an professionelle Gärtner gewandt hätte, kurzfristig abgesagt, da sich nicht genügend Industrieaussteller fanden.[94]

Spiel- und Freizeitangebote in »Planten un Blomen« und den Großen Wallanlagen

In der ersten Hälfte der siebziger Jahre wiesen unzählige Publikationen auf den Mangel an Spielräumen im urbanen Raum hin und stellten vorbildliche Lösungen für die kind- und jugendgerechte Entwicklung in Form von Robinson- und Abenteuerspielplätzen vor.[95] Die ersten »Gerümpelspielplätze«, auf denen Kinder sich ihre eigenen Behausungen aus Holz bauten, waren in den dreißiger Jahren in Dänemark entstanden und in den fünfziger Jahren in der Schweiz weiterentwickelt worden. Die Ideen verbreiteten sich zwar auch in der Bundesrepublik, vorherrschend waren jedoch bis in die siebziger Jahre Spielplätze mit Wippen, Klettergeräten und Rutschen mit klar definierten Funktionen.[96] So hatte es auf dem 4.000 Quadratmeter großen Spielplatz der IGA 1963 in den Kleinen Wallanlagen wenige innovative Angebote wie Ballspiele, eine Rollschuhbahn, einen Rasen- und einen Wasserspielplatz, eine Freilichtbühne und eine Puppenecke gegeben.[97]

---

92 Ebd., S. 41.
93 Werbeanzeigen in Gartenzeitschriften, die Spanferkelgrills, Ratgeberliteratur, Funksprechgeräte, Springbrunnen, Gartenlauben, Saunen, Schnellkompostkästen, Regneranlagen, Rasenkantenschneider, Kinderhäuser und Spielgeräte vorstellten, zeigen die Bandbreite dieser Industrie, siehe z. B. *grün. das gartenmagazin* 4 (1973) 8.
94 377-10 II, 700-76.40/04, Schreiben der Hamburg Messe und Congress GmbH an die IGA Sonderdienststelle, 5.6.1973.
95 Arvid Bengtsson, Ein Platz für Kinder. Plädoyer für eine kindgemäße Umwelt. Entwurf, Ausführung, Ausstattung von Spielanlagen, Tummelplätzen und Abenteuerspielplätzen in Städtebau und Umweltplanung, Wiesbaden / Berlin 1971; Karin Brachmann, Kinderspielplätze. Kritik, Analysen, Zielvorstellungen, Kassel 1974; Ursula Schulz-Dornburg / Jürgen Zimmer / Martina Schneider, Abenteuerspielplätze. Ein Plädoyer für wilde Spiele, Düsseldorf / Wien 1972; Autorengruppe Abenteuerspielplatz Märkisches Viertel, Abenteuerspielplatz – Wo verbieten verboten ist. Experiment und Erfahrung, Reinbek bei Hamburg 1973.
96 Erste Beispiele für Robinsonspielplätze in Zürich und Kopenhagen werden vorgestellt in Gerda Gollwitzer (Hrsg.), Kinderspielplätze (Schriftenreihe der Deutschen Gesellschaft für Gartenkunst und Landschaftspflege, Bd. 2), München 1957, S. 78 ff.
97 Vgl. den Plan bei Gerhard Aick, Die Befreiung des Kindes. Kleine Kulturgeschichte des Spiels und des Kinderspielplatzes (IGA-Schriftenreihe, Bd. 1), Hamburg 1963, S. 74. In der Publikation, herausgegeben von der IGA-Gesamtleitung, wurden Bau- und Robinsonspielplätze als vorbildlich vorgestellt.

In der ersten Hälfte der siebziger Jahre waren sich Pädagogen, Soziologen und Stadtplaner darüber hinaus über die vermeintliche Kinder- und Jugendfeindlichkeit der Städte einig. So stellte der Architekt und Städteplaner Thomas Sieverts fest, dass nur noch wenige »Beispiele für spontan und spielerisch genutzte Bereiche« in Großstädten vorhanden seien. Ausnahmen seien Kleingärten, Abenteuer- und Bauspielplätze, Parks, Spielwiesen und Freibäder.[98] Vor diesem Hintergrund sah auch der Hamburger Senat Handlungsbedarf und kündigte nicht nur das Spiel- und Freizeitzentrum auf der IGA an, sondern rief anlässlich der IGA 1973 die Aktion »Hamburg – Stadt mit Herz für Kinder« ins Leben, die der »Aktion grünes Hamburg« ähnelte. Daraus resultierten konkrete Veranstaltungsangebote, außerdem die Gründung der Stiftung »Kinder in Hamburg« mit dem Zweck, das Engagement für Kinder zu fördern und Spenden zu sammeln.[99]

Im Spiel- und Freizeitzentrum auf dem IGA-Gelände sollten alle Altersstufen »künstlerisch, spielerisch und sportlich« tätig sein können.[100] Außerdem war die Anlage über die IGA 1973 hinaus für Bewohner der innenstadtnahen Quartiere gedacht, die bisher mit Freizeitangeboten für Kinder und Jugendliche unterversorgt waren. Darüber hinaus sollte sie prototypischen Charakter für die entstehende Freizeitgesellschaft mit kürzeren Arbeitszeiten und mehr Freizeit haben. Da die Angebote über den gesamten Park verteilt waren, nahm er insgesamt den Charakter eines Vergnügungsparks an.

Für den Kinderspielbereich in »Planten un Blomen« stellte der Kölner Bildhauer Wido Buller zwei amorphe Spiel-Hügel-Höhlen-Häuser her, indem er über eine aufgeworfene Sandlandschaft Glasfasermatten legte und mit Polyester tränkte. (vgl. Farbabb. 54, S. 56) Kinder konnten entweder an der Außenwand der »Bullerberge« oder im Inneren an gespannten Netzen auf die Spitze klettern und außen hinunterrutschen. Bei dem Entwurf für seine Spiellandschaft war Buller von der Beobachtung ausgegangen, dass Kinder von sich aus Höhlen bauen. Die amorphe Landschaft verstand er als Zeichen gegen die Asphalt- und Betonwege auf dem IGA-Gelände sowie die verbreiteten Spielelemente aus Beton.[101]

Für Kleinkinder wurde der bestehende Spielplatz in den Kleinen Wallanlagen um einen kleinen Zoo erweitert.[102] Ein Mehrzweckgebäude in den Großen Wallanlagen umfasste eine Rollschuh- bzw. Eisbahn und Spiel- und Bastelräumlichkeiten. Für ältere Kinder, Jugendliche und Erwachsene standen in den Großen Wallanlagen Tischtennisplatten, eine Kegelbahn, Freilandschach, eine Minigolfanlage und ein Teich für Modellbauschiffe zur Verfügung. Auf einer Freilichtbühne wurde für Kinder regel-

---

98 Thomas Sieverts, Planung und Spielraum, in: Glaser, Urbanistik, S. 70-86, hier S. 78.
99 Ollig, Hamburg 73, S. 110 ff.
100 Mitteilung des Senats an die Bürgerschaft, Drucksache Nr. 2355, 23.9.1969, S. 6.
101 Wido Buller, Ein Spiel-Hügel-Höhlen-Haus, in: *Garten und Landschaft* 83 (1973) 8, S. 403-404.
102 Ebd., Anlage, S. 2.

Abb. 54 Spielplatz in »Planten un Blomen« auf der IGA 1973.
Die große Attraktion waren die »Bullerberge« zum Klettern und
Rutschen. Im Hintergrund ist das neue Loews Plaza Hotel zu
sehen.

mäßig das Theaterstück »Pippi Langstrumpfs Abenteuer« aufgeführt.[103] Extra für Jugendliche wurden ein Tanzzelt und Rasenflächen für Ballspiele geschaffen.

Neben dem Justizgebäude forderte der »Flora-Trimm-Dich-Park« des Deutschen Sportbundes die Besucher zur aktiven Betätigung auf. Damit war die Trimm-Dich-Bewegung präsent, die 1970 ins Leben gerufen worden war. Ab 1973 warben auch neue »Trimm-Parks« in der gesamten Bundesrepublik für den Breitensport.[104]

Ursprünglich hatte die Gesamtleitung auch die eingeladenen Nationen dazu aufgefordert, in den Großen Wallanlagen unter dem Motto »Freizeit 2000« Anregungen für die Freizeitgestaltung zu geben. Doch nur Schweden steuerte einen Holzspielplatz bei, während alle anderen Nationen gärtnerische Themen präsentierten.[105]

Die Bewertung der Freizeitangebote der IGA 1973 hing unter anderem von der Perspektive ab, die der Betrachter einnahm. Wer die IGA 1963 in Erinnerung hatte, konnte die neuen Trends deutlich erkennen. Die Besucher wurden nicht mehr nur zum Flanieren und Betrachten der Exponate auf den Wegen festgehalten, sondern dazu eingeladen, sich auf den dazu freigegebenen Rasenflächen, dem Flora-Trimm-Dich-Pfad und auf Spielplätzen körperlich zu betätigen. Zwar waren viele der Spielmodule nicht innovativ, neu war aber die dichte Konzentration von Spiel- und Bewegungsbereichen und Freilichtbühnen auf einem einzigen Gelände. Wer die Stadt Hamburg aber im Ganzen betrachtete und die Angebote auf dem IGA-Gelände mit der Unterversorgung der neu entstehenden Großsiedlungen in Beziehung setzte, konnte Zweifel angesichts der Tatsache bekommen, dass Spielplätze in den Großsiedlungen nur langsam und zum Teil auf Druck der Bewohner entstanden. Daher konnten kritische Beobachter den Verdacht haben, die IGA 1973 solle als prestigeträchtige Maßnahme die Missstände an der Peripherie überdecken. Eine eher positive Bewertung würde dagegen den Vorbildcharakter der Ausstellungsinhalte hervorheben. Schließlich ist der Zweck einer Ausstellung, neue Elemente vorzustellen und Anregungen zur Nachahmung zu geben.

Die Belebung der Stadt. Kunst und Unterhaltung im Zeichen der IGA 1973

Die Veranstalter der IGA 1973 griffen Ideen auf, die Anfang der siebziger Jahre mit der Schaffung von Kultur- und Kommunikationszentren sowie der Etablierung von Kunst im öffentlichen Raum zur Belebung des städtischen Lebens beitragen sollten.[106] Auch die Presseberichterstattung über die IGA brachte das Kunstprogramm mit zwei anderen Beispielen in Verbindung: erstens mit dem durch städtische Mittel

---

103 Pippi Langstrumpf ist wieder da!, in: *Hamburger Abendblatt*, 28./29.4.1973.

104 Vgl. Deutscher Sportbund (Hrsg.), Das Große Trimm-Buch, Frankfurt am Main 1973, S. 7 f.

105 Siehe zu den Nationenbeiträgen in: Scheutzow / Stelter, IGA Hamburg 73, S. 45 ff.

106 Vgl. Axel Schildt / Detlef Siegfried, Deutsche Kulturgeschichte. Die Bundesrepublik von 1945 bis zur Gegenwart, München 2009, S. 343.

finanzierten Kunstprogramm »Experiment Straßenkunst« in Hannover von 1970 bis 1974, das die Stadtbevölkerung mit moderner Kunst im städtischen Raum konfrontieren und damit gegen das provinzielle Image Hannovers vorgehen sollte.[107] Zweitens wurden die Hamburger Angebote mit dem Konzept der Spielstraße im Rahmen der Olympischen Spiele in München 1972 verglichen. Dort hatte der Architekt Werner Ruhnau für die Bereiche zwischen den Sportstadien und rund um den Olympiasee »variable Aktionsfelder« entworfen, auf denen Schauspieler, Artisten und Maler die Besucher aus ihrer Zuschauerhaltung herausholen und zum Mitmachen bei künstlerischen Aktionen animieren sollten.[108]

Die IGA 1973 empfing die Besucher mit einer Mischung aus Kunstinstallationen, Schlagerkonzerten, Straßentheater und Folkloreveranstaltungen. Dabei beschränkte sich das Programm nicht auf das Ausstellungsgelände, sondern strahlte mit Kultur- und Unterhaltungsangeboten in den Stadtraum aus.

Sowohl auf den Bühnen im CCH als auch auf dem IGA-Gelände traten Chöre, Musik- und Theatergruppen auf. An dem Veranstaltungsprogramm beteiligten sich mehrere Hamburger Kulturinstitutionen und Vereine wie die traditionelle Finkenwarder Speeldeel, die auf dem IGA-Gelände das »Fest der Nationen« mit Trachtentänzen veranstaltete. Auswärtige Straßentheatergruppen traten auf dem Gartenschaugelände und in der Hamburger Innenstadt auf. Die schon länger bestehenden Hamburger Brahms-Wochen und Rathaus-Konzerte gingen ebenso in das Programm ein.[109]

Die IGA 1973 hielt außerdem Einzug in den kommerziellen Raum und andere Bereiche. So fand eine Woche nach Eröffnung der IGA im mit Papierblumen dekorierten Einkaufszentrum »Hamburger Straße« in Barmbek eine »Spaß-Spiel-Woche« statt. Bands und Schlagersänger, die sonst auf den Bühnen des IGA-Geländes zu sehen waren, traten dort auf.[110] Selbst das sonst weiße Seebäderschiff »Wappen von Hamburg« war mit bunten Blumen bemalt und brachte als »Blumenpott« bezeichnet Ausflügler nach Helgoland.[111]

Wie schon 1953 und 1963 waren Kunstwerke ein wichtiger Bestandteil der IGA 1973. Auf dem Ausstellungsgelände sollten künstlerische Plastiken die »Konfrontation mit der Natur« suchen.[112] Neu war, dass amerikanische Künstler bzw. Kunst, die

---

107 Vgl. Ines Katenhusen, Lebenslust per Ratsbeschluss: Das Experiment Straßenkunst und der Nana-Skandal im Hannover der 1970er Jahre, in: Daniela Münkel (Hrsg.), Geschichte als Experiment. Studien zu Politik, Kultur und Alltag im 19. und 20. Jahrhundert, Frankfurt am Mai 2004, S. 307-319, hier S. 310.

108 Vgl. das Interview mit Werner Ruhnau über die Olympische Spielstraße, in: Werner Ruhnau. Der Raum, das Spiel und die Künste, Katalog zur gleichnamigen Ausstellung im Musiktheater im Revier, Gelsenkirchen, Berlin 2007, S. 80-89, hier S. 82. Die Spielstraße wurde nach dem palästinensischen Attentat auf die israelischen Sportler beendet.

109 Kulturprogramm der IGA, in: *Hamburger Abendblatt,* 27.4.1973.

110 Einkaufszentrum im farbenfrohen Blumen-Look, in: *Hamburger Abendblatt,* 3.5.1973.

111 Siehe die Abbildung des »Blumenpotts« in: Josef Ollig, Hamburg 73. Porträt einer Weltstadt, Hamburg 1973, S. 158 f.

112 Mit den Blüten kommen die Musen. Theater, Film, Musik und bildende Kunst im Rahmen der Hamburger IGA, in: *Hamburger Abendblatt,* 27.4.1973.

an die US-amerikanische Pop Art und Comic Art anknüpfte, Einzug hielten. Der New Yorker Künstler Kenneth Snelson hatte eine neun Meter hohe Stahlskulptur auf den Rosenhügel gestellt. Die vom Direktor der Hamburger Kunsthalle kuratierte »Kunstallee« führte die Besucher auf dem Weg vom Hauptbahnhof an elf temporären künstlerischen Installationen entlang zum IGA-Gelände. An der verkehrsreichen Strecke sollten die Kunstwerke vor allem auch die Passanten, die der Kunst sonst eher fernstanden, irritieren und neugierig machen. So wiesen zwischen den beiden Straßenspuren am Eingang des Wallringtunnels an der Kunsthalle zwei überlebensgroße Batman-Figuren auf die Plastik »Der Fluss« – ein liegender Frauenakt – des französischen Künstlers Aristide Maillol hin, die schon in der Ausstellung »Plastik im Freien« 1953 im Alsterpark gezeigt worden war und später an diesem verkehrsreichen Punkt ihren Platz gefunden hatte. Auf der Lombardsbrücke tickte das Pendel eines sieben Meter hohen Metronoms. Ebenso wie bei dem Vorbild des bekannten Ready Mades des amerikanischen Künstlers Man Ray war die Abbildung eines Auges an das Pendel geheftet.[113]

Neue Werbekonzepte. »Käpt'n Blume lädt Euch alle herzlich ein«[114]

Die Werbekampagne zur IGA 1973 sollte sich grundlegend von der zehn Jahre zuvor durchgeführten abheben. Um nicht wieder wie 1963 den Eindruck einer Fachausstellung zum Thema Gartenbau zu vermitteln, wurden Attraktionen und Veranstaltungen in den Mittelpunkt der Werbung gerückt.

Zentrales Element war »Käpt'n Blume«, der Assoziationen mit Hamburg als weltoffener Hafenstadt mit Erholungswert befördern sollte.[115] (vgl. Farbabb. 56, S. 56) Den ersten Preis des Wettbewerbs für ein Plakatmotiv hatte der Grafiker Ulrich Kanngiesser mit seinem Entwurf für den kindlich gezeichneten »Käpt'n Blume« mit Kringelbart und weißer Uniform gewonnen. Zwischen den Lippen des lachenden Mundes hielt das Maskottchen eine Blume. Es schien das viel zu kleine Boot, auf dem es saß, mit dem Schornstein durch ein Blumenmeer zu steuern.[116] »Käpt'n Blume« schmückte sämtliche Druckerzeugnisse wie das IGA-Briefpapier, Werbeanzeigen, Plakate und Veranstaltungsprogramme.

Werbefiguren, die die lokale Identität verkörperten, waren auf Gartenschauen nicht neu. So hatte die Bundesgartenschau 1957 in Köln mit der Figur »Colonius«, die einen großen Blumenstrauß in Händen hielt und Assoziationen an den Kölner

---

113 Durch die Röhre. Plastik im Straßenverkehr: Eine bunte »Kunstallee« weist den Weg zur Hamburger Gartenbau-Ausstellung, in: *Der Spiegel*, 4.6.1973, S. 156-158.

114 Mitteilung des Senats an die Bürgerschaft. Internationale Gartenbau-Ausstellung Hamburg 1973. Haushaltsplan 1967.

115 Mitteilung des Senats an die Bürgerschaft, Drucksache 8/740, 13.5.1975, S. 19.

116 Die Blumen erinnern an »Prilblumen«, die ab 1972 die Flaschen des Geschirrspülmittels »Pril« schmückten und als Aufkleber im Rahmen der »Aktion Fröhliche Küche« Verbreitung in deutschen Haushalten fanden.

Abb. 55 Kunstwerk nach dem US-amerikanischen Künstler Man Ray, 1973. Das Metronom mit Auge war im Rahmen der »Kunstallee« an der Hamburger Außenalster zu sehen.

Karneval zuließ, geworben.[117] Der für die zwei Jahre später in Dortmund stattfindende Bundesgartenschau entworfene »Florian« – ein lächelnder Bergmann mit kohlenverstaubtem Gesicht, Grubenlampe und Blumentopf – verkörperte das Ruhrgebiet. Das Novum bei »Käpt'n Blume« war jedoch, dass er in der Person des Hamburger Shanty-Sängers Carl Bay zum Leben erweckt wurde. Dieser war für die Rolle des Kapitäns und Conferenciers geradezu prädestiniert, konnte er doch auf umfangreiche Erfahrungen mit Auftritten in der NDR-Radiosendung »Hamburger Hafenkonzert«, auf Kreuzfahrtschiffen und im Musical »Heimweh nach St. Pauli« zurückgreifen.[118] Carl Bay bewarb die IGA dann im Vorwege und im Sommerhalbjahr 1973 sowohl in Hamburg und bundesweit als auch im Ausland. Auf dem Programm standen Auftritte in Seebädern an Nord- und Ostsee im Sommer 1972 und 1973, auf Ausstellungen und Messen in Norddeutschland, Fachveranstaltungen zum Thema Gartenbau, auf dem »Tag der Kapitäne«, bei Hafenrundfahrten und in der NDR-Unterhaltungssendung »Aktuelle Schaubude«.[119] Zum Repertoire gehörten Shantys und ein eigenes Schlagerlied zur IGA, dessen Melodie und Text eingängig waren und bekannte Motive der Hafenstadt – Schiffe, »hübsche Mädchen«, Reeperbahn und Alster – mit dem »Blumenmeer« verbanden.[120]

Noch der Abschied von »Käpt'n Blume« wurde zelebriert, indem Senator Wilhelm Eckström Carl Bay den Bart abrasierte und bekannt gab, die Kapitänsuniform werde auf der neuen Englandfähre »Prinz Hamlet« zugunsten eines wohltätigen Zwecks versteigert.[121]

Abschließend bewertete die Gesamtleitung die Werbefigur und den Einsatz von Carl Bay überaus positiv: »Käpt'n Blume erwies sich im In- und Ausland als eine echte Symbolfigur für die IGA 1973 Hamburg, und er erwies sich zugleich nach Beginn der Ausstellung innerhalb des Programms als geeigneter Conferencier und als ständiger Repräsentant der Ausstellungsleitung.«[122]

Zusammenfassend lässt sich sagen, dass die gezeichnete Figur »Käpt'n Blume« großen Wiedererkennungswert hatte. Die lebendige Figur sprach mit eingängigem Liedgut sowohl Kinder als auch Erwachsene an und bot viele Auftrittsmöglichkeiten in unterschiedlichen Zusammenhängen. Das Ziel der Organisatoren, nicht nur für

---

117 Bauer / Klein-Meynen / Meynen, Garten am Strom, S. 37 f.

118 Zum Werdegang vgl. Carl Bay: Mit Seemannsliedern um die Welt, in: Bernhard Rosenkranz / Gottfried Lorenz, Hamburg auf anderen Wegen. Die Geschichte des schwulen Lebens in der Hansestadt, Hamburg ²2006, S. 298-300.

119 StaHH, 377-10 II, 700-76.10/02, Vorentwurf. PR-Konzept für die IGA 73, 2.5.1972.

120 Der Text des IGA-Liedes lautete: »Das muß man doch mal sagen von uns'rer schönen Stadt, dass Hamburg nicht nur Schiffe und hübsche Mädchen hat. Und kommt Ihr dann nach Hamburg, dann schaut Euch das mal an, da grünt und blüht es von der Alster bis zur Reeperbahn! Käpt'n Blume lädt Euch alle herzlich ein, auf der IGA 73 Gast zu sein! Da gibt's Blumen aller Länder kreuz und quer, kommt nach Hamburg, in das bunte Blumenmeer!«

121 Käpt'n Blume degradiert, in: *Hamburger Abendblatt*, 12.10.1973.

122 Mitteilung des Senats an die Bürgerschaft, Schlußbericht der Gesamtleitung für die IGA 73, Drucksache 8/740, 13.5.1975, S. 11.

die eigentliche Veranstaltung zu werben, sondern auch Assoziationen mit der Hafenstadt Hamburg zu wecken, konnte kaum besser als mit einer Kapitänsfigur erreicht werden.

Eine Nation unter vielen? Der Auftritt der DDR

Nur wenige Monate nach der Unterzeichnung des »Grundlagenvertrages« wurden unter anderem Teilnahmen der DDR an Ausstellungen und Messen in der Bundesrepublik möglich. Im März 1973 berichtete *Der Spiegel* über eine »Premiere der Normalisierung« auf der Internationalen Tourismus-Börse (ITB) in West-Berlin. Dort präsentierte sich die DDR mit einem Messestand als »Reiseland – Transitland DDR« mit touristischen Reiseangeboten für Bundesbürger.[123] Zwei Monate später beteiligte sich die DDR dann an der Eröffnungsschau auf der IGA 1973 in Hamburg. Allerdings handelte es sich bei diesem Auftritt nicht um den ersten Kontakt zwischen Hamburg und der DDR, denn schon in den sechziger Jahren waren wirtschaftliche Austauschbeziehungen zwischen der Hafenstadt und der Leipziger Messe intensiviert worden. So hatte Wirtschaftssenator Helmuth Kern 1967 und 1968 jeweils auf der Leipziger Frühjahrsmesse einen Hamburg-Empfang ausgerichtet, bei dem Hafen- und Außenhandelsfragen im Mittelpunkt standen.[124]

Für die IGA 1973 nahmen die Hamburger Organisatoren dann Kontakte in den anderen deutschen Staat genau zum Zeitpunkt der Unterzeichnung des »Grundlagenvertrages« auf. Der Sonderbeauftragte des Zentralverbandes Gartenbau, Bernd Kittlass, der die Verhandlungen mit sämtlichen an der IGA beteiligten Nationen führte, ergriff die Initiative für eine Beteiligung der DDR Ende 1972 oder Anfang 1973. Für den Erstkontakt nutzte er informelle Verbindungen aus seiner Studienzeit an der Technischen Universität Berlin. Für die Reisen nach Ost-Berlin war er dann mit Entscheidungsbefugnissen durch den Zentralverband und die Gesamtleitung ausgestattet.[125] Im Januar 1973 traf Kittlass sich mit Vertretern des Außenhandelsbetriebes (AHB) Nahrung Export-Import und Claus Seidel, dem Chefarchitekten der iga in Erfurt.[126] Im Februar 1973 stand die Beteiligung der DDR dann fest, wie Hamburger Tageszeitungen berichteten.[127] Der AHB Nahrung Export-Import war für die

---

123 Flaches Land, in: *Der Spiegel,* 5.3.1973, S. 70 f.

124 Hamburg-Empfang auf der Leipziger Messe. Mitteldeutsche Wirtschaft wichtiger Kunde des Hafens, in: *Hamburger Abendblatt,* 3.3.1967; Gute Kontakte auf der Leipziger Messe. Senator Kern empfing Wirtschaftler und Politiker, in: *Hamburger Abendblatt,* 9.3.1968.

125 Im Staatsarchiv Hamburg sind keine Archivalien über den Verhandlungsverlauf erhalten. Bernd Kittlass, heute Köln, erinnerte sich mündlich an einige Details der Verhandlungen. Er berichtete, dass die Verhandlungspartner aus der DDR erst am Abend in informeller Atmosphäre etwas auftauten. Kittlass hatte mit Beginn seiner Tätigkeit in Hamburg das Examen zwei Jahre vorher abgeschlossen, Telefoninterview mit Bernd Kittlass, 15.9.2011.

126 ThHStAW, iga, 188, Schreiben von Helmuth Lehmann an Clausen (ohne Vorname), 11.1.1973.

127 Die »DDR« auf der IGA '73, in: *Die Welt,* 2.2.1973.

Organisation und Durchführung verantwortlich, während Seidel, der unter anderem die Teilnahme der DDR an der WIG 64 geplant hatte, die Gestaltung der Präsentation und die bauliche Umsetzung übernahm.

Der Erfurter iga-Direktor unterstützte den Auftritt in Hamburg – anders als bei der WIG 64 – jedoch nur zurückhaltend. Grund war vermutlich die allgemeine Abgrenzungspolitik der DDR, möglicherweise aber auch, dass die iga-Gesellschaft mit Vorbereitungen für ihre Teilnahme an der »Flora« in Olomouc in der ČSSR und an der Landwirtschaftsausstellung in Novi Sad in Jugoslawien beschäftigt war. Die Präsentation in Olomouc, für die weltanschauliche Aspekte eingebracht werden konnten, scheint aufwendiger als die für den Hamburger Auftritt gewesen zu sein.[128]

In der Ausstellungskonzeption für Hamburg formulierte der AHB Nahrung Export-Import seine wirtschaftlichen und politischen Intentionen: »Mit der Beteiligung wird das Ziel verfolgt, einerseits das Interesse für den Handel auf dem Gebiete von Zierpflanzen bei Fachleuten europäischer kapitalistischer Staaten zu verstärken und andererseits bei den zahlreichen Besuchern der ›IGA‹ Hamburg zugleich einen Einblick in die Leistungsfähigkeit und den kulturellen Entwicklungsstand der DDR zu geben.«[129] Dabei war die Abgrenzung von der Bundesrepublik oberste Prämisse. Die Präsentation sollte deutlich machen, dass »die DDR fester Bestandteil der sozialistischen Staatengemeinschaft ist und sich deutlich abgrenzt von der imperialistischen BRD«. Die Organisatoren waren sich aber im Klaren darüber, dass sie die Besucher vor allem durch die Qualität der Exponate und die Form der Präsentation von der Leistungsfähigkeit der DDR überzeugen mussten, da »gesellschaftspolitische Aussagen« nicht zugelassen waren. Unbedingt wollten sie durchsetzen, die Fahne der DDR zu präsentieren, wenn Staatsflaggen überhaupt im Freiraum vorgesehen waren. Ferner wollte der AHB Nahrung Export-Import den Auftritt nutzen, um bestehende Handelsbeziehungen zu Exportländern wie Schweden und Finnland auszubauen, und plante dafür insbesondere einen Empfang durch den Generaldirektor des AHB. Um den Wettbewerbsbeitrag in der Bundesrepublik bekannt zu machen, waren auch Werbeanzeigen in westdeutschen Fachzeitschriften vorgesehen.[130]

Für den Auftritt der DDR standen 250 Quadratmeter in einer Ausstellungshalle zur Verfügung. Das Foto der Eröffnungsschau auf der IGA 1973 zeigt eine schlicht und modern gestaltete Präsentation mit einer Anpflanzung von Cyclamen, Hortensien und Eriken. Über der Präsentation kaschierte ein Strahlenkranz aus Lamellen die Hallendecke, von der eine Traube von Kugellampen hing. Nicht zu übersehen war das große runde Schild mit der Aufschrift »DDR – Deutsche Demokratische

---

128 ThHStAW, iga, 191, Bereich Bildung – Kultur Abt. Agrarpolitik: Gestaltungsbuch der Halle DDR zur Internationalen Gartenbauausstellung »Flora 73« in Olomouc/ČSSR, ohne Datum.

129 ThHStAW, iga, 191, Ausstellungskonzeption für die Beteiligung des AHB Nahrung Export-Import an der Internationalen Gartenbauausstellung »IGA 73« in der Zeit vom 27.4.–1.5.1973 in Hamburg-BRD, 22.2.1973.

130 Ebd.

Abb. 57 Eröffnungsschau der DDR mit Cyclamen, Hortensien und Eriken auf der IGA 1973
in Hamburg. Die ästhetische Schau wurde preisgekrönt.

Republik« über den Pflanzungen. Die Konzeption des AHB hatte ursprünglich das Leitmotiv »Zierpflanzen aus der Deutschen Demokratischen Republik – International anerkannt!« vorgesehen, konnte dieses aber offenbar nicht durchsetzen.[131] Aber auch die vollständige Länderbezeichnung und Abkürzung hatten Symbolkraft, da deren offizielle Verwendung bis kurz zuvor in der Bundesrepublik untersagt gewesen waren und die DDR in der bundesdeutschen Öffentlichkeit nur mit Sowjetzone, Ostzone, Mitteldeutschland oder allenfalls als »DDR« in Anführungszeichen genannt worden war.

Auch wenn die Teilnahme der DDR als Indikator für eine veränderte Politik bemerkenswert war, fand sie in der Presseberichterstattung nur geringen Niederschlag. Das *Hamburger Abendblatt* und *Die Welt* kündigten den Auftritt an, berichteten im weiteren Verlauf jedoch weder über die Präsentationen noch über die beteiligten Organisatoren und Wettbewerbsergebnisse.[132] Ebenso wenig erfolgte eine politische Bewertung. Da sich allein an der Eröffnungsschau 436 Aussteller aus 46 Nationen beteiligten, blieb die Bedeutung der DDR-Präsentation von Cyclamen, Hortensien und Eriken in der öffentlichen Wahrnehmung sicherlich begrenzt.[133] Allerdings fand der Beitrag durchaus Anerkennung in der Fachpresse. Die *Deutsche Gärtnerbörse* hob ihn bei der Beschreibung einer Hallenschau hervor, in der sich auch Aussteller aus Österreich, der Schweiz, Frankreich, Ungarn, der ČSSR, Zypern und der Türkei vorstellten: »Das Exponat der Deutschen Demokratischen Republik, die erstmalig offiziell auf einer gartenbaulichen Ausstellung in der Bundesrepublik vertreten war, kann ohne Einschränkung in Bezug auf Standlage und Aufbau als Mittelpunkt der Halle 5 bezeichnet werden. Mit einer beachtlich großen Fläche ausgestattet, paßte man sich der Gesamtkonzeption bestens an [...].«[134] Die Gestaltung wurde mit der Verleihung einer Goldmedaille honoriert, die ausgestellten Zierpflanzen wurden mit 14 Goldmedaillen, 12 Silbermedaillen, 17 Bronzemedaillen und einem Ehrenpreis prämiert.[135]

Ruft man sich in Erinnerung, dass die Erfurter Organisatoren in den fünfziger und sechziger Jahren versucht hatten, die Erfurter iga durch das Interesse der westdeutschen Besucher zu legitimieren und an westeuropäischen Ausstellungen teilzunehmen, ist doch überraschend, dass sie den gleichberechtigten Auftritt auf der IGA 1973 kaum thematisierten. So kommunizierte die iga-Leitung diese Beteiligung

---

131 ThHStAW, iga, 181 Karton 75, Ausstellungskonzeption für die Beteiligung des AHB Nahrung Export-Import an der Internationalen Gartenbauausstellung »IGA 73« in der Zeit vom 27.4.–1.5.1973 in Hamburg-BRD, 22.2.1973.

132 Gärtner der »DDR« werden auf der IGA '73 ausstellen, in: *Hamburger Abendblatt*, 1.2.1973; Die »DDR« auf der IGA '73, in: *Die Welt*, 2.2.1973.

133 Mitteilung des Senats an die Bürgerschaft, Schlußbericht der Gesamtleitung für die IGA 73, Drucksache 8/740, 13.5.1975, S. 9.

134 Norbert Schoenenberg, Man spürte deutlich die internationale Atmosphäre – Halle 5, in: *Deutsche Gärtnerbörse* 73 (1973) 19, S. 417-421, hier S. 419.

135 ThHStAW, iga, 273 Karton 150 (alte Signatur), Rechenschaftsbericht über die Planerfüllung, 8.2.1974.

lediglich verhalten nach innen und außen. Pressemitteilungen und der Jahresabschlussbericht benannten sie in sachlicher Form, ohne sie propagandistisch zu verwerten.[136] Aus der Bilanz des organisatorischen Ablaufs und der Medaillengewinne sprach eher pragmatische Genugtuung als politische Vereinnahmung.[137]

Die Erfurter iga trat ebenso wenig in Hamburg in Erscheinung. Offenbar hatte der AHB Nahrung Export-Import keinerlei Interesse, sie dort bekannt zu machen. Dass eine Gegeneinladung zur iga in Erfurt im Folgejahr ausgesprochen worden wäre, ließ sich aus den gesichteten Quellen nicht nachweisen.

Resonanz der IGA 1973. Zwischen Bestätigung und Kapitalismuskritik

Mit 5.833.000 registrierten Besuchern übertraf die IGA 1973 die an sie gestellten Erwartungen.[138] Möglicherweise hatte sie damit auch die Anfang der siebziger Jahre sinkenden Übernachtungszahlen in Hamburg kurzfristig aufgehalten, die 1974 dann erneut zurückgingen.[139] Offenbar hatten die Mischung aus Spiel-, Sport- und Unterhaltungsangeboten sowie die professionellen Werbestrategien Breitenwirkung entfaltet. Gutes Wetter mit überdurchschnittlich hohen Temperaturen im Sommerhalbjahr 1973 unterstützte den Erfolg im sonst regenreichen Hamburg. Günstig wirkte sich auch aus, dass die Hamburger Lokalpresse – anders als zur IGA 1963 – wohlwollend über das Ereignis berichtete. Auch wenn die positive Berichterstattung in Hamburg überwog, war die IGA 1973 aber nicht unumstritten. Garten- und Landschaftsarchitekten fühlten sich ebenso herausgefordert wie Künstler, sich mit den Möglichkeiten und Grenzen des Großereignisses zu beschäftigen. Neben den Enthusiasten – vor allem Autoren der Hamburger Tagespresse – gab es gemäßigt kritische Stimmen, die einzelne Bestandteile hinterfragten, und kapitalismuskritische, die die Veranstaltung insgesamt in Frage stellten.

Das *Hamburger Abendblatt,* das kontinuierlich und ausführlich berichtete, gehörte zu den Befürwortern. Es bejubelte schon die Eröffnung als »Landschaft der Freude« und drückte Missbilligung über kritische Töne aus: »In einer Zeit, in der Kräfte aufkommen, die mit ihrer krassen Negation all das verteufeln, was das Leben lebenswert macht, bekommt die IGA '73 einen ganz neuen Sinn. Sie setzt einen beschwingten Akzent nicht nur für den einzelnen, sondern für diese ganze Stadt. Und in dem ganzen Blütenmeer zwischen Dammtor und Millerntor wächst auch die blaue Blume der Romantik, nach der selbst die lautesten Neinsager nicht aufgehört haben,

---

136   ThHStAW, iga, 273 Karton 150 (alte Signatur), Rechenschaftsbericht über die Planerfüllung, 8.2.1974.

137   ThHStAW, iga, 192, Einschätzung der Arbeiten im Bereich Chefarchitekt, 5.6.1973.

138   Mitteilung des Senats an die Bürgerschaft. Schlußbericht der Gesamtleitung für die IGA 73, Drucksache 8/740, 13.5.1975, S. 1.

139   1970 wurden für Hamburg 2,98 Mio. Übernachtungen verzeichnet, 1971 dann 2,8 Mio., 1972 schließlich 2,67 Mio., vgl. Statistisches Jahrbuch 1972/73, S. 228. 1973 stiegen die Zahlen auf 2,7 Mio. an, 1974 sanken sie dann wieder auf 2,56 Mio., vgl. Statistisches Jahrbuch 1974/75, S. 174.

sich zu sehen, auch wenn sie das empört als Unterstellung von sich weisen.«[140] Teilweise flossen auch kritische Stimmen in positiv gehaltene Berichte ein. So griff ein reich bebilderter Bericht im Jahrbuch des *Hamburger Abendblatts* »Hamburg 73. Porträt einer Weltstadt«, der insgesamt in lokalpatriotischem und schwärmerischem Duktus abgefasst war, die Nachteile der Vergnügungselemente auf: »Aber soviel atmende Schönheit mußte freilich erkauft werden mit dem schrillen Zubehör eines Volksfestes, dem Rummel, dem Gelärm, der Unruhe und der Zerrissenheit eines recht kunstvoll und recht verwirrend zusammengestückelten Flickerlteppichs.«[141]

Gärtnerische Fachbesucher hatten zu bemängeln, dass die Informationen über ihre Branche hinter der Dichte von Spielplätzen und Unterhaltungsangeboten zurückgetreten waren.[142] *Grün – das Gartenmagazin* bilanzierte in einer langen Bildreportage »Soll und Haben« und antwortete auf die selbst gestellte Frage, ob der Besuch lohne: »Ja, er lohnt, wenn man etwas genauer hinsieht und sich vom Rummel fernhält. Denn es gibt tatsächlich Oasen der Ruhe und Quellen der Information. Man muß sie allerdings suchen.«[143] Obwohl der Autor viele Details würdigte, befand er abschließend: »Bei aller Freude über die recht ansehnliche ›Haben‹-Seite der IGA sollte aber auch die Frage erlaubt sein, ob dem immer wieder apostrophierten ›städtebaulichen Aspekt‹ einer Gartenschau dadurch gedient ist, daß man ein bereits bestehendes, sehr schönes Gelände, hier das der IGA 1963, unter großem Kostenaufwand fast völlig umkrempelt, oder ob man nicht sinnvoller an anderer Stelle einer Großstadt das Geld in ein neues Gelände investiert und es mit Hilfe einer Gartenschau ›urbar‹ machen sollte. Ummodeln mag billiger sein, aber lügt sich damit die Stadt nicht letztlich in die eigene Tasche?«[144]

Eine größere Debatte über den Sinn von Gartenschauen führten Garten- und Landschaftsgärtner zwar erst ab Ende der siebziger Jahre, aber schon 1973 hinterfragten junge Architekten in *Garten und Landschaft* die komplette Umgestaltung. Kritikpunkte waren die hohen Kosten und die dreijährige Dauer der Umbaumaßnahmen, in der das Gelände für Besucher gesperrt gewesen war. Die Spielplätze hatten zwar einen Mehrwert für die Kinder in der Nachbarschaft über die IGA hinaus, andere Stadtteile waren aber mit Spielplätzen unterversorgt. Der städtebauliche und grünpolitische Akzent der IGA 1973 habe gegenüber den Vorgängerveranstaltungen 1953 und 1963 nur Alibifunktion gehabt.[145]

Auch Wido Buller, der das Spiel-Hügel-Höhlen-Haus gebaut hatte, zielte auf die Ungleichverteilung von Spielgelegenheiten ab. Im März 1973 stellte er in einer

---

140 Eberhard Wiese, Landschaft der Freude, in: *Hamburger Abendblatt,* 27.4.1973.
141 Das große Fest der Blumen und der Farben, in: Ollig, Hamburg 73, S. 158 ff.
142 Allwin Bellmann, Das war eine IGA der Superlative, in: *Hamburger Abendblatt,* 29.9.1973.
143 Otto Bünemann, IGA Zwischenbilanz, in: *grün. das gartenmagazin* 4 (1973) 8, S. 5-11, S. 8.
144 Ebd., S. 11.
145 H. Schwinges / W. Pohl, Sinn und Unsinn der Gartenbauausstellungen, in: *Garten und Landschaft* 84 (1974) 2, S. 43-44.

Abb. 58 Der Kölner Bildhauer Wido Buller mit seinem kritischen Plakat
zur IGA 1973. Buller kritisierte die hohen Ausgaben für die IGA 1973 und
die Unterversorgung mit Spielplätzen in den neuen Hamburger Großsiedlungen.

Hamburger Galerie sein IGA-Plakat vor, auf dem Fassaden von Hochhäusern in den Großsiedlungen Osdorfer Born, Mümmelmannsberg und Steilshoop abgebildet waren. Neben dem Schriftzug »IGA 73 Hamburg« stand »50 Millionen für ein Prestigeprojekt«. Davon abgesetzt befand sich die Aussage »So müssen die Hamburger wohnen«. In dem Schwarz-Weiß-Druck wirkten die Fassaden der Gebäude besonders trist und eintönig.

Das *Hamburger Abendblatt* zitierte Wido Bullers Ansicht: »Dieses Plakat will aufmerksam machen auf die ›Verödung der Wohnsituation‹, hervorgerufen durch die Fehlplanungen des Senats zugunsten von Prestigeobjekten wie beispielsweise der IGA 73.«[146] Buller wolle nicht vom Besuch abhalten, aber die Hamburger für die Diskrepanz zwischen den hohen Kosten für die IGA und der ungenügenden Versorgung mit Freizeitangeboten in den Großsiedlungen sensibilisieren. Als die veranstaltende Galeristin Senator Wilhelm Eckström zur Vernissage einlud, merkte sie an, dass dem Senator Bullers Kritik wohl nicht recht sei. Aus dem Antwortschreiben ging hervor, dass die Behörde die Kritik ungerechtfertigt fand, da der Künstler sich erst nach Fertigstellung der IGA geäußert habe; vorher habe er »munter mitgebaut«.[147]

Eine ähnliche Stoßrichtung wie Bullers Äußerungen hatte ein Artikel in der kritischen Design-Fachzeitschrift *Form*. Der Verfasser schätzte die Möglichkeiten der Planer und Gestalter eigentlich hoch ein, im Rahmen von Gartenbauausstellungen Lösungsansätze für städtebauliche Probleme zu suchen und umzusetzen, stellte jedoch fest, dass es der Stadt Hamburg nicht um eine wegweisende Umweltplanung gehe, sondern um eine »modern-repräsentativ aufgebaute Show, die Hamburgs Image dient«.[148] Der IGA 1973 stünden aber Probleme wie die Verödung der Neubaugebiete in den Randzonen der Stadt und die Verslumung innenstadtnaher Quartiere wie dem Karolinenviertel und dem Groß-Neumarkt gegenüber. Kritisch sah er auch die »Aktion grünes Hamburg«, da sie zwar Bäume für innenstadtnahe Bereiche gebracht habe, gleichzeitig aber in den Randzonen Bäume für den Straßenbau gefällt worden seien.

Zu der Gruppe der Kapitalismuskritiker, die sich über die IGA 1973 äußerten, gehörte auch der kommunistische Dichter Peter Schütt. In einem Gedicht setzte er plakativ die Eintrittspreise für die Angebote der IGA ins Verhältnis zu den Angeboten: »›Für nur drei Mark Eintritt / erleben Sie ein Blütenparadies, / wie es Deutschland / nie zuvor gekannt hat.‹ / Üppig schießen die Preise / ins Kraut: Toilettenbenutzung / fünfzig Pfennig, Schließfachgebühren / eins-zwanzig, eine IGA-Rundfahrt / vier Mark – das ist reiner Wucher! / Die Werbung treibt die seltsamsten Blüten: / ›Natur-

---

146 Obwohl er Termine nicht hält: Kölner Künstler gibt der IGA kontra, in: *Hamburger Abendblatt*, 3.3.1973.
147 StaHH, 377-10 II, 700-76.51, Einladung von Elisabeth Hennig an Senator Eckström, 2.5.1973; Antwortschreiben von Rahlfs, 7.5.1973.
148 Rainer Margold, Pop und Politur: die Blümchenpolitik der IGA, in: *Form. Zeitschrift für Gestaltung* 17 (1973) 2, S. 26-27, hier S. 27.

erlebnis inmitten der Großstadt‹ / oder ›Lebensqualität der Zukunft‹. / Der Rummel wächst sich aus zum handfesten Betrug. / Überall blühen die Versprechungen, / es wachsen die Preise, und es / gedeiht der Beschiß. / Was hier floriert, / ist einzig und allein / der Profit.«[149]

Schütt, 1968 Gründungsmitglied der DKP, kritisierte also den kommerziellen Charakter und den Begriff »Lebensqualität«, den sowohl die SPD als auch die CDU auf ihr Programm gesetzt hatten.[150]

Ebenso übte das linke Magazin *konkret* mit Hamburger Redaktionssitz Kritik an der Kommerzialität: Die Besucher müssten für viele Angebote wie die Safari-Bahn der Firma LEGO zusätzliches Eintrittsgeld bezahlen, obwohl diese Werbung für die beteiligten Unternehmen waren.[151] Diese Kleinbahn für Kinder hatte sicherlich den Zweck, für das neue LEGOLAND in Sierksdorf an der Ostsee zu werben. Studierende aus dem linken Spektrum am Kunsthistorischen Seminar in Hamburg gingen in ihrem Urteil noch weiter: »Ein städtischer Park wird in eine Warenausstellung umfunktioniert. Andererseits stellt der Staat im Rahmen seiner Kulturpolitik die ideologischen Voraussetzungen für die private Aneignung gesellschaftlicher Produktion: Die Warenmesse wird durch die Präsentation als ›Festival für alle‹ überlagert; die Ausstellung erscheint als Institution des Gemeinwohls.«[152] Dieser Beitrag ging nicht von der Eigenständigkeit und Kritikfähigkeit der Besucher aus und ignorierte partizipative Elemente der Veranstaltung. Gerade das kulturelle Rahmenprogramm zeigte aber Tendenzen der Teilhabe, indem es lokale Musik- und Folkloregruppen einbezog.

Diese umfassende Kritik an der kommerziellen Ausrichtung des öffentlichen Raumes und der Verwendung städtischer Gelder für eine Großveranstaltung war neu. Künstler und Landschaftsarchitekten stellten in Frage, dass die hohen Kosten von 50 Millionen Mark angemessen für die halbjährige Veranstaltung und den Nutzen der Parkanlage seien. Dabei bildete vor allem auch der sozialdemokratische Senat eine Zielscheibe der Kritik, da er mit der IGA mehr auf das Image Hamburgs als auf den Gewinn für die Bevölkerung setze. Die meisten der konsum- und kapitalismuskritischen Töne erreichten jedoch nicht die breite Öffentlichkeit; lautstarke Protestaktionen wurden nicht verzeichnet.

Die aufgeführten Beispiele können als Äußerungen der sich entwickelnden »Neuen Sozialen Bewegungen« gedeutet werden und waren Ausdruck für die entstandene Gegenöffentlichkeit in der Bundesrepublik. Erst in den folgenden Jahren sollte sich die Kritik an den Gartenschauen verstärken, sodass die Veranstalter allgemein hohe

---

149 Godehard Schramm / Bernhard Wenger (Hrsg.), Geht dir da nicht ein Auge auf. Gedichte, Frankfurt am Main 1974, S. 20.
150 Hünemörder, Umweltkrise, S. 227.
151 Peter Homann, IGA oder Der Nepp im Paradies, in: *konkret* 17 (1973) 6, S. 41–42.
152 Kapital und Gartenarchitektur. Nachruf auf die IGA 73 in Hamburg von der Arbeitsgruppe zur IGA 73 am Kunstgeschichtlichen Seminar der Uni Hamburg, in: *Tendenzen* 15 (1974) 7/8, S. 40–47.

Kosten für die Gartenschauen stärker legitimieren und sich Fragen nach den bleibenden Werten stellen lassen mussten.

Nachwirkungen. Kritik und neue Tendenzen

Wie verhielt es sich aber direkt nach der IGA 1973 mit dem vom Hamburger Senat angekündigten Gewinn für Hamburg? Eine bedeutende Änderung war, dass »Planten un Blomen« und die Wallanlagen für die Bevölkerung geöffnet wurden und das Eintrittsgeld entfiel. Damit wurden die Spielbereiche für Kinder und Jugendliche zugänglich gemacht, die auch viel Anklang fanden. Allerdings zeigte sich, dass sich die Gestaltung im Hinblick auf eine Gartenschau nicht in jeder Hinsicht für den Dauerbetrieb eines städtischen Parks eignete. So bemängelte das zuvor positiv eingestellte *Hamburger Abendblatt,* dass Haushaltsmittel fehlten, um den Park angemessen zu bepflanzen, und dass die breiten Wege, die für die Besucherströme der IGA 1973 angelegt worden waren, nun völlig überdimensioniert wirkten. Außerdem griff es das im Volksmund verbreitete Schlagwort »Platten und Beton« auf, das angesichts des tristen Erscheinungsbildes von »Planten un Blomen« gefunden worden war.[153]

Schon im Jahr nach der IGA 1973 entstanden im Hamburger Senat Pläne für die Folgeveranstaltung 1983. Dafür sollte dasselbe Areal verwendet und nun um den Elbpark erweitert werden.[154] Die Wahl des Zentralverbands Gartenbau fiel jedoch auf München als Austragungsort. Erst ab 1984 – in diesem Jahr wurde das 50-jährige Bestehen von »Planten un Blomen« gefeiert – wurden die Mängel behoben und der Park naturnäher gestaltet, indem z.B. die breiten Asphaltwege teilweise durch Sandwege ersetzt und verschmälert wurden.[155]

Besonders an der Bundesgartenschau in Kassel 1981 entzündete sich Kritik, da die veranschlagten 60 Millionen Mark in Zeiten leerer Kassen unverhältnismäßig erschienen, zumal die Kommunen ohne solche Großereignisse wenige Finanzmittel für städtisches Grün aufbrachten.[156] Lucius Burckhardt, Professor im Fachbereich Architektur, Stadt- und Landschaftsplanung an der Gesamthochschule in Kassel, sah sogar das Ende der Bundesgartenschauen gekommen.[157] Zu diesem Ergebnis war er gekommen, weil die ausrichtenden Städte selten Parkanlagen mit nachhaltiger Funktion schufen, sondern bestehende Parks in »hochgradig unterhaltungsbedürftige

153 Planten un Blomen – Zuviel Beton, zuwenig Grün!, in: *Hamburger Abendblatt,* 24.6.1975; Dieser Park muß endlich wieder leben!, in: *Hamburger Abendblatt,* 5.11.1977.

154 StaHH, 131-1 II, 9631, Wilhelm Rahlfs: IGA 83 im alten IGA-Gelände mit Erweiterung zum Millerntordamm; Skizze eines möglichen Ablaufes, 11.6.1974.

155 Haspel / Hesse, Umgraben, S. 20.

156 Horst Bieber, Bundesgartenschau in Kassel: Unsinn für sechzig Millionen Mark. Kleinvieh macht auch Mist, in: *Die ZEIT,* 19.6.1981.

157 Lucius Burckhardt, Bundesgartenschau – ein Stück Showbusiness, in: Michael Andritzky / Klaus Spitzer (Hrsg.), Grün in der Stadt. Von oben, von selbst, für alle, von allen, Reinbek bei Hamburg 1981, S. 97-103, hier S. 103.

Schauflächen« umwandelten.[158] An der Bundesgartenschau in Kassel 1981 bemängelte er, dass der für die Vorgängerveranstaltung 1955 gestaltete Park überarbeitet wurde, obwohl er »weder in ästhetischer noch in nutzungsmäßiger Hinsicht etwas zu wünschen übrigließ«. Dagegen bräuchten andere Stadtteile in Kassel dringend Grünanlagen. Da das Reglement für die Gartenschauen aber vorsah, sich auf das konkrete Ausstellungsgelände zu konzentrieren, konnten die benachteiligten Stadtteile in diesem Veranstaltungsrahmen nicht berücksichtigt werden. Damit kritisierte Burckhardt die Verschwendung von Ressourcen und die fehlende Nachhaltigkeit für den gesamten Stadtraum. Am Beispiel der Karlsaue zeigte Burckhardt auch, wie Landschaftsarchitekten in die Natur eingriffen, indem sie Bäume verstümmelten oder fällten, um Besucher vor herabstürzenden Ästen zu schützen, und die Ufer von Gewässern mit Betongittersteinen befestigten.[159] Recht behielt Burckhardt mit seinen provokanten Prophezeiungen für ein Ende der Gartenschauen jedoch nicht, denn bis heute besteht das System fort. Im Zwei-Jahres-Rhythmus finden Bundesgartenschauen, im Zehn-Jahres-Rhythmus Gartenbauausstellungen mit internationalem Anspruch statt. In loser Folge kommen Landesgartenschauen mit regionaler Ausrichtung hinzu. Für die achtziger Jahre waren jedoch neue Tendenzen feststellbar. So wurde für die Internationale Gartenbauausstellung in München 1983 auf Konversionsflächen außerhalb des Stadtzentrums der Westpark angelegt.[160] Für die Bundesgartenschau in Berlin 1985 wurde mit dem Britzer Garten in Neukölln ebenfalls ein neues Gelände in einer bis dahin wenig attraktiven Gegend gestaltet.

2001 bewarb Hamburg sich erneut um eine Gartenbauausstellung, um darin »soziale Stadtentwicklung, wirtschaftliche Aktivierung und moderne Landschaftsplanung« miteinander zu vereinen.[161] 2013 finden zum ersten Mal gleichzeitig eine Internationale Gartenschau (igs) und eine Internationale Bauausstellung (IBA) auf der Elbinsel Wilhelmsburg statt.

Die Internationale Gartenbauausstellung 1974 in Erfurt

Die Eröffnung

»Erfurt erlebt in diesem Jahre wieder eine internationale Gartenbauausstellung. 25 Jahre DDR und 25 Jahre RGW sind ein würdiger Anlaß für mehr als 400 landwirt-

---

158 Ebd., S. 98.
159 Ebd., S. 98 ff.
160 Zur Selbstdarstellung siehe die Einführung im offiziellen Ausstellungskatalog: Martin Stangl, IGA 83 München. IV. Internationale Gartenbauausstellung in der Bundesrepublik Deutschland 28.4. bis 9.10.1983, Fulda 1983, S. 23 ff.; vgl. außerdem Peter Kluska, Der Westpark. Landschaft und Erholungsraum – Ausstellung im Park, in: *Garten und Landschaft* 93 (1983) 4, 269-274.
161 So der damalige Erste Bürgermeister Ortwin Runde im Vorwort in: Regina Dube, Hamburg im Fluss – IGA auf den Inseln. Internationale Gartenbauausstellung 2013 in Wilhelmsburg, hrsg. von der Umweltbehörde, Hamburg 2001, S. 10-11, hier S. 11.

schaftliche und gärtnerische Produktionsgenossenschaften sowie volkseigene Güter aus der DDR, gemeinsam mit Ausstellern aus der UdSSR, der Ungarischen Volksrepublik, der Volksrepublik Bulgarien und der ČSSR, hohe Leistungen auf dem Gebiet der Gemüse-, Obst- und Zierpflanzenproduktion zu demonstrieren.«[162] Am Tag nach der Eröffnung der iga 1974 in Erfurt hob ein Zeitungsartikel das 25-jährige Bestehen der DDR und des RGW als bedeutende Anlässe für das Ereignis hervor. Dabei war die iga 1974 eine von mehreren Veranstaltungen, die anlässlich der Jahrestage im Parkgelände stattfanden. Zwischen dem 1. und 26. Juni 1974 waren 250.000 Besucher zu den 15. Arbeiterfestspielen der DDR mit 85 Veranstaltungen gekommen, die im gesamten Bezirk Erfurt, vor allem aber auf dem iga-Gelände stattfanden.[163] Darauf folgten die fünfwöchige »1. Quadriennale des Kunsthandwerks« mit Werken von Künstlern aus den sozialistischen Staaten und die iga 1974 im September. Den Abschluss des Festjahres bildete die Feier am »Tag der Republik« am 9. Oktober 1974. Im gesamten Jahr wurden auf dem iga-Gelände 1.200.000 Besucher registriert; 514.500 Besucher kamen zur vierwöchigen iga 1974, davon 19.120 aus dem sozialistischen, 1.141 aus dem nicht sozialistischen Ausland.[164]

Auf fachlicher Ebene wurde auf der iga 1974 der »Übergang zu industriemäßigen Produktionsmethoden« dargestellt. In Lehrschauen wurde unter anderem das ein Jahr zuvor beschlossene staatliche Obstbauprogramm erläutert, mit dem der jährliche Durchschnittsverbrauch bis 1990 verdoppelt werden sollte. Neben Neuerungen auf dem Agrarsektor gingen aber auch die Themen Freizeit und Kultur in die Veranstaltung ein. Schon anlässlich der Arbeiterfestspiele 1974 war der Ausstellungskomplex »Freizeit – aktive Erholung« mit Spiel- und Sportangeboten eröffnet worden. Ähnlich wie auf der IGA 1973 in Hamburg wandte sich die Anlage sowohl an Kinder und Jugendliche als auch an Erwachsene. Mit den Kultur- und Freizeitangeboten wurde an Beschlüsse des VIII. Parteitages der SED 1971 angeknüpft, die den kulturellen und sozialen Bereich stärken sollten.[165]

Gesellschaftspolitischer Rahmen

Da die Bundesrepublik und die UN-Mitgliedsstaaten die DDR 1973 offiziell anerkannt hatten, verloren die Außenbeziehungen der DDR in den Bereichen Wirtschaft, Kultur und Sport, die Ersatzfunktionen für diplomatische Beziehungen gehabt hat-

162 Das Erfolgsrezept der Besten. Erfurter »iga« im Zeichen des 25. Jahrestages der DDR und des 25jährigen RGW-Bestehens, in: *Der Demokrat*, Schwerin, 1.9.1974.

163 Horst Benneckenstein / Bodo Fischer, Erfurt verjüngt sein Gesicht (1971 bis 1981), in: Willibald Gutsche, im Auftrag des Rates der Stadt Erfurt (Hrsg.), Geschichte der Stadt Erfurt, Weimar ²1989, S. 571-604, hier S. 596.

164 ThHStAW, iga, 273 Karton 150, Abschlußbericht für Ministerium LFN. Einschätzung der »iga 74« und Schlußfolgerungen für die weitere Entwicklung der iga, Anlage 3.

165 von Richthofen, Culture, S. 177.

ten, an Bedeutung. Daher schrieb auch das Landwirtschaftsministerium der DDR der iga nicht mehr die bisherige Relevanz als staatliche Repräsentation mit Strahlkraft in den Westen zu. Dafür traten bei der iga 1974 anlässlich der beiden Jahrestage identitätsstiftende Funktionen gegenüber der eigenen Bevölkerung und den Besuchern aus den RGW-Staaten hervor. Dass die Veranstalter das 25-jährige Bestehen der DDR durch Sonderausstellungen und bauliche Neuerungen herausstellten, war symptomatisch für die DDR. Seit 1950 waren die Jahrestage der Staatsgründung am 9. Oktober zu »Höhepunkten der Staatsrepräsentation« erhoben worden, besonders aber zu den runden und halbrunden Jahrestagen sollte die staatliche Legitimität der DDR nach innen demonstriert werden.[166] Mit den Feierlichkeiten inszenierte die SED-Regierung ihre Bilanz der politischen und gesellschaftlichen Entwicklung und formulierte Ziele für eine vermeintlich bessere Zukunft.[167] Staatliche Organe und Massenorganisationen sowie Kommunen bereiteten in den Bezirken monatelang Fackelzüge, Großkundgebungen, Demonstrationen und Militärparaden für den »Tag der Republik« vor. Hinzu kamen kulturelle und sportliche Veranstaltungen sowie Feiern, bei denen Bürger für ihre gesellschaftlichen Verdienste ausgezeichnet wurden.[168]

In der Agrarwirtschaft fand in den siebziger Jahren die forcierte Industrialisierung statt. Auf dem VII. Parteitag der SED 1967 waren Überlegungen für eine »industriemäßige Produktion«, die 1963 von Walter Ulbricht formuliert, aber nur ungenügend umgesetzt worden waren, wieder aufgenommen worden. In der Folge wurden Monokulturen angelegt, Kunstdünger und Chemie eingesetzt und Felder zusammengelegt.[169] Ab Mitte der sechziger Jahre propagierte die SED-Spitze die zwischenbetriebliche Kooperation.[170] Als ab den frühen siebziger Jahren Tier- und Pflanzenproduktion voneinander getrennt wurden, konzentrierten sich neu gegründete Großbetriebe – die Kooperativen Abteilungen Pflanzenproduktion (KAP) – auf die Feldwirtschaft. Große Betriebsflächen und hoher Maschineneinsatz dienten dazu, die Arbeitsproduktivität zu steigern.[171] In diesem Zuge wurde 1973 ein neues Obstbauprogramm zur Intensivierung von Obstanbaugebieten eingeführt. Schwerpunktgebiet war das Havelland rund um die Stadt Werder.[172] Für das Gebiet, das bis in die fünfziger Jahre durch kleinteilige Parzellenwirtschaft geprägt gewesen war,

---

166 Rainer Gries, Der Tag der Republik, in: Sabrow, Erinnerungsorte, S. 205-216, hier S. 206.
167 Ebd., S. 207.
168 Gibas / Gries, Dezennienfeiern, S. 17 ff.
169 Dix / Gudermann, Naturschutz, S. 564.
170 Heinz, Von Mähdreschern, S. 65.
171 Ebd., S. 56 f.
172 Dass die Arbeitsbedingungen im Obstanbaugebiet im Havelland nicht nur positiv waren, wie die iga 1974 in Aussicht stellte, schilderten Arbeiter der Autorin Gabriele Eckart Anfang der achtziger Jahre. Aufgrund von kritischen Äußerungen wurde das Erscheinen des bereits angekündigten und auszugsweise veröffentlichten Buches verboten. Stattdessen erschien es 1984 in der Bundesrepublik, vgl. Gabriele Eckart, So sehe ick die Sache. Protokolle aus der DDR. Leben im Havelländischen Obstanbaugebiet, Köln 1984. Siehe auch den Bericht über das Verbot des Buches in der DDR und die Versuche, es in der Bundesrepublik zu veröffentlichen: O-Ton Havelobst, in: *Der Spiegel*, 6.8.1984, S. 125-128.

wurden 1.014 Hektar Obstintensivanlagen geplant.[173] Allein im Herbst 1973 wurden 140 Hektar Land vorbereitet und 118.000 Bäume gepflanzt. Andere industriemäßig organisierte Obstanbaugebiete entstanden in den Bezirken Potsdam, Halle, Dresden, Leipzig und Erfurt.[174] Ziel war, die Obstproduktion bis 1980 zu verdoppeln und bis 1990 zu verdreifachen. Die Apfelproduktion sollte daran einen Anteil von 80 Prozent haben.[175]

Trotz der Industrialisierung der Obstproduktion wurden die Zielvorgaben nie erreicht. Daher blieb der SED-Staat auf die private Produktion von Obst und Gemüse in Klein- und Privatgärten angewiesen, die er erheblich subventionierte, indem staatliche »Aufkaufstellen« die privaten Ernteprodukte zu festgelegten Preisen erwarben, die über denen lagen, für die sie dann im Handel angeboten wurden. Dass sich die Anzahl der Mitglieder des VKSK zwischen 1971 und 1975 um 57.000 auf eine Million erhöhte, drückte die wachsende gesellschaftliche Bedeutung der größten Massenorganisation der DDR aus.[176]

iga 1974, Arbeiterfestspiele und I. Quadriennale. Ziele und Organisation

Seit 1966 hatte sich die iga weiter zu einer regelmäßigen nationalen Veranstaltung in der DDR entwickelt und mehrere Funktionen auf sich vereint: die der Gartenbauausstellung und -messe, der Lehrschau, des Bildungszentrums, des Kultur- und Erholungsparks sowie des internationalen Austauschs. Hatten die iga 1961 und die iga 1966 jeweils ein halbes Jahr gedauert, so wurde die iga 1974 auf vier Wochen verkürzt, da der logistische Aufwand zu groß war, um das Gelände für ein halbes Jahr zu bespielen. Durch die Teilnahme der Sowjetunion und anderer sozialistischer Staaten sollte die Veranstaltung, die in den vorangegangenen Jahren nur national ausgerichtet worden war und deren Besucherzahlen stagnierten, aufgewertet werden.[177]

Aufgabe der Ausstellung war, über den Übergang zur industriemäßigen Produktion zu informieren, gleichzeitig hatte sie aber Messecharakter, indem die Aussteller Verkaufsverhandlungen führen und Verträge abschließen konnten.[178] Übergeordne-

---

173 Johannes Köhler / Gerhard Stephan, Hohe Konzentration der Apfelproduktion im VEG Satzkorn, in: *Gartenbau* 21 (1974) 4, S. 111-112.

174 ThHStAW, iga, 64, Die Internationale Gartenbauausstellung der DDR – iga – im Jahre 1974, ohne Datum.

175 Ebd.

176 BArch, DY30/1858, Informationen über die wichtigsten Ergebnisse des Verbandes der Kleingärtner, Siedler und Kleintierzüchter zwischen dem VIII. und IX. Parteitag der SED, Bl. 61 ff., nach Dietrich, Hammer, S. 233 f.

177 Ein Hinweis auf rückläufige Besucherzahlen findet sich in: ThHStAW, iga, 273 Karton 150 (alte Signatur), Abteilung Werbung und Service: Auswertungsbericht zur »iga 74«, 1.10.1974. Zu den Zielen siehe Helmuth Lehmann, iga Erfurt – Internationales Informations- und Bildungszentrum des sozialistischen Gartenbaus, in: *Gartenbau* 21 (1974) 8, S. 228-229.

178 ThHStAW, iga, 64, Ausstellungsbedingungen »iga 74«.

tes Ziel war es, die Identifikation der DDR-Bevölkerung, besonders auch die der Beschäftigten der Land-, Forst- und Nahrungsgüterwirtschaft, mit der DDR und dem sozialistischen Einflussbereich zu fördern.[179]

1971 begannen die Verhandlungen über Arbeiterfestspiele im Bezirk Erfurt für 1973, für die das iga-Gelände zum Mittelpunkt bestimmt wurde. Im Laufe des Planungsprozesses wurden sie auf 1974 verschoben. Für die iga 1974 und die Arbeiterfestspiele der DDR waren Sanierungsmaßnahmen an der Freilichtbühne und der Zentralgaststätte sowie bauliche Ergänzungen erforderlich.[180]

Der Ausstellungskomplex »Freizeit – aktive Erholung«

Um 1970 rückte auch in der DDR die vermehrte Freizeit in das Blickfeld der Gesellschaftswissenschaften und anderer Disziplinen.[181] Architekten und Landschaftsarchitekten sahen sich vor die Aufgabe gestellt, Lösungen für die Freizeit in den verdichteten Städten, die sich durch das staatliche Wohnungsbauprogramm der SED-Regierung ergaben, zu erarbeiten. Vor diesem Hintergrund sollten mit dem iga-Ausstellungskomplex »Freizeit – aktive Erholung« technische und pädagogische Erfahrungen gesammelt werden, um Vorbildfunktion für Freizeitanlagen in den Kommunen zu übernehmen.[182] Ganz neu waren die Themen Freizeit und Bewegung dort aber nicht, denn 1966 war eine »Kleinsportanlage« eines westdeutschen Herstellers mit Minigolf, Pendelball, Krocket, Boccia und Schach eingerichtet worden.[183] Mit »Freizeit – aktive Erholung« sollten aber umfassende Spiel- und Betätigungsmöglichkeiten sowohl für Kinder als auch Erwachsene angeboten werden. »Aktive Erholung« sollte zur Erhaltung der Arbeitskraft beitragen.[184]

Zunächst mussten dem Komplex am Nordhang eine Obstplantage, der bestehende Kinderspielplatz und das Kindertheater weichen.[185] Auf den höchsten Punkt des Geländeabschnitts wurde ein zweigeschossiger Rundbau mit einer »Milch-Eis-Bar«, umlaufender Terrasse und einer Bühne für Kindertheater gelegt.

---

179 ThHStAW, iga, 273 Karton 150 (alte Signatur), Vorlage Aufgaben der Öffentlichkeitsarbeit »iga 74«, 14.12.1973.

180 ThHStAW, iga, 216 Karton 99, Protokoll zur Objektbegehung anläßlich der 15. Arbeiterfestspiele auf dem Gelände der iga, 31.1.1973.

181 Vgl. zu der allgemeinen Aufgabenstellung das Vorwort in: Helmut Hanke (Hrsg.), Kultur und Freizeit. Zu Tendenzen und Erfordernissen eines kulturvollen Freizeitverhaltens, Berlin (Ost) 1971, S. 5.

182 Ausstellungskomplex Freizeit – aktive Erholung auf der iga in Erfurt, in: *Architektur der DDR* 24 (1975) 10, S. 620-623, hier S. 620.

183 Eine Abbildung in dem iga-Katalog von 1972 weist auf die Minigolfanlage hin: Ernst Schäfer, iga, Dresden 1972, ohne Seitenzählung. Die Minigolfanlage stammte von der westdeutschen Firma Aukam in Kassel.

184 ThHStAW, iga, 218-4 Karton 101 (alte Signatur), Bereich Bildung / Kultur, Abteilung Kultur: Konzeption zur Inbetriebnahme der Spiel- und Sporteinrichtung, 15.11.1973.

185 ThHStAW, iga, 199 Karton 85 (alte Signatur), iga nachrichten. Presseinformation: Für Spiel, Sport und Kultur, 3/1973.

Abb. 59 Spiel- und Freizeitkomplex auf der iga Erfurt 1974: Holzspielplatz,
im Hintergrund der Rundbau mit Café.

Oberhalb des Gebäudes stand eine Mehrzweckfläche für eine Rollschuh- und Eisbahn zur Verfügung, unterhalb davon ein Freiluftschachspiel, eine Kegelbahn, Minigolf, Ballspiele und Trampoline. Zur körperlichen Betätigung wurde am Fuß des Hanges ein »Kraftgarten« mit Fitnessgeräten, oberhalb ein Gymnastikgarten angelegt. Eine weitere Terrasse war für Sonderschauen der Sport- und Spielgeräteindustrie bestimmt. Für Kinder waren mehrere Spielbereiche mit Klettergerüsten, Karussell, Rutschen, igluförmigen Spielhäuschen und einem Wasserspielplatz samt Strudel- und Spritzbecken nach Altersgruppen untergliedert.

Auch wenn der Anlage aufgrund der Arbeiterfestspiele große Bedeutung zukam, stellten sich den beteiligten Planern DDR-typische Lieferschwierigkeiten in den Weg. So traten Probleme bei der Beschaffung von Baumaterial auf, da der Bau des »Palastes der Republik« in Ost-Berlin Vorrang hatte.[186] Eine Minigolfanlage aus der ČSSR konnte nicht übernommen werden, da diese ein Nachbau einer Anlage der westdeutschen Firma Aukam war, die in Lizenz gebaut wurde. Da der Komplex Vorbildcharakter für kommunale Freizeitanlagen in der DDR haben sollte, sollten aber ausschließlich Geräte aus DDR-Produktion Verwendung finden. Dabei galt die Qualität in der Bundesrepublik als Messlatte, wie aus einer Feststellung hervorging, dass ein VEB Minigolfbahnen entwickle, »die qualitätsmäßig denen der Firma Aukam nicht nachstehen werden«.[187]

Trotz der Probleme konnte die Gesamtanlage aber pünktlich fertiggestellt werden und fand großen Anklang. 1975 wurde durch die Fachzeitschrift *Architektur der DDR* ihre vorbildlich »kommunikationsfördernde Gestaltung und eine intensive Nutzung von Freiflächen zur aktiven Erholung in Wohngebieten« prämiert.[188]

Lehrschauen. Industriemäßige Produktion, Kleingärten und Umweltschutz

Wie bereits erwähnt, waren die Schauen über das 25-jährige Bestehen der DDR und des RGW von zentraler Bedeutung. Die Ausstellung »25 Jahre DDR – 25 Jahre erfolgreiche marxistisch-leninistische Agrarpolitik« widmete sich in der Halle 1, früher als »Halle der Völkerfreundschaft« bezeichnet, den Neuerungen in der Landwirtschaft der DDR. Die Entwicklungen der Genossenschaften wurden unter anderem am Beispiel von Erfurter Betrieben vorgestellt: Zwischen 1966 und 1974 war in Erfurt die Anzahl der LPGs und der kooperativen Einrichtungen von 356 auf 68 zurückgegangen. Die Erntefläche hatte sich im gleichen Zeitraum von 4.400 um 1.000 Hektar

---

186 ThHStAW, iga, 273 Karton 150 (alte Signatur), Helmuth Lehmann: Informationsbericht an das Sekretariat der Bezirksleitung der SED Erfurt über die Gartenbauausstellung der DDR 1973 und die Ausstellungs- und kulturellen Vorhaben auf dem Gelände der iga 1974, 11/1973.
187 ThHStAW, iga, 192, Ausrüstung Ausstellungskomplex Nordhang, 6.3.1973.
188 Architekturwettbewerb 1975, in: *Architektur der DDR* 24 (1975) 10, S. 585–595, hier S. 590.

auf 5.400 Hektar erhöht. Neben Weiterentwicklungen der Chemisierung, Mechanisierung und Melioration wurden Lager- und Vermarktungskapazitäten sowie die Beziehungen zwischen Produzenten und Einzelhandel sowie Großverbrauchern thematisiert.[189]

Für die Lehrschauen wurden »neue Formen und Methoden einer rationellen Wissensvermittlung und Bewußtseinsbildung für die Aus- und Weiterbildung der Werktätigen« eingesetzt.[190] Verstärkt sollten audiovisuelle Medien, Filme und hinterleuchtete grafische Darstellungen Verwendung finden.[191]

Im Eingangsbereich der Halle 1 wurden die Besucher mit der offiziellen Wettbewerbslosung zum 25-jährigen Bestehen der DDR, »Aus jeder Mark, jeder Stunde Arbeitszeit, jedem Gramm Material einen größeren Nutzwert«, empfangen.[192] Illustriert wurde die Losung durch ein Foto, auf dem mehrere Menschen auf einem Feld vor Ernteprodukten stehen, während im Hintergrund zwei Traktoren zu erkennen sind. Auffällig ist die Zahl »25« als gestalterisches Element, die auf das Jubiläum der DDR hinwies. Auf der linken Seite stand eine Stellwand mit einem Grundsatz des VIII. Parteitages der SED: »Die Intensivierung in der Landwirtschaft, vor allem durch Chemisierung, komplexe Mechanisierung der Pflanzen- und Tierproduktion sowie durch Melioration ist eine wesentliche Seite der planmäßigen proportionalen Entwicklung unserer Volkswirtschaft.« Auf der linken Seite ist die Parole »Die Arbeiterklasse – Bündnispartner der Klasse der Genossenschaftsbauern« zu sehen. Unterhalb der Stelltafeln fanden Ernteprodukte wie Porreestangen und Kohlköpfe Platz. Die Gestaltung mit Elementen wie hinterleuchteten Tafeln korrespondierte mit dem technischen Fortschritt in der Landwirtschaft. Wie schon in früheren Ausstellungen sollten Losungen Wissenschaftlichkeit und die Gültigkeit der Grundsätze der SED-Regierung verkünden.

Die zweite große Ausstellung unter dem Titel »25 Jahre RGW – sozialistische ökonomische Integration in Aktion« thematisierte den Gartenbau der RGW-Staaten und die Zusammenarbeit der sozialistischen Staaten.[193] Gezeigt wurde aber auch dort die Entwicklung von DDR-Betrieben, außerdem wurden Erzeugnisse aus den RGW-Mitgliedstaaten ausgestellt.[194]

In weiteren Ausstellungshallen präsentierten die Sowjetunion, Ungarn, Bulgarien und die ČSSR Ernteprodukte und Maschinen. Im Freiraum wurden Traktoren aus

---

189 Gemüse von großen Schlägen frisch auf den Tisch. Auf der iga notiert. Vollerntemaschinen für Tomaten in Sicht. Intensivierung bleibt wichtiges Stichwort, in: *Sächsisches Tageblatt,* 24.9.1974.

190 ThHStAW, iga, 188, Anlage zum Volkswirtschaftsplan 1973 der Stadt Erfurt, 17.1.1973.

191 ThHStAW, iga, 273 Karton 150 (alte Signatur), Rechenschaftslegung über das Planjahr 1974. Wie wurde die Aufgabenstellung 1974 realisiert?, 7.2.1974.

192 Vgl. Gibas / Gries, Dezennienfeiern, S. 25.

193 Ab heute: iga lockt Besucherströme. UdSSR gibt Auftakt zu den Tagen der sozialistischen Bruderländer, in: *Mitteldeutsche Neueste Nachrichten,* Leipzig, 1.9.1974.

194 ThHStAW, iga, 57, Hallenbelegungsplan »iga 74«, ohne Datum.

Abb. 60 Hallenschau »25 Jahre DDR« auf der iga Erfurt 1974. In der Schau wurde die Entwicklung der Kollektivierung und Industrialisierung des Gartenbaus in der DDR gewürdigt.

der Sowjetunion und der DDR, ein Hubschrauber aus Polen und Erntemaschinen aus der DDR und Ungarn präsentiert.[195]

In einer eigenen Halle stellte der VKSK den Privatanbau in Klein- und Hausgärten vor. Vermittelt wurden zum einen Informationen über die volkswirtschaftliche Nutzung der Kleingärten und die Gestaltung von neuen Kleingartenanlagen, zum anderen wurde praktische Unterstützung gegeben. So konnten die Besucher Gartengeräte begutachten, sich über Anbau und Pflege von Pflanzen informieren und Bodenproben untersuchen lassen.[196]

Als neueres Thema wurden Umweltprobleme und entsprechende Lösungsansätze in der Sonderausstellung »Sozialistische Landeskultur und Umweltschutz« vorgestellt. Eingegangen wurde auf die Renaturierung und Nutzung von Braunkohleabbaugebieten, Kompostierung, Landschaftspflegemaßnahmen sowie Wasser- und Luftschutz.[197] Als praktische Anregungen stellte die Schau Pflanzaktionen und den Wettbewerb »Schöner unsere Städte und Gemeinden – Mach mit!« vor.[198] Diese Aktion der Nationalen Front hatte Ende der sechziger Jahre das »Nationale Aufbauwerk« abgelöst und zielte darauf ab, die Bevölkerung zur Verschönerung des Stadt- und Dorfbildes zu aktivieren.[199] Die Bevölkerung arbeitete daran mit, ländliche Parks zur Erholung und Freizeit nutzbar zu machen und in Großstädten Bäume zu pflanzen.[200] Mit der Sonderausstellung wurde ein Thema aufgegriffen, für das bereits 1970 ein eigenes Ministerium eingerichtet worden war. Ab Ende der sechziger Jahre waren grundsätzliche Überlegungen zum Umweltschutz angestellt und 1970 mit dem »Landeskulturgesetz« Bestimmungen für den Umgang mit dem Boden, Gewässern, Wäldern, Bäumen und wild lebenden Tieren formuliert worden. Außerdem umfasste es rechtliche Grundlagen zur Luftreinhaltung, zur Abfallentsorgung und zum Strahlen- und Lärmschutz.[201]

Der Ausschluss des Westens

Trotz ihrer andauernden Abgrenzungspolitik gegenüber der Bundesrepublik öffnete sich die DDR als Reiseland für Bundesbürger, indem sie z. B. ab Mai 1973 organisierte Gruppenreisen in die DDR ermöglichte. Obwohl ein einwöchiger Urlaub teurer als

---

195 ThHStAW, iga, 57, Thematische Gliederung der iga 74 und Ausstellungsbetriebe zu den thematischen Hauptabschnitten, 26.2.1974.
196 Grüngürtel aus Kleingärten. Siedler aus Bärenklau stellen bei der »iga 74« aus, in: *Brandenburgische Neueste Nachrichten,* 16.9.1974.
197 »iga 74« – Anregungen auch für Kleingärtner, in: *Leipziger Volkszeitung,* 15.8.1974.
198 ThHStAW, iga, 64, Sozialistische Landeskultur – Teil der »iga 74«. Interview mit Guido Thoms, Stellvertreter des Ministers für Umweltschutz und Wasserwirtschaft, ohne Datum.
199 Oberkrome, »Deutsche Heimat«, S. 380 ff.
200 ThHStAW, iga, 64, Zimmermann: Interview mit Eichhorn (ohne Vorname) für iga, Halle 9, Thema Umweltschutz, Aug. 1974.
201 Dix / Gudermann, Naturschutz, S. 570 f.

ein zweiwöchiger auf Mallorca war und der finanzielle Zwangsumtausch hinzukam, bestand in der Bundesrepublik reges Interesse.[202] Denn durch die Paketreisen waren Westbesucher nicht mehr auf Verwandtenbesuche oder Ereignisse wie die Leipziger Messe und die iga als Reisegrund beschränkt. Vorerst war jedoch nur mit »dosierter Öffnung« der Staatsgrenzen zu rechnen, da die Anzahl der Hotelbetten in der DDR gering war.[203] Zum Beispiel konnte die für den Bezirk Thüringen zuständige staatliche Reiseagentur »Thüringentourist« täglich nur 810 Betten bereitstellen, die vor allem an ausländische Gäste – meist Reisende aus dem sozialistischen Ausland – vergeben wurden.[204] iga-Besucher aus der DDR mit Übernachtungswunsch wurden dagegen abgewiesen.[205]

Aufgrund der Öffnung als Reiseland ließe sich annehmen, dass sich auch die iga um Besucher bemühte. Spezielle iga-Reiseangebote für Touristen aus der Bundesrepublik existierten aber nicht. Da 1974 nur 1.141 Besucher aus dem nicht sozialistischen Ausland auf der iga registriert wurden[206], war ihre Bedeutung als Repräsentation in Richtung Westen marginal.

An wenigen Stellen gibt es Hinweise darauf, dass die iga auf westdeutsche Besucher eingestellt war, aber nicht offensiv um diese warb. In der DDR akkreditierte Journalisten aus der Bundesrepublik und dem kapitalistischen Ausland wurden monatlich mit Pressemitteilungen versorgt – bei Bedarf auf Englisch oder Französisch.[207] Ansonsten sollte die Staatssicherheit »Personen aus der BRD, West-Berlin oder dem übrigen kapitalistischen Ausland« besonders beobachten[208] und verhindern, dass sie während ihres Aufenthalts Kontakt zu DDR-Bürgern aufnahmen.[209]

Ein einziges Mal wurde in der Bundesrepublik größer über das iga-Gelände berichtet, als es zu einer Eskalation zwischen Jugendlichen und der Volkspolizei auf dem 23. Pressefest am 28. Mai 1977 gekommen war.[210] *Der Spiegel* berichtete,

---

202 Egbert A. Hoffmann, Gruppen-Reise ins andere Deutschland. Ab Mai: Sieben Routen für West-Touristen, in: *Hamburger Abendblatt*, 7.2.1973.

203 Flaches Land, in: *Der Spiegel*, 5.3.1973, S. 70 f.

204 ThHStAW, iga, 273 Karton 150 (alte Signatur), Helmuth Lehmann: Informationsbericht an das Sekretariat der Bezirksleitung der SED Erfurt über die Gartenbauausstellung der DDR 1973 und die Ausstellungs- und kulturellen Vorhaben auf dem Gelände der iga 1974. Nov. 1973.

205 Eine Ablehnung hatte 1973 ein Gärtner aus Saarow-Pieskow erfahren müssen, wie in der Gärtnerpost berichtet wurde, vgl. ThHStAW, iga, 67 Bd. 2, Erfurter Stadtverbot, 20.7.1973.

206 ThHStAW, iga, 273 Karton 150 (alte Signatur), Abschlußbericht für Ministerium LFN (endgültige Fassung wurde von Ministerium überarbeitet). Einschätzung der »iga 74« und Schlußfolgerungen für die weitere Entwicklung der iga, Anlage 3. Ob westdeutsche Besucher gesondert gezählt wurden, ist unklar.

207 ThHStAW, iga, 67, Bd. 2, Presseplan 1974, 19.10.1973.

208 BStU, Bdl. 1643, Einsatzplan des Leiters der Bezirksverwaltung Erfurt zur politisch-operativen Sicherung der »IGA 74« und der zu diesem Zeitpunkt stattfindenden Veranstaltungen in Vorbereitung des 25. Jahrestages der DDR entsprechend dem Befehl 12/74 des Ministers für Staatssicherheit. 8.7.1974, Blatt 11.

209 Ebd., Blatt 3.

210 Neue Tumulte in der DDR, in: *Der Spiegel,* 12.6.1978, S. 18.

Abb. 61   Ausschreitungen auf dem Erfurter iga-Gelände, 28.5.1977. Da Jugendliche der Aufforderung der Polizei, den Rasen zu verlassen, nicht gefolgt waren, kam es zu einer Schlägerei, bei der weitere Polizisten und ein Wasserwerfer eingesetzt wurden.

Polizisten hätten die Jugendlichen dazu aufgefordert, den Rasen vor dem Freizeitzentrum zu verlassen. Die Situation geriet aus den Fugen, als ein Polizist versuchte, eine Frau vom Fotografieren der Aktion abzuhalten, und sich Anwesende auf den Polizisten stürzten. Aus einem kleinen Zwischenfall, bei dem Jugendliche sich gegen die Kontrolle durch die Polizei wandten, wurde eine Schlägerei, an der sich schließlich 600 bis 700 Menschen beteiligten. In der DDR wurde das Ereignis nicht an die Öffentlichkeit gebracht.

Festkultur. »[...] die kulturelle Leistungsfähigkeit als Bestandteil der politischen Arbeit«[211]

Die iga 1974 und die anderen Veranstaltungen im Sommerhalbjahr 1974 sollten eine stabilisierende Wirkung nach innen haben. In den siebziger Jahren wies die SED-Spitze der Kultur einen höheren gesellschaftlichen Stellenwert zu. Dabei wurde unter »sozialistischer Kultur« nicht nur die künstlerisch-ästhetische Sphäre verstanden, sondern ein erweiterter Kulturbegriff zugrunde gelegt, der materielle Lebensbedingungen und -einstellungen, Aktivitäten und soziale Beziehungen umfasste. Sozialistische Kultur meinte demnach sowohl die persönlichen und privaten Bereiche als auch das öffentliche und gesellschaftliche Leben.[212] Auf dem VIII. Parteitag der SED 1971 war beschlossen worden, kulturpolitische Aktivitäten in der Gesellschaft der DDR stärker zu verankern und das kulturelle sowie soziale Leben zu formen.[213] Die Begründung dafür klingt formelhaft: »Als vorrangige Aufgabe des volkskünstlerischen Schaffens sehen wir den Beitrag zur ständig besseren Befriedigung der wachsenden kulturellen und künstlerischen Bedürfnisse an, zur weiteren Ausprägung der sozialistischen Lebensweise, der Entwicklung des Schöpfertums der Arbeiterklasse und aller Werktätigen, zur Herausbildung sozialistischer Persönlichkeiten.«[214] Die kulturellen Aktivitäten sollten also nicht nur zur Unterhaltung und Entspannung dienen, sondern erzieherischen Charakter annehmen.

Kulturelle Veranstaltungen hatten gerade bei den 15. Arbeiterfestspielen, aber auch auf der iga 1974 große Bedeutung. An den seit 1959 jährlich in wechselnden Städten durchgeführten Ereignissen beteiligten sich Bürger aus dem ganzen Land.[215] Generell galten sie als die künstlerischen »Hauptfestivals« der DDR, auf denen

---

211 ThHStAW, iga, 273 Karton 150 (alte Signatur), Abteilung Kultur / Erholung: Einschätzung der Kultur- und Freizeitgestaltung im Rahmen der iga 74, 29.9.1974.
212 Vgl. Hans Koch, Kulturpolitik in der Deutschen Demokratischen Republik, Berlin ²1971, S. 7.
213 Ebd. S. 9.
214 Grußadresse des 1. Sekretärs des ZK der SED, Genossen Erich Honecker, an die III. zentrale Volkskunstkonferenz, in: Bundesvorstand des FDGB, Abteilung Kultur (Hrsg.), Bildnerisches Volksschaffen der DDR, Leipzig 1974, ohne Seitenzahl.
215 Vgl. von Richthofen, Culture, S. 182.

Chöre, Theatergruppen und Orchester auftraten.[216] Kulturzirkel und Arbeitskollektive führten selbst entworfene modische Kleidung, Schmuck und Accessoires – teilweise geschmückt mit folkloristischen Motiven aus der Sowjetunion – in Modenschauen vor.[217]

Die Ausstellung »Bildnerisches Volksschaffen der DDR« auf dem iga-Gelände umfasste 1.500 Bilder, Grafiken und Plastiken, die unter 10.000 Werken von Laienkünstlern ausgewählt worden waren. Einerseits sollte die Schau die künstlerische Arbeit normaler DDR-Bürger abbilden, andererseits die staatlichen Bemühungen zur Unterstützung der Bevölkerung für das »künstlerische Schaffen« demonstrieren.[218] Viele der ausgestellten Kunstwerke bildeten die sozialistische Arbeits- und Lebenswelt ab, stellten Motive aus der Sowjetunion wie Landschaften, Menschen und Tanzensembles dar oder griffen aktuelle Themen wie die Chile-Solidarität oder die US-amerikanische Bürgerrechtlerin Angela Davis auf, für die es 1972 eine Solidaritätskampagne in der DDR gegeben hatte und die 1973 die Weltfestspiele der Jugend in Ost-Berlin besucht hatte.[219]

In der sechswöchigen »Quadriennale des Kunsthandwerks der sozialistischen Länder«, getragen vom Kulturministerium und dem Verband bildender Künstler in der DDR, stellten über 300 Künstler aus der DDR, ČSSR, UdSSR, aus Vietnam, Bulgarien, Ungarn, Rumänien und Polen ihre Werke aus.[220] Aufgrund des Zuspruchs wurde die Quadriennale in der Folge verstetigt und fand alle vier Jahre statt.[221]

Das Programm der iga 1974 wies eine Mischung aus hochkulturellen Veranstaltungen, »volkskünstlerischem Schaffen« und ausländischer Folklore auf. Außerdem fanden in den Sommermonaten Formate wie das 1955 gegründete Lichterfest[222], der »Ball der Freundschaft« und die »Tage der sozialistischen Bruderländer« statt.[223] Am »Tag der UdSSR« zählte der Auftritt des in der DDR bekannten sowjetischen

---

216 Zum »kulturellen Volksschaffen« und der Bedeutung der Arbeiterfestspiele vgl. Koch, Kulturpolitik, S. 51 ff.

217 15. Arbeiterfestspiele der DDR 1974, Ausstellung »Bildnerisches Volksschaffen der DDR«: Terminplan für die Durchführung von Modenschauen in der Halle, eigene Sammlung.

218 Herbert Warnke, Vorwort, in: Bildnerisches Volksschaffen der DDR, hrsg. vom Bundesvorstand des FDGB, Abteilung Kultur, Leipzig 1974, ohne Seitenzahl.

219 Vgl. die Auswahl an Kunstwerken in: Bildnerisches Volksschaffen. In der Publikation zeigen biografische Informationen zu den Künstlern, dass es eine große Breite hinsichtlich des Alters und der Berufe gab.

220 Kunsthandwerk auf der iga. Vor der 1. Quadriennale der sozialistischen Länder, in: *Liberal-Demokratische Zeitung*, 19.6.1974; ThHStAW, iga, 64, Presseinformation zur 1. Quadriennale des Kunsthandwerks sozialistischer Länder.

221 Siehe die Liste der Ausstellungen des Kunsthandwerks in: ega, 50 Jahre, S. 55.

222 ThHStAW, iga, 218-3 Karton 101 (alte Signatur), Bereich Bildung / Kultur. Abteilung Kultur: Konzeption zur Entwicklung des geistig-kulturellen Lebens auf dem Gelände der iga 1974, 22.11.1973.

223 ThHStAW, iga, 273 Karton 150 (alte Signatur), Helmuth Lehmann: Bericht an das Sekretariat der Stadtleitung der SED Erfurt über den Stand der Vorbereitung der iga 74, 17.6.1974.

Abb. 62 Modenschau auf der Erfurter iga-Bühne bei
den »15. Arbeiterfestspielen« der DDR, 1974. DDR-Bürger
führten selbst entworfene und produzierte Mode vor.
Abb. 63 Kunstwerk auf der Ausstellung »Bildnerisches
Volksschaffen« im Rahmen der »15. Arbeiterfestspiele«
in Erfurt, 1974.

Nohra-Musik- und Tanzensembles, das zur sowjetischen Armee gehörte, zu den Höhepunkten.[224]

Bei der Organisation des Kulturprogramms klafften aber – wie schon in früheren Jahren – Anspruch und Wirklichkeit auseinander. So beklagten die Erfurter Organisatoren fehlende Unterstützung durch das Ministerium für Kultur.[225] Geplante Maßnahmen wie ein iga-Schlager kamen aus organisatorischen und finanziellen Gründen nicht zustande.[226] Auch der traditionelle Blumenkarneval scheiterte an der unzureichenden Unterstützung des Rates des Bezirkes und der Stadt.[227]

Werbung und Repräsentation

Zwar erhielten Kultur und Unterhaltung einen hohen Stellenwert auf der iga 1974, gleichzeitig wurde aber die Vielfalt in der Werbung eingeschränkt, nachdem die iga in den sechziger Jahren zunächst populär und republikweit beworben worden war. Das iga-Maskottchen »Florinchen« und andere spielerische Werbeelemente verschwanden jedoch in den siebziger Jahren weitgehend. Hintergrund war, dass Anfang der siebziger Jahre die SED-Spitze in das gesamte Werbegeschehen der DDR eingriff, um »Tendenzen zur kritiklosen Übernahme kapitalistischer Werbemethoden und Werbetheorien« zu unterbinden.[228] 1973 wurden private und halb staatliche Handwerks- und Grafikbetriebe in VEB umgewandelt und in die DEWAG eingegliedert.[229] Im Januar 1975 wurde die Werbung weiter massiv beschränkt; ein halbes Jahr später verbot der Ministerrat der DDR die Werbung für Konsumwaren sogar vollständig. Fortan war die DEWAG im Bereich Werbung nur noch für die massenpolitische Agitation und Propaganda der SED zuständig.[230]

Da in den siebziger Jahren Werbeplakate hinter politischen Plakaten zurücktraten[231], ist nicht verwunderlich, dass das Plakat für die iga 1974 das Staatswappen der DDR mit Hammer und Zirkel im Ährenkranz abbildete und durch rote Nelken als Symbol der Arbeiterbewegung geschmückt war. Darunter waren nur der Schriftzug »iga 1974« mit den ineinandergeschobenen Kleinbuchstaben und die Daten der Ausstellung verzeichnet.

---

224 Ab heute: iga lockt Besucherströme. UdSSR gibt Auftakt zu den Tagen der sozialistischen Bruderländer, in: *Mitteldeutsche Neueste Nachrichten,* 1.9.1974.

225 ThHStAW, iga, 273 Karton 150 (alte Signatur), Bereich Kultur / Erholung: Einschätzung der Erfüllung der Wettbewerbsverpflichtungen 1974, 3.2.1975.

226 ThHStAW, iga, 273 Karton 150 (alte Signatur), Abteilung Kultur / Erholung: Einschätzung der Kultur- und Freizeitgestaltung im Rahmen der iga 74, 29.9.1974.

227 ThHStAW, iga, 273 Karton 150 (alte Signatur), Bereich Kultur / Erholung: Einschätzung der Erfüllung der Wettbewerbsverpflichtungen 1974, 3.2.1975.

228 So eine Feststellung auf einer Sitzung des ZK im Jahr 1971, zit. nach Tippach-Schneider, Messemännchen, S. 42.

229 Ebd., S. 43.

230 Ebd., S. 158 ff.

231 Ebd., S. 48.

Der Umschwung in der Darstellung der iga ist auch an zwei Katalogen von 1972 und 1977 ablesbar. Der von 1972 stellte die iga als Lehrschau und Versuchslaboratorium für den Gartenbau und als Kulturpark vor.[232] Die Gestaltung des Einbandes suggerierte mit seiner Auswahl von vier Motiven – der Außenterrasse der Zentralgaststätte, einer Dahlie, dem großen Blumenbeet und einem Springbrunnen – einen eher unpolitischen Anspruch. Eine Woche nach Eröffnung der iga 1974 teilte das Landwirtschaftsministerium dem Direktor Lehmann mit, es werde die vorhandenen Bestände des Bildbandes von 1972 einziehen und vernichten: »Verschiedene Textstellen sind mit der Zielstellung des VIII. Parteitages und den sich daraus ergebenden Aufgaben nicht in Übereinstimmung zu bringen.«[233] Außerdem bemängelte das Ministerium, die Rolle der Sowjetunion werde nicht genügend gewürdigt. Sprachregelung für die Öffentlichkeit war, der Bildband sei vergriffen, eine aktualisierte Neuausgabe erscheine im Folgejahr, so die offizielle Anweisung. Mit Verzögerung wurde die Publikation dann 1977 fertiggestellt. Motive wie »Florinchen«, Models in geblümten Minikleidern auf Liegestühlen, individuell gekleidete Besucher und ausländische Gäste, die es in der Version von 1972 gegeben hatte, entfielen. Hingegen bildete das Buch die Ausstellungsbauten, die internationalen Hallenschauen der »iga 74« und anonyme Menschenmengen ab. Den Einband zierten wiederum vier Motive, von denen einige – wenn auch subtil – politische Aussagen transportierten: ein mit einer Goldmedaille prämiertes Blumenarrangement, die Gemüse-Ausstellungshalle, mehrere Fahnenmasten – im Vordergrund die sowjetische mit Hammer und Sichel und die DDR-Flagge – sowie gelbe Lilien.[234]

Verschiedene Reiseführer dokumentierten, dass die iga sich zu einem wichtigen Ausflugsziel für die breite Bevölkerung entwickelt hatte. Der Thüringen-Führer »Zwischen Kyffhäuser und Ettersberg« skizzierte die Traditionen und die gegenwärtige Bedeutung des Gartenbaus in Erfurt und beschrieb den Ausstellungspark als »Bildungs- und Informationszentrum des sozialistischen Gartenbaus sowie als Stätte des Leistungsvergleichs der Obst-, Gemüse- und Zierpflanzenwirtschaft der DDR«. Die Kleingärtner wurden als »Hauptpartner der iga« bezeichnet, da sie 100.000 Hektar der insgesamt 160.000 Hektar Obstanauflächen der DDR bebauten. Neben dem Bildungscharakter der Einrichtung wurde die Gestaltung der Anlage gewürdigt, die vor allem auch die Erfurter Bevölkerung genieße.[235] In einem in der Bundesrepublik veröffentlichten DDR-Reiseführer – einer Lizenzausgabe aus der DDR von 1979 – fand das Gelände der Internationalen Gartenbauausstellung nur knappe Erwäh-

---

232 Schäfer, iga (1972), ohne Seitenzählung.

233 ThHStAW, iga, 215 Karton 99, Belehrung über die Verkollerung des iga-Bildbandes durch Genossen Ihlo, Ministerium für LFN, 5.9.1974.

234 Ernst Schäfer, iga. Internationale Gartenbauausstellung der Deutschen Demokratischen Republik Erfurt, Dresden 1977, ohne Seitenzählung.

235 Ingrid und Lothar Burghoff, Zwischen Kyffhäuser und Ettersberg, Leipzig 1974, S. 119.

Abb. 64 Sowjetisches Tanzensemble am »Tag der UdSSR« auf dem
Maschinenausstellungsgelände der iga Erfurt 1974.

nung, während die mittelalterliche Altstadt ausführlich dargestellt wurde.[236] Das »Reisebuch DDR« von 1986 ging in dem Abschnitt über die iga als »Lehr- und Leistungsstätte des Gartenbaus der DDR« überraschenderweise vor allem auf die mittelalterlichen Ursprünge des Geländes und die Befestigungsanlage ein[237] und hob als Attraktion die Rosenausstellungen hervor.[238] Insgesamt vermitteln die Reiseführer den Eindruck, dass die iga nur eine Sehenswürdigkeit unter vielen in Erfurt war. Der sozialistische Charakter der Gartenschau wurde meist benannt, aber nicht besonders hervorgehoben.

Nachwirkungen der iga 1974

Nach dem Bau des Spiel- und Freizeitkomplexes kam es auf dem iga-Gelände nur zu wenigen baulichen Erweiterungen und Sanierungsmaßnahmen, da finanzielle und materielle Mittel fehlten.[239] 1978 berichtete ein Inoffizieller Mitarbeiter (IM), der bei der iga im Bereich Öffentlichkeitsarbeit und Werbung arbeitete, dem MfS: »Der gegenwärtige Stand der Organisation, Struktur und der Effektivität der iga kann nur als völlig ungenügend bezeichnet werden. Ohne Übertreibung kann eingeschätzt werden, daß es volkswirtschaftlich nicht vertretbar ist, daß die iga mit dem gegenwärtigen Status noch länger zu erhalten ist.«[240] Weiter bemängelte er, dass die Ausstellung nicht aktuell sei und die Materialsammlung »wie vor 100 Jahren« erfolge. Für wie ineffizient er die Arbeitsweise und Vermittlung hielt, belegte er mit der wissenschaftlichen Darstellung der Zwiebelproduktion. Die Wissenschaftler der iga erfragten ihre Informationen in den sieben Zwiebeln produzierenden Großbetrieben der DDR, die sie dann in die Lehrschauen einbrachten. Die Ausstellungen seien vor allem für die Mitarbeiter dieser Betriebe bestimmt, tatsächlich würden diese sich jedoch auf anderem Wege über Neuerungen informieren und bräuchten die iga-Ausstellungen nicht. Hingegen könne die Hauptbesuchergruppe der iga – bestehend aus 95 bis 98 Prozent Laien – das spezifische Wissen der Großbetriebe nicht nutzen. Außerdem verurteilte der IM die Einstellung der Mitarbeiter zu ihrer eigenen Arbeit, die er folgendermaßen beschrieb: »Wir machen die Ausstellung für den Minister. Wenn der Minister uns auf die Schulter geklopft hat, haben wir unser Erfolgserlebnis und die Schau ist gelaufen.«[241] Ob es sich bei der Einschätzung um die Einzelmeinung eines Mitarbeiters handelte, der sich bei der Staatssicherheit profilieren wollte, lässt sich nicht

---

236 Deutsche Demokratische Republik – Südlicher Teil (Grieben-Reiseführer, Bd. 2), München 1979, S. 107.

237 Reisebuch DDR, Berlin/Leipzig [4]1986, S. 127.

238 Ebd., S. 299 f.

239 Vgl. Gunar Franke, Perspektiven der iga, in: Johannes Küchler (Hrsg.), Reinhold Lingner, Leben und Werk. Tagung an der Technischen Universität Berlin 15./16. März 1991 (Materialien zur Geschichte der Gartenkunst, Bd. 1), Berlin 1992, S. 92-99.

240 BStU, Kreisdienststelle Erfurt 36099, Analyse der Arbeit der IGA Erfurt, 29.12.1978.

241 Ebd.

mehr feststellen. Tatsache war aber, dass sich die iga zum Ausflugsziel vieler Klein-gärtner und Blumenliebhaber entwickelt hatte und an Bedeutung für die Fachwelt verlor. Diesem Wandel wurde Rechnung getragen, indem der VKSK in den siebziger Jahren z. B. eine eigene Halle erhielt und einen Bienenstand und Musterkleingärten betrieb.[242]

Aus dem Umstand, dass sich die iga noch mehr zu einer Publikumsveranstaltung entwickelt hatte, folgerte die Abteilung Kultur/Erholung nach der iga 1974, dass das Kulturprogramm vor allem an Wochenenden ausgeweitet werden müsse.[243] Auf der Freilichtbühne trat der US-amerikanische Sänger und Schauspieler Dean Reed, der sich dauerhaft in der DDR niedergelassen hatte, ebenso auf wie chinesische Artisten.[244] Die zweitägigen Pressefeste gehörten zu den Höhepunkten des iga-Jahres, legt man z. B. die Zahlen von 1983 mit 170.000 und von 1984 mit 200.000 Besuchern zugrunde.[245]

Auch wenn der Anteil der Kultur- und Unterhaltungsveranstaltungen stieg und die Kleingärtner einen Großteil der Besucher ausmachten, war aber für die folgenden Jahre kein grundsätzlicher Kurswechsel bei den politischen Zielen und der organisa-torischen Ausrichtung festzustellen. Wie zum 25-jährigen Bestehen der DDR war die iga zum 35. Jahrestag wieder Teil des Festprogramms. Zu den Zielen der vierwöchi-gen iga vom 25. August bis zum 23. September 1984 hieß es im Maßnahmeplan der Staatssicherheit: »Ihr wichtigstes Anliegen ist es, die erfolgreiche Verwirklichung der marxistisch-leninistischen Agrar- und Bündnispolitik der SED als festen Bestandteil des Werdens und Wachsens des ersten sozialistischen Staates auf deutschem Boden darzustellen.«[246] Allerdings konnte der Anspruch der Repräsentativität für die ganze DDR oder den RGW nicht erhoben werden, da in der Ausstellung in der Halle 1 unter dem Motto »35 Jahre DDR – weiter voran auf dem erfolgreichen Kurs des X. Partei-tages« vor allem Betriebe des Bezirks Erfurt ihre Arbeit ausstellten.[247] Da der Wandel in der Landwirtschaft vollzogen war, konnten keine gewichtigen Neuerungen mehr vorgestellt werden.

Als 1988 das 30-jährige Bestehen der iga-Ausstellungsgesellschaft gefeiert wur-de, berichtete der Nachfolger von Helmuth Lehmann, Werner Gajek, in der Be-triebszeitung *iga-Express,* seit Gründung der iga-Gesellschaft 1958 seien insgesamt 650 Ausstellungen veranstaltet und 35 Millionen Besucher gezählt worden.[248] Hatte Gajek die iga also als Erfolgsgeschichte darstellen können, so änderte sich die Situ-ation nach dem Ende der DDR grundlegend. Anfang der neunziger Jahre waren die

---

242 Franke, Perspektiven, S. 93.

243 ThHStAW, iga, 273 Karton 150 (alte Signatur), Abteilung Kultur/Erholung: Analyse – iga als Kultur- und Erholungszentrum 1974, 2.12.1974.

244 Sybille Martin, »Möge die Übung gelingen«, in: ega, 50 Jahre, S. 59.

245 BStU Erfurt, Bdl. 1740, Abschlußbericht zum Verlauf der Aktion »Presse 29«, 27.5.1984, Blatt 113.

246 BStU Erfurt, Bdl. 1808, Maßnahmeplan zur politisch-operativen Sicherung der »iga 84«, 21.7.1984.

247 BStU Erfurt, Bdl. 1740, Abschlußbericht zum Verlauf der Aktion »Presse 29«, 27.5.1984, Blatt 113.

248 Werner Gajek, 30 Jahre erfolgreiche Arbeit für den sozialistischen Gartenbau, in: *iga-Express 88.* Zeitung der Betriebsorganisation der SED der iga.

Gartenschauen und das Gelände von der Schließung bedroht und wurden in verkleinerter Form privatisiert. Die Mitarbeiter, die um ihre Arbeitsplätze und das in Jahrzehnten entwickelte Gelände fürchten mussten, demonstrierten dagegen. Seither wurden unterschiedliche Strategien gefunden, um das Gelände zu bewahren, wie sich im Kapitel »Erinnerungsorte« zeigen wird.

Ambivalenzen. Zwischen Annäherung und Abstoßung in Hamburg und Erfurt

Bei den Gartenbauausstellungen in Hamburg und Erfurt in den siebziger Jahren zeichneten sich sowohl Parallelen als auch Unterschiede ab. Schnittmengen lagen unter anderem bei den niedrigschwelligen Angeboten für Klein- und Hobbygärtner. Auf der IGA 1973 wurde dieser Bereich mit dem Infozentrum für den Hobbygärtner, Nationen- sowie Musterkleingärten gegenüber der IGA 1963 gestärkt. Ebenso wurden Ansätze für den Umweltschutz und Werbung für die Gartenbauwirtschaft in den Park hineingetragen. Bei der Darstellung wurde von einer möglichen Harmonisierung von Technik und Industrie mit der Natur ausgegangen.

Auf der iga 1974 erlangten die Informationen für Kleingärtner mit einer eigenen Ausstellungshalle des VKSK einen großen Stellenwert. In der Halle wurde die volkswirtschaftliche Bedeutung des privaten Obst- und Gemüseanbaus betont, da die Rationalisierung des großflächigen Obst- und Gemüseanbaus nicht zu einer Vollversorgung der Bevölkerung führte. Der politisch wichtige Schwerpunkt der Lehrschauen lag jedoch bei der Industrialisierung, die in den siebziger Jahren eine Erhöhung der Ernteerträge bewirken sollte. Dort konnte auch die politische Verbundenheit mit den RGW-Staaten demonstriert werden, die als Vorbild für den großflächigen Anbau galten. Auf der IGA 1973 in Hamburg rückte hingegen die Technik im Gartenbau in den Hintergrund. Eine Sonderschau, die ohnehin nur wenige Tage gedauert hätte, kam mangels Interesses industrieller Aussteller gar nicht zustande.

Bei beiden Ereignissen wurde das Thema Freizeitgestaltung durch ausdifferenzierte Spielplatzkonzepte und Bewegungsbereiche für unterschiedliche Altersgruppen betont. In Hamburg verteilten sich mehrere Spielplätze über das gesamte Gelände, während sie sich in Erfurt auf das drei Hektar große Gelände konzentrierten und sich alle anderen Bereiche den gärtnerischen Themen widmeten. Ein weiterer Unterschied in Erfurt bestand darin, dass der Freizeitkomplex lokalen Betrieben, Wohnbezirken und Brigaden für die organisierte Freizeitgestaltung zur Verfügung gestellt wurde.[249] Der Freizeit-, Sport- und Spielkomplex sollte Vorbildcharakter für

---

249 ThHStAW, iga, 273 Karton 150 (alte Signatur), Abteilung Kultur / Erholung: Einschätzung der Kultur-
    und Freizeitgestaltung im Rahmen der iga 74, 29.9.1974.

die Gestaltung von Erholungszentren der DDR haben – auch im Wettbewerb »Schöner unsere Städte und Gemeinden – Mach mit!«.[250]

Zu diesem Zeitpunkt war in der Bundesrepublik das Bewusstsein gewachsen, sich im Spiel der Städtekonkurrenzen durch Großereignisse zu positionieren. Hamburg hatte sich bei der Bewerbung erfolgreich gegen Berlin durchgesetzt und beschäftigte sich mit der Konkurrenz der Olympischen Spiele 1972 in München.[251]

Auf der IGA 1973 in Hamburg drückte sich auch der politische Klimawandel aus. Diskussionen um eine Einbindung osteuropäischer Staaten in die Internationale Gartenbauausstellung waren zwar schon in den sechziger Jahren denkbar geworden, eine Teilnahme der DDR hatte aber noch in weiter Ferne gelegen. 1973 nahmen dann aber nicht nur Ungarn, die ČSSR und Rumänien an der Hamburger Gartenschau teil, sondern auch die DDR. Die Verhandlungen zwischen dem Sonderbeauftragten des Zentralverbands und dem AHB Nahrung Export-Import in Ost-Berlin hatten kurz nach der Unterzeichnung des Grundlagenvertrages im Dezember 1972 begonnen. Der AHB nutzte den Auftritt mit der Kollektivausstellung der DDR, um bestehende Handelsbeziehungen zu stärken und die DDR insgesamt zu repräsentieren.

Die iga 1974 in Erfurt glich anlässlich des 25-jährigen Bestehens der DDR dagegen einer nationalen Standortbestimmung. Eine Öffnung gegenüber der Bundesrepublik fand nicht statt, da die DDR sich nach dem Inkrafttreten des »Grundlagenvertrages« zwischen beiden deutschen Staaten vermehrt abgrenzte. Nachdem die Veranstalter bis in die sechziger Jahre den Besuch von Bundesbürgern und Westeuropäern als Bestätigung der Bedeutung der Gartenbauausstellungen gewertet hatten, verlor deren Anwesenheit an Relevanz. Deshalb wurden sie nicht mehr umworben.

---

250 ThHStAW, iga, 199 Karton 85 (alte Signatur), iga nachrichten. Presseinformation: Für Spiel, Sport und Kultur, 3/1973. Siehe auch den Bericht: C. Mindak, Spiel- und Sportzentrum zur sinnvollen Freizeitgestaltung, in: *Gartenbau* 21 (1974) 9, S. 279.

251 Während der Olympischen Spiele in München 1972 erfuhr die Weltöffentlichkeit, wie brüchig die heitere Atmosphäre und der Frieden waren, als palästinensische Terroristen ein Attentat auf israelische Sportler verübten. Diese Gefahr barg die IGA nicht, da sie keine vergleichbare weltweite mediale Aufmerksamkeit erhielt wie die Olympischen Spiele.

Kapitel VI

Gartenbauausstellungen als Erinnerungsorte

Nach Abschluss der untersuchten Gartenbauausstellungen in Hamburg und Erfurt haben sich die Veranstaltungen und die mit ihnen verbundenen Parkanlagen zu Erinnerungsorten entwickelt. Mit dem Terminus »Erinnerungsort«, der auf den französischen Begriff »lieu de mémoire« zurückgeht, den der französische Historiker Pierre Nora prägte, verbindet sich die Vorstellung, dass sich das kollektive Gedächtnis einer sozialen Gruppe auf bestimmte Orte, Ereignisse oder Institutionen stützt. Die deutsche Erinnerungslandschaft umfasst die zeitlich weit zurückreichenden gemeinsamen Erinnerungsorte, aber auch spezifische aus der Phase der Zweistaatlichkeit.[1] Wie vielschichtig die Erinnerungslandschaft der ehemaligen DDR ist, fächert der von Martin Sabrow herausgegebene Sammelband »Erinnerungsorte der DDR« auf. Auf der einen Seite verzeichnet er Orte der Kontrolle und Repression, auf der anderen Seite die der Solidarität, Alltagsfluchten und Subversion.[2]

Auf einer Landkarte der Erinnerungsorte der DDR und der Bundesrepublik würden die Gartenbauausstellungen beider Staaten vor allem als positiv assoziierte erscheinen. Im Gedächtnis beider Städte nahmen sie in der Wiederaufbauzeit nach dem Zweiten Weltkrieg den Charakter von Gegenorten zu den Erfahrungen des Zweiten Weltkriegs an – in der DDR auch als zeitgenössische Gegenorte zu Erfahrungen von Kontrolle und Repression.

Nach dem Ende der Gartenschauen in Hamburg und der staatlichen iga in der DDR Anfang der neunziger Jahre wandelte sich das jeweilige Erscheinungsbild der Ausstellungsparks erheblich, da sie der Sonderausstellungen, Kultur- und Unterhaltungsveranstaltungen sowie der Geräuschkulisse der Großereignisse entkleidet waren. Einige Gebäude mit ephemerem Charakter wurden abgerissen, andere Zweckbauten wie Restaurants, Ausstellungshallen und Freilichtbühnen bestanden hingegen fort. Erhaltene gartenkünstlerische Elemente wie Pflanzenrabatten, Springbrunnen und Plastiken sowie Spielplätze geben heute ebenfalls noch eine Vorstellung von der Anmutung der vergangenen Gartenschauen.

---

1   Die Historiker Etienne François und Hagen Schulze haben das Konzept auf die deutsche Topografie übertragen, vgl. Etienne François / Hagen Schulze (Hrsg.), Deutsche Erinnerungsorte, München 2001.
2   Eine Topografie der ostdeutschen »Erinnerungsorte« bietet der von Martin Sabrow herausgegebene Sammelband: Erinnerungsorte der DDR, München 2009.

In Hamburg wurden einzelne Bereiche anderen Nutzungen zugeführt, was teilweise Proteste aus der Bevölkerung hervorrief. In Erfurt war der gesamte iga-Park Anfang der neunziger Jahre Investoreninteressen ausgesetzt, bevor die Ausstellungsgesellschaft in eine GmbH überführt wurde. Denkmalschützer spielten eine wichtige Rolle beim Erhalt der beiden Gartenschaugelände und trugen dazu bei, Narrative über die Geschichte der Gartenschauen und Ausstellungsparks zu generieren, die wiederum ihren Niederschlag im Stadtmarketing und in Reiseführern fanden.

Geblieben sind neben den früheren Veranstaltungsorten die Erinnerungen ehemaliger Mitarbeiter und Besucher der Gartenbauausstellungen. Einige von ihnen, die mir während meiner Recherchephase in Archiven oder auch im privaten Umfeld begegnet sind, haben mir in spontanen Gesprächen wichtige Informationen vermittelt und damit mein Bild der Veranstaltungen fundiert.

In den alten Bundesländern verbanden die meisten dieser Gesprächspartner Erinnerungen oder Vorstellungen mit den Veranstaltungsformaten Bundesgartenschau und Internationale Gartenbauausstellung. Ein Hamburger berichtete von seinem Erleben des neu gestalteten Parks »Planten un Blomen« 1953. In seinen Erinnerungen bildete der Park einen starken Kontrast zu dem kriegszerstörten Stadtteil im Hamburger Osten, in dem er in der Nachkriegszeit gelebt hatte. Besonders in Erinnerung geblieben waren ihm die künstliche Beleuchtung und die Fahrt auf den Philipsturm. Eine Hamburgerin erzählte, dass ihre Schwiegereltern aus Ostwestfalen auf der IGA 1953 den Anblick von Orchideen und anderen exotischen Pflanzen genossen hätten, da diese im Gegensatz zu den Nutzpflanzen im heimischen Garten standen. Ein anderer Hamburger berichtete begeistert von der IGA 1963, da ansonsten in Hamburg zu diesem Zeitpunkt nicht viel los gewesen sei. Einige Besucher erinnerten sich auch an die Kleinbahn, mit der sie den Park durchfahren hatten, oder an den damaligen kindlichen Ärger, weil die Eltern nicht bereit gewesen waren, das hohe Fahrgeld auszugeben. Ein heute 45-jähriger Hamburger dachte mit Begeisterung an die Spielplätze auf der IGA 1973 zurück. Raum zum Toben und Spielen habe es in öffentlichen Parks nicht in vergleichbarer Form gegeben.

Dass es Gartenbauausstellungen in Erfurt gegeben hatte, war den westdeutschen Gesprächspartnern nicht bekannt. Wenigen war zumindest Erfurts Beiname »Blumenstadt« ein Begriff. Dagegen kannten in den neuen Bundesländern fast alle Gesprächspartner in entsprechendem Alter die iga, und die meisten hatten sie bis 1989 zumindest ein Mal besucht. Ein Zeitzeuge aus dem sächsischen Zwickau, der 1985 die DDR verlassen hatte, äußerte sogar die Meinung, die iga sei eine der wenigen unpolitischen Veranstaltungen der DDR gewesen. Eine in Halle aufgewachsene Gesprächspartnerin erinnerte sich, dass ihre gartenbegeisterte Mutter und Großmutter häufig nach Erfurt gefahren seien. Erfurter selbst schwärmten von dem großen Spielplatz und dem Freibad, die sie mit ihren Kindern besucht hatten. Eine Erfurter Archivarin berichtete mir von Gesprächen mit ehemaligen Helfern im »Nationalen Aufbauwerk«. Diese hatten ihr erzählt, dass die verkündeten Stundenzahlen – für

die iga 1961 wurden 364.000 Stunden z. B. am Sockel des Denkmals »Der Aufbauhelfer« von Fritz Cremer im Eingangsbereich verkündet – propagandistische Funktion gehabt hätten. Wären sie tatsächlich so hoch gewesen, hätte man das Gelände
noch einmal umgraben können, so die Erzählung. Ein Erfurter Gärtner, der für die
Gestaltung des großen Blumenbeetes auf der iga zuständig gewesen war, erläuterte,
wie findig die Mitarbeiter mitunter darin gewesen seien, dem Material- und Pflan-
zenmangel zu begegnen. So hatte er Rentner damit beauftragt, auf ihren privaten
Reisen in die Bundesrepublik Sämereien, die in der DDR schwer erhältlich waren,
zu besorgen. Dass er diese zur Gestaltung des großen Blumenbeetes verwendete,
wurde von der Ausstellungsleitung geduldet. Weiter berichtete der Gärtner, iga-
Besucher hätten Samen der verblühten Blumen zum Aussäen in den heimischen
Haus- und Kleingärten gesammelt. Daraus schloss er, dass die Blumensamen aus
der Bundesrepublik theoretisch in der ganzen DDR hätten Verbreitung finden
können.

Die Momentaufnahmen zeigen, wie sich Erlebnisse und Erinnerungen in puncto
Gartenbauausstellungen in der west- und ostdeutschen Bevölkerung unterschieden.
Ostdeutsche Gesprächspartner konnten die Analogie zum Westen ziehen oder die
westdeutschen Gartenbauausstellungen von den ostdeutschen abgrenzen, da sie ihnen bekannt waren. Gärtner und Planer, die in der DDR gearbeitet hatten und die
vor 1989/90 keine Gelegenheit gehabt hatten, westdeutsche Gartenbauausstellungen
zu besuchen, waren davon überzeugt, dass diese völlig anders als die Erfurter iga
gewesen waren. Westdeutsche waren dagegen eher erstaunt zu erfahren, dass es in
der DDR Gartenbauausstellungen gegeben hatte. Eine grundsätzliche Gemeinsam-
keit gab es aber in den Erzählungen bei den Nichtfachbesuchern: Auf beiden Seiten
fanden die politischen Aussagen und Funktionen der Ausstellungen kaum Erwähnung. Anscheinend bot sich das Format besonders an, auf subtile Weise politische
Botschaften zu transportieren, da diese dort nicht unbedingt vermutet wurden. Anscheinend wirkte die »Politik durch die Blume«.

Welche materiellen Überreste von den Gartenbauausstellungen in Hamburg und
Erfurt als schützenswert gelten und wie sich das Ringen um den Erhalt gestaltete,
wird im Folgenden gezeigt.

Hamburg – Wandlung und Ablösung

Der Park »Planten un Blomen«, der zwischen der Innenstadt und St. Pauli sowie
dem Museum für Hamburgische Geschichte und den Messehallen liegt, verkehrs-
technisch gut angebunden ist und seit 1974 kostenfrei besucht werden kann, dient
der Hamburger Stadtbevölkerung und Touristen als Ausflugsziel. An Sommertagen
lassen sich tagsüber Jogger, Touristen, Messe- und Kongressgäste sowie Familien beobachten. Büroangestellte aus der nahe gelegenen Innenstadt verbringen dort ihre
Mittagspause. Abends kommen Hunderte zu den Wasserlichtspielen auf dem Park-

see. An Wochenenden besuchen Hunderte von Menschen die kostenlosen Aufführungen auf der Parkbühne.

Im Alten Botanischen Garten und rund um den historischen Wallgraben erläutern Hinweistafeln die verschiedenen Zeitschichten. Der »Freundeskreis Planten un Blomen«, der sich für den dauerhaften Erhalt der Parkanlagen und die Pflege des gartenkünstlerischen Erbes einsetzt, gab zum 75. Geburtstag von »Planten un Blomen« 2010 eine Broschüre über die Entstehungs- und Nutzungsgeschichte heraus.[3] Größere Feierlichkeiten fanden aus diesem Anlass jedoch nicht statt – möglicherweise, weil es sich verbot, den Zeitpunkt des Entstehens in den dreißiger Jahren und die Funktionen zur Zeit des Nationalsozialismus als freudiges Ereignis zu feiern. Die frühe Entstehungsgeschichte ist zwar erforscht, wird aber nicht besonders ins öffentliche Blickfeld gerückt. Manchmal wird der Entstehungszusammenhang sogar unterschlagen, wie bei dem Erläuterungstext zu »Planten un Blomen« beim offiziellen Internetauftritt der Stadt Hamburg, wo es lapidar heißt: »1930 wurde mit der Umgestaltung des Zoologischen Gartens in einen Vergnügungspark begonnen. Zur Zeit der Neugestaltung, unter der Leitung des Gartenarchitekts Karl Plomin, erhielt der Park den Namen Planten un Blomen.«[4] Dass das Projekt »Planten un Blomen« 1934 begann und ein Prestigeprojekt der Nationalsozialisten war, wird in dieser städtischen Selbstdarstellung verschwiegen.

Heute mag den Besuchern der Park historisch gewachsen erscheinen, aber schon 1993 stellten die Denkmalpfleger Jörg Haspel und Frank Pieter Hesse in ihrem Aufsatz »Umgraben oder vergessen« fest: »Tatsächlich dürfte es kaum ein Fleckchen Erde in Hamburg geben, das im letzten halben Jahrhundert so häufig und so tiefgreifend umgepflügt und umgestaltet wurde wie ›Planten un Blomen‹. Das zentrumsnahe, gut erschlossene Ausstellungsareal entwickelte sich zu einer Art Schaufenster in Sachen Grünpolitik.«[5] Tatsächlich sind nur wenige Elemente der Gartenschauen von 1935 und 1953 erhalten geblieben. Die meisten Gebäude, Kunstwerke und Wasserbecken stammen aus den Jahren 1963 und 1973 oder wurden später ergänzt. Nur ein einziger Bereich – das von Bernhard Hermkes gebaute Ensemble aus Mittelmeerterrassen, Tropengewächshäusern und Johan-van-Valckenburgh-Brücke von 1963 – wurde als Kulturdenkmal anerkannt und damit unter Schutz gestellt.[6]

Die Existenz der Gesamtanlage »Planten un Blomen« wurde bisher zwar nicht in Frage gestellt, dass aber Teile des Parks den Begehrlichkeiten der Wirtschaft aus-

---

3   Hans Walden, 75 Jahre Planten un Blomen. Ein Rückblick auf die bewegte Geschichte der »Grünen Oase« im Zentrum Hamburgs, Hamburg 2010. Die Broschüre wurde in einer Auflage von 1.000 Exemplaren vom Freundeskreis Planten un Blomen e.V. herausgegeben.
4   www.hamburg.de/hamburg-erkunden/347914/planten-un-blomen.html.
5   Haspel / Hesse, Umgraben, hier S. 21.
6   Denkmalschutzamt Hamburg, K 63, Ilse Rüttgerodt-Riechmann, Gutachten zur Gewächshausanlage, Mittelmeerterrassen und Johan-van-Valckenburgh-Brücke im Alten Botanischen Garten in Hamburg, 17.9.1996.

gesetzt sind und der Erhalt hinter wirtschaftliche Erwägungen zurücktreten muss, haben Diskussionen um die Erweiterung des Congress Centrums Hamburg gezeigt. 2004 sollten dem Neubau 20.000 Quadratmeter des Rosengartens zum Opfer fallen.[7] Aufgrund von Protesten aus der Bevölkerung und 28.000 vom Naturschutzbund Deutschland (NABU) gesammelten Unterschriften für eine Volksinitiative wurden die Pläne jedoch zurückgenommen und ein Kompromiss gefunden. Das bestehende CCH von 1973 wurde damals um einen Neubau ergänzt, der nun in den Park hineinragt. Das Dach wurde bepflanzt und ist für die Parkbesucher begehbar.[8] Frank Pieter Hesse stellte 2004 vor dem Hintergrund der Auseinandersetzungen um diese Erweiterung fest, dass in den vorangegangenen Jahren bereits für den überdachten Weg zwischen CCH und Messe 2.000 Quadratmeter des Parks versiegelt, für den Bau des Kinos Cinemaxx der nahe gelegene Gustav-Mahler-Park beschnitten und Flächen des ehemaligen Botanischen Instituts mit dem Auditorium der privaten Hochschule Bucerius Law School überbaut worden waren.[9]

Auch andere topografische Ränder von »Planten un Blomen« erfuhren einen Wandel. So wurden die Messehallen, die für die Internationale Gartenbauausstellung 1953 gebaut worden waren, abgerissen und durch größere Hallen ersetzt. Die unter Denkmalschutz stehende Fassade und das Innere des ehemaligen Plaza-Hotels, jetzt Radisson-Blu-Hotel, wurden renoviert und 2009 fertiggestellt.[10] Im Sommer 2011 berichteten Hamburger Tageszeitungen über einen möglichen Abriss des CCH, da ein Gutachten der Baubehörde einen Sanierungsbedarf von 100 Millionen Euro festgestellt hatte. Angesichts der Spardiktate des Hamburger Senats erschienen die Kosten für die Sanierung zu hoch.[11] Bislang ist offen, ob das Kongressgebäude saniert oder abgerissen wird. Der Heinrich-Hertz-Turm samt Aussichtsplattform und Drehrestaurant ist seit 2001 nicht mehr öffentlich zugänglich. Bürgerinitiativen, Unternehmen und Hamburger Politiker haben zwar diverse Ideen für neue Nutzungen entwickelt, bisher ist der Ausgang aber ungewiss.[12] Hinderlich sind dabei die geschätzten Kosten von 10 Millionen Euro für die Sanierung und die heute schwer zu erfüllenden Brandschutzauflagen. Die Mitglieder des 2010 gegründeten »Fördervereins Hamburger Fernsehturm e.V.« setzten sich zum Ziel, den Hamburger Senat und

---

7 Hesse, Typisch Hamburg, S. 161.
8 Ebd., S. 165.
9 Ebd., S. 164.
10 Hamburgs höchstes Hotel ist wieder geöffnet, in: *Hamburger Abendblatt,* 24.9.2009.
11 Ulrich Gaßdorf, Das CCH verfällt – Gutachten schließt Abriss nicht aus, in: *Hamburger Abendblatt,* 29.7.2011; Carina Braun / Ulrich Gaßdorf / Rike Lohmann, Die Elbphilharmonie der Siebziger verfällt, in: *Hamburger Abendblatt,* 30.7.2011; Carina Braun, CCH: Hat der Senat die Probleme verschwiegen?, in: *Hamburger Abendblatt,* 1.8.2011; Gernot Knödler, Leiche im Keller. Das CCH ist der Beleg dafür, wie schlecht die CDU in den vergangenen Jahren gewirtschaftet hat, in: *die tageszeitung,* 1.8.2011; Lösung für Hamburger Kongresszentrum gesucht, in: *Hamburger Abendblatt,* 2.8.2011.
12 Miriam Opresnik, Kino, Ufos, Disney-Land: Ideen für den Telemichel, in: *Hamburger Abendblatt,* 25.9.2003.

die Telekom dazu zu bewegen, den Turm wieder für die Öffentlichkeit zugänglich zu machen.[13] Aber auch Investoren hatten einen Blick auf das Objekt geworfen und schlugen einen baulichen Wandel vor. So fanden 2012 Verhandlungen zwischen der Telekom Deutschland GmbH und einem dänischen Architekten statt, der den Fernsehturm ummanteln wollte, um ihn als Hotel zu nutzen.[14] Nach einigen Monaten verwarf die Telekom das Vorhaben wieder, da es keine Unterstützung bei der Stadt Hamburg gefunden hatte. Nach dem Scheitern hoffte ein Hamburger Unternehmer, die Aussichtsplattform und das Drehrestaurant öffnen zu können.[15]

Während mit den historischen Gebäuden und Parkanlagen nicht immer sorgsam umgegangen wurde, werden Parks – und gerade auch »Planten un Blomen« – vom Hamburger Stadtmarketing als Aushängeschilder genutzt. Denn verbunden mit Schlagworten wie »Grüne Stadt«[16] oder »Grüne Metropole am Wasser«[17] gehören Straßenbäume sowie Parks, Natur- und Landschaftsschutzgebiete zum Selbstverständnis der Freien und Hansestadt Hamburg. Der Hamburger Senat bezog sich auch in seiner Bewerbung um den Titel der »Green Capital« 2011 explizit auf die Tradition der Gartenbauausstellungen und des Stadtgrüns und verwendete diese in der Kampagne für die Umwelthauptstadt. Dort wird auch der Erste Bürgermeister Max Brauer als Visionär für die Schaffung des Alsterparks und der Wanderwege an Alster, Elbe und Wandse erwähnt.[18]

Im Rahmen der »Green Capital« wurde auch die Kampagne »Mein Baum – Meine Stadt. Ich mach' mit!« ins Leben gerufen, bei der die Hamburger Bevölkerung – ähnlich wie 1972/73 – dazu aufgerufen wurde, Geld für neue Bäume zu spenden. Dies schien notwendig, da in den vorangegangenen zehn Jahren viele kranke Bäume gefällt worden waren, ohne dass die Stadt Hamburg für Ersatz gesorgt hätte. Insgesamt wurden 2.639 Bäume gepflanzt. Die Stadt Hamburg stellte zwei Millionen Euro zur Verfügung, die Bevölkerung spendete über 300.000 Euro.[19]

De facto haben andere städtebauliche Großprojekte wie die Hafen-City, die Internationale Bauausstellung (IBA) und die Internationale Gartenschau (igs) dem

---

13 Informationen zum Vereinsziel und zu den Aktivitäten: www.hamburgerfernsehturm.de.
14 Die Pläne wurden Anfang 2012 bekannt, vgl. Daniel Wiese, Turm im Schlafrock, in: *die tageszeitung*, 5.1.2012.
15 Ulrich Gaßdorf, Der Nächste, bitte. Hotelprojekt am Fernsehturm ist gescheitert. Jetzt hofft Martin Dencker, sein Gastronomiekonzept zu realisieren, in: *Hamburger Abendblatt*, 23.10.2012.
16 Kossak, die grüne Metropole; www.hamburg-tourism.de/themen-touren/hamburg-maritim/gruene-stadt-am-wasser/.
17 So ein offizieller Claim des Hamburg Marketings, vgl. auch Eva Henze, Hamburgs Grün zwischen Tradition und Trends. Streifzüge durch Parks und Naturlandschaften, hrsg. von der Behörde für Stadtentwicklung und Umwelt, Hamburg 2007.
18 Die Parks und Grünanlagen wurden in einer Ausstellung im Hamburger Rathaus und in der dazu erschienenen Broschüre genannt: Behörde für Stadtentwicklung und Umwelt (Hrsg.), Umwelt hat Geschichte, Hamburg 2011.
19 Vgl. die Broschüre der Behörde für Stadtentwicklung und Umwelt (Hrsg.), »Mein Baum – Meine Stadt. Ich mach' mit!«: Mehr Straßenbäume für Hamburg, Hamburg 2012, S. 3.

Park »Planten un Blomen« den Rang abgelaufen. Zwar ist es immer noch die am aufwendigsten gepflegte Parkanlage in Hamburg, die in den Sommermonaten mit einem umfangreichen kostenlosen Veranstaltungsprogramm aufwarten kann, aber an vielen Gebäuden nagt der Zahn der Zeit. Gastronomische Einrichtungen wie die Cafés Rosenhof und Seeterrassen haben eingeschränkte Öffnungszeiten und wenig attraktive Speiseangebote.

Erfurt – Bedrohung und Rückbesinnung

Nach der Vereinigung der beiden deutschen Staaten war das Gelände der iga von Umnutzungen bedroht, gegen die Mitarbeiter und die Erfurter Bevölkerung protestierten. Der notwendige Schritt zum Erhalt des Kerngeländes der iga 1961 war die Ausweisung als Kulturdenkmal 1992.[20] Davor war jedoch bereits ein Viertel des Geländes – südwestlich von der ehemaligen Halle der Sowjetunion – zum Bau eines neuen Messegeländes bestimmt worden, das 1996 realisiert wurde. Durch die Unterschutzstellung konnte jedoch verhindert werden, dass der Mitteldeutsche Rundfunk (mdr) an der Stelle der Zentralgaststätte ein neues Landesfunkhaus baute. Der Ausstellungspark, der heute von der Erfurter Garten- und Ausstellungs GmbH (ega) betrieben wird, blieb aber auch danach nicht von Reduzierungen verschont. 1995 wurde die unter Denkmalschutz stehende Zentralgaststätte mit Rendezvousbrücke wegen Baufälligkeit abgerissen.[21] Das Landesfunkhaus und weitere Bürogebäude entstanden ab Ende der neunziger Jahre an der Stelle der südwestlich vom Haupteingang gelegenen Ausstellungshallen.[22]

Da der Park sich außerhalb der Innenstadt befindet, der einzige Eingang auf dem Cyriaksberg liegt und Eintrittsgelder erhoben werden, eignet sich der Park heute weniger für den spontanen Kurzbesuch – mit Ausnahme der Besitzer einer Jahreskarte in Erfurt.[23] In den Sommermonaten finden Kultur- und Unterhaltungsveranstaltungen statt. Das integrierte, aber eigenständige Deutsche Gartenbaumuseum bietet den Besuchern die historische und technische Fundierung für das Thema Gartenbau. Zweifelsohne ist der Park beliebt und gehört zur Identität Erfurts, trotzdem bedurfte der Erhalt des historisch gewachsenen Parks und der Ausstellungshallen aufgrund der hohen Kosten für Parkpflege, Unterhalt der Gebäude und Veranstaltungsprogramme immer wieder der Legitimation.

Bemerkenswert ist, dass die Denkmalschützer die Parkanlage als »Opus magnum« der Landschaftsarchitektur in der DDR bezeichnen[24] und sie gleichzeitig in die

---

20 Denkmalausweisung des Thüringischen Landesamtes für Denkmalpflege, 14.12.1992.
21 Martin Baumann, 50 Jahre Internationale Gartenbauausstellung iga '61 in Erfurt. Historische Entwicklung und Bedeutung als Gartendenkmal, in: ders. / Raßloff, Blumenstadt, S. 309–340.
22 Baumann, I. Internationale Gartenbauausstellung, S. 176 f.
23 2013 kostet die Tageskarte sechs Euro, die Jahreskarte 29 Euro.
24 Baumann, I. Internationale Gartenbauausstellung, S. 163.

deutsche oder gar europäische Gartenkunst der sechziger Jahre einordnen.[25] Zwar hatten die ursprünglichen Planer um 1960 auf die Eigenständigkeit der Erfurter iga gepocht, doch mit zeitlichem Abstand und ohne den Ballast der rhetorischen Begründungen für gestalterische Entscheidungen lassen sich Parallelen zur Gestaltung der westdeutschen Gartenbauausstellungen benennen. Die Einbettung in eine gesamtdeutsche und europäische Gartenarchitektur beugt dem Verdacht der »Ostalgie« vor. Auch die Betreibergesellschaft ordnet sie in eine gesamtdeutsche Entwicklung ein, indem sie damit wirbt, der egapark sei »das bedeutendste Gartendenkmal der 60er Jahre in Deutschland«.[26]

In der Forschung und der stadtgeschichtlichen Erzählung wird in diesem Zusammenhang die individuelle Leistung von Reinhold Lingner thematisiert, der vor 1989/90 in offiziellen Verlautbarungen kaum vorkam. Zwar hatte der damalige Chefarchitekt der iga, Gunar Franke, 1991 auf einer Tagung über Reinhold Lingner pessimistisch festgestellt: »Ökonomische Zwänge, der Leistungsdruck der Marktwirtschaft und die kommerziellen Interessen der Geldgeber werden uns recht bald zwingen, vom Lingnerschen Gestaltungskonzept Abstand zu nehmen«[27], doch scheint das Gegenteil der Fall zu sein, denn die Leistungen Reinhold Lingners, der seine berufliche Sozialisierung in der Weimarer Republik erfahren hatte und von westdeutschen Kollegen geschätzt war, wurden seither immer wieder gewürdigt.[28]

Seit 2008 wechselten sich mehrmals optimistische und pessimistische Szenarien für den egapark und Erfurts Identität als »Blumenstadt« ab. 2008 beteiligte sich Erfurt auch zum zweiten Mal an dem Bundeswettbewerb »Entente Florale«, für den Städte den öffentlichen Raum begrünen, um »das Wohn- und Arbeitsumfeld zu verbessern und mehr Lebensqualität für die Bewohner ihrer Stadt zu schaffen«.[29] Als Erfurt die Goldmedaille gewann, war dies eine Bestätigung für die »Blumenstadt Erfurt«.[30] Ebenfalls 2008 konnten sich die Besucher des egaparks in einer Ausstellung über die lange Tradition des Parkgeländes informieren. Diese hatten ehemalige Mitarbeiter anlässlich des 50. Jahrestages des Beginns der Vorbereitungen für die iga 1961 zusammengestellt. 2010 entwickelte eine Unternehmensberatung im Auftrag der Erfurter Stadtwerke drei Szenarien für die Zukunft des egaparks: 1. Spaß und Erlebnis, 2. Retro und Gartenkultur und 3. Volkspark.[31] Die dritte Lösung, die einen öffentlichen Park ohne Eintrittsgeld, aber auch eine Beseitigung aller kostenaufwendigen

---

25 Baumann, 50 Jahre, S. 309.

26 Programm 2011. egapark Erfurt im Jubiläumsjahr, S. 3 (eigene Sammlung).

27 Franke, Perspektiven der iga, S. 95.

28 Vgl. Fibich, Lingner; Zutz, Grüne Moderne; Karn, Lingner.

29 Zu den Maßnahmen im Jahr 2003 vgl. Kathrin Schanze, Zwischen Erdenschwere und Blütenträumen. Erfurt beim deutschlandweiten Wettbewerb »Entente Florale« 2003, in: *Stadt + Grün* 52 (2003) 3, S. 8-10.

30 Vgl. die Ziele des Wettbewerbs: www.entente-florale-deutschland.de.

31 Vera Dähnert, Ega-Park: Spaß, Retro oder das Ende, in: *Thüringer Allgemeine,* 26.11.2010, vgl. die Online-Version: www.thueringer-allgemeine.de/web/zgt/suche/detail/-/specific/Ega-Park-Spass-Retro-oder-das-Ende-35986661 (abgerufen am 3.12.2012).

Gebäude und Anlagen vorsah, wurde kurz darauf ausgeschlossen.[32] Das erste Szenario sah einen generationenübergreifenden Erlebnispark vor, das zweite eine weitgehende Bewahrung der ursprünglichen Gestaltung des iga-Parks der sechziger Jahre.

Als Reaktion auf die Szenarien gründete sich Ende 2010 die Bürgerinitiative »ega 21« in Anspielung auf die Initiative »Stuttgart 21«, die den Umbau des Stuttgarter Hauptbahnhofs und damit eine Beschneidung der angrenzenden Parkanlagen verhindern wollte. Die »ega 21« wollte unter anderem den Verkauf des Südhangs durch die egapark GmbH aufhalten. Die »ega 21«, in der sich ehemalige Mitarbeiter zusammenschlossen, die befürchteten, dass die Ergebnisse ihrer Arbeit beseitigt werden sollten, fragte: »Wird hier zielgerichtet die iga 1961 und deren Geschichte und damit die gesamte kulturelle Gartentradition Erfurts verschwiegen und zur Unkultur erklärt?«[33] Nach dieser angespannten Situation im Jahr 2010 änderte sich die öffentliche Stimmung im folgenden Jahr, als der 50. Jahrestag des iga/egaparks mit Blumenkorso durch Erfurt, Blumenschauen, Kindertheater, Sommerkino und »Lichterfest« gefeiert wurde. 2011 gründete sich außerdem ein Förderverein, der Erfurts Bewerbung um die Bundesgartenschau 2021 unterstützte. Noch am Ende des Jubiläumsjahres erhielt Erfurt den Zuschlag der Deutschen Bundesgartenschaugesellschaft für die Ausrichtung. 60 Jahre nach der »Ersten Internationalen Gartenbauausstellung der sozialistischen Länder« wird in Erfurt eine gesamtdeutsche Bundesgartenschau stattfinden.

Ein Blick auf das Festprogramm und die erschienenen Publikationen im Jahr 2011 verdeutlichen den Stellenwert der historischen iga für Erfurt und den gegenwärtigen Umgang mit der Geschichte. Bücher und Zeitungsartikel beschrieben einerseits die Geschichte des Gartenbaus und der Gartenbauausstellungen in Erfurt seit dem 19. Jahrhundert, andererseits hoben sie die Schönheit des Geländes und die Bedeutung der Anlage für die Erfurter Bevölkerung als Erholungs- und Vergnügungsstätte hervor. Hingegen klammerten sie die Ereignisse im Jahr 1961 mitsamt den Versorgungsproblemen und Fluchtbewegungen in Richtung Bundesrepublik aus. Die Propaganda für die sozialistische Agrarwirtschaft und Zwangskollektivierung wurde ebenfalls kaum thematisiert.

Im Marketing erfolgte indessen ein Rückgriff auf »Florinchen«, das in den sechziger und siebziger Jahren überaus beliebte Maskottchen der iga. Sämtliche Druckerzeugnisse waren mit »Florinchen« geschmückt. Ein acht Meter hohes, auf die Fassade der früheren »Halle der Völkerfreundschaft« gemaltes »Florinchen« begrüßte die auf das ega-Gelände tretenden Besucher. Außerdem wurde es als Käthe-Kruse-Puppe neu aufgelegt und zum Verkauf angeboten.

---

32 Michael Keller, Zwischen Tradition und Moderne: Ega wird kein Volkspark in: *Thüringer Allgemeine,* 27.11.2010, vgl. die Online-Version: www.thueringer-allgemeine.de/web/zgt/suche/detail/-/specific/ Zwischen-Tradition-und-Moderne-Ega-wird-kein-Volkspark-2019565489 (abgerufen am 3.12.2012).

33 Flugblatt »quo vadis egaPark?« der ega 21. Bürgerinitiative für eine nachhaltige Zukunft des egaParks in Erfurt, Dezember 2010, Sammlung Kristina Vagt.

Abb. 66 »Florinchen« auf der Fassade der ehemaligen »Halle der Völkerfreundschaft« anlässlich der Jubiläumsschau »50 Jahre iga 1961«, 2011. Das in den sechziger Jahren entworfene Maskottchen wurde 2011 auch als Käthe-Kruse-Puppe neu aufgelegt und zierte alle Werbemittel des egaparks.

In der ehemaligen »Halle der Völkerfreundschaft« dokumentierte eine Ausstellung die Geschichte der Erfurter Gartenschauen im 19. und 20. Jahrhundert. Darin war das Narrativ wirkungsmächtig, die Bevölkerung selbst habe den Park ab den fünfziger Jahren angelegt und die Anfang der neunziger Jahre von Arbeitslosigkeit bedrohten Mitarbeiterinnen und Mitarbeiter und Erfurter Bürger hätten den Park durch Demonstrationen retten können.

Diese Beispiele der Erinnerung an die iga lassen sich dem »Arrangementgedächtnis« zuordnen, das Martin Sabrow dem »Diktaturgedächtnis« gegenüberstellt.[34] Bei der Einordnung der iga ist auch das Konzept der »Heimat« für die Durchsetzung einer sozialistischen Nation hilfreich, das Jan Palmowski untersucht hat.[35] Zwar taucht der Begriff »Heimat« selten im Zusammenhang mit der iga auf, da dort der internationale Kontext betont wurde, aber kulturelle Veranstaltungen und Ausstellungen zielten in den offiziellen Verlautbarungen darauf ab, die Identität als sozialistische Nation zu stärken. Positive Erinnerungen an Kultur und Erholung überlagern also die Gedanken an die krisenhaften Ereignisse des Jahres 1961, die im Mauerbau am 13. August 1961 kulminierten.

Künftige Gartenschauen. Rückbindungen an die Vergangenheit?

Seit 1995 gab es zahlreiche Bundesgartenschauen in den neuen Bundesländern – in Cottbus (1995), Magdeburg (1999), Potsdam (2001), Rostock (2003), Gera und Ronneburg (2007) und Schwerin (2009). Eine weitere ist für die Havelregion 2015 geplant, an der sich zum ersten Mal mehrere Städte beteiligen.[36] Genutzt wurden und werden die Ausstellungen zur Sanierung von Parks, zur Gestaltung von Konversionsflächen und zur Aufwertung von strukturschwachen Regionen.

Hamburg erlebt 2013 die Internationale Gartenschau. Für 2017 ist die Internationale Garten-Ausstellung in der Ost-Berliner Großsiedlung Marzahn geplant. Ursprünglich sollte sie auf dem ehemaligen Flugfeld Tempelhof stattfinden, das sich zu einer innerstädtischen Spielwiese mit unterschiedlichsten Funktionen entwickelt hat. In Marzahn werden unter anderem die »Gärten der Welt« einbezogen, die für die »Berliner Gartenschau« 1987 im Ostteil der Stadt angelegt worden waren.[37] 2019 soll eine Bundesgartenschau in Heilbronn stattfinden, und für 2021 wurde die bereits erwähnte Bundesgartenschau in Erfurt genehmigt.

2013 finden zum ersten Mal gleichzeitig eine Internationale Gartenschau (igs) und eine Internationale Bauausstellung (IBA) in Hamburg statt. Für beide Veranstal-

---

34   Ebd., S. 18 f.
35   Palmowski, Socialist Nation.
36   Vgl. www.buga-2015-havelregion.de
37   Vgl. die Pressemitteilung des Berliner Senats: www.stadtentwicklung.berlin.de/umwelt/stadtgruen/
     iga_berlin_2017/index.shtml (abgerufen am 30.9.2012)

tungen wird die Elbinsel Wilhelmsburg, deren Bevölkerung einen großen Anteil an Migranten hat und die lange als sozialer Brennpunkt galt, einem großen baulichen und sozialen Wandel unterzogen. Der igs-Park soll dabei die Funktionen eines Sport- und Gesundheitsparks mit Inhalten verbinden, die in einem gemischten Stadtteil wie Wilhelmsburg an Bedeutung gewonnen haben. Gärten symbolisieren die fünf Welt-religionen.[38] Angesichts vieler Bewohner, die eher bildungsfernen Schichten zuzu-rechnen sind, integriert die igs Bildungsangebote für Kindergärten, Schulklassen und Jugendgruppen in den Bereichen Natur und Umwelt.[39]

Die 70 Millionen Euro teure Gartenschau rief während der Vorbereitungen auch Kritik hervor, da viele alte Bäume gefällt und Kleingärtner zwangsweise umgesetzt wurden. Ein weiterer Kritikpunkt ist, dass die geplante Verlegung der viel befahre-nen Wilhelmsburger Reichsstraße nicht realisiert werden kann und diese während der Veranstaltung das Gelände durchschneidet.[40] Aus der Wilhelmsburger Be-völkerung – und dem 2002 gegründeten Verein Zukunft Elbinsel Wilhelmsburg – kamen Forderungen, diese Verlegung zur Bahntrasse zu prüfen und ein ganzheit-liches Verkehrskonzept zu entwickeln. Insgesamt gibt es viele Klagen über die Beein-trächtigungen im Vorwege von igs und IBA aufgrund von Bauarbeiten.[41]

In Imagebroschüren, beim Internetauftritt der igs 2013 und in einer Ausstellung im »igs-Infozentrum« kamen die historischen Hamburger Gartenbauausstellungen des 19. und 20. Jahrhunderts vor. Dabei ließ sich in der kleinen Dauerausstellung, die im Oktober 2011 mit dem igs-Infozentrum eröffnet wurde, eine Kuriosität fest-stellen: In einer Vitrine wurde neben dem Maskottchen »Felix« für die igs 2013 eine Puppe mit der Objektbeschriftung »Maskottchen von der IGA 1963« präsentiert.[42] Das dazugehörige Exponat war aber nicht etwa von der Hamburger IGA, sondern es handelte sich um »Florinchen« aus Erfurt, das 1966 entstanden war. Anscheinend hatten die Ausstellungsmacher die Figur nicht richtig zuordnen können. Ohne die Anekdote überbewerten zu wollen, lässt sich doch feststellen, dass den Verantwortli-chen der igs die Traditionen der Hamburger IGA nicht in dem Maße bekannt waren, dass sie den Fehler sofort erkannt hätten. Offenbar hatten sie auch nicht die umfang-reichen Werbebemühungen für das Erfurter Jubiläumsjahr 2011, in denen »Florin-chen« die zentrale Rolle spielte, zur Kenntnis genommen.[43]

---

38 igs 2013 (Hrsg.), In 80 Gärten um die Welt, Hamburg (ohne Datum).

39 Vgl. das umfangreiche Programm: igs 2013 GmbH (Hrsg.), Klasse! Bildung ist unsere Welt, Hamburg 2012.

40 Nico Binde / Friederike Ulrich, igs 2013: Noch 365 Tage bis zur Gartenschau, in: *Hamburger Abend-blatt*, 26.4.2012.

41 Vgl. allgemein www.zukunft-elbinsel.de; zur Verlegung der Straße besonders auch: www.wilhelms-burger-reichsstrasse.de.

42 Die Beschreibung bezieht sich auf den Stand bei einem persönlichen Besuch am 22.10.2011.

43 Ich gab der igs GmbH nach dem Besuch einen Hinweis auf die Herkunft »Florinchens«. Bei einem Besuch am 3. März 2012 stellte ich fest, dass der Inhalt der Vitrine komplett ausgetauscht worden war: Nun war sie mit mehreren Merchandising-Artikeln zu »Käpt'n Blume« bestückt.

In Erfurt wird das Kerngelände der Bundesgartenschau 2021 der egapark sein. Hinzu kommen der Petersberg, der Luisenpark sowie weitere kleinere Parks. Aus den Worten des Erfurter Oberbürgermeisters Andreas Bausewein bei der Bekanntgabe der Bewilligung durch die Gartenschaugesellschaft spricht das alte Selbstverständnis Erfurts als »Blumenstadt«: »Es kommt nach Erfurt, was hierher gehört.«[44] Bisher wurde verkündet, dass das Gelände nicht insgesamt in den Zustand von 1961 zurückversetzt werden soll. Die Stadt Erfurt hat jedoch zwei Maßnahmen mit hohem Symbolwert für die Erfurter Bevölkerung beschlossen: Die 1995 abgerissene Zentralgaststätte mit Rendezvousbrücke soll nachgebaut werden, und das große Blumenbeet von 1961, dessen jährliche Wechselbepflanzung zunächst eingespart und gegen eine Staudenbepflanzung ersetzt werden sollte, wird doch im alten Zustand belassen.[45]

Die Bedeutung der Gartenschauen für die städtische Identität

Die Ausstellungsparks und die Gartenbauausstellungen sind im kulturellen Gedächtnis der Städte Hamburg und Erfurt verankert. In Erfurt werden die »Erste Internationale Gartenbauausstellung der sozialistischen Länder« 1961 und das daraus hervorgegangene Gelände als Erfolgsgeschichte gedeutet, unterstützt durch die spätere Anerkennung als Kulturdenkmal. Damit einher geht die Deutung der Ereignisse nach 1989 zunächst als Verlustgeschichte des Geländes bzw. als Kampfgeschichte für den Erhalt des Gartenschaugeländes. Der Prozess der Historisierung im städtischen Gedächtnis ist jedoch noch nicht abgeschlossen, da das Gelände bis zur Bundesgartenschau 2021 erneut einen Wandel erleben wird.

Während die Erfurter iga Teil der städtischen Identität und ihre Geschichte in der Wahrnehmung der Bevölkerung eng mit dem bestehenden Parkgelände verknüpft ist, scheint dies in Hamburg in geringerem Maße der Fall zu sein. Dort befindet sich seit Mitte der achtziger Jahre »Planten un Blomen« in einem Zustand, der nicht grundsätzlich in Frage gestellt wird. Die Proteste gegen die Erweiterung des CCH im Jahr 2004 haben aber gezeigt, dass sich die Hamburger für den Park einsetzen, wenn er bedroht ist. Die Ernennung zur »Green Capital« und die igs 2013 bieten Anknüpfungspunkte für Verweise auf die Geschichte der Gartenschauen und den großen innerstädtischen Park »Planten un Blomen«. In diesem Zusammenhang wird die Geschichte »Planten un Blomens« als Erfolgsgeschichte gedeutet, der Entstehungszusammenhang im »Dritten Reich« meist nicht benannt. Während die Erinnerungen an die Gartenbauausstellungen verblassen, ist der heutige Park selbstverständlicher Bestandteil des Stadtbildes und der innenstadtnahen Freizeitgestaltung. Mit der igs wird die Tradition der Gartenbauausstellungen fortgesetzt, allerdings der Übergang auf ein anderes Gelände vollzogen.

---

44 Ulrike Hendan, Erfurt freut sich auf Bundesgartenschau 2021, in: *Thüringer Allgemeine,* 22.12.2011.
45 Klaus Wuggazer, 15 Millionen Euro für die Verschönerung der Erfurter Ega, in: *Thüringer Allgemeine,* 17.3.2012.

Schluss

Die vergleichende Untersuchung der Gartenbauausstellungen in der Bundesrepublik und in der DDR hat gezeigt, dass die Veranstaltungen in der Wiederaufbau- und Konsolidierungsphase – der Phase des »Booms« – breit gefächerte politische, wirtschaftliche und kulturelle Inhalte und Funktionen hatten. In einem Zeitraum von 25 Jahren verschoben sich die inhaltlichen Schwerpunkte und wandelten sich die Gestaltungsmittel. Die Veranstalter der Gartenschauen bewegten sich in dem Spannungsfeld der Abgrenzung zur NS-Vergangenheit und des jeweils anderen deutschen Staates. Die Organisatoren versuchten, neue Inhalte und Ausdrucksformen einzubringen, die zu dem jeweiligen politischen und gesellschaftlichen System passten.

In Hamburg war dabei der Übergang von der »Niederdeutschen Gartenschau« 1935 zu den Internationalen Gartenbauausstellungen bis in die siebziger Jahre durch personelle und räumliche Kontinuität geprägt. Denn der Gartenarchitekt Karl Plomin, der 1935 federführend »Planten un Blomen« gestaltet hatte, war auch bei der IGA 1953 und 1963 in leitender Position an der Gestaltung des Ausstellungsparks beteiligt, bei der IGA 1973 dann an Einzelplanungen.

Eine Auseinandersetzung mit dem Entstehungskontext und den Funktionen des Parks zur Zeit des Nationalsozialismus suchten die Veranstalter und die Stadt in den ersten Nachkriegsjahrzehnten nicht, sondern erst Mitte der achtziger Jahre gingen Denkmalpfleger Fragen nach den Entstehungsbedingungen und den Gestaltungselementen nach. Die Abkehr von Grundsätzen der NS-Zeit wurde in den fünfziger Jahren vielmehr durch das Etikett der Internationalität und die Betonung der Gleichrangigkeit der beteiligten Nationen in den gärtnerischen Wettbewerben demonstriert. Die Eröffnungsredner sowie Informations- und Werbeschriften präsentierten die Gartenbauausstellungen als Veranstaltungen im Zeichen des Friedens und der »Völkerfreundschaft«. Den Anbruch einer neuen Zeit drückten auch die beteiligten Architekten, die als Vertreter der »zweiten Moderne« galten und das Gesicht Hamburgs in den fünfziger und sechziger Jahren prägten, in der Ausstellungsarchitektur aus, die helle und transparent wirkende Restaurants, Cafés und Ausstellungshallen umfasste. In der Ausstellung »Plastik im Freien« fand durch die Auswahl der Kunstwerke eine Abgrenzung vom nationalsozialistischen Kunstverständnis und eine Hinwendung zur zeitgenössischen europäischen Kunst statt. Einige Werke von deutschen Künstlern, die im »Dritten Reich« als »entartete Kunst« diffamiert worden waren, wurden neben Werken von französischen, italienischen und amerikanischen Künstlern ausgestellt.

In Erfurt stand der leitende Gestalter Walter Funcke – während der Zeit des Nationalsozialismus aufgrund seiner politischen Arbeit inhaftiert – für die Abkehr vom »Dritten Reich«. Gartenarchitekten und Politiker in der DDR legten großen Wert auf didaktische und wissenschaftliche Konzepte, um den durch Bodenreform und genossenschaftliche Arbeitsweise bedingten Wandel im Gartenbau vorzustellen. Wie in allen gesellschaftlichen Bereichen wurde der Aufbruch in das neue Gesellschaftssystem auch auf den frühen Gartenschauen rhetorisch untermauert. Dabei grenzten die Gestalter und Politiker ihre Veranstaltungen von denen der Vergangenheit und zeitgenössischen westdeutschen Gartenschauen ab, die sie meist als unpolitisch und inhaltsleer kritisierten.

Tatsächlich waren die westdeutschen Organisatoren auf ein unpolitisches Erscheinungsbild ohne suggestive Elemente bedacht, da dies in ihrem Verständnis Ausdruck für das demokratische System war. Eine ähnliche »Haltung der Zurückhaltung«, wie sie für den bundesdeutschen Auftritt auf der Expo 1958 in Brüssel kennzeichnend war, lässt sich bereits für die IGA 1953 in Hamburg feststellen. Dazu passt die Tatsache, dass die Hamburger Ausstellungsleitung für die IGA 1953 eine Kollektivschau der DDR verweigerte, da sie eine politische Instrumentalisierung von Seiten des anderen deutschen Staates befürchtete.

Neben Landschaftsarchitekten und Architekten waren städtische, staatliche und wirtschaftliche Akteure an der Organisation der Veranstaltungen beteiligt. Die Gartenbauausstellungen in Hamburg und Erfurt entsprangen zunächst städtischen Initiativen und waren lokal verankert. In beiden Städten setzten sich die Bürgermeister für die ersten Veranstaltungen nach dem Zweiten Weltkrieg ein. Erfurts Oberbürgermeister Georg Boock wollte 1950 »Erfurt blüht« dazu nutzen, die Gartenbauwirtschaft wiederzubeleben, Erfurt zur Kongressstadt zu machen und gesamtdeutsche Begegnungen zu fördern. Boock setzte sich außerdem für die »Samenexportschau und Gartenbauausstellung« 1955 und für die iga 1961 ein. Diese und die 1958 gegründete iga-Gesellschaft wurden allerdings dem Ministerium für Landwirtschaft unterstellt und damit zum Teil der städtischen Einflusssphäre entzogen. Dadurch, dass die Mitarbeiter der iga fest angestellt waren und die Hallenschauen im Kollektiv planten, war ihre Arbeit durch einen hohen Grad an Kontinuität und Identifikation geprägt. Seit den siebziger Jahren wurden allerdings auch eingefahrene Routinen festgestellt.

Hamburgs Erster Bürgermeister Max Brauer wollte mittels der IGA 1953 den Wiederaufbau der Stadt vorantreiben und die Funktionen des öffentlichen Grüns aufwerten. Durch die Gartenbauausstellung versuchte er, den »Fremdenverkehr« auszubauen, um den durch die deutsche Teilung erlittenen »Verlust des Hinterlandes« und die daraus resultierenden wirtschaftlichen Einbußen zu kompensieren. Da

Hamburg als Hafen- und Handelsstadt das Image als »Tor zur Welt« hatte und sich Anfang der fünfziger Jahre als europafreundlich darstellte, schien es innerhalb der Bundesrepublik prädestiniert für ein internationales Format, was auch der Zentralverband des Deutschen Gemüse-, Obst- und Gartenbaues erkannte.

Während die Erfurter iga zu einer regelmäßigen Veranstaltung wurde, musste sich der Hamburger Senat beim Zentralverband um weitere Ausstellungen bewerben. Ausrichter waren dann die Stadt Hamburg und der Zentralverband. Die Mitarbeiter wurden meist neu rekrutiert. Auch wenn das System der Bundesgartenschauen und Internationalen Gartenbauausstellungen einen Wechsel der Städte vorsah, hoffte der Hamburger Senat, die Veranstaltung dauerhaft nach Hamburg holen zu können. Dabei mussten jedoch der Hamburger Senat und die beteiligten Behörden und Institutionen mit der Konkurrenz anderer Städte rechnen. Während Hamburg sich bei der IGA 1973 gegen Berlin durchsetzen konnte, gewann die Stadt München, die sich als Austragungsort der Olympischen Spiele 1972 profiliert hatte, die IGA 1983. Das Entscheidungsverfahren der bundesdeutschen Gartenschauen war gleichermaßen Ausdruck des Föderalismus und des Wettbewerbs der Städte.

Die Gartenbauausstellungen in der Bundesrepublik und der DDR unterschieden sich besonders in den sechziger Jahren in ihren inhaltlichen Schwerpunktsetzungen. In der DDR nutzte das Ministerium für Landwirtschaft ab 1961 die iga, um die Neuerungen in der Agrarpolitik vorzustellen und Fachkräfte im Gartenbau zu schulen. Ungleich mehr Wert wurde auf die Vermittlung von Informationen über das staatlich durchgesetzte Agrarsystem gelegt, das die Prinzipien Kollektivierung, Mechanisierung und Industrialisierung der Gartenbauwirtschaft umfasste. Da die DDR aufgrund der Mangelsituation auf den Anbau in Haus- und Kleingärten angewiesen blieb, wurde zunehmend die Wirtschaftsweise in Kleingärten in die Ausstellung einbezogen.

In der Bundesrepublik nutzte der Zentralverband die Gartenbauausstellungen als Forum für den Berufsstand der Gärtner. In Leistungsschauen mit Wettbewerben stellten Aussteller aus der Bundesrepublik und den beteiligten Nationen ihre Produkte vor. Lehrschauen wurden dagegen in geringerem Maße gezeigt. Daher wurden wirtschaftspolitische Themen wie der »Grüne Plan« der EWG kaum in die Ausstellungen eingebracht. Die deutschen und ausländischen Besucher konnten sich eher anhand der internationalen Leistungsschauen und der Anzahl der beteiligten Nationen ein Bild der Fortschritte bei der angestrebten Westintegration der Bundesrepublik und Hamburgs machen.

Die Stadt Hamburg und der Zentralverband hatten ein Interesse daran, Lösungen für die Integration der Natur in den städtischen Raum anzubieten. Nach den Veranstaltungen 1963 und 1973 wurde jedoch deutlich, dass sich nicht alle Gestaltungselemente für den öffentlichen Parkbetrieb nach dem Ausstellungsende eigneten. Daher wurden Gebäude abgerissen und Pflanzungen neu gestaltet. In Erfurt bestand dieses Problem nicht, da die meisten Maßnahmen von vornherein für den Dauerbetrieb geschaffen worden waren. Dort wurde die Gestaltung nur langsam erneuert, da die finanziellen und materiellen Mittel knapp waren.

Auch wenn die Ausstellungen in Hamburg und Erfurt unabhängig voneinander stattfanden und die Organisatoren sich nicht aufeinander bezogen, kam der jeweils andere Staat als Bezugssystem vor, da die beiden Staaten »divided, but not disconnected« waren. Während für die Hamburger Veranstalter der Gedanke der Westintegration leitend war, war das Verhältnis zur DDR durch Abgrenzung geprägt. Der DDR gegenüber wurde dann auf der IGA 1953 auch keine »Haltung der Zurückhaltung« entgegengebracht. Stattdessen stellte das Ministerium für gesamtdeutsche Fragen im »Pavillon des Ostens« auf propagandistische Art und Weise die Kollektivierung der Landwirtschaft in der DDR vor. Vor dem Hintergrund der Ereignisse am 17. Juni 1953 gewann die Ausstellung an Aktualität und bestätigte die Nachrichten über Versorgungsmängel und Unzufriedenheit weiter Teile der DDR-Bevölkerung. Statt einer Kollektivausstellung der DDR auf der IGA 1953 kam es nur zu einer Präsentation einzelner Aussteller. Für die IGA 1963 schlossen die Veranstalter ab 1960 eine Teilnahme der DDR aus. Eine solche wurde erst mit der Unterzeichnung des »Grundlagenvertrages« Ende 1972 möglich. Zum ersten Mal konnte die DDR sich in einer Kollektivausstellung mit Nationenbezeichnung auf einer IGA in Hamburg vorstellen, ohne dass dies jedoch von beiden Seiten besonders hervorgehoben worden wäre.

Die Veranstalter der Gartenbauausstellungen in Erfurt nahmen in den fünfziger und sechziger Jahren auf verschiedenen Ebenen Bezug auf die Gartenschauen in der Bundesrepublik und im westlichen Ausland. Da die DDR unter dem Druck stand, sich ihrer eigenen Bedeutung zu versichern, grenzte sie sich immer wieder von der Bundesrepublik ab. Die Legitimation bezogen die Veranstalter der Gartenbauausstellungen 1950, 1955, 1961 und 1966 auch aus dem Interesse des westdeutschen Publikums an den Veranstaltungen, sei es, dass westdeutsche Besucher Erfurt besuchten und ein lobendes Urteil abgaben, sei es, dass die westdeutsche Presse über sie berichtete.

In den fünfziger Jahren bestanden aber noch jenseits der offiziellen Ebene Kontakte zwischen Landschaftsarchitekten in Ost und West und erfolgte ein kollegialer Austausch über gestalterische Fragen. So stand der leitende Landschaftsarchitekt der iga in Erfurt, Reinhold Lingner, mit Hermann Mattern in Verbindung, der 1950 die Deutsche Gartenschau in Stuttgart und 1955 die Bundesgartenschau in Kassel gestaltete. Vor dem Mauerbau konnten gegenseitige Besuche erfolgen, doch seit dem Spätsommer 1961 wurden diese Kontakte weitgehend eingefroren. Denn die Landschaftsarchitekten der neuen Generation verfügten nicht mehr über gemeinsame Ausbildungswege und Erfahrungen.

Diejenigen Westdeutschen, die sich auf die Reise in die DDR und zu den Gartenbauausstellungen in Erfurt begaben, pflegten oft persönliche Kontakte und zeigten bisweilen eine wohlwollende Haltung gegenüber der DDR im Allgemeinen und der Gartenschau im Besonderen oder stellten ihre ambivalenten Gefühle differenziert dar. Motive für die Besuche waren das Interesse für eine sozialistische Alternative oder die Überzeugung, dass Verwandte, Freunde und ehemalige Kollegen hinter dem Eisernen Vorhang nicht dem Vergessen preisgegeben werden sollten. Die Reiseberichte von Westdeutschen erweckten oft den Eindruck einer anthropologischen Feldforschung. Der Besuch der iga stellte sie vor die Herausforderung, zwischen dem publikumswirksamen Ereignis und den alltäglichen Verhältnissen unterscheiden zu müssen. Obwohl aus den Berichten oft Skepsis über propagandistische Töne sprach, die ihnen in den Ausstellungen begegneten, plädierten sie in Zeitungs- und Zeitschriftenartikeln dafür, die Gartenbauausstellungen zu nutzen, um sich selbst ein Bild von den Verhältnissen im anderen deutschen Staat zu machen.

Ostdeutsche Gartenarchitekten und Planer der Ausstellungen, die bis 1961 Gartenbauausstellungen in der Bundesrepublik und im westeuropäischen Ausland besuchten, deuteten sie in ihren offiziellen Reiseberichten für staatliche Stellen meist nach ideologisch definierten Kriterien. Sie lehnten die Gestaltungskonzeptionen, die gartenkünstlerische Elemente sowie Attraktionen wie Fernsehtürme und Seilbahnen integrierten, ab und lobten die ostdeutschen Gartenschauen als positive Gegenbeispiele. Dass sie mit dem Gesehenen und Erlebten aber durchaus flexibel umgingen, zeigte sich zum Beispiel in der Vorlagensammlung Reinhold Lingners. Offenbar gehörte es zur gängigen Praxis, sich von westlichen Gartenschauen inspirieren zu lassen.

Auch wenn das Verhältnis der beiden Gartenbauausstellungen durch Abgrenzung gekennzeichnet war, bestanden bei inhaltlichen Schwerpunktsetzungen auf der IGA 1973 in Hamburg und der iga 1974 in Erfurt Parallelen. Auf beiden wurden Spiel- und Bewegungsangebote gemacht, die sich an Familien und Kinder richteten. Außerdem wurden auf beiden Pflanzaktionen im öffentlichen Raum durch die Bevölkerung vorgestellt. Tipps für Klein- und Hobbygärtner kamen ebenfalls in beiden Ausstellungen vor. Anfang der siebziger Jahre wurden damit gesellschaftliche Themen verhandelt, die in modernen Industriegesellschaften beiderseits des Eisernen Vorhangs aktuell waren. Hingegen waren öffentliche Diskussionen über die »Krise der Stadt« ein bundesdeutsches Phänomen. Die Industrialisierung der Landwirtschaft und die Herausstellung des 25-jährigen Bestehens der DDR und des RGW waren in der DDR systemimmanente Themen.

Im Untersuchungszeitraum waren neben den deutsch-deutschen Beziehungen auch die internationalen Bezüge für beide Staaten wichtig. So bot die Internationale Gartenbauausstellung 1953, auch als »Olympiade der Gärtner« bezeichnet, den visuellen Rahmen, um Wünsche nach Völkerfreundschaft, Frieden und Freiheit auszudrücken und die Deutschen als friedliebende Gärtner vorstellen. Während diese erste nicht beim B.I.E. in Paris angemeldet war, wurden die IGA 1963 und 1973 nach dem internationalen Reglement des B.I.E. durchgeführt. Auf der IGA 1963 wurden die Beziehungen auf südamerikanische, afrikanische und asiatische Nationen ausgeweitet. Mit der Teilnahme der DDR und osteuropäischer, sozialistischer Staaten an der IGA 1973 zeichneten sich die Ergebnisse der Entspannungspolitik ab.

Die DDR verortete sich im Bündnis der Partnerländer des RGW, suchte zugleich aber auch nach Anerkennung in Westeuropa. Um sich im westlichen Ausland bewegen zu können, stellte die DDR ideologisch bedingte Vorbehalte zurück und war durchaus willens, bestehende internationale Spielregeln zu befolgen. Dabei gab sie dem eigenen Auftritt ein unpolitisches und ästhetisches Erscheinungsbild, wenn dieses gefordert war. Denn in der »Politik der kleinen Schritte« hatte die Einladung zu Ausstellungen als Kompensation für fehlende diplomatische Beziehungen weitreichende Bedeutung. So kam aus Sicht der DDR die Stiftung einer Meißener Porzellanvase durch das Ministerium für Land- und Forstwirtschaft der DDR als Ehrenpreis, wie 1955 auf den »Genter Floralien« geschehen, einer staatspolitischen Geste gleich. An den vergeblichen Bemühungen der DDR um eine Teilnahme an den Gartenschauen in Gent 1960 und Wien 1964 wurde jedoch deutlich, dass die »Hallstein-Doktrin« die DDR in ihrem Repräsentationsrahmen einschränkte. Die DDR verfolgte mit diesen Anträgen und ihrer Beteiligung an der IGA 1973 in Hamburg ihr Ziel, mit Zierpflanzen auf dem internationalen Markt zu handeln, um Devisen zu erwirtschaften. Auf der Repräsentationsebene waren Zierpflanzen zudem ungleich bedeutender als das Obst und Gemüse, das die DDR zu bieten gehabt hätte. Da dieses günstiger in Südeuropa produziert wurde, hätte die DDR damit kaum Handelserfolge erzielen können. Die Besonderheit bei der iga der DDR war, dass die lokalen Akteure wie die Leitung der iga an einer internationalen Ausrichtung interessiert waren und sich um Kontakte ins Ausland bemühten, die Regierung ihnen bei der Fortführung der Kontakte aber Steine in den Weg legte.

In der Bundesrepublik waren Gartenbauausstellungen Motor für den Wiederaufbau nach dem Zweiten Weltkrieg und Ort für internationale Begegnungen gewesen. Dadurch zeichnete sich die IGA 1953 durch einen hohen Grad an Akzeptanz in der Hamburger Bevölkerung aus. Die IGA 1963, die mit übersteigerten Ansprüchen geplant worden war, konnte die Erwartungen zwar nicht erfüllen, trotzdem wurde das Format als so wichtig für Hamburg erachtet, dass eine erneute Bewerbung erfolgte. Die IGA 1973, die durch massenkompatible Freizeitangebote ausgestattet war, übertraf dann die Erwartungen. Eine neu aufkommende Kritik an teuren, prestigeträchtigen Maßnahmen kündigte jedoch an, dass das Prinzip, das Hamburger Denkmalpfleger später mit »Umgraben oder vergessen« umschrieben, künftig stärkere Legitimation fordern würde.

Die iga in Erfurt konnte nicht die Funktion der DDR-Repräsentation mit Strahlkraft in den Westen oder eines Treffpunkts mit westdeutschen Besuchern wie die Leipziger Messe erlangen. Vielmehr diente sie zur Standortbestimmung für die eigene Bevölkerung und als Schaufenster in den Osten. Denn die SED sah sich dem Druck ausgesetzt, der Bevölkerung gegenüber ihren Herrschaftsanspruch zu legitimieren. Der SED-Staat, der die Bevölkerung in der persönlichen Freiheit einschränkte, suchte in den sechziger und siebziger Jahren Zustimmung durch integrierende und repräsentative Elemente. Die iga zeichnete sich durch Akzeptanz aus, weil sie in lokalen Traditionen begründet, aber sozialistisch neu interpretiert war. Durch aufwendige Blumenpflanzungen, Kultur- und Unterhaltungsangebote sowie Spielplätze sprach sie den Geschmack der ländlichen und städtischen Bevölkerungsschichten, der Kleingärtner und Familien mit Kindern an.

Die iga in Erfurt lässt sich mit dem von Mary Fulbrook untersuchten »ganz normalen Leben«, von dem viele ehemalige DDR-Bürger sprechen, im Zusammenhang sehen. Nach Fulbrook band die DDR die Bevölkerung durch die Mitarbeit in den Massenorganisationen in die Ausgestaltung des Staates ein. In dem Begriff »participatory dictatorship« drückt sie aus, dass die Bevölkerung in massenpolitischen Organisationen und Betrieben das gesellschaftliche System mittrug und -formte.[1] Während sich vor dem 13. August 1961 viele DDR-Bürger für ein Leben in der Bundesrepublik entschieden, waren andere zum weiteren Aufbau der DDR – und auch der iga – bereit. Mit Fulbrooks Modell der »participatory dictatorship« erscheint die iga jedenfalls im Nachhinein als schöne Seite des »ganz normalen Lebens«, auf das sich viele ehemalige DDR-Bürger beriefen.

Eine ergänzende Lesart ergibt sich durch die Untersuchung der Bedeutung der Gartenbauausstellungen im kollektiven Gedächtnis beider Städte. Dabei ist die Deutung für die Erfurter iga weitaus vielschichtiger als für die Hamburger Gartenbauausstellungen, da mit dem Ende der DDR auch eine Neubewertung der staatlichen Propagandaausstellung, die aber immer schon einen starken Rückhalt in der Bevölkerung hatte, erforderlich wurde. In Erfurt dominiert bis heute das Narrativ, dass die lokale Bevölkerung in den fünfziger und sechziger Jahren im »Nationalen Aufbauwerk« an der Erschaffung der iga mitarbeitete. Stolz auf die Schönheit der Anlagen ist gepaart mit demjenigen auf die internationale Ausrichtung. Aus der Perspektive der DDR-Bürger mag sich die iga trotz vieler Einschränkungen als Möglichkeit der Begegnung mit Westbesuchern dargestellt haben. Dass die Intentionen für die Gartenbauausstellungen und die tatsächliche Nutzung durch die Besucher und ihre Bedeutung voneinander abwichen, wird daran deutlich, dass die iga in der DDR als Lehr- und Leistungsschau konzipiert wurde. Tatsächlich nahm diese Bedeutung im Laufe ihres Bestehens bis 1989 ab, während die iga bei Ausflüglern und Kleingärtnern aus der DDR hoch im Kurs stand. Nach 1989 setzten sich Mitarbeiter und die Erfurter Bevölkerung für den Erhalt des Parks ein. Bis in die Gegenwart bleibt das Schlagwort von der »Blumenstadt Erfurt« anschlussfähig, wie sich anhand der geplanten Bundesgartenschau 2021 in Erfurt zeigt.

Im kulturellen Gedächtnis der Stadt Hamburg ist der Park »Planten un Blomen« stark verankert, die Internationalen Gartenbauausstellungen sind hingegen in den Hintergrund getreten, da die IGA 1973 40 Jahre zurückliegt. Eine politische

---

1   Mary Fulbrook, The People's State. East German Society from Hitler to Honecker, New Haven / London 2005; deutschsprachige Ausgabe: Ein ganz normales Leben. Alltag und Gesellschaft in der DDR, Darmstadt 2008.

Einordnung der Hamburger Großereignisse erfolgte bisher kaum. Dabei ist gerade der Übergang von der Propagandaschau »Planten un Blomen« zur IGA 1953 ein Beispiel dafür, wie eine Abgrenzung von der Zeit des Nationalsozialismus versucht wurde, ohne sie explizit zu machen.

Vielversprechend wäre der Vergleich mit anderen nationalen Gartenschauen in Stuttgart, Kassel, Köln, Dortmund, Dresden und Leipzig, wo auch jeweils mehrere Gartenschauen stattfanden. Für die DDR war die Landwirtschaftliche Ausstellung in Leipzig-Markkleeberg bzw. die Nachfolgemesse »agra« eine Konkurrenz. Außerdem ließen sich die Hamburger und Erfurter Veranstaltungen zu europäischen Gartenschauen in Gent, Rotterdam, London und Olomouc in Beziehung setzen. Weiterhin ließe sich die Geschichte der Gartenbauausstellungen in der Bundesrepublik in der Zeit nach dem »Boom« und unter dem Eindruck der »Festivalisierung der Politik«, der Städtekonkurrenz und der Ökologiebewegung in den siebziger und achtziger Jahren fortschreiben. Es ließe sich auch der Frage nachgehen, welche Strategien die Mitarbeiter der iga in Erfurt trotz Ressourcenmangels entwickelten, um die iga weiter auszubauen.

Gartenbauausstellungen sind nur Puzzleteile im Gesamtbild der deutsch-deutschen Beziehungen. Kaum muss betont werden, dass sich Untersuchungen von vielfältigen Aspekten der deutsch-deutschen Beziehungen lohnen, um jenseits der großen Narrative zu differenzierten Bewertungen der eigenständigen Positionen und zwischenstaatlichen Interaktionen zu gelangen.

Am Ende steht die Feststellung, dass die Gartenbauausstellungen zwei Agrar- und Gesellschaftssysteme repräsentierten, die politisch gewollt und massenwirksam präsentiert wurden. Die Gartenbauausstellungen dienten beiden Städten und Staaten in den Nachkriegsjahrzehnten dazu, sich auch international als friedliebend darzustellen und ins Gespräch zu bringen sowie Identifikation in der eigenen Bevölkerung zu erzeugen. Die Themen Landschaft und Garten, aber auch Stadtplanung, Kultur und Freizeit sowie die Fülle der Ausstellungsexponate in Form von blühenden Blumen boten sich dazu in besonderem Maße an, da sie zumindest auf den ersten Blick ein weitgehend unpolitisches Erscheinungsbild boten. Sie riefen dabei gleichermaßen das Interesse der Besucher aus beiden Staaten hervor und eröffneten grundsätzlich Möglichkeiten zum Dialog.

Dank

Bei den Recherchen und der Erstellung der Studie, die 2012 als Dissertation an der Universität Hamburg angenommen wurde, waren mir viele Personen und Institutionen behilflich. Auf das Herzlichste möchte ich mich bei meinem Betreuer Prof. Dr. Axel Schildt für seine fachliche Unterstützung, Motivation und Geduld sowie den sanften Druck, der zum Abschluss führte, danken. Ebenso danke ich meiner Zweitgutachterin Prof. Dr. Dorothee Wierling für viele Denkanstöße, Hinweise und Unterstützung. Überaus erfreut bin ich darüber, dass sie sowie PD Dr. Kirsten Heinsohn als Vertreterin des Direktors der Forschungsstelle für Zeitgeschichte in Hamburg die Dissertation in die Schriftenreihe Forum Zeitgeschichte aufgenommen haben. Dafür danke ich ihnen sehr.

Während meiner früheren Tätigkeit in der Forschungsstelle für Zeitgeschichte konnte ich viele Gedanken entwickeln. Ich danke allen Kolleginnen und Kollegen, die sich in meine Ideen hineingedacht und Anteil genommen haben, besonders Dr. Linde Apel, der Leiterin der »Werkstatt der Erinnerung«.

Meine Recherchen haben mich in Archive in Hamburg, Thüringen, Berlin und Erkner geführt. Ich danke allen Ansprechpartnern in Archiven und Bibliotheken – besonders Helga Mügge im Staatsarchiv Hamburg, Katrin Weiß und Eveline Bittdorf im Thüringischen Hauptstaatsarchiv Weimar sowie Norbert Baues und Karl Heinz Hoffmann im Hamburgischen Architekturarchiv.

Bei Dr. Alice von Plato möchte ich mich dafür bedanken, dass sie mir Hinweise auf Quellenbestände zur iga in Erfurt gab und Aufzeichnungen zu ihren Zeitzeugeninterviews zur Verfügung stellte. Gefreut habe ich mich darüber, dass Anne Steinmeister in Bielefeld und Sven Schultze in Berlin, die parallel über Gartenbau- bzw. Landwirtschaftsausstellungen promovierten, immer zu einem Austausch bereit waren und mich an ihrem Wissen teilhaben ließen. Fruchtbar war, dass ich meine Konzeption und erste Ergebnisse auf Kolloquien und Tagungen der Gesellschaft für Stadtgeschichte und Urbanisierungsforschung, der ETH Zürich, der Stiftung Aufarbeitung, dem Leibniz-Institut für Regionalentwicklung und Strukturplanung e.V. (IRS) Erkner und dem Geschichtsverein Erfurt vortragen konnte.

Überaus inspirierend waren auch Gespräche mit Zeitzeugen, die ich leider nicht alle aufzählen kann. Viele Freunde und Kollegen gaben mir Hinweise auf verstreute Quellen, stellten interessierte Nachfragen oder gaben Denkanstöße – besonders aber Dr. Margit Bansbach, Dr. Angela Jannelli, Dr. Anne Mahn, Dr. Philipp Springer, Dr. Sandra Schürmann, Claudia Seifert und Olaf Tarmas.

Besonderer Dank gilt Prof. Dr. Sabine Schmolinsky für ihre wiederholte Gastfreundschaft in Erfurt, die mir meine dortigen Recherchen noch angenehmer gemacht hat. Ulrich Prehn war in vielen Lebenssituationen hilfreich, indem er Zeitpläne und Gliederung kritisch überprüft hat. Ein großer Dank gilt Maike Raap, Dr. Christoph Strupp, Dr. Jana Teuscher und Dr. Anna von Villiez, die jeweils Teile der Arbeit gelesen und mir wertvolle Anregungen gegeben haben. Besonders danke ich auch Joachim Szodrzynski für die umsichtige und akribische redaktionelle Bearbeitung des Manuskripts und Betreuung während der Buchproduktion sowie Sabine Niemann vom Dölling und Galitz Verlag für die kompetente und freundliche Zusammenarbeit.

Ich danke Christian Rubinstein, der mich bei den vielschichtigen Denk- und Arbeitsprozessen begleitet und mich zu Vielem inspiriert hat. Schließlich haben mich meine Mutter Elke Vagt und meine Schwester Dr. Silke Vagt-Keßler auf vielfältige Art und Weise in den vergangenen Jahren unterstützt. Dafür danke ich ihnen sehr.

Abbildungsnachweis

Abb. 1:	Sammlung Vagt, Hamburg
Abb. 2:	Sammlung Vagt, Hamburg
Abb. 3:	Sammlung Vagt, Hamburg
Abb. 4:	Sammlung Vagt, Hamburg
Abb. 5:	Curt Backeberg, Planten un Blomen. Hamburgs blühender Garten. Ein Wegweiser durch den »Park der 1000 Freuden«, Hamburg 1940, S. 6-7
Abb. 6:	Sammlung Vagt, Hamburg
Abb. 7:	HAA, Otto Rheinländer, 170/2
Abb. 8:	Sammlung Vagt, Hamburg
Abb. 9:	abgebildet in: Hans Adalbert Schweigart, Bauerntum und Marktordnung. Eine Bilderfolge von der 1. Reichsnährstands-Ausstellung Erfurt 1934, o. O., ca. 1934, ohne Seitenzählung
Abb. 10:	StAE, 6-6/E02, Nr. 23
Abb. 11:	Erfurter Ausstellungsgesellschaft m. b. H. (Hrsg.), Gartenschau 1950. Ausstellungskatalog, Erfurt 1950
Abb. 12:	Ebd., auffaltbarer Plan, nach S. 100
Abb. 13:	StAE, 6-6/E02, Nr. 16
Abb. 14:	StAE, 6-6/E01, Nr. 17
Abb. 15:	Planten un Blomen Ausstellungspark der Freien und Hansestadt Hamburg, Wegweiser durch die Internationale Gartenbau-Ausstellung Hamburg 1953.
Abb. 16:	Sammlung Vagt, Hamburg
Abb. 17:	HAA, Joachim Matthaei, F 492, Foto: Hamburger Aero-Lloyd GmbH
Abb. 18:	HAA, Paul Seitz, F 109, 082
Abb. 19:	HAA, Joachim Matthaei, F 816
Abb. 20:	HAA, Sprotte & Neve F 41/79, Foto: Fürstenberg
Abb. 21:	HAA, Sprotte & Neve, F 41/III, Bild 58, Foto: Klaus-Dieter Franzke
Abb. 22:	HAA, Sprotte & Neve, F 41/III, Bild 52, Foto: Klaus-Dieter Franzke
Abb. 23:	StaHH, Contipress, Nie 2900 VI
Abb. 24:	HAA, Gustav Lüttge F 006, 9-1, 4, Foto: Otto Rheinländer
Abb. 25:	Sammlung Vagt, Hamburg
Abb. 26:	Bundesarchiv-Bildarchiv, 183-82600-0010
Abb. 27:	Bundesarchiv-Bildarchiv, 183-85622-0001
Abb. 28:	Bundesarchiv-Bildarchiv, 183-82600-0002
Abb. 29:	Reinhold Lingner, iga 1961. Die Bauten der Internationalen Gartenbauausstellung, in: *Deutsche Architektur* 11 (1962) 4/5, S. 197-207, hier S. 198.
Abb. 30:	Ernst Schäfer, iga. Internationale Gartenbauausstellung der Deutschen Demokratischen Republik Erfurt, Dresden 1972 (ohne Seitenzählung)
Abb. 31:	Sammlung Vagt, Hamburg

Abb. 32:   Sammlung Vagt, Hamburg
Abb. 33:   Bundesarchiv Bildarchiv, 183-82600-0043
Abb. 34:   Bundesarchiv-Bildarchiv, 183-82776-0002
Abb. 35:   Sammlung Vagt, Hamburg
Abb. 36:   ThHStAW, SED-Bildmappe – iga 66, B 19, Schädlingsbekämpfung
Abb. 37:   ThHStAW, SED-Bildmappe – iga 66 B 19, Straße der Mechanisierung
Abb. 38:   Sammlung Vagt, Hamburg
Abb. 39:   StaHH, 614/3-11, 35, Nr. 119
Abb. 40:   Karl-Heinz Hanisch, Internationale Gartenbauausstellung Hamburg 1963,
            hrsg. von Karl Passarge, Hamburg 1963 (ohne Seitenzählung)
Abb. 41:   StaHH, 614-3/11, 35, Nr. 021/12
Abb. 42:   Sammlung Vagt, Hamburg
Abb. 43:   Sammlung Vagt, Hamburg
Abb. 44:   StaHH, 614/3-11, 35, Nr. 212
Abb. 45:   Hanisch, Internationale Gartenbauausstellung (ohne Seitenzählung)
Abb. 46:   StaHH 614/3-11, 35, Nr. 589
Abb. 47:   StaHH, 614/3-11, 35, Nr. 642
Abb. 48:   Sammlung Vagt, Hamburg
Abb. 49:   StaHH, Contipress, 76402-11
Abb. 50:   HAA, Neue Heimat, FA 137/A 78-1-2, Foto: Neue Heimat
Abb. 51:   Jürgen W. Scheutzow / Jürgen Stelter, IGA Hamburg 73. Internationale Garten-
            bauausstellung vom 27. April bis 7. Oktober, Hamburg 1973, vorn im Einband
Abb. 52:   HAA, Neue Heimat, FA 138/CK 62-4, Foto: Neue Heimat
Abb. 53:   StaHH, Contipress, 76402-412/38
Abb. 54:   HAA, Neue Heimat, FA 138/CK 62-10, Foto: Neue Heimat
Abb. 55:   StaHH, Contipress, 76637-15
Abb. 56:   Sammlung Vagt, Hamburg
Abb. 57:   Privatbesitz Bernd Kittlass
Abb. 58:   StaHH, Contipress, 75862-15a
Abb. 59:   Bundesarchiv Bildarchiv, 183-N0601-0022, Foto: Jürgen Ludwig
Abb. 60:   StAE, 6-2 A. Lutz 4/1b8, Nr. 203
Abb. 61:   StAE, 6-0-12F4-023
Abb. 62:   Bundesarchiv Bildarchiv, 183-N0609-0115, Foto: Vera Ratschorowski-Stark
Abb. 63:   Bundesarchiv Bildarchiv, 183-N0531-0029, Foto: Jürgen Ludwig
Abb. 64:   Bundesarchiv Bildarchiv, 183-N0902-0030, Foto: Jürgen Ludwig
Abb. 65:   Privatbesitz
Abb. 66:   Kristina Vagt, Hamburg

Quellen- und Literaturverzeichnis

Archivverzeichnis

Bundesarchiv Berlin (BArch Berlin)

Bundesarchiv Koblenz (BArch Koblenz)

Bundesbeauftragter für die Unterlagen des Staatssicherheitsdienstes der ehemaligen Deutschen Demokratischen Republik, Erfurt (BStU)

Hamburgisches Architekturarchiv (HAA)

Leibniz-Institut für Regionalentwicklung und Strukturplanung e.V. (IRS)

Staatsarchiv Hamburg (StaHH)

Staatsbibliothek zu Berlin – Preußischer Kulturbesitz (SBB-PK)

Stadtarchiv Erfurt (StAE)

Thüringisches Hauptstaatsarchiv Weimar (ThHStAW)

Literaturverzeichnis

Zeitschriften und Zeitungen

Achimer Kreisblatt

Architektur in der DDR

Baugilde

Bauwelt

Das Gartenamt

Der Deutsche Gartenbau

Der Hamburger Kleingärtner

Der Spiegel

Deutsche Gärtnerbörse

Deutsche Gärtnerpost

Deutsche Gartenarchitektur

Deutscher Kleingärtner

Die Gartenkunst

Die Gartenwelt

Die neue Zeitung

die tageszeitung

Die WELT

Die ZEIT

Echo der Zeit

Erfurter Wochenzeitung

Fahr mit uns

Flensburger Tageblatt

Form. Zeitschrift für Gestaltung
Gartenbau
Garten und Landschaft
grün. das gartenmagazin
Hamburger Abendblatt
Hamburger Anzeiger
Hamburger Echo
Hamburger Fremdenblatt
Hamburger Morgenpost
iga-Express
Lauenburgische Landeszeitung
Leipziger Volkszeitung
Liberal-Demokratische Zeitung
Möbel und Wohnraum
Norddeutsche Zeitung
Nordwestdeutsche Bauhefte
Pflanze und Garten
Sächsisches Tageblatt
Statistisches Jahrbuch für die Freie und Hansestadt Hamburg, 1953/54,
     hrsg. vom Statistischen Landesamt Hamburg, Hamburg 1954.
Taspo
Thüringer Rundschau
Thüringer Tageblatt
Thüringische Landeszeitung
Unser Tag
werk und zeit
Zentralblatt für den deutschen Erwerbsgartenbau

Zeitgenössische Schriften

Aick, Gerhard, Die Befreiung des Kindes. Kleine Kulturgeschichte des Spiels und des
     Kinderspielplatzes (IGA-Schriftenreihe, Bd. 1), Hamburg 1963.
Allinger, Gustav, Das Hohelied von Gartenbau und Gartenkunst – 150 Jahre Gartenbauausstel-
     lungen in Deutschland, Berlin / Hamburg 1963.
–, Der deutsche Garten. Sein Wesen und seine Schönheit in alter und neuer Zeit, München 1950.
–, Neuordnung des Gartenbauwesens, in: *Die Gartenkunst* 46 (1933) 9, S. 134-137.
Architekturwettbewerb 1975, in: *Architektur der DDR* 24 (1975) 10, S. 585-595.
Backeberg, Curt, Ein Wegweiser durch Planten un Blomen. Niederdeutsche Gartenschau
     Hamburg 1935. Ratgeber für den Garten, Altona 1935.
–, Planten un Blomen. Hamburgs blühender Garten. Ein Wegweiser durch den »Park der
     1000 Freuden«, Hamburg 1940.
Bäcker, Walter, Aufgaben und Ziele des Zentralverbandes, in: Gesamtleitung der Internationalen
     Gartenbau-Ausstellung Hamburg 1953 (Hrsg.), Handbuch Internationale Gartenbau-
     Ausstellung Hamburg 1953, Hamburg, 1953, S. 44-48.
Besuch auf der iga in Erfurt, in: *Deutsche Gärtnerbörse* 66 (1966) 34, S. 502-504.
Breschke, Karl, Erste Bundesgartenschau Hannover, Hannover 1951.
Bünemann, Otto, IGA Zwischenbilanz, in: *grün. das gartenmagazin* 4 (1973) 8, S. 5-11.
Buller, Wido, Ein Spiel-Hügel-Höhlen-Haus, in: *Garten und Landschaft* 83 (1973) 8, S. 403-404.

Bundesministerium für gesamtdeutsche Fragen (Hrsg.), Die Zwangskollektivierung des selbständigen Bauernstandes in Mitteldeutschland, Bonn / Berlin 1960.

Bundesvorstand des FDGB, Abteilung Kultur (Hrsg.), Bildnerisches Volksschaffen der DDR, Leipzig 1974.

Bungartz, M.A. Hans, Führer durch den Vogelpark, Hamburg 1930/31.

Burghoff, Ingrid / Lothar Burghoff, Zwischen Kyffhäuser und Ettersberg, Leipzig 1974.

Conrads, Ulrich, Hamburgs neuer Stadtgarten, in: *Bauwelt* 54 (1963) 27, S. 761.

Deutsche Demokratische Republik – Südlicher Teil (Grieben-Reiseführer, Bd. 2), München 1979.

Deutscher Sportbund (Hrsg.), Das Große Trimm-Buch, Frankfurt am Main 1973.

Die Internationale Gartenbauausstellung 1953, ihre Organisatoren, ihre Gestalter und eine architektonische Nachlese (ohne Autor), in: *Nordwestdeutsche Bauhefte* 5 (1953) 11/12, S. 5-13.

Döring, Wilhelm (Hrsg.), Handbuch der Messen und Ausstellungen, Darmstadt 1956.

Eckart, Gabriele, So sehe ick die Sache. Protokolle aus der DDR. Leben im Havelländischen Obstanbaugebiet, Köln 1984.

Erfurter Ausstellungsgesellschaft m.b.H. (Hrsg.), Gartenschau Erfurt 1950. Blumenstadt Erfurt. Ausstellungskatalog, Erfurt 1950.

Foerster, Karl, Auferstehung der Hinterhöfe, in: *Garten und Landschaft* 71 (1961) 12, S. 357.

–, Schau- und Sichtungsgärten, in: Hermann Mattern (Hrsg.), Die Wohnlandschaft. Eine Sammlung von Aussagen über die menschliche Tätigkeit in der Landschaft, Stuttgart 1950, S. 107-115.

Franck, Klaus, Ausstellungen – Exhibitions, Stuttgart 1961.

Franke, Gunar, Die Kakteenschau auf der iga Erfurt 1961, in: *Der Deutsche Gartenbau* 8 (1961) 11, S. 478-479.

–, Perspektiven der iga, in: Johannes Küchler (Hrsg.), Reinhold Lingner, Leben und Werk. Tagung an der Technischen Universität Berlin 15./16. März 1991 (Materialien zur Geschichte der Gartenkunst, Bd. 1), Berlin 1992.

Funcke, Walter, Arbeitsbericht von der Gartenschau 1950 in der Blumenstadt Erfurt, in: *Garten und Landschaft* 60 (1950) 5, S. 12-14.

Gartenmöbel auf der »iga«, in: *Möbel und Wohnraum* 8 (1961) 7, S. 204-206.

Gassner, Joachim-Kurt, Der Weg des deutschen Gartenbaues 1883 bis 1968, Hiltrup 1973.

Gerdes, Gisela, Kunstwerke auf der Internationalen Gartenbauausstellung Hamburg 1963, in: Gesamtleitung der Internationalen Gartenbauausstellung Hamburg 1963 (Hrsg.), Kunstwerke auf der Internationalen Gartenbauausstellung Hamburg IGA 63, Hamburg 1963, S. 7-8.

Gesamtleitung der Internationalen Gartenbau-Ausstellung Hamburg 1953 (Hrsg.), Handbuch Internationale Gartenbau-Ausstellung Hamburg 1953, Hamburg 1953.

Glaser, Hermann (Hrsg.), Urbanistik. Neue Aspekte der Stadtentwicklung, München 1974.

Göderitz, Johannes / Roland Rainer / Hubert Hoffmann, Die gegliederte und aufgelockerte Stadt, Tübingen 1957.

Gollwitzer, Gerda, Alte und neue Gartenkunst im Herzen Deutschlands. IGA Erfurt 1961, in: *Garten und Landschaft* 71 (1961) 8, S. 240-246.

–, Die Internationale Gartenbau-Ausstellung Hamburg 1953 ist eröffnet, in: *Garten und Landschaft* 63 (1953) 5, S. 7-13.

–, Geleitwort, in: *Garten und Landschaft* 73 (1963) 8, S. 243

– (Hrsg.), Kinderspielplätze (Schriftenreihe der Deutschen Gesellschaft für Gartenkunst und Landschaftspflege, Bd. 2), München 1957.

–, Plastik im Freien. Ausstellung deutscher und ausländischer Bildwerke in Hamburg 1953, in: *Garten und Landschaft* 63 (1953) 10, S. 5-6.

Goodman, Robert, Stadtplanung als Geschäft oder Handlanger am Reißbrett. Die Zerstörung der amerikanischen Stadt, Reinbek 1973.

Grebe, Reinhard, Die »Grüne Charta von der Mainau« auf der IGA 1963, in: *Garten und Landschaft* 73 (1963) 6, S. 192.

Griebel, August, Bedeutende Erfurter Gartenbau-Ausstellungen der Vergangenheit, in: Aus der Vergangenheit der Stadt Erfurt, Band 3, Heft 3 (1961), Sonderheft zur iga 1961, S. 113-117.

Grohmann, Hans, Eigenheim und Wohngarten, München 1955.

Grüttner, Michael, Wem die Stadt gehört. Stadtplanung und Stadtentwicklung in Hamburg 1965–1975, Hamburg 1976.

Gutsche, Willibald, Zur Geschichte der Cyriaksburg. Aus der Vergangenheit des Geländes der IGA, in: Aus der Vergangenheit der Stadt Erfurt, Band 3, Heft 3 (1961), Sonderheft zur iga 1961, S. 89-95.

Haftmann, Werner, Malerei im 20. Jahrhundert, München 1954.

–, Einleitung, in: Plastik im Freien, S. 3-6.

Hanisch, Karl-Heinz, Internationale Gartenbauausstellung Hamburg 1963, hrsg. von Karl Passarge, Hamburg 1963.

Hanke, Helmut (Hrsg.), Kultur und Freizeit. Zu Tendenzen und Erfordernissen eines kulturvollen Freizeitverhaltens, Berlin (Ost) 1971.

Heil, Egon B., Entwicklung und Ausgestaltung des Messe- und Ausstellungswesens in Deutschland nach dem Zweiten Weltkrieg, Nürnberg 1966.

Hoffmann, Hilmar, Kultur für alle. Perspektiven und Modelle, Frankfurt am Main 1979.

– (Hrsg.), Perspektiven der kommunalen Kulturpolitik, Frankfurt am Main 1974.

Hübotter, Wilhelm, Die Gartenbauausstellung in Erfurt. Auszüge aus einem Brief von Wilhelm Hübotter, in: *Garten und Landschaft* 60 (1950) 8, S. 12-13.

–, Meinungsaustausch. Gartenbauausstellungen, in: *Garten und Landschaft* 62 (1952) 4, S. 16–18.

Jacobs, Jane, Tod und Leben großer amerikanischer Städte (Bauwelt Fundamente, Bd. 4), Berlin 1964.

Kapital und Gartenarchitektur. Nachruf auf die IGA 73 in Hamburg von der Arbeitsgruppe zur IGA 73 am Kunstgeschichtlichen Seminar der Uni Hamburg, in: *Tendenzen* 15 (1974) 7/8, S. 40-47.

Kaufmann, Werner, Stuttgart und die Bundesgartenschau 1961, in: *Garten und Landschaft* 71 (1961) 6, S. 154-166.

Koch, Hans, Kulturpolitik in der Deutschen Demokratischen Republik, Berlin [2]1971.

Konrad-Adenauer-Stiftung (Hrsg.), Stadtentwicklung – Von der Krise zur Reform (Schriftenreihe des Instituts für Kommunalwissenschaften, Bd. 1), Bonn 1973.

Kühn, Gottfried, Reise nach Erfurt, in: *Garten und Landschaft* 76 (1966) 9, S. 301-302.

Lauter, Heinrich, Die Niederdeutsche Gartenschau »Planten un Blomen« in Hamburg, in: *Baugilde* 23 (1935), S. 723-729.

Lichey, Helmut, Geschichtlich vergleichende Untersuchung zur Entwicklung des gärtnerischen Ausstellungswesens vom Kapitalismus zum Sozialismus, Diss. agr., Berlin (Ost) 1960 (masch.).

Lindemann, Hans / Kurt Müller, Auswärtige Kulturpolitik der DDR. Die kulturelle Abgrenzung der DDR von der Bundesrepublik Deutschland, Bonn 1974.

Lingner, Alice, Das große Sommerblumenbeet auf der internationalen Gartenbauausstellung Erfurt 1961, in: *Garten und Landschaft* 71 (1961) 10, S. 299-301.

Lingner, Reinhold, Die I. Internationale Gartenbauausstellung der sozialistischen Länder in Erfurt 1961, in: *Deutsche Gartenarchitektur* 1 (1960) 2, S. 33-39.

–, Die Verschönerung der Städte als Aufgabe des Nationalen Aufbauwerks, in: *Der deutsche Gartenbau* 1 (1954) 5, S. 129-131.

–, Gärten des Sozialismus werden in Erfurt blühen. Die Bedeutung der Internationalen Gartenbauausstellung 1961 in Erfurt. Der Aufbau der Gesamtanlage, in: Erfurt 1949–1959, S. 97-98.

–, Gestaltungsprobleme der internationalen Gartenbauausstellung Erfurt 1961, in: *Deutsche Gartenarchitektur* 3 (1962) 1, S. 1-5.

–, iga 1961. Die Bauten der Internationalen Gartenbauausstellung, in: *Deutsche Architektur* 11 (1962) 4/5, S. 197-207.

–, Kritische Bemerkungen zu einer Gartenschau, in: *Städtebau und Siedlungswesen* 1 (1955) 2, S. 108-110.

–, Zum Kampf um eine neue deutsche Gartenkunst, in: Probleme der Gartenarchitektur, Sonderheft Deutsche Architektur (1954), S. 4-9.

Lohse, Richard P., Neue Ausstellungsgestaltung. 75 Beispiele neuer Ausstellungsform, Erlenbach-Zürich 1953.

Lüth, Erich / Günther Helm, So schön ist Hamburg. Die grüne Stadt. Landschaft, Parks und Tierwelt, Hamburg 1981.

Lynch, Kevin, Das Bild der Stadt, Berlin 1965.

Margold, Rainer, Pop und Politur: die Blümchenpolitik der IGA, in: *Form. Zeitschrift für Gestaltung* 17 (1973) 2, S. 26-27.

Mattern, Hermann (Hrsg.), Die Wohnlandschaft. Eine Sammlung von Aussagen über die menschliche Tätigkeit in der Landschaft, Stuttgart 1950.

–, Gärten und Gartenlandschaften, Stuttgart 1960.

–, Gras darf nicht mehr wachsen. 12 Kapitel über den Verbrauch der Landschaft, Frankfurt am Main / Wien 1964.

Meadows, Dennis / Donella Meadows / Erich Zahn / Peter Milling, Die Grenzen des Wachstums. Bericht des Club of Rome zur Lage der Menschheit, Stuttgart 1972.

Meyer-Bohe, Walter, Ebenerdig wohnen. Der Flachbau als Wohnform und als städtebauliches Element, Stuttgart 1963.

Mitscherlich, Alexander, Die Unwirtlichkeit unserer Städte. Anstiftung zum Unfrieden, Frankfurt am Main 1965.

Monard, Rigobert, Aktion »Grünes Hamburg, in: *Das Gartenamt* 22 (1973) 4, S. 207-210.

Neuffer, Martin, Städte für alle. Entwurf einer Städtepolitik, Hamburg 1970.

Nowara, Georg, Die Hallensonderschauen, in: Gesamtleitung, Handbuch, S. 62-63.

–, Olympiade der Gärtner in Hamburg, in: *Garten und Landschaft* 62 (1952) 4, S. 1.

Oberschulbehörde (Hrsg.), Plastik im Freien. Versuche im Betrachten von Kunstwerken, Hamburg 1928.

Officieller Haupt-Katalog der Allgemeinen Gartenbau-Ausstellung in Hamburg 1897, Hamburg 1897.

Ollig, Josef, Hamburg 73. Porträt einer Weltstadt, Hamburg 1973.

Olschowy, Gerhard, Landschaft und Technik. Landespflege in der Industriegesellschaft, Hannover 1970.

Passarge, Karl, Internationale Gartenbau-Ausstellung Hamburg 1953, Hamburg 1953.

Plastik im Freien. Ausstellung anläßlich der Internationalen Gartenbau-Ausstellung auf dem Alstervorland am Harvestehuder Weg vom 30. April bis zum 31. Oktober 1953, Hamburg 1953.

Pniower, Georg Bela, Bodenreform und Gartenbau, Berlin 1948.

–, Gartenbauausstellungen in Ost- und Westdeutschland, in: *Deutsche Gärtnerpost* 2 (1950) 37, S. 2.

Raderschall, Heinrich, Kleine Wallanlagen, in: *Garten und Landschaft* 73 (1963) 6, S. 184.

Reichow, Hans Bernhard, Die autogerechte Stadt. Ein Weg aus dem Verkehrs-Chaos, Ravensburg 1959.

–, Gedanken zur städtebaulichen Entwicklung des Groß-Stettiner Raumes, Stettin 1940.

–, Organische Stadtbaukunst. Von der Großstadt zur Stadtlandschaft, Braunschweig 1948

Rücke, Karl-Heinz, Städtebau und Gartenkunst. Kleine Studie über ein vernachlässigtes Thema, Schriften der IGA 63 Hamburg, Hamburg 1963.

Samenexportschau und Gartenbauausstellung der Deutschen Demokratischen Republik Erfurt Cyriaksburg vom 20.8.–18.9.1955, Weißenfels 1955.

Schäfer, Ernst, iga. Internationale Gartenbauausstellung der Deutschen Demokratischen Republik Erfurt, Dresden um 1966.

–, iga. Internationale Gartenbauausstellung der Deutschen Demokratischen Republik Erfurt, Dresden 1972.

–, iga. Internationale Gartenbauausstellung der Deutschen Demokratischen Republik Erfurt, Dresden 1977.

Schäffer, Immanuel, Wesenswandel der Ausstellung. Ein Überblick über das deutsche Ausstellungswesen und die Ausstellungsarbeit des Instituts für Deutsche Kultur- und Wirtschaftspropaganda, Berlin 1938.

Scheutzow, Jürgen W. / Jürgen Stelter, IGA Hamburg 73. Internationale Gartenbauausstellung vom 27. April bis 7. Oktober, Hamburg 1973.

Schlenker, Erich, Das Erlebnis einer Landschaft. Ein Bildbericht von der Reichsgartenschau Stuttgart, Stuttgart 1939.

Schoenenberg, Norbert, Man spürte deutlich die internationale Atmosphäre – Halle 5, in: *Deutsche Gärtnerbörse* 73 (1973) 19, S. 417-421.

Schramm, Godehard / Bernhard Wenger (Hrsg.), Geht dir da nicht ein Auge auf. Gedichte, Frankfurt am Main 1974.

Schüttauf, Hermann, Parke und Gärten in der DDR, Leipzig 1973.

Schulze, Günther, Große Wallanlagen, in: *Garten und Landschaft* 73 (1963) 6, S. 186-190.

Sieverts, Thomas, Planung und Spielraum, in: Glaser, Urbanistik, S. 70-86.

Valentien, Otto, Neue Gärten, Ravensburg 1949.

Westphal, Hans-Heinrich, Gedanken über Gartenbauausstellungen, in: *Garten und Landschaft* 60 (1950) 8, S. 1-2.

Wiepking-Jürgensmann, Heinrich Friedrich, Die Landschaftsfibel, Berlin 1942.

Wirtschafts- und Verkehrsamt der Stadt Erfurt (Hrsg.), Erfurt. Die Deutsche Blumenstadt. Die lebendige Stadt am Thüringer Wald, Erfurt 1937.

Woitzik, Karl Heinz, Die Auslandsaktivität der sowjetischen Besatzungszone Deutschlands. Organisation – Wege – Ziele, Mainz [ca. 1965].

Wuttke, Günther, Samenexportschau und Gartenbauausstellung Erfurt 1955. Inhalt und Gestaltung – eine kritische Betrachtung, in: *Der Deutsche Gartenbau* 2 (1955) 12, S. 343-347.

Darstellungen

Amenda, Lars, Fremde – Hafen – Stadt. Chinesische Migration und ihre Wahrnehmung in Hamburg 1897–1972 (Forum Zeitgeschichte, Bd. 17), München / Hamburg 2006.

– / Sonja Grünen, »Tor zur Welt«. Hamburg-Bilder und Hamburg-Werbung im 20. Jahrhundert (Hamburger Zeitspuren, Bd. 5), München / Hamburg 2008.

Architekten- und Ingenieurverein Hamburg e.V. / Patriotische Gesellschaft von 1765 (Hrsg.), Hamburg und seine Bauten 1969–1984, Hamburg 1984.

Bajohr, Frank, Hochburg des Internationalismus. Hamburger »Außenpolitik« in den 1950er und 1960er Jahren, in: Zeitgeschichte in Hamburg 2008, Hamburg 2009, S. 25-43.

–, Hamburger »Außenpolitik« im Kalten Krieg. Die Städtepartnerschaft mit Leningrad, in: 19 Tage Hamburg. Ereignisse und Entwicklungen der Stadtgeschichte seit den fünfziger Jahren, hrsg. von der Forschungsstelle für Zeitgeschichte in Hamburg, München / Hamburg 2012, S. 49-61.

Balbier, Uta Andrea, Kalter Krieg auf der Aschenbahn. Der deutsch-deutsche Sport 1950 –1972. Eine politische Geschichte, Paderborn / München 2007.

–, »Der Welt das moderne Deutschland vorstellen«: Die Eröffnungsfeier der Spiele der XX. Olympiade in München 1972, in: Johannes Paulmann (Hrsg.), Auswärtige Repräsentationen. Deutsche Kulturdiplomatie nach 1945, Köln 2005, S. 105-119.

Bauer, Joachim / Dieter Klein-Meynen / Henriette Meynen, Garten am Strom: Der Rheinpark in Köln, Köln 2007.

Bauerkämper, Arnd, Das Ende des Agrarmodernismus. Die Folgen der Politik landwirtschaftlicher Industrialisierung für die natürliche Umwelt im deutsch-deutschen Vergleich, in: Andreas Dix / Ernst Langthaler (Hrsg.), Grüne Revolutionen. Agrarsysteme und Umwelt im 19. und 20. Jahrhundert (Jahrbuch für Geschichte des ländlichen Raumes 2006), Innsbruck 2006, S. 151-172.

–, Die Neubauern in der SBZ / DDR 1945–1952. Bodenreform und politisch induzierter Wandel der ländlichen Gesellschaft, in: Richard Bessel / Ralph Jessen (Hrsg.), Die Grenzen der Diktatur. Staat und Gesellschaft in der DDR, Göttingen 1996, S. 108-136.

–, Ländliche Gesellschaft in der kommunistischen Diktatur. Zwangsmodernisierung und Tradition in Brandenburg 1945 –1963 (Zeithistorische Studien, Bd. 21), Köln / Weimar / Wien 2002.

–, Landwirtschaft und ländliche Gesellschaft in der Bundesrepublik in den 50er Jahren, in: Axel Schildt / Arnold Sywottek (Hrsg.), Modernisierung im Wiederaufbau. Die westdeutsche Gesellschaft der 50er Jahre (Politik- und Gesellschaftsgeschichte, Bd. 33), Bonn 1998 (ungekürzte Studienausgabe), S. 188-200.

Baumann, Martin / Steffen Raßloff (Hrsg.), Blumenstadt Erfurt. Waid – Gartenbau – iga/egapark (Schriften des Vereins für die Geschichte und Altertumskunde von Erfurt, Bd. 8), Erfurt 2011.

Baumann, Martin, Die I. Internationale Gartenbauausstellung der sozialistischen Länder in Erfurt 1961, in: *Die Gartenkunst* 19 (2007), S. 163-178.

–, 50 Jahre Internationale Gartenbauausstellung iga '61 in Erfurt. Historische Entwicklung und Bedeutung als Gartendenkmal, in: ders. / Raßloff, Blumenstadt, S. 309-340.

–, iga 61. Die Erste Internationale Gartenbauausstellung der sozialistischen Länder in Erfurt, in: Stadt und Grünplanung der 1950er und 1960er Jahre in Deutschland (Arbeitsheft des Thüringischen Landesamtes für Denkmalpflege und Archäologie, Neue Folge, Bd. 28), hrsg. vom Thüringischen Landesamt für Denkmalpflege und Archäologie, Erfurt 2007, S. 57-62.

Behörde für Stadtentwicklung und Umwelt (Hrsg.), Umwelt hat Geschichte, Hamburg 2011.

Behr, Karin von, Ferdinand Streb 1907–1970. Zur Architektur der fünfziger Jahre in Hamburg, Hamburg 1990.

Berking, Helmut / Martina Löw, Die Eigenlogik der Städte. Neue Wege für die Stadtforschung (Interdisziplinäre Stadtforschung, Bd. 1), Frankfurt am Main / New York 2008.

Bernhardt, Christoph / Frank Betker, Paradigmenwechsel und Kontinuitätslinien im DDR-Städtebau. Neue Forschungen zur ostdeutschen Architektur- und Planungsgeschichte, Erkner 2010.

Bernhardt, Christoph / Heinz Reif, Neue Blicke auf die Städte im Sozialismus, in: dies. (Hrsg.), Sozialistische Städte zwischen Herrschaft und Selbstbehauptung, Stuttgart 2009, S. 7-20.

Betker, Frank, Der öffentliche Raum in der »sozialistischen Stadt«: Städtebau in der DDR zwischen Utopie und Alltag, in: Christoph Bernhardt / Gerhard Fehl / Gerd Kuhn / Ursula von Petz (Hrsg.), Geschichte der Planung und des öffentlichen Raums (Dortmunder Beiträge zur Raumplanung, Bd. 122), Dortmund 2005, S. 165-181.

Olaf Bey, Klinkerfassaden als Ausdruck des »Neuen Bauens«, in: Michelis, Oelsner, S. 26-37.

Bispinck, Henrik / Dierk Hoffmann / Michael Schwartz / Peter Skyba / Matthias Uhl / Hermann Wentker, DDR-Forschung in der Krise? Defizite und Zukunftschancen – Eine Entgegnung auf Jürgen Kocka, in: *Deutschland Archiv* 36 (2003) 6, S. 1021-1061.

Blackbourn, David, Die Eroberung der Natur. Eine Geschichte der deutschen Landschaft, München 2007.

Briesen, Detlef, Über den Wandel der ästhetischen und politischen Kultur in der frühen Bundesrepublik. Ein Vergleich der Reichsausstellung »Schaffendes Volk« Düsseldorf 1937 mit der Großen Rationalisierungsausstellung »Alle sollen besser leben!« Düsseldorf 1953, in: *Geschichte im Westen* 16 (2001), S. 47-72.

Brixius, Viola, Der Rheinpark in Köln. Geschichte einer Gartenanlage von 1914 bis heute, Köln, Diss. 2004.

Brüggemeier, Franz-Josef / Jens Ivo Engels (Hrsg.), Natur- und Umweltschutz in Deutschland nach 1945. Konzepte, Konflikte, Kompetenzen, Frankfurt am Main 2005.

Bucher, Annemarie / Martine Jaquet, Von der Blumenschau zum Künstlergarten. Schweizerische Gartenbau-Ausstellungen, Lausanne 2000.

Burckhardt, Lucius, Bundesgartenschau – ein Stück Showbusiness, in: Michael Andritzky / Klaus Spitzer (Hrsg.), Grün in der Stadt. Von oben, von selbst, für alle, von allen, Reinbek bei Hamburg 1981, S. 97-103.

Corni, Gustavo / Horst Gies, Brot, Butter, Kanonen. Die Ernährungswirtschaft in Deutschland unter der Diktatur Hitlers, Berlin 1997.

Cramer, Johannes / Niels Gutschow, Bauausstellungen. Eine Architekturgeschichte des 20. Jahrhunderts, Stuttgart / Berlin / Köln / Mainz 1984.

Diesener, Gerald / Rainer Gries (Hrsg.), Propaganda in Deutschland: zur Geschichte der politischen Massenbeeinflussung im 20. Jahrhundert, Darmstadt 1996.

Dietrich, Isolde, Hammer, Zirkel, Gartenzaun. Die Politik der SED gegenüber den Kleingärtnern, Berlin 2003.

Ditt, Karl, Naturschutz zwischen Zivilisationskritik, Tourismusförderung und Umweltschutz. USA, England und Deutschland 1860–1970; in: Matthias Frese / Michael Prinz (Hrsg.), Politische Zäsuren und gesellschaftlicher Wandel im 20. Jahrhundert. Regionale und vergleichende Perspektiven, Paderborn 1996, S. 499-533.

–, Zwischen Markt, Agrarpolitik und Umweltschutz. Die deutsche Landwirtschaft und ihre Einflüsse auf Natur und Landwirtschaft im 20. Jahrhundert, in: ders. / Rita Gudermann / Norwich Rüße (Hrsg.), Agrarmodernisierung und ökologische Folgen, Westfalen vom 18. bis zum 20. Jahrhundert, Paderborn 2001, S. 85-125.

Dix, Andreas, Nach dem Ende der »Tausend Jahre«: Landschaftsplanung in der Sowjetischen Besatzungszone und frühen DDR, in: Joachim Radkau / Frank Uekötter (Hrsg.), Naturschutz und Nationalsozialismus (Geschichte des Natur- und Umweltschutzes, Bd. 1), Frankfurt am Main 2003, S. 331-362.

– / Rita Gudermann, Naturschutz in der DDR: Idealisiert, ideologisiert, instrumentalisiert?, in: Bundesamt für Naturschutz (Hrsg.), Natur und Staat. Staatlicher Naturschutz in Deutschland 1906–2006, Bonn 2006, S. 535-624.

Dix, Andreas / Ernst Langthaler (Hrsg.), Grüne Revolutionen. Agrarsysteme und Umwelt im 19. und 20. Jahrhundert (Jahrbuch für Geschichte des ländlichen Raumes), Innsbruck 2006.

Doering-Manteuffel, Anselm / Lutz Raphael, Nach dem Boom. Perspektiven auf die Zeitgeschichte seit 1970, Göttingen [2]2010.

Dogramaci, Burcu, Gustav Oelsner (Hrsg.), Gustav Oelsner. Stadtplaner und Architekt der Moderne, Hamburg 2008.

Dube, Regina, Hamburg im Fluss – IGA auf den Inseln. Internationale Gartenbauausstellung 2013 in Wilhelmsburg, hrsg. von der Umweltbehörde, Hamburg 2001.

Durth, Werner, Die Inszenierung der Alltagswelt. Zur Kritik der Stadtgestaltung, Braunschweig 1977.

–, Zur gesellschaftlichen Funktion von Kritik und Theorie der Stadtgestaltung, Diss. TH Darmstadt, Darmstadt 1976.

–/ Niels Gutschow, Träume in Trümmern. Planungen zum Wiederaufbau zerstörter Städte im Westen Deutschlands 1940–1950, Braunschweig / Wiesbaden 1988.

–/ Jörn Düwel / Niels Gutschow, Architektur und Städtebau der DDR, Bd. 2: Aufbau. Städte, Themen, Dokumente, Frankfurt am Main / New York 1998.

Engels, Jens Ivo, »Hohe Zeit« und »dicker Strich«: Vergangenheitsdeutung und -bewahrung im westdeutschen Naturschutz nach dem Zweiten Weltkrieg, in: Joachim Radkau / Frank Uekötter (Hrsg.), Naturschutz und Nationalsozialismus (Geschichte des Natur- und Umweltschutzes, Bd. 1), Frankfurt am Main 2003, S. 363-404.

–, Naturpolitik in der Bundesrepublik. Ideenwelt und politische Verhaltensstile in Naturschutz und Umweltbewegung 1950–1980, Paderborn / München / Wien / Zürich 2006.

Erfurter Garten- und Ausstellungs GmbH (Hrsg.), 50 Jahre iga – ega – egapark, Erfurt 2011.

Escherich, Mark, Städtische Selbstbilder und bauliche Repräsentationen. Architektur und Städtebau in Erfurt 1918–1933 (Erfurter Studien zur Kunst- und Baugeschichte, Bd. 4), Berlin 2010.

Fäßler, Peter E., »Antifaschistisch«, »Friedliebend« und »Fortschrittlich«. Botschaften und Formen außenwirtschaftlicher Repräsentation der DDR während der 1950er und 1960er Jahre, in: Johannes Paulmann (Hrsg.), Auswärtige Repräsentationen. Deutsche Kulturdiplomatie nach 1945, Köln 2005, S. 139-161.

Fibich, Peter, Zwischen Rückbesinnung und Neubeginn. Zum Traditionsverständnis Reinhold Lingners (1902–1968), in: *Stadt + Grün* 52 (2003) 3, S. 30-35.

–/ Joachim Wolschke-Bulmahn, Werner Bauch. Landschafsarchitekt in zwei politischen Systemen, in: *Stadt + Grün* 55 (2006) 1, S. 20-24.

Fischer, Kaja, Das neue Dortmund stellt sich vor. Die Bundesgartenschau 1959, in: Gisela Framke (Hrsg.), Das neue Dortmund. Planen, Bauen, Wohnen in den fünfziger Jahren, Dortmund 2002, S. 108-117.

Fischer, Norbert, Landschaft als kulturwissenschaftliche Kategorie, in: *Zeitschrift für Volkskunde* 104 (2008) 1, S. 19-39.

Fiss, Karen, Grand Illusion. The Third Reich, the Paris Exposition, and the Cultural Seduction of France, Chicago, London 2009.

François, Etienne / Hagen Schulze (Hrsg.), Deutsche Erinnerungsorte, Teil 3, München 2001.

Fritsche, Christiane, »Schaufenster des Wirtschaftswunders« und Brückenschlag nach Osten. Westdeutsche Industriemessen und Messebeteiligungen im Kalten Krieg (1946–1973), München 2008.

Fulbrook, Mary, Ein ganz normales Leben. Alltag und Gesellschaft in der DDR, Darmstadt 2008 (engl. Ausgabe: The People's State. East German Society from Hitler to Honecker, New Haven / London 2005).

Geppert, Alexander C.T., Fleeting Cities. Imperial Expositions in Fin-de-Siècle Europe, London / New York 2010.

–, Welttheater. Die Geschichte des europäischen Ausstellungswesens im 19. und 20. Jahrhundert. Ein Forschungsbericht, in: *Neue politische Literatur* 47 (2002), S. 10-61.

Gibas, Monika / Rainer Gries, Die Inszenierung des sozialistischen Deutschland. Geschichte und Dramaturgie der Dezennienfeiern in der DDR, in: dies./ Barbara Jakoby / Doris Müller (Hrsg.), Wiedergeburten. Zur Geschichte der runden Jahrestage der DDR, Leipzig 1999, S. 11-40.

Glaab, Manuela, Deutschlandpolitik in der öffentlichen Meinung. Einstellungen und Regierungspolitik in der Bundesrepublik Deutschland 1949 bis 1990, Opladen 1999.

Go, Jeong-Hi, Herta Hammerbacher (1900–1985). Virtuosin der neuen Landschaftlichkeit. Der Garten als Paradigma (Landschaftsentwicklung und Umweltforschung, Bd. 18), Berlin 2006.

Gray, William Glenn, Germany's Cold War. The Global Campaign to Isolate East Germany, 1949–1969, Chapel Hill 2003.

Gries, Rainer, Der Tag der Republik, in: Sabrow, Erinnerungsorte, S. 205-216.

Großbölting, Thomas, Die Ordnung der Wirtschaft. Kulturelle Repräsentation in den deutschen Industrie- und Gewerbeausstellungen, in: Hartmut Berghoff (Hrsg.), Wirtschaftsgeschichte als Kulturgeschichte. Dimensionen eines Perspektivenwechsels, Frankfurt am Main 2004, S. 377-403.

–, »Im Reich der Arbeit«. Die Repräsentation gesellschaftlicher Ordnung in den deutschen Industrie- und Gewerbeausstellungen 1790–1914, Münster 2008.

Gröning, Gert, Ideological Aspects of Nature Garten Concepts in Late Twentieth-Century Germany, in: Joachim Wolschke-Bulmahn (Hrsg.), Nature and Ideology. Natural Garden Design in the Twentieth Century, Washington, D.C. 1997, S. 221-248.

–/ Joachim Wolschke-Bulmahn, Deutsche Gesellschaft für Gartenkunst und Landschaftspflege e.V. Ein Rückblick auf 100 Jahre DGGL, Berlin 1987.

–, Die Liebe zur Landschaft, Teil 3: Der Drang nach Osten (Arbeiten zur sozialwissenschaftlich orientierten Freiraumplanung, Bd. 9), München 1987.

–, Teutonic Myth, Rubble, and the Recovery: Landscape Architecture in Germany, in: Marc Treib (Hrsg.), The Architecture of Landscape 1940–1960, Philadelphia 2002, S. 120-153.

Grünen, Sonja, Touristenmetropole Hamburg. Die Entwicklung des Hamburger Städtetourismus, des Hamburg-Images und der touristischen Werbebilder in den Jahren 1955 bis 1975, in: Amenda / dies., »Tor zur Welt«, S. 101-157.

Grunert, Heino, 75 Jahre Planten un Blomen, in: *Stadt + Grün* 59 (2010) 11, S. 51-59.

Haist, Marketa, Achtundzwanzig Männer brauchen einen neuen Anzug. Die internationalen Gärten auf der Internationalen Gartenbau-Ausstellung 1963 in Hamburg, in: *Die Gartenkunst* 8 (1996) 2, S. 252-314.

Haltern, Utz, Die Londoner Weltausstellung von 1851. Ein Beitrag zur Geschichte der bürgerlich-industriellen Gesellschaft im 19. Jahrhundert, Münster 1971.

–, Die Welt als Schaustellung. Zur Funktion und Bedeutung der Industrieausstellung im 19. und 20. Jahrhundert, in: *Vierteljahresschrift für Sozial- und Wirtschaftsgeschichte* 60 (1973), S. 1-40.

Hanauske, Dieter, »Bauen, bauen, bauen ...!« – Die Wohnungspolitik in Berlin (West) 1945–1961, Berlin 1995.

Harlander, Tilman (Hrsg.), Villa und Eigenheim. Suburbaner Städtebau in Deutschland, Stuttgart / München 2001.

Haspel, Jörg, »Planten un Blomen«. Spurensicherung einer niederdeutschen Gartenschau, in: Frank-Pieter Hesse, »Was nützet mir ein schöner Garten …«, Hamburg 1990, S. 78-89.

Häußermann, Hartmut / Walter Siebel, Die Politik der Festivalisierung und die Festivalisierung der Politik. Große Ereignisse in der Stadtpolitik, in: *Leviathan* 13 (1993), S. 7-31.

Heidemeyer, Helge, »Antifaschistischer Schutzwall« oder »Bankrotterklärung des Ulbricht-Regimes«. Grenzsicherung und Grenzüberschreitung im doppelten Deutschland, in: Udo Wengst / Hermann Wentker (Hrsg.), Das doppelte Deutschland. 40 Jahre Systemkonkurrenz, Berlin 2008, S. 87-109.

Heinrich-Hampf, Vroni, Hermann Mattern 1902–1971. Gärten, Gartenlandschaften, Häuser, Berlin 1982.

Heinz, Michael, Von Mähdreschern und Musterdörfern. Industrialisierung der DDR-Landwirtschaft und die Wandlung des ländlichen Lebens am Beispiel der Nordbezirke, Berlin 2011.

Henze, Eva, Hamburgs Grün zwischen Tradition und Trends. Streifzüge durch Parks und Naturlandschaften, hrsg. von der Behörde für Stadtentwicklung und Umwelt, Hamburg 2007.

–, Der Vater von Hamburgs Central Park – Karl Plomin (1904–1986), in: Architektur in Hamburg. Jahrbuch 2010, S. 154-160.

Hesse, Frank Pieter, Der Hamburger Wallring. Eine Bildungslandschaft in der City, in: Hamburgische Architektenkammer (Hrsg.), Architektur in Hamburg, Jahrbuch 1996, S. 140-149.

–, Ein Lichtblick an der Alster? 40 Jahre Alsterpark. Gustav Lüttge zum 25. Todestag, Architektur in Hamburg, Jahrbuch 1993, S. 150-159.

–, Typisch Hamburg: Planten un Blomen und sein Rosengarten, in: Hamburgische Architektenkammer (Hrsg.), Architektur in Hamburg, Jahrbuch 2004, S. 154-165.

–/ Jörg Haspel, Umgraben oder vergessen, in: *Garten und Landschaft* 103 (1993) 9, S. 13-21.

Hixson, Walter L., Parting the Curtain. Propaganda, Culture and the Cold War 1945–1961, New York 1998.

Hochscherf, Tobias / Christoph Laucht / Andrew Plowman (Hrsg.), Divided, but Not Disconnected. German Experiences of the Cold War, Oxford 2010.

Horbas, Claudia (Hrsg.), Gartenlust und Blumenliebe. Hamburgs Gartenkultur vom Barock bis ins 20. Jahrhundert, Ostfildern-Ruit 2006.

Horn, Sabine, documenta I (1955): Die Kunst als Botschafterin der Westintegration?, in: Johannes Paulmann (Hrsg.), Auswärtige Repräsentationen. Deutsche Kulturdiplomatie nach 1945, Köln 2005, S. 45-61.

Hünemörder, Kai F., Die Geschichte der globalen Umweltkrise und die Formierung der deutschen Umweltpolitik (1950–1973), Stuttgart 2004.

Kachel, Steffen, Ein rot-roter Sonderweg? Sozialdemokraten und Kommunisten in Thüringen 1919 bis 1949 (Veröffentlichungen der Historischen Kommission für Thüringen, Kleine Reihe, Bd. 29), Köln / Weimar / Wien 2011.

Kaelble, Hartmut, Die Debatte über Vergleich und Transfer und was jetzt?, in: H-Soz-u-Kult, 8.2.2005, http://hsozkult.geschichte.hu-berlin.de/forum/2005-02-002.

Kaiser, Jochen-Christoph, Klientelbildung und Formierung einer neuen politischen Kultur. Überlegungen zur Geschichte der Bodenreform in Thüringen, in: Arnd Bauerkämper (Hrsg.), »Junkerland in Bauernhand?«. Durchführung, Auswirkungen und Stellenwert der Bodenreform in der Sowjetischen Besatzungszone (Historische Mitteilungen, Beiheft 20), Stuttgart 1996, S. 119-131.

Karn, Susanne, Freiflächen- und Landschaftsplanung in der DDR. Am Beispiel von Werken des Landschaftsarchitekten Walter Funcke (1907–87), Münster 2001.

–, Reinhold Lingners »Kampf um eine neue deutsche Gartenkunst« in der sozialistischen Gesellschaft, in: Gert Gröning (Hrsg.), Gartenkultur und nationale Identität. Strategien nationaler und regionaler Identitätsstiftung in der deutschen Gartenkultur, Worms 2002, S. 146-155.

Katenhusen, Ines, Lebenslust per Ratsbeschluss: Das Experiment Straßenkunst und der Nana-Skandal im Hannover der 1970er Jahre, in: Daniela Münkel (Hrsg.), Geschichte als Experiment. Studien zu Politik, Kultur und Alltag im 19. und 20. Jahrhundert, Frankfurt am Main 2004, S. 307-319.

Kellner, Ursula, Die Macht der Tradition, in: *Garten und Landschaft* 110 (2003) 3, S. 9-11.

–, Heinrich Friedrich Wiepking (1891–1973). Leben, Lehre und Werk, Hannover 1998.

Kemper, Jan / Anne Vogelpohl, »Eigenlogik der Städte«? Kritische Anmerkungen zu einer Forschungsperspektive, in: dies. (Hrsg.), Lokalistische Stadtforschung, kulturalisierte Städte. Zur Kritik einer »Eigenlogik der Städte« (Raumproduktionen: Theorie und Gesellschaftliche Praxis, Bd. 13), Münster 2011, S. 15-38.

–/ – (Hrsg.), Lokalistische Stadtforschung, kulturalisierte Städte. Zur Kritik einer »Eigenlogik der Städte« (Raumproduktionen: Theorie und Gesellschaftliche Praxis, Bd. 13), Münster 2011.

Kienzle, Michael, Ideologische Gärten. Gartenschau-Rhetorik am Stuttgarter Beispiel, in: ders. (Hrsg.), Natur-Schauspiele. Vom Umgang mit der Natur in der Stadt, Stuttgart 1993, S. 88-119.

Kimpel, Harald, documenta. Mythos und Wirklichkeit, Köln 1997.

Kleßmann, Christoph, Konturen einer integrierten Nachkriegsgeschichte, in: *APuZ* 55 (2005) 18/19, S. 4-11.

–, Verflechtung und Abgrenzung. Aspekte der geteilten und zusammengehörigen deutschen Nachkriegsgeschichte, in: *APuZ* 43 (1993) 29/30, S. 30-41.

Kluge, Ulrich, Die Krisen der Lebensmittelversorgung 1916–1923 und 1945–1960. Stadt-Land-Konflikte und wechselseitige Stereotypen, in: Zimmermann, Dorf und Stadt, S. 209-239.

Kossak, Egbert, Hamburg – die grüne Metropole, Hamburg 1996.

Kretschmer, Winfried, Geschichte der Weltausstellungen, Frankfurt am Main 1999.

Krieger, Peter, »Wirtschaftswunderlicher Wiederaufbau-Wettbewerb«. Architektur und Städtebau der 1950er Jahre in Hamburg, Hamburg 1995.

Kucher, Katharina, Der Gorki-Park. Freizeitkultur im Stalinismus 1928–1941 (Beiträge zur Geschichte Osteuropas, Bd. 42), Köln / Weimar / Wien 2007.

Kübler-Reiser, Renate, Kurt Kranz (Hamburger Künstler-Monographien zur Kunst des 20. Jahrhunderts, Bd. 18), Hamburg 1981.

Lange, Ralf, Hamburg – Wiederaufbau und Neuplanung 1943–1963, Königstein im Taunus 1994.

Lemke, Michael, Das Adenauer-Bild der SED, in: Arnd Bauerkämper / Martin Sabrow / Bernd Stöver (Hrsg.), Doppelte Zeitgeschichte. Deutsch-deutsche Beziehungen 1945–1990, Bonn 1998, S. 102-112.

–, Konrad Adenauer und das Jahr 1953. Deutschlandpolitik und 17. Juni, in: Christoph Kleßmann / Bernd Stöver (Hrsg.), 1953 – Krisenjahr des Kalten Krieges in Europa, Köln / Weimar / Wien 1999, S. 141-154.

–, Die Außenbeziehungen der DDR (1949–1966). Prinzipien, Grundlagen, Zäsuren und Handlungsspielräume, in: Ulrich Pfeil (Hrsg.), Die DDR und der Westen. Transnationale Beziehungen 1949–1989 (Forschungen zur DDR-Gesellschaft), Berlin 2001, 63-80.

–, Schaufenster der Systemkonkurrenz. Die Region Berlin-Brandenburg im Kalten Krieg (Zeithistorische Studien, Bd. 37), Köln u.a. 2006.

Löw, Martina, Soziologie der Städte, Frankfurt am Main 2008.

Lüdtke, Alf, Eigen-Sinn. Fabrikalltag, Arbeitererfahrungen und Politik vom Kaiserreich bis in den Faschismus, Hamburg 1993.

– / Peter Becker (Hrsg.), Akten, Eingaben, Schaufenster. Die DDR und ihre Texte. Erkundungen zu Herrschaft und Alltag, Berlin 1997.

Major, Patrick, Vor und nach dem 13. August 1961, in: *AfS* 39 (1999), 325-354.

Michelis, Peter (Hrsg.), Der Architekt Gustav Oelsner. Licht, Luft und Farbe für Altona an der Elbe, Hamburg / München 2008.

Möller, Holger, Das deutsche Messe- und Ausstellungswesen. Standortstruktur und räumliche Entwicklung seit dem 19. Jahrhundert (Forschungen zur deutschen Landeskunde, Bd. 231), Trier 1989.

Müller, Roland, Das Sammellager im Volkspark. Die 3. Reichsgartenschau Stuttgart 1939 und die Deportation der württembergischen Juden 1941/1942, in: Hubertus Fischer, Joachim Wolschke-Bulmahn (Hrsg.), Gärten und Parks im Leben der jüdischen Bevölkerung nach 1933, München 2008, S. 445-458.

–, Stuttgart zur Zeit des Nationalsozialismus, Stuttgart 1988.

Münkel, Daniela (Hrsg.), Der lange Abschied vom Agrarland. Agrarpolitik, Landwirtschaft und ländliche Gesellschaft zwischen Weimar und Bonn (Veröffentlichungen des Arbeitskreises Geschichte des Landes Niedersachsen nach 1945, Bd. 16), Göttingen 2000.

Necker, Sylvia, Konstanty Gutschow 1902–1978. Modernes Denken und volksgemeinschaftliche Utopie eines Architekten (Forum Zeitgeschichte, Sonderband), München / Hamburg 2012.

–, Stadt und Landschaft vereint. Das Architekturbüro Konstanty Gutschow und die Entwicklung eines neuen Freiraumkonzeptes für Hamburg in den 1940er Jahren, in: Sylvia Butenschön,

Gartenhistorisches Forschungskolloquium 2008. Zusammenstellung der Tagungsbeiträge, S. 53-61.

Nerdinger, Winfried, (Hrsg.), Bauhaus-Moderne im Nationalsozialismus. Zwischen Anbiederung und Verfolgung, München 1993.

Oberkrome, Willi, »Deutsche Heimat«. Nationale Konzeption und regionale Praxis von Naturschutz, Landschaftsgestaltung und Kulturpolitik in Westfalen-Lippe und Thüringen (1900–1960) (Forschungen zur Regionalgeschichte, Bd. 47), Paderborn 2004.

Oestereich, Christopher, »Gute Form« im Wiederaufbau. Zur Geschichte der Produktgestaltung in Westdeutschland nach 1945, Berlin 2000.

–, Umstrittene Selbstdarstellung. Der deutsche Beitrag zur Weltausstellung in Brüssel 1958, in: *VfZ* 48 (2000), S. 127-153.

Palmowski, Jan, Inventing a Socialist Nation. Heimat and the Politics of Everyday Life in the GDR, 1945–90, Cambridge 2009.

Panten, Helga, Die Bundesgartenschauen. Ein blühende Bilanz seit 1951, Stuttgart 1987.

–, 50 Jahre Bundesgartenschauen. Festschrift zur Geschichte und Zukunft der Bundes- und Internationalen Gartenschauen in Deutschland, Bonn 2001.

–, Politik für den Gartenbau 1948–1998, Bonn 1998.

Patel, Kiran Klaus, Europäisierung wider Willen. Die Bundesrepublik Deutschland in der Agrarintegration der EWG 1955–1973, München 2009.

Paulmann, Johannes, Auswärtige Repräsentationen nach 1945. Zur Geschichte der deutschen Selbstdarstellung im Ausland, in: ders. (Hrsg.), Auswärtige Repräsentationen. Deutsche Kulturdiplomatie nach 1945, Köln 2005, S. 1-32.

–, Die Haltung der Zurückhaltung. Auswärtige Selbstdarstellung nach 1945 und die Suche nach einem erneuerten Selbstverständnis in der Bundesrepublik, Bremen 2006.

Pence, Katherine, »A World in Miniature«: The Leipzig Trade Fairs in the 1950s and East German Consumer Citizenship, in: David Crew (Hrsg.), Consuming Germany in the Cold War, Oxford 2003, S. 21-50.

Petzold, Volker, Das Sandmännchen. Alles über unseren Fernsehstar, Hamburg 2009.

Pfeil, Ulrich, Die DDR und Frankreich, in: ders. (Hrsg.), Die DDR und der Westen. Transnationale Beziehungen 1949–1989, Berlin 2001, S. 207-235.

Pfennig, Angela, Die Welt ein großer Garten. Der Königlich-Preußische Hofgartendirektor Ferdinand Jühlke (1815–1893), hrsg. im Auftrag der Stadt Barth, Vineta-Museum, Berlin 2002.

Plagemann, Volker (Hrsg.), Kunst im öffentlichen Raum. Führer durch die Stadt Hamburg, Hamburg 1997.

Plato, Alice von, »Gartenkunst und Blütenzauber«. Die Internationale Gartenbauausstellung als Erfurter Angelegenheit, in: Adelheid von Saldern (Hrsg.), Inszenierte Einigkeit. Herrschaftsrepräsentationen in DDR-Städten (Beiträge zur Stadtgeschichte und Urbanisierungsforschung, Bd. 1), Stuttgart 2003, S. 183-234.

Poblotzki, Ursula, Connaisseure der Natur im Wiederaufbau, in: *Garten und Landschaft* 113 (2003) 3, S. 12-14.

Poppendieck, Hans-Helmut, Ein Garten für den gebildeten Kaufmann – Zur Geschichte des Botanischen Gartens in Hamburg, in: Gudrun Wolfschmidt (Hrsg.), Hamburgs Geschichte einmal anders (Nuncius Hamburgensis. Beiträge zur Geschichte der Naturwissenschaften 2), Norderstedt 2007, S. 253–286.

Poutrus, Patrice G., Lebensmittelkonsum, Versorgungskrisen und die Entscheidung für den »Goldbroiler«. Problemlagen und Lösungsversuche der Agrar- und Konsumpolitik in der DDR 1958–1965, in: *AfS* 39 (1999), S. 391-421.

Radkau, Joachim, Die Ära der Ökologie. Eine Weltgeschichte, München 2011.

–/Frank Uekötter (Hrsg.), Naturschutz und Nationalsozialismus (Geschichte des Natur- und Umweltschutzes, Bd. 1), Frankfurt am Main u.a. 2003.

Raßloff, Steffen, Flucht in die nationale Volksgemeinschaft. Das Erfurter Bürgertum zwischen Kaiserreich und NS-Diktatur, Köln / Weimar / Wien 2003.

Richthofen, von Esther, Bringing Culture to the masses. Control, Compromise and Participation in the GDR (Monographs in German History, Bd. 24), New York / Oxford 2009.

Riesterer, Christine / Kerstin Richter / Rudolf Benl, Erfurt 1950 bis 1980, Erfurt 2005.

Rosenkranz, Bernhard / Gottfried Lorenz, Hamburg auf anderen Wegen. Die Geschichte des schwulen Lebens in der Hansestadt, Hamburg 2006.

Rossow, Ina, »Rote Ohren, roter Mohn, sommerheiße Diskussion«. Die X. Weltfestspiele der Jugend und Studenten 1973 als Möglichkeit für vielfältige Begegnungen, in: Dokumentationszentrum Alltagskultur der DDR e.V. (Hrsg.), Fortschritt, Norm und Eigensinn. Erkundungen im Alltag der DDR, Berlin 1999, S. 257-275.

Rudolph, Karsten / Jana Wüstenhagen, Große Politik. Kleine Begegnungen: die Leipziger Messe im Ost-West-Konflikt, Berlin 2006.

Ruhnau, Werner, Der Raum, das Spiel und die Künste, Katalog zur gleichnamigen Ausstellung im Musiktheater im Revier, Gelsenkirchen / Berlin 2007.

Sabrow, Martin (Hrsg.), Erinnerungsorte der DDR, München 2009.

Saldern, Adelheid von (Hrsg.), Inszenierte Einigkeit. Herrschaftsrepräsentationen in DDR-Städten (Beiträge zur Stadtgeschichte und Urbanisierungsforschung, Bd. 1), Stuttgart 2003.

Symbolische Stadtpolitik – Stadtpolitik der Symbole. Repräsentationen in drei politischen Systemen, in: dies. (Hrsg.), unter Mitarbeit von Lu Seegers, Inszenierter Stolz. Stadtrepräsentationen in drei deutschen Gesellschaften (1935–1975) (Beiträge zur Stadtgeschichte und Urbanisierungsforschung, Bd. 2), Stuttgart 2005, S. 29-80.

Schäfer, Stefanie, Vom Werkbund zum Vierjahresplan. Die Ausstellung »Schaffendes Volk«, Düsseldorf 1937, Düsseldorf 2001.

Schanze, Kathrin, Zwischen Erdenschwere und Blütenträumen. Erfurt beim deutschlandweiten Wettbewerb »Entente Florale« 2003, in: *Stadt und Grün* 52 (2003) 3, S. 8-10.

Schieder, Martin, Die documenta I (1955), in: Etienne François / Hagen Schulze (Hrsg.), Deutsche Erinnerungsorte, Band 2, München 2001, S. 637-651.

Schildt, Axel, Die Grindelhochhäuser. Eine Sozialgeschichte der ersten deutschen Wohnhochhausanlage Hamburg Grindelberg 1945–1956, Hamburg [2]2007.

–, Max Brauer, Hamburg 2002.

– / Detlef Siegfried, Deutsche Kulturgeschichte. Die Bundesrepublik von 1945 bis zur Gegenwart, München 2009.

Schiller, Kay / Christoper Young, The 1972 Munich Olympics and the Making of Modern Germany, Berkeley / Los Angeles 2010.

Schlögel, Karl, Terror und Traum. Moskau 1937, München 2008.

Schönberger, Klaus, »Hier half der Marshallplan«. Werbung für das europäische Wiederaufbauprogramm zwischen Propaganda und Public Relations, in: Gerald Diesener / Rainer Gries (Hrsg.), Propaganda in Deutschland: zur Geschichte der politischen Massenbeeinflußung im 20. Jahrhundert, Darmstadt 1996, S. 194-212.

Schöne, Jens, Frühling auf dem Lande? Die Kollektivierung der DDR-Landwirtschaft, Berlin 2005.

Schönfelder, Jan / Rainer Enrices, Willy Brandt in Erfurt. Das erste deutsch-deutsche Gipfeltreffen 1970, Berlin 2010.

Scholz, Dominik, Vom Fortschrittssymbol zur städtischen Marke. Brüssel und sein Atomium, in: *IMS* 42 (2011) 2, S. 32-43.

Schröer, Astrid, »und Sonntag geht es in die Gruga.« Die Geschichte des Essener Volksparks, Essen 1996.

Schultze, Sven, Auftrag »Grüne Woche«. Die Landwirtschaftsausstellung als Angelegenheit deutsch-deutscher Systemkonkurrenz, in: Susanne Muhle / Hedwig Richter / Juliane Schütterle (Hrsg.), Die DDR im Blick. Ein zeithistorisches Lesebuch, Berlin 2008, S. 169-178.

–, Die Blumen- und Gartenschauen auf der »Grünen Woche Berlin in den fünfziger Jahren, in: Sylvia Butenschön, Gartenhistorisches Forschungskolloquium 2008. Zusammenstellung der Tagungsbeiträge (Graue Reihe des Instituts für Stadt- und Regionalplanung, Technische Universität Berlin, Bd. 17), Berlin 2008, S. 70-77.

Schulz, Günther, Wiederaufbau in Deutschland. Die Wohnungsbaupolitik in den Westzonen und der Bundesrepublik von 1945 bis 1957, Düsseldorf 1994.

Schulz, Peter, Rostock, Hamburg und Shanghai: Erinnerungen eines Hamburger Bürgermeisters (Veröffentlichungen des Vereins für Hamburgische Geschichte), Bremen [2]2009.

Schwarz, Angela (Hrsg.), Der Park in der Metropole. Urbanes Wachstum und städtische Parks im 19. Jahrhundert, Bielefeld 2005.

Sigel, Paul, Exponiert. Deutsche Pavillons auf Weltausstellungen, Berlin 2000.

Sohn, Elke, Zum Begriff der Natur in Stadtkonzepten anhand der Beiträge von Hans Bernhard Reichow, Walter Schwagenscheidt und Hans Scharoun zum Wiederaufbau nach 1945 (Schriftenreihe der Stipendiatinnen und Stipendiaten der Friedrich-Ebert-Stiftung, Bd. 30), Münster 2008.

Standley, Michelle A., From Bulwark of Freedom to Cosmopolitan Cocktails. The Cold War, Mass Tourism and the Marketing of West Berlin as a Tourist Destination, in: Hochscherf / Leicht / Plowman, Divided, S. 103-118.

Steiner, André, Von Plan zu Plan. Eine Wirtschaftsgeschichte der DDR, München 2004.

Stöver, Bernd, Der Kalte Krieg. Geschichte eines radikalen Zeitalters, München 2007.

Strupp, Christoph, Das Tor zur Welt, die »Politik der Elbe« und die EWG. Hamburger Europapolitik in den 1950er und 1960er Jahren, in: Themenportal Europäische Geschichte (2010), URL: http://www.europa.clio-online.de/2010/Article=455 (abgerufen am 25.4.2012).

–, Perspektiven und Probleme Hamburger Stadtgeschichte in der zweiten Hälfte des 20. Jahrhunderts, in: *ZHG*, Bd. 97 (2011), S. 99-130.

Thamer, Hans-Ulrich, Geschichte und Propaganda. Kulturhistorische Ausstellungen in der NS-Zeit, in: *GG* 24 (1998) 3, S. 349-381.

Thießen, Malte, Eingebrannt ins Gedächtnis. Hamburgs Gedenken an Luftkrieg und Kriegsende 1943 bis 2005 (Forum Zeitgeschichte, Bd. 19), München / Hamburg 2007.

Tippach-Schneider, Simone, Das große Lexikon der DDR-Werbung. Kampagnen und Werbesprüche, Macher und Produkte, Marken und Warenzeichen, Berlin 2002.

–, Messemännchen und Minol-Pirol. Werbung in der DDR, Berlin 1999.

Trillitzsch, Falk, Gerda Gollwitzer – ein Nachruf, in: *Garten und Landschaft* 106 (1996) 3, S. 5.

Uekötter, Frank, Am Ende der Gewissheiten. Die Ökologische Frage im 21. Jahrhundert, Frankfurt am Main / New York 2011.

–, Die Wahrheit ist auf dem Feld, Göttingen 2010.

Vagt, Kristina, Zwischen Systemkonkurrenz und Freizeitvergnügen. Die iga 1961 im deutsch-deutschen Kontext, in: Baumann / Raßloff, Blumenstadt Erfurt, S. 341-349.

Wagner-Conzelmann, Sandra, Die Interbau 1957 in Berlin. Stadt von heute – Stadt von morgen. Städtebau und Gesellschaftskritik der 50er Jahre, Petersberg 2007.

Walden, Hans, 75 Jahre Planten un Blomen. Ein Rückblick auf die bewegte Geschichte der »Grünen Oase« im Zentrum Hamburgs, Hamburg 2010.

Weber, Karl-Klaus, Johan van Valckenburgh. Das Wirken des niederländischen Festungsbaumeisters in Deutschland 1609–1625 (Städteforschung. Veröffentlichungen des Instituts für vergleichende Städtegeschichte in Münster, Reihe A: Darstellungen), Köln / Weimar / Wien 1995.

Wesenberg, Denise, X. Weltfestspiele der Jugend und Studenten 1973 in Ost-Berlin, in: *Deutschland Archiv* 36 (2003) 6, S. 651-659.

Wierling, Dorothee, Geboren im Jahr Eins. Der Jahrgang 1949 in der DDR. Versuch einer Kollektivbiographie, Berlin 2002.

Wiesen, S. Jonathan, Miracles for Sale: Consuming Displays and Advertising in Postwar West Germany, in: David Crew (Hrsg.), Consuming Germany in the Cold War, Oxford 2003, S. 151-180.

Wolschke-Bulmahn, Joachim, Gärten, Natur und völkische Ideologie, in: Rainer Hering (Hrsg.), Die Ordnung der Natur. Vorträge zu historischen Gärten und Parks in Schleswig-Holstein, Hamburg 2009, S. 143-187.

– (Hrsg.), Nature and Ideology. Natural Garden Design in the Twentieth Century, Washington, D.C. 1997.

Woyke, Meik, »Wohnen im Grünen«? Siedlungsbau und suburbane Lebensstile im nördlichen Hamburg von den fünfziger bis zu den siebziger Jahren, in: Zeitgeschichte in Hamburg. Nachrichten aus der Forschungsstelle für Zeitgeschichte in Hamburg 2005, Hamburg 2006, S. 22-49.

Wüstenhagen, Jana, RGW und EWG: Die DDR zwischen Ost- und Westintegration, in: Pfeil, Die DDR, S. 135-149.

Zeckert, Patricia F., DDR-Leser im Schlaraffenland. Westliteratur, Buchmesse und alternative Medienkultur, in: Stefan Zahlmann (Hrsg.), Wie im Westen, nur anders. Medien in der DDR, Berlin 2010, S. 96-116.

–, »Eine Versammlung von Sehnsucht«. Die Internationale Leipziger Buchmesse und die Leser in der DDR, in: Susanne Muhle / Hedwig Richter / Juliane Schütterle (Hrsg.), Die DDR im Blick. Ein zeithistorisches Lesebuch, Berlin 2008, S. 179-188.

Zeller, Thomas, »Ganz Deutschland sein Garten«: Alwin Seifert und die Landschaft des Nationalsozialismus, in: Radkau / Uekötter, Naturschutz, S. 273-307.

Zimmermann, Clemens (Hrsg.), Dorf und Stadt. Ihre Beziehungen vom Mittelalter bis zur Gegenwart, Göttingen 2001.

–, Wohnungspolitik – Eigenheime für alle?, in: Harlander, Villa, S. 330-349.

Zutz, Axel, Grüne Moderne passé? Zum 100. Geburtsjahr von Reinhold Lingner (1902–1968) und Hermann Mattern (1902–1971), in: *Stadt + Grün* 52 (2003) 3, S. 11-19.

–, Wege grüner Moderne: Praxis und Erfahrung der Landschaftsanwälte des NS-Staates zwischen 1930 und 1960, in: Heinrich Mäding / Wendelin Strubelt (Hrsg.), Vom Dritten Reich zur Bundesrepublik. Beiträge einer Tagung zur Geschichte von Raumforschung und Raumplanung, Hannover 2009, S. 107-148.

Abkürzungen

AfS	Archiv für Sozialgeschichte
AHB	Außenhandelsbetrieb
AIPH	Association Internationale des Producteurs de l'Horticulture
APuZ	Aus Politik und Zeitgeschichte
ASTA	Allgemeiner Studentenausschuss
BDGA	Bund deutscher Gartenarchitekten
B.I.E.	Bureau International des Expositions
BStU	Der Bundesbeauftragte für die Unterlagen des Staatssicherheitsdienstes der ehemaligen Deutschen Demokratischen Republik
CCH	Congress Centrum Hamburg
CDU	Christlich Demokratische Union Deutschlands
ČSSR	Tschechoslowakische Sozialistische Republik
DBD	Demokratische Bauernpartei Deutschlands
DFD	Demokratischer Frauenbund Deutschlands
DEWAG	Deutsche Werbe- und Anzeigengesellschaft
DGfG	Deutsche Gesellschaft für Gartenkunst
DGG	Deutsche Gartenbau-Gesellschaft
DIA	Deutscher Innen- und Außenhandel
DKP	Deutsche Kommunistische Partei
DRL	Deutscher Rat für Landespflege
DSG	Deutsche Saatgut Gesellschaft
DWK	Deutsche Wirtschafts-Kommission
EG	Europäische Gemeinschaft
ega	Erfurter Garten- und Ausstellungs GmbH
EVG	Europäische Verteidigungsgemeinschaft
EWG	Europäische Wirtschaftsgemeinschaft
FDGB	Freier Deutscher Gewerkschaftsbund
FDJ	Freie Deutsche Jugend
G 59	Gartenschau 1959, Zürich
GAP	Gemeinsame Agrarpolitik
GG	Geschichte und Gesellschaft
GPG	Gärtnerische Produktionsgenossenschaft
Gruga	Große Ruhrländische Gartenbau-Ausstellung
GWU	Geschichte in Wissenschaft und Unterricht
HfbK	Hochschule für bildende Künste
HHA	Hamburger Hochbahn Aktiengesellschaft
HO	Handelsorganisation
IBA	Internationale Bauausstellung

IGA	Internationale Gartenbauausstellung (Bundesrepublik)
iga	Internationale Gartenbauausstellung (DDR)
igs	Internationale Gartenschau
IM	Inoffizieller Mitarbeiter
IMS	Informationen zur modernen Stadtgeschichte
ITB	Internationale Tourismus-Börse
Jadega	Jahresschau Deutscher Gartenbau, 1933 Hannover
KAP	Kooperative Abteilung Pflanzenproduktion
LPG	Landwirtschaftliche Produktionsgenossenschaft
MAI	Ministerium für Außenhandel und Innerdeutschen Handel
mdr	Mitteldeutscher Rundfunk
MfS	Ministerium für Staatssicherheit
NABU	Naturschutzbund Deutschland
NATO	North Atlantic Treaty Organisation
NAW	Nationales Aufbauwerk
NDR	Norddeutscher Rundfunk
NS	Nationalsozialismus
NSDAP	Nationalsozialistische Deutsche Arbeiterpartei
OEEC	Organisation for European Economic Co-operation
RGW	Rat für gegenseitige Wirtschaftshilfe
SA	Sturmabteilung
SED	Sozialistische Einheitspartei Deutschlands
SMAD	Sowjetische Militäradministration in Deutschland
SPD	Sozialdemokratische Partei Deutschlands
SS	Schutzstaffel
StaHH	Staatsarchiv Hamburg
TH	Technische Hochschule
UdSSR	Union der Sozialistischen Sowjetrepubliken
UNO	United Nations Organization
USA	United States of America
VdgB	Vereinigung der gegenseitigen Bauernhilfe
VEB	Volkseigener Betrieb
VEG	Volkseigenes Gut
VfZ	Vierteljahrshefte für Zeitgeschichte
VKSK	Verband der Kleingärtner, Siedler und Kleintierzüchter
VVB	Vereinigung Volkseigener Betriebe
WIG	Wiener Internationale Gartenschau
WPO	Wohngebietsparteiorganisation
ZfG	Zeitschrift für Geschichtswissenschaft
ZHG	Zeitschrift des Vereins für Hamburgische Geschichte

Index

Personen

Sachbegriffe